分布计算技术

卢锡城　主编

科学出版社
北京

内 容 简 介

本书重点介绍国防科技大学并行与分布计算课题组一个时期内在分布计算技术领域的研究成果，在某种意义上，也从一个视角反映该领域的技术发展。全书以课题组多年来培养的部分博士生毕业论文为基础，并进行必要的删减整编而成，内容既有网络、操作系统等传统方向，也涉及事务内存、量子计算等新兴方向。

本书面向云计算、网络计算和分布式计算等领域的工程技术人员，也可供相关领域研究生作为学术研究参考。

图书在版编目(CIP)数据

分布计算技术/卢锡城主编. —北京：科学出版社，2018.1
ISBN 978-7-03-055032-3

Ⅰ.①分… Ⅱ.①卢… Ⅲ.①分布式计算机系统-研究 Ⅳ.①TP338.8

中国版本图书馆 CIP 数据核字(2017)第 265093 号

责任编辑：张艳芬 纪四稳 / 责任校对：桂伟利
责任印制：肖 兴 / 封面设计：陈 敬

科学出版社 出版
北京东黄城根北街 16 号
邮政编码：100717
http://www.sciencep.com
北京通州皇家印刷厂 印刷
科学出版社发行 各地新华书店经销
*
2018 年 1 月第 一 版 开本：720×1000 1/16
2018 年 1 月第一次印刷 印张：22 1/2
字数：435 000

定价：145.00 元

(如有印装质量问题，我社负责调换)

前　　言

分布的计算资源、存储资源、数据资源和应用资源是实现国家“互联网＋”战略的重要基础设施，分布计算技术的重要研究课题是分布资源的有效管理和综合利用。本书每一章均结合一个具体的研究对象，比较系统地给出模型描述、理论分析和系统实现，介绍相关仿真实验、系统实现。本书的结构特点使其在系统性、完备性、连贯性等方面存在不足，但全书的主体线条是清晰的，即针对分布资源的不确定性、不可控性和异构性所带来的严峻技术挑战，寻求解决方案。

全书共 13 章，具体结构如下：

第 1 章针对分布资源组织和聚合的挑战性难题，介绍国际上第一个基于 Kautz 图的高性能 DHT 覆盖网。

第 2 章针对移动自组网络的拓扑频繁变化特点，提出基于冗余信息的移动自组网络中的广播方法。

第 3 章针对不同网络应用对下层覆盖网拓扑具有不同要求的难题，在国际上首次提出一种适用于任意正则图的通用覆盖网拓扑构建技术。

第 4 章针对路由器交换开关的调度算法并行消解输入输出端口阻塞问题，提出高效的串行轮询调度方法。

第 5 章针对移动自组网密钥管理的核心安全问题，提出一种基于门限秘密共享机制的分布式组密钥管理框架。

第 6 章面向移动自组网络的自组性、无线通信带宽的有限性、网络拓扑的动态性及节点资源的有限性等难题，提出一种高效的移动自组网络数据复制技术。

第 7 章面向大规模的不可靠物理和路由层环境，对域间网络的健壮性拓扑设计问题进行建模与分析。

第 8 章系统地阐述自治系统之间商业关系的产生和变化，基于复杂系统理论建立 Internet 域间路由系统的动态演化模型。

第 9 章将传统的网络内存技术扩展到基于公共网络的松耦合分布式计算环境中，实现分布式网络内存的高效聚合与协同。

第 10 章面向保障数据网格服务质量的需求，将个体服务质量约束引入副本放置问题中，提出一种支持个体服务质量约束的数据网格体系结构。

第 11 章面向大规模系统级预发布软件，针对测试用例生成的有效性和全面性、平台无关性需求，研究基于动态测试用例生成的二进制缺陷自动发掘技术。

第 12 章针对多核环境下的事务内存同步模型，研究面向 NUMA 体系结构的事务内存冲突规避方法。

第 13 章基于最新的量子计算技术，研究如何利用量子机制完成对图之间的相似性度量，从而实现针对图像的分类识别工作。

本书由卢锡城主编，虽然每一章都有独立作者，但相关工作都融合了课题组的共同努力，特别是协助指导老师的辛勤指导。作者中既有全国百篇优秀博士论文获奖者，也有中国计算机学会优秀博士论文获奖者。全书由张一鸣和赖志权统稿。

分布计算技术发展很快，书中很多问题是探索中的议题，可能存在不妥之处，恳请读者批评指正。

目　录

第 1 章 基于 Kautz 图的常量度数高性能覆盖网*

资源组织和聚合是大规模网络计算系统中面临的挑战性难题，分布哈希表(distributed hash table，DHT)覆盖网(overlay)是解决这一难题的重要技术途径之一。DHT 覆盖网使用与哈希表相似的简单抽象接口来发布和定位资源，可以支持大规模的节点和资源对象，并能自适应大规模互联网计算系统中节点和网络的动态变化。由于 DHT 覆盖网的这些良好特性，DHT 覆盖网已经发展成为一种重要的网络计算支撑架构，可以支持分布式存储[1-3]、应用层组播[4,5]、数据管理[6,7]、名字服务[8-10]和协作式缓存等多种应用。

节点度数、网络直径和拥塞特性是衡量 DHT 覆盖网性能的重要参数。目前，很多研究都在寻求常量度数且具有较小网络直径和低拥塞的 DHT 覆盖网。与现有 DHT 覆盖网使用的 hypercube、de Bruijn 和 d-torus 等拓扑相比，Kautz 图具有最优网络直径等良好特性。但由于 Kautz 图的特殊标识等，基于 Kautz 图设计 DHT 覆盖网存在很多困难。本章首先对 Kautz 图的特性进行分析，然后基于 Kautz 图提出常量度数、$O(\log N)$**网络直径且低拥塞的高性能 DHT 覆盖网——FissionE。

FissionE 是国际上第一个基于 Kautz 图的高性能 DHT 覆盖网。在 FissionE 覆盖网中，提出了一系列创新性的机制和算法，包括邻居关系不变量拓扑构造规则、Kautz_hash 命名算法和局部优化动态维护机制等，并进行了详细的理论分析与正确性证明。FissionE 的提出表明，对于常量度数、常量拥塞的 DHT 覆盖网，其网络直径可以是 $O(\log N)$，优于国际上研究[11]中猜想的 $\Omega(N^{1/d})$。理论分析和实验表明，FissionE 具有良好的可扩展性、可维护性、负载平衡等性能。FissionE 覆盖网的平均节点度数为 4，平均路由延迟小于 $\log_2 N$，网络直径小于 $2\log_2 N$，动态维护开销小于 $3\log_2 N$，优于 CAN 和 Koorde 等同类 DHT 覆盖网。

1.1 研究背景

DHT 覆盖网[12,13]是大规模网络计算系统中支持资源高效组织和按需聚合的

---

* 本章由李东升撰写。李东升，2005 年 12 月获博士学位，导师为卢锡城院士，研究方向为分布式计算和数据处理等。其博士论文“基于对等模式的资源定位技术研究”于 2008 年被评为全国优秀博士学位论文。

** 在表示算法复杂度时，因 $O(\cdot)$ 中 log 的底数不影响对复杂度的估计，故本书在无特别需要时，均省略 $O(\cdot)$ 中 log 的底数。

关键技术之一。在 DHT 覆盖网中,每个节点都有唯一的节点标识(如通过哈希函数根据其 IP 地址得到或根据某种规则动态创建)。DHT 覆盖网根据节点标识构建支持节点组织、聚合和定位搜索的节点间逻辑拓扑。每个节点都维护一个覆盖网的路由表,保存 DHT 覆盖网上相关邻居节点的信息。DHT 消息路由过程与 IP 路由过程相似,每个节点根据其覆盖网路由表将消息转发到相应的邻居节点上,直到消息最终到达目标节点,但 DHT 消息路由是在节点间形成的逻辑覆盖网上进行转发的。

在 DHT 覆盖网中,每个资源对象根据其关键字 key(key 是资源对象的某项属性值,如文件的文件名等),通过某种哈希函数(如 SHA-1 算法[14]等)得到其标识 ObjectID。资源对象的标识和节点标识通常属于相同或相似的名字空间,每个节点都负责资源对象标识的名字空间的一部分。当节点加入或退出时,各相关节点需要修改路由表,并动态调整其负责的名字空间范围,以维护分布哈希表的一致性。

DHT 覆盖网提供与哈希表类似的两个抽象操作:publish(key)和 lookup(key)。publish(key)将资源对象根据其关键字 key 发布到网络计算系统中的节点上,lookup(key)则根据关键字 key 在网络计算系统中搜索资源对象。资源对象发布(即 publish(key))时,首先根据资源对象的 key 通过哈希函数(如 SHA-1 算法等)得到其标识 ObjectID;然后根据名字空间中的某种度量准则,通过 DHT 消息路由将资源对象发布到其标识与 ObjectID 最接近的节点上。类似地,资源搜索时(即 lookup(key)),DHT 覆盖网根据 Kautz_hash 得到其目标 ObjectID,然后通过 DHT 消息路由,到达其标识在名字空间中与目标 ObjectID 最近的相关节点,返回搜索结果。

DHT 覆盖网中资源对象的放置与系统的拓扑结构紧密相关,因此资源定位准确并且可保证效率,通常都能保证只要网络计算系统中的资源对象存在,就一定能够在一定的跳步(hop)数内定位到该资源对象。DHT 覆盖网具有良好的可扩展性,并提供了简单有效的抽象接口,可以作为通用网络架构支持多种应用。但是,DHT 覆盖网的拓扑构造与维护等较为复杂,各个节点需要维护相对复杂的状态信息。DHT 覆盖网对网络计算系统的可扩展性和性能等都具有决定性的影响。

评价 DHT 覆盖网性能的重要参数有节点度数、网络直径和拥塞特性(拥塞的定义见 1.2 节)等。由于常量度数的 DHT 覆盖网具有易于维护等优点[15],因此目前很多研究[11,12,15-18]都在试图提出常量度数且具有较小网络直径和较小拥塞的 DHT 覆盖网。现有的一些 DHT 覆盖网,如 Chord、Tapestry 和 Pastry 等,节点度数和网络直径都是 $O(\log N)$(N 为系统中节点数目);而另外一些 DHT 覆盖网,如 CAN 等,节点度数和网络直径分别为 $O(d)$(d 为常数)和 $O(N^{1/d})$。由此,是否存在常量度数且网络直径为 $O(\log N)$的 DHT 覆盖网成为覆盖网研究中的一个重要问题[11,12]。研究[11,15-18]表明,存在着常量度数且网络直径为 $O(\log N)$的 DHT 覆盖网，但这些DHT覆盖网通常具有较大的拥塞。因此，有研究[11]提出猜想“对于常量度数、常量拥塞的DHT覆盖网，其网络直径的下界是$\Omega(N^{1/d})$”。本章对此展开研究，提出一种基于Kautz图的常量度数、常量拥塞且$O(\log N)$网络直径的DHT覆盖网——FissionE，从而取得了比该猜想更优的结果。

现有的很多DHT覆盖网[15-20]都是基于一些传统的多机互联网络拓扑，如Chord覆盖网是基于hypercube拓扑，CAN覆盖网是基于d-torus拓扑，Koorde[16]和D2B[17]等是基于de Bruijn图，Viceroy[15]是基于butterfly拓扑。DHT覆盖网的特性常受限于所基于的互联网络拓扑。与目前使用的hypercube、de Bruijn和d-torus等拓扑相比，Kautz图[20]具有一些更好的特性(如静态Kautz图具有最优的网络直径)。但由于Kautz图中节点标识是特殊的Kautz串等，因此基于Kautz图设计DHT覆盖网面临很多困难，目前尚没有DHT覆盖网是基于Kautz图的。本章首先对Kautz图的特性进行分析，证明基于长路径路由的静态Kautz图是$(1+O(1))$拥塞的，然后首次基于Kautz图提出常量度数高性能的DHT覆盖网——FissionE。

FissionE的主要设计思路如下：

(1) FissionE中每个节点都负责虚拟笛卡儿坐标空间中的一块区域，每个区域的标识都是以2为基底的Kautz串。本章提出“邻居关系不变量”的拓扑构造规则，各节点根据其标识按照这一规则组织邻居关系，能够形成具有良好特性的DHT拓扑。

(2) 基于Kautz图的DHT覆盖网中需要节点和资源对象的标识都是Kautz串，但目前尚没有一种哈希算法能够确定性地产生在Kautz名字空间中均匀随机分布的Kautz串。针对这一问题，本章提出Kautz_hash算法，并证明Kautz_hash算法的有效性和正确性。

(3) Kautz图中常用的一些路由算法[20]会在Kautz图中引起拥塞。FissionE采用长路径路由算法，证明长路径路由具有良好的低拥塞特性，并基于此提出适于网络计算环境的消息路由算法。

(4) FissionE提出局部优化的动态维护机制，对节点的动态加入或退出进行有效处理，能够维护良好的DHT拓扑，促进节点间负载平衡。

FissionE是常量度数、$O(\log N)$网络直径且$(1+O(1))$拥塞的DHT覆盖网。FissionE的网络直径为$O(\log N)$，达到了常量度数DHT覆盖网的网络直径的理论下界$\Omega(\log N)$[11]。FissionE的节点度数为3～6，平均节点度数为4，网络直径小于$2\log_2 N$，平均路由延迟小于$\log_2 N$，节点加入和退出的维护开销小于$3\log_2 N$，具有良好的性能特征。与FissionE相比，Ulysses的节点度数是$O(\log N)$，不是常量度数的DHT覆盖网；CAN覆盖网的节点度数是$2d$，但CAN的网络直径是$O(dN^{1/d})$，比FissionE的网络直径$O(\log_2 N)$的数量级大；D2B基于de Bruijn图，

Viceroy 基于 Butterfly 拓扑，它们的节点度数和网络直径的期望值都分别为 $O(1)$ 和 $O(\log N)$，但它们的节点度数都不是确定性地为常量，其中部分节点的度数可能会达到 $O(\log N)$。

在同期的主流 DHT 覆盖网中，CAN、Koorde 和 FissionE 等三种覆盖网的节点度数都是确定性常量。Koorde 是基于 de Bruijn 图、在 Chord 覆盖网之上构造的常量度数的 DHT 覆盖网，其节点度数和网络直径分别为 $O(k)$ 和 $O(\log_k N)$，维护开销为 $O(\log_2 N)$。在节点规模较大时，FissionE 的平均路由延迟是这三种 DHT 覆盖网中最小的，具有良好的性能。

1.2 静态 Kautz 图与拥塞特性

1.2.1 静态 Kautz 图及其属性

现有的很多 DHT 覆盖网都是由一些传统的多机互联网络拓扑扩展而来。与 DHT 覆盖网的大规模动态拓扑不同，传统的互联网络拓扑对节点的个数有一定限制（如 hypercube 拓扑中节点的个数应为 2^n 个，n 为其网络直径），同时较少考虑节点的动态加入或退出。为便于区分，本节将传统的多机互联网络拓扑称为静态拓扑。

FissionE 采用 Kautz 图作为其静态拓扑。本节对 Kautz 图进行介绍，并对 Kautz 图的一些属性进行分析。

定义 1.1（Kautz 串） 对于串 $\xi=a_1a_2\cdots a_k$，若 $a_i\in\{0,1,2,\cdots,d\}(1\leqslant i\leqslant k)$ 且 $a_i\neq a_{i+1}(1\leqslant i\leqslant k-1)$，则称 ξ 是基底为 d、长度为 k 的 Kautz 串。

定义 1.2（Kautz 空间） KautzSpace(d,k) 是指所有长度为 k、基底为 d 的 Kautz 串的集合，即 KautzSpace$(d,k)=\{a_1a_2\cdots a_k\,|\,a_i\in\{0,1,2,\cdots,d\}(1\leqslant i\leqslant k)$ 且 $a_i\neq a_{i+1}(1\leqslant i\leqslant k-1)\}$。

Kautz 串的特点是串中相邻的两个字符必须是不同的。根据 Kautz 空间的定义可知，KautzSpace(d,k) 中共有 d^k+d^{k-1} 个 Kautz 串（因为 Kautz 串的第一个字符可有 $d+1$ 种选择，随后的每个字符可有 d 种选择）。例如，KautzSpace$(2,2)=\{01,02,10,12,20,21\}$。

定义 1.3（Kautz 图）[20] 对于给定的整数 d 和 k，Kautz 图 $K(d,k)$ 是一个节点出度和入度都为 d、网络直径为 k 的有向图。Kautz 图 $K(d,k)$ 中每个节点的标识都是 Kautz 空间 KautzSpace(d,k) 中的一个 Kautz 串。对于 $K(d,k)$ 中每个标识为 $u_1u_2\cdots u_k$ 的节点 U（记为 $U=u_1u_2\cdots u_k$），U 都有 d 条出边，即对任意 $\alpha\in\{0,1,2,\cdots,d\}$ 且 $\alpha\neq u_k$，节点 U 都有一条到节点 $V=u_2u_3\cdots u_k\alpha$ 的出边（用 $U\to V$ 表示）。

显然，Kautz 图 $K(d,k)$ 中共有 $N=d^k+d^{k-1}$ 个节点。由 $N=d^k+d^{k-1}$ 可得，

$k=\log_d N-\log_d(1+1/d)$。图 1.1 给出了 Kautz 图 $K(2,3)$。在 Kautz 图 $K(2,3)$ 中，每个节点都有两条出边。例如，节点 210 的两条出边分别为 210→101 和 210→102。

对于给定的度数 d 和直径 k，一个拓扑图中最多可以容纳的节点数目受限于 Moore 界[20] $1+d+d^2+\cdots+d^k$，Moore 界在通常情况下(除了 $d=1$ 或 $k=1$ 时)都是不可达的。Kautz 图 $K(d,k)$ 的节点数目为 $d^{k-1}+d^k$，非常接近 Moore 界。与同样度数和直径的一般 de Bruijn 图 $B(d,k)$ 相比，Kautz 图 $K(d,k)$ 中的节点数目多了 d^{k-1}；并且当 $k=2$ 时，Kautz 图中节点数为 $d+d^2$，比 Moore 界只少 1(此时的 Moore 界为 $1+d+d^2$)，是节点最稠密的拓扑图之一。

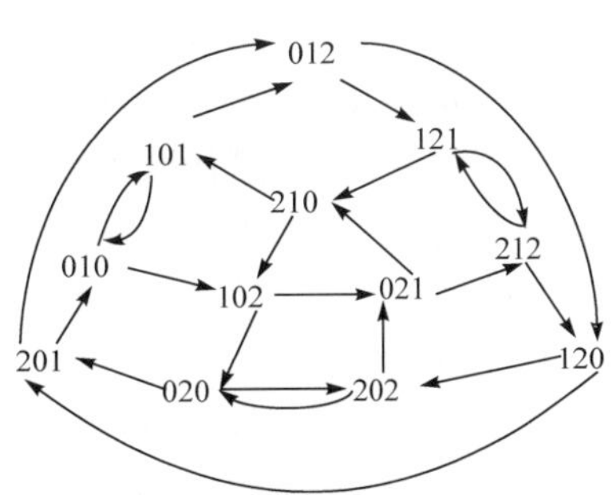

图 1.1　Kautz 图 $K(2,3)$

对于给定节点度数 d 和节点总数 N 的任意拓扑图，根据 Moore 界易得，其网络直径的下界是 $\lceil\log_d(N(d-1)+1)\rceil-1$。Kautz 图 $K(d,k)$ 的网络直径达到了这一下界($\lceil\log_d(N(d-1)+1)\rceil-1=\lceil\log_d((d^k+d^{k-1})(d-1)+1)\rceil-1=\lceil\log_d(d^{k+1}-d^{k-1}+1)\rceil-1=k$)。因此，Kautz 图具有最优的网络直径。表 1.1 给出了几种常见互连拓扑图的比较。

表 1.1　几种常见互连拓扑图的比较(N 为节点总数)

互连拓扑图	节点度数	网络直径	平均路由延迟
hypercube(Chord)	$\log_2 N$	$\log_2 N$	$1/2\log_2 N$
d-torus(CAN)	$2d$	$1/2dN^{1/d}$	$1/4dN^{1/d}$
Butterfly	d	$2\log_d N\cdot(1-O(1))$	约 $3/2\log_d N$[18]
de Bruijn	d	$\log_d N$	$\log_d N-1/(d-1)$[18]
Kautz(FissionE)	d	$k=\log_d N-\log_d(1+1/d)$	$k-1/(d+1)$

在容错性方面，Kautz 图 $K(d,k)$ 具有连接度 d，即在 Kautz 图的任意两个节点之间，存在 d 条互不相交的路径。而同样度数的 hypercube 拓扑、d-torus 拓扑和 de Bruijn 图的连接度分别为 d、d 和 $d-1$。Kautz 图还在负载平衡等方面具有比 de Bruijn 图等更好的特性[20]。

1.2.2　常量拥塞

静态 Kautz 图中的路由算法有很多种，如最短路径路由算法和长路径路由算法[20]等。

定义 1.4(长路径路由)[20]　对于 Kautz 图 $K(d,k)$ 中的任意两个不同节点

$U=u_1u_2\cdots u_k$ 和 $V=v_1v_2\cdots v_k$，采用长路径路由算法，从 U 到 V 的路由路径如下：

(1) 若 $u_k\neq v_1$，则从 U 到 V 的路由路径为

$$U=u_1u_2\cdots u_k\rightarrow u_2u_3\cdots u_kv_1\rightarrow u_3u_4\cdots u_kv_1v_2\rightarrow\cdots\rightarrow u_kv_1v_2\cdots v_{k-1}\rightarrow v_1v_2\cdots v_k=V$$

(2) 若 $u_k=v_1$，则从 U 到 V 的路由路径为

$$U=u_1u_2\cdots u_k\rightarrow u_2u_3\cdots u_kv_2\rightarrow u_3u_4\cdots u_kv_2v_3\rightarrow\cdots\rightarrow u_kv_2\cdots v_{k-1}v_k=V$$

例如，按照长路径路由算法，Kautz 图 $K(2,3)$ 中从节点 012 到节点 102 的路由路径为 012→121→210→102，而从节点 012 到节点 202 的路由路径为 012→120→202。

长路径路由算法产生的路由路径中可能会包括环路或者提前到达了目标节点。为保持路由的对称与简单性，长路径路由算法对此并不进行特殊处理。采用长路径路由算法时，Kautz 图 $K(d,k)$ 中任意两个节点间路由的路由延迟（即路由路径长度）为 k 或 $k-1$，节点间平均路由延迟为 $h=d/(d+1)k+1/(d+1)(k-1)=k-1/(d+1)$，网络直径为 k。长路径路由算法的平均路由延迟比最短路径路由算法稍大（表 1.2），但有着更好的负载平衡，在重负载情况下的系统平均延迟甚至优于最短路径路由算法[20]（主要是由于最短路径路由在部分节点上产生了较严重的拥塞，从而引起了较大的延迟）。FissionE 采用了长路径路由算法。

表 1.2　Kautz 图中两种路由算法的平均路由延迟

项目	$K(2,10)$	$K(2,11)$	$K(3,6)$	$K(3,7)$	$K(4,5)$	$K(4,6)$	$K(5,5)$	$K(6,4)$	$K(6,5)$
节点数目	1536	3072	972	2916	1280	5120	3750	1512	9072
最短路径路由算法	8.7922	9.7865	5.4624	6.4567	4.6541	5.6505	4.7430	3.7983	4.7958
长路径路由算法	9.6667	10.6667	5.75	6.75	4.8	5.8	4.8333	3.8571	4.8571

下面讨论基于长路径路由算法的 Kautz 图的拥塞特征。首先介绍拥塞[11]的定义。

定义 1.5（拥塞）[11]　在均匀通信负载的情况下，若一个全态 DHT 覆盖网中所有节点的负载都不超过节点平均负载的 c 倍（c 为常数），则该 DHT 覆盖网是 c-node-congestion-free 的。类似地，在均匀通信负载的情况下，若全态 DHT 覆盖网中各边的负载都不超过边平均负载的 c 倍，则该 DHT 覆盖网是 c-edge-congestion-free 的。若一个 DHT 覆盖网既是 c-node-congestion-free 的，又是 c-edge-congestion-free 的，则该 DHT 覆盖网是 c-congestion-free 的。若 $c=1$，则称该 DHT 覆盖网是无拥塞的。本书也将 c-congestion-free 的 DHT 覆盖网称为 c 拥塞的或常量拥塞的。

定义 1.5 中的均匀通信负载是指对网络中任意两个节点 U 和 $V(U\neq V)$，都正好有一个从 U 到 V 的路由请求。全态 DHT 覆盖网是指 DHT 覆盖网中的节点组成了完整的静态图拓扑，即 DHT 覆盖网中节点个数以及连接关系正好构成了静

态拓扑，且不考虑节点的加入或退出。在均匀通信负载下，N 个节点的网络中共有 $N(N-1)$ 次路由。设整个网络中节点间的平均路由延迟为 h，则平均每个节点要处理的负载(路由请求)是 $(N-1)h$，各边的平均负载为 $N(N-1)h/|E|$($|E|$ 为网络中边的数目)。

下面分析 Kautz 图的拥塞特性。

定理 1.1(低拥塞特性)　采用长路径路由的静态 Kautz 图 $K(d,k)$ 是 $(1+O(1))$ 拥塞的。

为证明定理 1.1，需要给出 3 个引理。首先给出 3 个引理和定理 1.1 的证明中需要使用的集合 S 和集合 M 的定义。

设

$$S_1=\{u_1u_2\cdots u_ku_1u_2\cdots u_k \mid u_1u_2\cdots u_ku_1u_2\cdots u_k\in \text{KautzSpace}(d,2k)\}$$

$$S_2=\{u_1u_2\cdots u_ku_2\cdots u_k \mid u_1u_2\cdots u_ku_2\cdots u_k\in \text{KautzSpace}(d,2k-1)\text{ 且 } u_1=u_k\}$$

$$S_3=\text{KautzSpace}(d,2k)-S_1$$

$$S_4=\text{KautzSpace}(d,2k-1)-S_2$$

定义 $S=S_3\cup S_4$，显然 S 是 Kautz 串的集合。

定义集合 $M=\{$从 U 到 V 的路由路径 $\mid U$ 和 V 都是 Kautz 图 $K(d,k)$ 中节点且 $U\neq V\}$。

引理 1.1　设映射 f 是一个定义域为 M 的映射：$\forall\delta\in M$，设 δ 为 M 中任意一条长度为 n 的路由路径 $b_1b_2\cdots b_k\rightarrow b_2b_3\cdots b_{k+1}\rightarrow b_3b_4\cdots b_{k+2}\rightarrow\cdots\rightarrow b_nb_{n+1}\cdots b_{n+k}$，且 $f(\delta)=b_1b_2\cdots b_k\cdots b_{n+k}$，则映射 f 是从 M 到 S 的双射。

证明　$S=S_3\cup S_4$，显然 $S_3\cap S_4=\varnothing$。

首先证明 f 是单射。

$\forall\delta\in M$，设 δ 是从节点 $U=u_1u_2\cdots u_k$ 到节点 $V=v_1v_2\cdots v_k$ $(U\neq V)$ 的路由路径，若 $u_k\neq v_1$，则路由路径 δ 为

$$U=u_1u_2\cdots u_k\rightarrow u_2u_3\cdots u_kv_1\rightarrow u_3u_4\cdots u_kv_1v_2\rightarrow\cdots\rightarrow u_kv_1v_2\cdots v_{k-1}\rightarrow v_1v_2\cdots v_k=V$$

故 $f(\delta)=u_1u_2\cdots u_kv_1v_2\cdots v_k$，从而 $f(\delta)\in\text{KautzSpace}(d,2k)$。由于 $U\neq V$，因此 $f(\delta)\notin S_1$，从而 $f(\delta)\in\text{KautzSpace}(d,2k)-S_1$，即 $f(\delta)\in S_3$。

若 $u_k=v_1$，则路由路径 δ 为

$$U=u_1u_2\cdots u_k\rightarrow u_2u_3\cdots u_kv_2\rightarrow u_3u_4\cdots u_kv_2v_3\rightarrow\cdots\rightarrow u_kv_2\cdots v_{k-1}v_k=v_1v_2\cdots v_k=V$$

故 $f(\delta)=u_1u_2\cdots u_kv_2\cdots v_k$，从而 $f(\delta)\in\text{KautzSpace}(d,2k-1)$。由于 $U\neq V$，即 $u_1u_2\cdots u_k\neq u_kv_2\cdots v_k$，因此 $f(\delta)\notin S_2$，从而 $f(\delta)\in\text{KautzSpace}(d,2k-1)-S_2$，即 $f(\delta)\in S_4$。

由以上可知，$\forall\delta\in M$，$f(\delta)\in S$，即映射 f 的值域为 S，f 是从 M 到 S 的一个映射。显然，同一条路由路径只能映射到一个 Kautz 串，且不同的路由路径会映射到不同的 Kautz 串，故 f 是单射。

下面证明 f 是满射。

$\forall \xi \in S$，由于 $S_3 \cap S_4 = \varnothing$，故 $\xi \in S_3$ 或 $\xi \in S_4$。

若 $\xi \in S_3$，设 $\xi = a_1 a_2 \cdots a_{2k-1} a_{2k}$，则根据 S_3 的定义可知，$a_1 a_2 \cdots a_k$ 和 $a_{k+1} a_{k+2} \cdots a_{2k}$ 都是 KautzSpace(d,k)上的合法 Kautz 串，且 $a_1 a_2 \cdots a_k \neq a_{k+1} a_{k+2} \cdots a_{2k}$，$a_{k+1} \neq a_k$。考虑集合 M 中从源节点 $a_1 a_2 \cdots a_k$ 到目标节点 $a_{k+1} a_{k+2} \cdots a_{2k}$ 的长度为 k 的路由路径 δ'：$a_1 a_2 \cdots a_k \to a_2 a_3 \cdots a_k a_{k+1} \to a_3 a_4 \cdots a_{k+2} \to \cdots \to a_k \cdots a_{2k-1} \to a_{k+1} \cdots a_{2k}$，故 $\xi = f(\delta')$；即 $\exists \delta' \in M$，使得 $\xi = f(\delta')$。

若 $\xi \in S_4$，设 $\xi = b_1 b_2 \cdots b_{2k-1}$，则根据 S_4 的定义可知，$b_1 b_2 \cdots b_k$ 和 $b_k b_{k+1} \cdots b_{2k-1}$ 都是 KautzSpace(d,k)上的合法 Kautz 串，且 $b_1 b_2 \cdots b_k \neq b_k b_{k+1} \cdots b_{2k-1}$。考虑集合 M 中从源节点 $b_1 b_2 \cdots b_k$ 到目标节点 $b_k b_{k+1} \cdots b_{2k-1}$ 的长度为 $k-1$ 的路由路径 δ'：$b_1 b_2 \cdots b_k \to b_2 b_3 \cdots b_k b_{k+1} \to b_3 b_4 \cdots b_{k+2} \to \cdots \to b_{k-1} b_k \cdots b_{2k-2} \to b_k b_{k+1} \cdots b_{2k-1}$，故 $\xi = f(\delta')$；即 $\exists \delta' \in M$，使得 $\xi = f(\delta')$。

因此，f 为双射。

引理 1.2 对 KautzSpace(d,k)上的任意 Kautz 串 $R = r_1 r_2 \cdots r_k$，R 作为集合 S 中各 Kautz 串的子串(除了作为前缀)出现的次数 L_R 为

$$L_R = \begin{cases} kd^k + (k-1)d^{k-1} - k, & r_1 \neq r_k \\ kd^k + (k-1)d^{k-1} - k + 1, & r_1 = r_k \end{cases}$$

证明 $S = \text{KautzSpace}(d,2k) \cup \text{KautzSpace}(d,2k-1) - S_1 - S_2$。

根据组合数学知识，R 作为 KautzSpace$(d,2k)$中 Kautz 串的子串(除了作为前缀)出现的次数为 kd^k(R 可以位于长度为 $2k$ 的 Kautz 串中的 k 个不同的位置，且剩下的 k 位每位都可以有 d 种选择)。类似地，R 作为 KautzSpace$(d,2k-1)$中 Kautz 串的子串(除了作为前缀)出现的次数为$(k-1)d^{k-1}$。

下面考虑 R 在 S_1 和 S_2 中出现的次数。若 R 作为子串出现在 $S_1 = \{u_1 u_2 \cdots u_k u_1 u_2 \cdots u_k \mid u_1 u_2 \cdots u_k u_1 u_2 \cdots u_k \in \text{KautzSpace}(d,2k)\}$ 中的某个 Kautz 串 ξ 的第 $m(1 < m \leqslant k+1)$个位置上，设 $\xi = b_1 b_2 \cdots b_k b_{k+1} b_{k+2} \cdots b_{2k} = b_1 b_2 \cdots b_k b_1 b_2 \cdots b_k$，则 $R = b_m \cdots b_k b_1 b_2 \cdots b_{m-1}$，$b_m \neq b_{m-1}$，即 $r_1 \neq r_k$。同理可证，若 R 出现在 S_2 中，则 $r_1 = r_k$。

若 $r_1 \neq r_k$，则 R 不会在 S_2 中出现。对任意的 $m(1 < m \leqslant k)$，都可以构造唯一的长度为 $2k$ 的 Kautz 串 $\xi' = r_{k-m+2} \cdots r_k r_1 r_2 \cdots r_k r_1 r_2 \cdots r_{k-m+1}$，$\xi' \in S_1$，$R$ 出现在 ξ' 的第 m 位上；R 也出现在 S_1 中的 $r_1 r_2 \cdots r_k r_1 r_2 \cdots r_k$ 的第 $k+1$ 位上。因此，R 在 S_1 中出现了 k 次，在 S_2 中出现了 0 次。

若 $r_1 = r_k$，则对任意的 $1 < m \leqslant k$，可以构造长度为 $2k-1$ 的 Kautz 串 $\xi' = r_{k-m+1} \cdots r_k r_2 \cdots r_k r_2 \cdots r_{k-m} r_{k-m+1}$，$\xi' \in S_2$，$R$ 出现在 ξ' 的第 m 位上。因此，R 在 S_2 中出现了$k-1$次，在 S_1 中出现了 0 次。

因此，对于 Kautz 图 $K(d,k)$中的任意节点 $R = r_1 r_2 \cdots r_k$，有

$$L_R=\begin{cases} kd^k+(k-1)d^{k-1}-k, & r_1\neq r_k \\ kd^k+(k-1)d^{k-1}-k+1, & r_1=r_k \end{cases}$$

引理 1.3 对 KautzSpace$(d,k+1)$中的任意 Kautz 串 $e=r_1r_2\cdots r_kr_{k+1}$,$e$ 作为 S 中各 Kautz 串的子串出现的总次数 L_e 为

$$L_e=\begin{cases} kd^{k-1}+(k-1)d^{k-2}-k, & r_1=r_{k+1} \\ kd^{k-1}+(k-1)d^{k-2}-k+1, & r_1=r_k \text{ 且 } r_2=r_{k+1} \\ kd^{k-1}+(k-1)d^{k-2}, & \text{其他情况} \end{cases}$$

引理 1.3 的证明过程与引理 1.2 类似,此处略。

下面证明定理 1.1。

定理 1.2 采用长路径路由的静态 Kautz 图 $K(d,k)$是$(1+O(1))$拥塞的。

证明 在 Kautz 图中,均匀通信负载产生的路由路径可以用上面的集合 M 来表示。

定义从集合 M 到集合 S 的映射 f:$\forall\delta\in M$,设 δ 为 M 中长度为 n 的路由路径 $b_1b_2\cdots b_k\rightarrow b_2b_3\cdots b_{k+1}\rightarrow b_3b_4\cdots b_{k+2}\rightarrow\cdots\rightarrow b_nb_{n+1}\cdots b_{n+k}$,则 $f(\delta)=b_1b_2\cdots b_k\cdots b_{n+k}$。由引理 1.1 可知,映射 f 是从 M 到 S 的双射。

下面计算 Kautz 图 $K(d,k)$中各节点和边的负载。

在均匀通信负载下,对 Kautz 图 $K(d,k)$中的任意节点 $R=r_1r_2\cdots r_k$,节点 R 的负载即为节点R 在集合M 中的各个路由路径中(除了作为源节点)出现的次数。由于 f 为从 M 到 S 的双射,故节点 R 的负载也等于 Kautz 串 $R=r_1r_2\cdots r_k$ 作为集合 S 中各 Kautz 串的子串(除了作为其前缀)出现的次数。由引理 1.2 可知,节点 R 的负载 L_R 为

$$L_R=\begin{cases} kd^k+(k-1)d^{k-1}-k, & r_1\neq r_k \\ kd^k+(k-1)d^{k-1}-k+1, & r_1=r_k \end{cases}$$

采用最长路径路由算法时,$K(d,k)$中节点间平均路由延迟为 $h=k-1/(d+1)$,故各节点平均负载为 $\text{Avg}(L_R)=(N-1)h=(d^k+d^{k-1}-1)(k-1/(d+1))=kd^k+(k-1)d^{k-1}-k+1/(d+1)$。

由于

$$\text{Max}(L_R)-\text{Avg}(L_R)=d/(d+1)\ll\text{Avg}(L_R)$$

$$\text{Max}(L_R)/\text{Avg}(L_R)<1+1/((k-1)(d^k+d^{k-1}))=1+1/((k-1)N)=1+O(1)$$

故静态 Kautz 图是$(1+O(1))$-node-congestion-free 的。

对于 Kautz 图 $K(d,k)$,从节点 $r_1r_2\cdots r_k$ 到 $r_2\cdots r_kr_{k+1}$的边可唯一地用 Kautz 串 $r_1r_2\cdots r_kr_{k+1}$来表示,而 KautzSpace$(d,k+1)$上的任一字符串 $b_1b_2\cdots b_kb_{k+1}$都可以唯一地用从节点 $b_1b_2\cdots b_k$到节点 $b_2\cdots b_kb_{k+1}$的边来表示。因此,均匀通信负载下 $K(d,k)$中边 $e=r_1r_2\cdots r_kr_{k+1}$的负载即为 Kautz 串 $r_1r_2\cdots r_kr_{k+1}$作为 S 中各 Kautz

串的子串出现的次数。因此，对 Kautz 图 $K(d,k)$ 中的任意边 $e=r_1r_2\cdots r_kr_{k+1}$，由引理 1.3 可知，边 e 的负载 L_e 为

$$L_e=\begin{cases} kd^{k-1}+(k-1)d^{k-2}-k, & r_1=r_{k+1} \\ kd^{k-1}+(k-1)d^{k-2}-k+1, & r_1=r_k \text{ 且 } r_2=r_{k+1} \\ kd^{k-1}+(k-1)d^{k-2}, & \text{其他情况} \end{cases}$$

$K(d,k)$ 中各边的平均负载为 $\mathrm{Avg}(L_e)=N(N-1)h/|E|$（$|E|$ 为 $K(d,k)$ 中边的数目，等于 Nd），故 $\mathrm{Avg}(L_e)=N(N-1)h/(Nd)=(N-1)h/d=kd^{k-1}+(k-1)d^{k-2}-k/d+1/(d(d+1))$。

由于

$$\mathrm{Max}(L_e)-\mathrm{Avg}(L_e)=k/d-1/(d(d+1))=h/d \ll \mathrm{Avg}(L_e)$$

$$\mathrm{Max}(L_e)/\mathrm{Avg}(L_e)=1+(h/d)/((N-1)h/d)=1+1/(N-1)=1+O(1)$$

因此，静态 Kautz 图是 $(1+O(1))$-edge-congestion-free 的。所以，静态 Kautz 图是 $(1+O(1))$-congestion-free 的，是 $(1+O(1))$ 拥塞的。

由定理 1.2 易知，静态 Kautz 图是常量拥塞的（如可取 $c=2$，静态 Kautz 图是 2-congestion-free 的）。当节点数目 N 较大时，静态 Kautz 图是近似无拥塞的。

Kautz 图具有最优的网络直径和较好的容错特性，并且采用长路径路由的 Kautz 图是常量拥塞的，因此 Kautz 图是构造 DHT 覆盖网的一个良好的静态拓扑。本书基于采用长路径路由的 Kautz 图 $K(2,k)$，提出一种新的常量度数的 DHT 覆盖网——FissionE。由定义 1.5 可知，FissionE 是常量拥塞的 DHT 覆盖网。

1.3 FissionE 覆盖网设计

FissionE 使用 Kautz 图 $K(2,k)$ 作为静态拓扑（FissionE 可以扩展到基于一般 Kautz 图 $K(d,k)$）。FissionE 中的每个节点都负责虚拟二维笛卡儿坐标空间中的一块区域，节点与其所负责的区域是一一对应的，节点的标识即为它所负责区域的标识。为行文方便，本章根据上下文的需要使用名词“节点”或“区域”。

1.3.1 拓扑构造

FissionE 中每个节点的标识都是一个基底为 2 的 Kautz 串。初始时，FissionE 中的节点组成了以 2 为基底的一个静态 Kautz 图（如 $K(2,1)$），FissionE 中各个节点的标识即为此静态 Kautz 图中节点的标识。随着节点的不断加入或退出，FissionE 中各个区域会不断地进行拆分或合并，各区域的标识以及邻居关系也会进行相应的调整（详见 1.4 节）。因此，FissionE 中各节点标识的长度可能是不同的，且随着节点的加入或退出而动态变化。为取得较好的拓扑特性，FissionE 提出

邻居关系不变量拓扑构造规则,即 FissionE 中邻居节点的标识长度相差始终不超过 1。节点根据它们的标识按照 Kautz 图结构及邻居关系不变量规则建立邻居关系,形成 FissionE 拓扑。用$|U|$来表示节点 U 标识的长度,则 FissionE 中邻居关系不变量拓扑构造规则可用下面的定理 1.3 来表示(定理 1.3 的证明见 1.5 节)。

定理 1.3(邻居关系不变量)　对于 FissionE 中的任意节点 U 和 V,若节点 U、V 为邻居节点,则 $\|U|-|V\|\leqslant 1$。

在 FissionE 中,每个节点都维护一个路由表,路由表中保存了节点的邻居信息。设节点 U 的标识为 Kautz 串 $u_1u_2\cdots u_k$(记为 $U=u_1u_2\cdots u_k$),由定理 1.2 和 Kautz 图的特性可知,节点 U 的路由表中维护了两类邻居的信息:

(1) 出边邻居。系统中所有标识为 $V=u_2u_3\cdots u_kq_1\cdots q_m$($u_2u_3\cdots u_kq_1\cdots q_m$是基底为 2 的 Kautz 串,$0\leqslant m\leqslant 2$;在本章中当 $m=0$ 时,形式为 $q_1\cdots q_m$的串为空串)的节点;V 是 U 的出边邻居,U 到 V 有出边。

(2) 入边邻居。系统中所有标识为 $W=au_1u_2\cdots u_i$($k-2\leqslant i\leqslant k$,$au_1u_2\cdots u_i$ 是基底为 2 的 Kautz 串)的节点;W 是 U 的入边邻居,W 到 U 有出边。

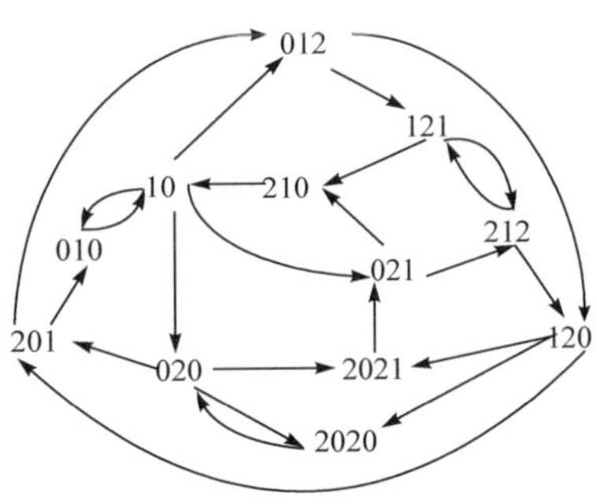

图 1.2　FissionE 拓扑示例

出边邻居与入边邻居是相对的,若 V 是 U 的出边邻居,则 U 是 V 的入边邻居。FissionE 的路由表中包含了本节点所有出边邻居和入边邻居的信息。图 1.2 给出了 FissionE 拓扑的一个示例。注意图 1.2 中的节点 10、2021 和 2020,这些节点的标识及其邻居关系与静态 Kautz 图中不同。

1.3.2　资源对象的命名与发布

在现有的 DHT 覆盖网中,资源对象的标识通常都是由 SHA-1[14] 或 MD5 等哈希算法产生的,其在标识空间中均匀随机分布,并与节点标识处于同一类名字空间。例如,Chord 中资源对象标识是通过 SHA-1 算法产生的,资源对象的标识空间与节点标识空间都是$[0,2^{160}-1]$。FissionE 中每个节点的标识都是以 2 为基底的 Kautz 串,针对系统中的各个资源对象,也需要一个哈希算法为其产生一个目标 Kautz 串 ξ。与 SHA-1 算法类似,该哈希算法产生的 Kautz 串应是确定性的,并在 Kautz 空间中均匀分布。由于目前还没有可用的此类哈希算法,因此本章提出 Kautz_hash 算法。

对于任意资源对象 O,Kautz_hash 算法可根据其关键字 key 为资源对象 O 产生 m 位的目标 Kautz 串 ξ。Kautz_hash 算法中使用了 3 个参数 m、p、n,可根据需要设置这 3 个参数的值。Kautz_hash 算法的过程如下：首先将 0，1，…，p 附加到串 Kautz_hash 后，得到 Kautz_hash ‖ 0，Kautz_hash ‖ 1，…，Kautz_hash ‖ p，对它们分别实施 SHA-1 算法得到二进制串 D_0，D_1，…，D_p。连接 D_0，D_1，…，D_p 得到一个二进制串 D，然后将 D 转换成三进制串 S，并取 S 的低 n 位，得到 R。再对三进制串 R 进行转换，合并 R 中相同的相邻位(即将 R 中的任何相同数字组成的序列 $b \cdots b(b \in \{0,1,2\})$ 都用单个数字 b 代替)，从而得到基底为 2 的 Kautz 串 Q。若 Kautz 串 Q 长度小于 m，则保留 D_0，D_1，…，D_p 的值，再将 $p+1$ 附加到 Kautz_hash 后，计算 D_{p+1}，…，一直重复上述过程，直到获得长度不小于 m 的 Kautz 串 Q。取串 Q 的低 m 位即可得到目标 Kautz 串 ξ。算法 1.1 给出了 Kautz_hash 算法。

算法 1.1　Kautz_hash 算法

```
Procedure Kautz_hash(Keyword Kautz_hash,Length m,Merg p,Digit n)
  //根据关键字 Kautz_hash 产生长度为 m 的 Kautz 串
  //p 和 n 是两个可调节的参数
    D←∅;                                  // ∅表示空字符串
    for i=0 to p-1
        do D←D‖(SHA-1(Kautz_hash‖i));     //‖表示串连接操作
        i= p;
    repeat
        D←D‖(SHA-1(Kautz_hash‖i));
        i←i+1;
       //将二进制串 D 转换成三进制串 R′
        S←Convert_binary_ternary(D);
        R←Get_low_digit(S,n);              //取串 S 的低 n 位得到串 R
       //合并 R 中相同的相邻位得到基底为 2 的 Kautz 串 Q
        Q←Merge_string(R);
    until |Q|≥m
    ξ←Get_low_digit(Q,m);
    return ξ;
```

Kautz_hash 算法通过调整参数 m、p、n，可以产生不同特性的目标 Kautz 串。当取 $m=100$ 时，FissionE 可支持超过 10^{15} 个节点的 DHT 覆盖网(详见 1.5 节)，足以满足一般 DHT 覆盖网的需要，因此取 $m=100$。为使得产生的 Kautz 串均匀分布，对参数 p 和 n 的取值如下：$p=2$，$n=280$。

定理 1.3(证明见 1.5 节)表明，当取参数 $p=2$、$n=280$ 时，Kautz_hash 算法可以根据资源对象的关键字高效地产生一个 100 位的目标 Kautz 串，并且所产生的 Kautz 串是均匀分布的。

定理 1.4(命名算法有效性)　在大概率情况下,Kautz_hash 算法(参数 $p=2$,$n=280$)一次循环就可以产生 100 位的目标 Kautz 串 ξ,且产生的 Kautz 串 ξ 在 KautzSpace(2,100)上均匀分布。

当取参数 $p=2$、$n=280$ 时,Kautz_hash 算法的计算复杂性约为 SHA-1 算法的 3 倍(进行了 3 次 SHA-1 操作),具有良好的实用性。

在 FissionE 中,资源对象的发布过程如下:若节点 U 需要发布资源对象 O,则 U 首先通过 Kautz_hash 算法获得资源对象 O 的目标 Kautz 串 V;然后 U 发起到目标 Kautz 串 V 的消息路由,路由最终会到达唯一的节点 W,并且节点 W 的标识为 Kautz 串 V 的前缀(消息路由算法见 1.3.3 节);资源对象 O 就发布到节点 W 上。因此,FissionE 中资源对象存放在标识为其目标 Kautz 串的前缀的节点上。FissionE 中资源对象的搜索过程与资源对象发布过程相似,也是通过到目标 Kautz 串的消息路由来实现的。

1.3.3　消息路由

FissionE 中的消息路由过程与 Kautz 图的长路径路由算法类似。一旦源节点 $W=w_1w_2\cdots w_k$ 需要将一个消息路由到目标 Kautz 串 $V=v_1v_2\cdots v_m$,那么首先 W 需要进行初始化处理(若 $w_k=v_1$,则串 $S=w_k$,长度 $L=k-1$;否则 S 为空串,长度 $L=k$),然后 W 按照算法 1.2 中的消息路由算法处理路由消息 Routing(V,L,S)。

算法 1.2　FissionE 消息路由算法

```
Procedure FissionE_Routing(SourcePeer W,DestString V )
    //源节点 W= w1w2…wk 发起到目标 Kautz 串 V= v1v2…vm的路由
1.     if wk= v1
2.     then return W.Routing(V,k-1,v1);
3.     else return W.Routing(V,k,null);

Procedure U.Routing(Dest V,PathLen L,ComPrefix S )
    //节点 U= u1u2…uh处理到目标 Kautz 串 V=v1v2…vm的路由消息
1.     if L=0
       //到达负责目标串 V 的目标节点
2.     then return U;
3.     else if ∃Q∈outneighbors(U) and Q=u2…uhX and isprefix(SX,V)
       //节点 U 的路由表中有邻居节点 Q=u2…uhX ,SX 是 V 的前缀
4.     then S←SX;
5.     Q.Routing(V,L-1,S);
       //将路由消息转发给邻居 Q
```

对任意节点 $U=u_1u_2\cdots u_k$,U 接收到目标串 V 的路由消息 Routing(V,L,S)后

的处理过程如下：若 L 等于 0，则路由消息终止在 U；否则，若 U 的路由表中有一个邻居节点 $Q=u_2\cdots u_k x_1\cdots x_j$（$0\leqslant j\leqslant 2$）且 $Sx_1\cdots x_j$ 是 V 的前缀，则 U 将路由消息 Routing(V,$L-1$,$Sx_1\cdots x_j$) 发送给邻居 Q。算法 1.2 给出了消息路由算法。

按照 FissionE 的路由算法，到目标 Kautz 串 $V=v_1v_2\cdots v_m$ 的路由最终会到达唯一的节点 W，并且节点 W 的标识为 Kautz 串 V 的前缀。路由算法正确性的证明见第 1.5 节。

1.4 动态维护

FissionE 提出局部优化的动态维护机制，节点加入时选择面积不小于其邻居（局部最大面积）的区域进行拆分，节点退出时选择面积不大于其邻居（局部最小面积）的两个兄弟区域进行合并。下面介绍 FissionE 动态维护处理的详细过程。

1.4.1 节点加入

节点的加入会引起区域的拆分。为取得较好的负载平衡，FissionE 中新节点加入时，选择面积较大的一个区域进行拆分，该区域的面积不小于其任何一个邻居的面积。

1. 区域拆分

当一个新节点 n 通过 FissionE 中的某节点 p 加入系统时，节点 n 首先通过 Kautz_hash 算法得到一个目标 Kautz 串 $U=u_1u_2\cdots u_{100}$（如根据其 IP 地址通过 Kautz_hash 算法获得）；然后 n 通过节点 p 发送一个到目标 Kautz 串 U 的路由消息。根据 FissionE 的消息路由算法，路由消息最终会到达唯一的区域 W。区域 W 产生一个 ZONE 消息，接着从区域 W 开始，若当前区域的面积比它的某个邻居的面积小，则将 ZONE 消息转发给此邻居（若有多个面积更大的邻居，则随机转发给其中的某一个邻居）。ZONE 消息会一直被转发到面积大的邻居，直至最终到达了区域 V，而区域 V 没有一个邻居的面积比 V 的面积大。因此，节点 n 加入区域 V 中：区域 V 被拆分成两个区域 V_1 和 V_2，节点 n 负责区域 V_2，原先负责区域 V 的节点 m 负责区域 V_1。设区域 V 的标识为 $v_1v_2\cdots v_k$，则 V_1 的标识为 $v_1v_2\cdots v_kx_0$，V_2 的标识为 $v_1v_2\cdots v_k\tilde{x}_0$（$x_0$ 和 $\tilde{x}_0$ 相对于 v_k 互补，即 $0\leqslant x_0,\tilde{x}_0\leqslant 2$ 且 $x_0\neq v_k,\tilde{x}_0\neq v_k,x_0\neq\tilde{x}_0$），$V_1$ 和 V_2 互为兄弟区域。图 1.3 给出了节点 n 加入区域 01 时的示意图。

由区域拆分过程可知，标识长度为 h 的区域，其面积大小与 2^{-h} 成正比。即区域的标识越长，该区域的面积越小。因此，ZONE 消息转发时可根据邻居节点标识的长度进行，转发给标识短的邻居节点。由于 FissionE 中资源对象保存在标识为

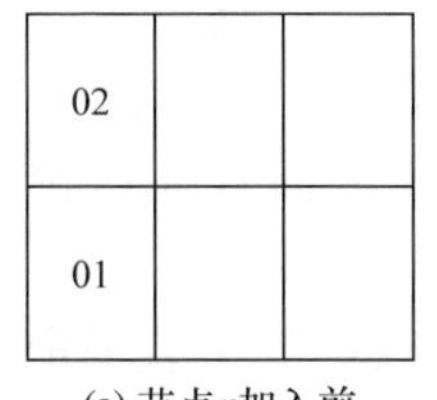

(a) 节点n加入前

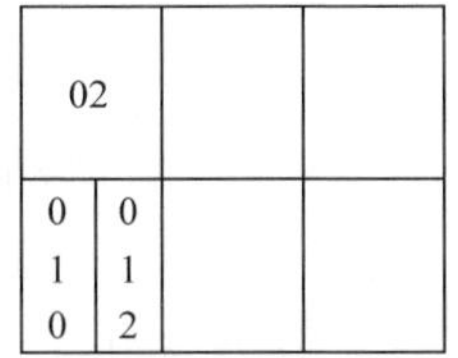

(b) 节点n加入后

图 1.3　节点 n 加入区域 01 时的示意图

其目标 Kautz 串的前缀的节点上，且资源对象的目标 Kautz 串在 KautzSpace(2,100)上均匀分布，因此各节点保存的资源对象数目也与其标识长度 h 的 2^{-h} 成正比，从而各节点保存的资源对象数目与其负责的区域的面积成正比。

2. 路由表更新

一旦区域 V 被拆分成 V_1 和 V_2，区域 V_1 和 V_2 以及拆分前区域 V 的邻居的路由表都需要更新。对于拆分前区域 V 的任一标识为 $R=v_2\cdots v_k q_1\cdots q_m (0\leqslant m\leqslant 2)$ 的出边邻居，由于 ZONE 消息停止在区域 V，因此区域 R 的面积不超过 V，所以 $1\leqslant m\leqslant 2$。因此，若 $q_1=x_0$，则在 V_1 路由表的出边邻居中加入节点 R；若 $q_1=\tilde{x}_0$，则在 V_2 路由表的出边邻居中加入节点 R；同时通知区域 R 修改其路由表。对于拆分前区域 V 的所有标识为 $Q=av_1v_2\cdots v_j (j\leqslant k)$ 的入边邻居，V_1 和 V_2 的路由表中都将 Q 作为入边邻居，同时通知区域 Q 修改其路由表。算法 1.3 给出了 FissionE 中节点加入时的处理算法。

算法 1.3　节点加入处理算法

```
Procedure PeerJoin(GatePeer p,NewPeer n)
   //新节点 n 通过已知节点 p 加入系统
      U←Kautz_hash(IP(n));                    //U 是节点 n 对应的目标 Kautz 串
      //节点 p 发起到目标 Kautz 串 U 的路由，最后到达节点 W
      W←FissionE_Routing(p,U);
      V←W;
      while ∃Q∈neighbors(V) and |Q|< |V|
          do V←Q;
      Split(V,V1,V2);                          //拆分区域 V 得到两个新区域 V1,V2
      Build_Routingtables(V1,V2);              //建立 V1,V2 的路由表
      Update_Routingtables(neighbors(V));      //更新 V 的各个邻居的路由表
```

1.4.2　节点退出

在 FissionE 中，节点可以在任意时刻离开。理想的情况是节点离开时主动通

知其邻居，以利于维护 FissionE 并更新相关节点的路由表，称此种情况为节点的主动退出。但在有些情况下，节点可能没有通知任何邻居就直接离开系统(如节点突然失效)，称此种情况为节点的被动退出。下面首先讨论节点主动退出时的处理。

节点的退出会引起区域的合并。为取得较好的负载平衡，FissionE 中合并的是面积较小的一对兄弟区域，它们的面积都不大于各自邻居的面积。

1. 区域合并

当节点 n 离开 FissionE 系统时，设节点 n 负责的区域为 V，则区域 V 需要由其他节点来负责。当节点 n 离开时，发出一个 DEPART 消息。若区域 V 的某个邻居面积比 V 小，则 DEPART 消息被转发给此邻居。DEPART 消息会一直被转发，直到 DEPART 消息到达某个区域 $U=u_1u_2\cdots u_{k-1}u_k$，而区域 U 的各个邻居的面积都不小于区域 U。选取区域 U 的一个邻居 $R=au_1u_2\cdots u_i(k-2\leqslant i\leqslant k)$，由于 $|R|\leqslant|U|$，故 $k-2\leqslant i\leqslant k-1$，因此，(由推论 1.2)$R$ 会有一个邻居 $W=u_1u_2\cdots u_{k-1}\tilde{u}_kq_1\cdots q_m(0\leqslant m\leqslant 1)$。若 W 的某个邻居 Q 的面积比 W 小，则 Q 的面积也比 U 小，DEPART 消息被转发到 Q，继续传播；否则：①若 $m=0$，则 $W=u_1u_2\cdots u_{k-1}\tilde{u}_k$，得到符合条件的兄弟节点 U 和 W，DEPART 消息停止传播；②若 $m=1$，$W=u_1u_2\cdots u_{k-1}\tilde{u}_kq_1$，则(由推论 1.2 和定理 1.2)$R$ 也有邻居 $W'=u_1u_2\cdots u_{k-1}\tilde{u}_k\tilde{q}_1$，若 W' 有一邻居 T 的面积小于 W'，则 DEPART 消息转发到 T，继续传播；否则得到符合条件的兄弟节点 W、W'，DEPART 消息停止传播。

在整个过程中，DEPART 消息每传播一步，所经过区域的标识长度都至少会减少 1，(由定理 1.5 可知)DEPART 消息的传播距离小于 $\log_2 N$。因此，最终能够得到两个兄弟区域 $Y_1=y_1y_2\cdots y_{p-1}y_p$、$Y_2=y_1y_2\cdots y_{p-1}\tilde{y}_p$，并且 Y_1 和 Y_2 的面积都不大于它们各自的邻居。设节点 n_1 和 n_2 分别负责区域 Y_1 和 Y_2，则有以下结论：

(1) 若 Y_1 或 Y_2 是 V，不妨设 $Y_1=V$，则节点 n_1 就是节点 n。合并区域 Y_1 和 Y_2 成为一个新的区域 $V'=y_1y_2\cdots y_{p-1}$，节点 n_2 负责区域 V'。

(2) 若 Y_1 和 Y_2 都不是 V，则合并区域 Y_1 和 Y_2 成为一个新的区域 $V'=y_1y_2\cdots y_{p-1}$。保留区域 V，但由节点 n_1 负责区域 V，节点 n_2 负责区域 V'。

2. 路由表更新

区域 Y_1 和 Y_2 合并成 V' 后，需要对相关的路由表进行更新。新区域 V' 的路由表中保存了区域 Y_1 和 Y_2 路由表中的全部入边邻居和出边邻居信息。对以 Y_1(或 Y_2)为出边邻居的区域 R，将 R 出边邻居中的 Y_1(或 Y_2)修改为 V'。对以 Y_1(或 Y_2)为入边邻居的区域 W，将 W 入边邻居中的 Y_1(或 Y_2)修改为 V'。算法 1.4 给出了节点退出处理算法。

算法 1.4　节点退出处理算法

```
Procedure PeerDepart(DepartPeer n,DepartZone V)
  //负责区域 V 的节点 n 离开系统
  U←V;
  flag←1;
  repeat
      while ∃Q∈neighbors(U) and |Q|>|U|
      do U←Q;
      选取 U= u_1u_2…u_{k-1}u_k 的邻居 R= au_1u_2…u_i (k-2≤i≤k-1);
      选取 R 的邻居 W=u_1u_2…u_{k-1}ũ_kq_1…q_m;
      if m=0
      then if ∃T∈neighbors(W) and |T|>|W|
          then U←T;
          else Y_1←U;
              Y_2←W;
              flag←0;
      else 选取 R 的邻居 W'= u_1u_2…u_{k-1}ũ_kq̃_1;
          if ∃T∈neighbors(W,W') and |T| > |W|
          then U←T;
          else Y_1←W;
              Y_2←W';
              flag←0;
  until flag=0
  V'←Merge_zones(Y_1,Y_2);  //合并获得的符合条件的兄弟区域得到区域 V'
  Update_Routingtables(V');
  Update_Routingtables(neighbors(V'));  // 更新 V'及其相关邻居的路由表
```

当节点 n 被动退出时，一旦其邻居节点 P 检测到节点 n 的退出，节点 P 就为节点 n 发出 DEPART 消息，余下的处理过程与节点主动退出时相同。

1.4.3　并发加入和退出

当多个节点同时加入或退出引起路由表更新时，FissionE 中部分节点的路由表可能会出现暂时不一致，从而可能导致 FissionE 中同一时刻并发的其他消息路由或节点加入、退出的处理出现错误。为避免此种情况，FissionE 中对节点加入或退出时的路由表更新采用原子更新的方法：

当节点加入(或退出)引起一次路由表更新时，各相关节点接收到此次路由表的更新消息后，首先保持原有的路由表不变，只有相关各节点都完成了路由表更新并同步后，再采用更新后的路由表。在此期间，各相关节点若接收到路由消息，则按照原有路由表进行路由；若接收到 ZONE 消息或 DEPART 消息则暂不处理，等更新完毕后，再向发起 ZONE 或 DEPART 消息的源节点发送消息，由它们重新开始 ZONE 或 DEPART 消息的传播。

由于 FissionE 的节点平均度数只有 4(见定理 1.5)，每次更新时涉及的邻居节点数目很少，并且 1.6 节的模拟表明 ZONE 和 DEPART 消息平均传播距离不超过 1，因此原子更新带来的额外开销很小。原子更新方法使得节点的加入和退出处理以及路由过程都相对独立，能够正确处理节点的并发加入和退出，便于 FissionE 维护的简单实用。

1.4.4 容错路由和动态负载平衡

当节点被动退出后，当 FissionE 还没有完成区域合并与路由表更新时，路由消息可能会被转发给已经失效的节点。为增加消息路由的鲁棒性，FissionE 中可采用两种容错路由机制：

(1) 容错邻居机制。FissionE 通过为每个节点增加一些容错邻居来支持容错路由。对节点 $U=u_1u_2\cdots u_k$，将所有标识为 $V=\tilde{u}_2u_3\cdots u_kq_1\cdots q_m$($\tilde{u}_2$ 与 u_2 相对于 u_1 互补，$0\leqslant m\leqslant 2$)的节点作为 U 的容错邻居。当节点 U 处理路由消息 Routing(V, L, S)时，若路由消息要转发到的邻居节点 $W=u_2\cdots u_kx_1\cdots x_j$($0\leqslant j\leqslant 2$) 已经失效，则选择容错邻居 $W'=\tilde{u}_2u_3\cdots u_kq_1\cdots q_m$($Sq_1\cdots q_m$是 V 的前缀)，将路由消息转发给节点 W'。

(2) 多出边邻居机制。对节点 $U=u_1u_2\cdots u_k$，将所有标识为 $u_3\cdots u_kx_1\cdots x_j$($0\leqslant j\leqslant 4$)的节点也作为 U 的出边邻居。当节点 U 处理路由消息 Routing(V, L, S)时，优先选择节点 $W=u_3\cdots u_kx_1\cdots x_j$($Sx_1\cdots x_j$ 是 V 的前缀)。若 W 失效，则选择邻居节点 $W'=u_2\cdots u_kq_1\cdots q_m$($Sq_1\cdots q_m$是 V 的前缀)，将路由消息转发给节点 W'。

容错邻居机制简单，但会增加 FissionE 的节点度数(容错度数平均为 2)；多出边邻居机制在增加节点度数的同时也可减少路由延迟。

FissionE 采用虚拟服务器[19]和动态负载交换等技术来处理节点异构性和资源对象分布不均等问题，促进节点间的动态负载平衡。FissionE 采用复制和缓存技术，以解决资源对象搜索请求分布不均带来的搜索热点(hotspot)等问题。相关技术的具体细节描述请参见有关文献。

下面将重点分析基本的 FissionE 覆盖网(未涉及容错路由和负载平衡等技术影响)及其特性。

1.5 理论分析

本节将给出并证明 FissionE 覆盖网的几个基本属性。

定理 1.5(邻居关系不变量) 对 FissionE 中的任意节点 U 和 V，若节点 U 和

V 是邻居节点，则 $\| U|-|V \| \leqslant 1$。

定理 1.6(命名算法有效性)　在大概率情况下，Kautz_hash 算法(参数 $p=2$，$n=280$)一次循环就可以产生 100 位的目标 Kautz 串 ξ，且产生的 Kautz 串 ξ 在 KautzSpace(2，100)上均匀分布。

定理 1.7(路由正确性)　在 FissionE 中，任何到目标 Kautz 串 $V=v_1 v_2 \cdots v_m$(m 为足够大的整数)的消息路由，最终会到达唯一的节点 V'，且节点 V' 的标识为 Kautz 串 V 的前缀。

定理 1.8(性能特征)　N 个节点的 FissionE 系统具有下列特性：

(1) 每个节点的入度为 2，出度在 1 和 4 之间，节点平均度数为 4。

(2) 网络直径小于 $2\log_2 N$。

(3) 节点加入引起的消息传播距离小于 $3\log_2 N$ 跳步(hop)，其中 ZONE 消息的传播距离小于 $\log_2 N$ 跳步；节点退出引起的 DEPART 消息的传播距离小于 $\log_2 N$ 跳步。节点加入或退出后，只有 $O(1)$ 个节点需要更新路由表。

下面来依次证明这些定理。

1.5.1　邻居关系不变量

为证明定理 1.2，先给出一个引理。

引理 1.4　对 FissionE 中的每个区域 $U=u_1 u_2 \cdots u_k$，若区域 $V=v_1 v_2 \cdots v_m$ 是区域 U 的出边邻居，则 $\| U|-|V \| \leqslant 1$，即 $|k-m| \leqslant 1$。

证明　用数学归纳法证之。显然，对初始的静态 Kautz 图，引理 1.4 成立。设某时刻引理 1.4 成立，则有以下结论成立：

(1) 新节点 n 加入后，拆分了某个区域。假设区域拆分后，存在两个区域 U、V，V 是 U 的出边邻居且满足 $\| U|-|V \| \geqslant 2$。根据假设，节点加入前，FissionE 中各区域的标识长度相差不超过 1。节点加入后各区域标识长度最多只会变化 1，故节点加入后 $\| U|-|V \| \leqslant 2$，因此 $\| U|-|V \| =2$，并且区域 U 和 V 中至少有一个是由于节点加入时拆分产生的。

若区域 U 是节点加入后拆分区域 U' 产生的，则 $\| U'|-|V \| \leqslant 1$ 并且 $|U|=|U'|+1$。由于 $\| U|-|V \| =2$，因此节点加入前 $|U'|-|V|=1$。根据拆分过程可知，拆分后 V 是 U 的出边邻居，则拆分前 V 也必是 U' 的出边邻居。但 $|U'|-|V|=1$，则 $|V|<|U'|$，表明区域 V 的面积大于区域 U'；由于 U' 与 V 是邻居，因此区域拆分时 ZONE 消息会从 U' 转发到 V，从而 U' 不会被拆分。这与前面的假设矛盾。

若区域 V 是拆分区域 V' 时产生的，则节点加入前 $|V'|-|U|=1$，从而区域 U 的面积比 $|V'|$ 大。由于 U 和 V' 是邻居，因此节点加入时不会拆分区域 V'，这与假设矛盾。

因此，新节点加入后，引理 1.4 仍然成立。

(2) 节点 n 退出。证明过程与节点加入时类似,此处略。

因此,引理 1.4 成立。

对 FissionE 中的任意节点 U 和 V,若节点 U、V 是邻居节点,则 U 是 V 的出边邻居或者 V 是 U 的出边邻居。故根据引理 1.4,可以直接得到定理 1.5。

1.5.2 命名算法有效性

本节证明定理 1.6,即证明命名算法 Kautz_hash 的有效性。

当取参数 $p=2$、$n=280$ 时,Kautz_hash 算法第一次循环中完成的主要工作如下:连接 3 个二进制串 D_0、D_1、D_2,得到 D(根据 SHA-1 算法的性质,D_0、D_1、D_2 都是 160 位的二进制串,故 D 为 480 位的二进制串);然后将 D 转换成三进制串 R'(R'为不超过 303 位的三进制串,$2^{480}\approx 3^{303}$),取 R'的低 n 位($n=280$),得到 280 位的三进制串 R;合并 R 的相同相邻位得到基底为 2 的 Kautz 串 Q。下面首先证明 Kautz 串 Q 的位数小于 100 的概率小于 10^{-23},然后证明取串 Q 的低 100 位得到的 Kautz 串 ξ 在 KautzSpace(2,100)上均匀分布。

为证明定理 1.3,首先引入几个引理。

引理 1.5 n 位三进制串 R 经过合并相同的相邻位后,得到基底为 2 的 Kautz 串 Q,则 Kautz 串 Q 长度为 m ($1\leqslant m\leqslant n$) 的概率 $P_1(n,m)=1.5\times 2^m\times\binom{n-1}{m-1}/3^n$。

证明 对合并 R 中相同的相邻位后得到的任意 m 位 Kautz 串 $Q=b_1b_2\cdots b_m$,设 Q 中的 b_i 是由三进制串 R 中 x_i 个($1\leqslant x_i\leqslant n$)连续的 b_i(即$\underbrace{b_i\cdots b_i}_{共x_i}$)合并而成的,则可得式(1.1)为

$$\sum_{i=1}^{m} x_i = n \tag{1.1}$$

根据组合论的知识,式(1.1)的(以 x_i 为变量)正整数解的个数有$\binom{n-1}{m-1}$个,即合并相同的相邻位后,有$\binom{n-1}{m-1}$个不同的三进制串都会转换成同一个 Kautz 串 Q。KautzSpace(2,m)中共 1.5×2^m 个 Kautz 串 Q,并且其中任何两个不同 Kautz 串 Q_1 和 Q_2 都是由不同的三进制串 R_1 和 R_2 转换而来的。故 $1.5\times 2^m\times\binom{n-1}{m-1}$个三进制串转换后都会成为 KautzSpace(2,m)中的 Kautz 串。由于 n 位三进制串的总数为 3^n,因此合并相同的相邻位后得到的 Kautz 串 Q 长度为 m 的概率为 $1.5\times 2^m\times\binom{n-1}{m-1}/3^n$。

由引理 1.5,令 $n=280$,$m=100$,则

$$P_1(280,100)=1.5\times 2^m\times\binom{n-1}{m-1}\Big/3^n=1.5\times 2^{100}\times\binom{279}{99}\Big/3^{280}=1.5\times 2^{100}\times\frac{279!}{99!\times 180!}\Big/3^{280}$$

$$\begin{aligned}\lg P_1(280,100)&=\lg 1.5+100\times\lg 2+\lg 279!-\lg 99!-\lg 180!-280\times\lg 3\\&=0.17609+30.103+562.77743-155.97-329.303-133.59395\\&=-25.81043\end{aligned}$$

由于对任意的 $0<m<100$，$\binom{279}{m-1}<\binom{279}{100-1}$，$P_1(280,m)<P_1(280,100)=10^{-25.81043}$，因此 Kautz_hash 算法每次循环中，280 位的三进制串 R 合并相同的相邻位后得到的串 Q 位数小于 100 的概率小于 $100\times 10^{-25.81043}<10^{-23}$。因此，可直接得到下面的推论 1.1。

推论 1.1　在大概率情况下，Kautz_hash 算法（参数 $p=2, n=280$）一次循环就可以产生 100 位的目标 Kautz 串 ξ。

引理 1.6　在大概率情况下，Kautz_hash 算法（参数 $p=2, n=280$）中间产生的 280 位三进制串 R 在区间 $[0,3^{280}-1]$ 上是均匀随机分布的。

证明　根据 SHA-1 算法的特性，在大概率情况下，SHA-1 算法产生的 D_0、D_1、D_2 都是在区间 $[0,2^{160}-1]$ 上均匀随机分布的，因此产生的 D 也在区间 $[0,2^{480}-1]$ 上均匀随机分布（即 $\forall i\in[0,2^{480}-1]$，$P(D=i)=2^{-480}$，记为 P_0）。转换成三进制后，得到的三进制串 R' 同样在区间 $[0,2^{480}-1]$ 上均匀随机分布。将区间 $[0,2^{480}-1]$ 分成长度为 3^{280} 的各个段，设 $2^{480}=r\times 3^{280}+d\ (0\leqslant d<3^{280})$，则 $r=\lfloor 2^{480}/3^{280}\rfloor=79514548487$（约为 7.95×10^{10}）。故区间 $[0,2^{480}-1]$ 上包括 r 个完整的段，并剩下长度为 d 的部分区间，如图 1.4 所示。因此，对区间 $[0,2^{480}-1]$ 上的任意值 R'，设 $R'=r'\times 3^{280}+d'\ (0\leqslant d'<3^{280})$，取 R' 的低 280 位得到的值 R 就是 d'。

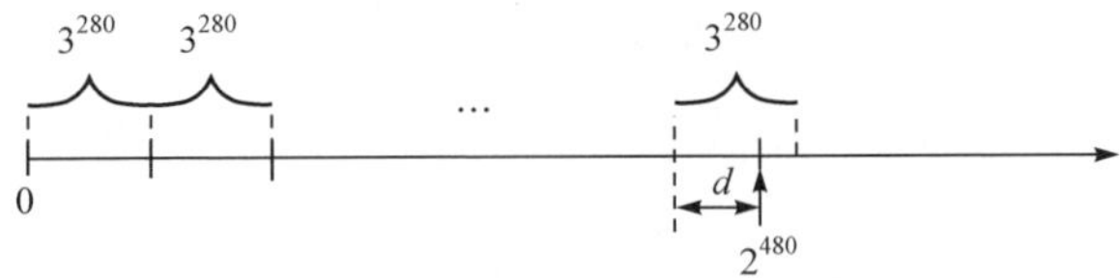

图 1.4　区间划分（总长度为 2^{480}）

故 $\forall i\in[0,3^{280}-1]$，概率 $P(R=i)$ 可用如下公式计算：

$$P(R=i)=\begin{cases}(r+1)p_0, & 0\leqslant i<d\\ rp_0, & d\leqslant i<3^{280}\end{cases}$$

可以验证 $\sum_{i=0}^{3^{280}-1}P(R=i)=1$。其中，$r>7.95\times 10^{10}$ 远大于 1，故 $r+1\approx r$，因此在大概率情况下三进制串 R 在区间 $[0,3^{280}-1]$ 上均匀随机分布。

引理 1.7 大概率情况下，Kautz_hash 算法（参数 $p=2,n=280$）获得的目标 Kautz 串 ξ 在空间 KautzSpace(2,100) 上均匀分布。

证明 在 Kautz_hash 算法中，对 Kautz 空间 KautzSpace(2,100) 的任一个 Kautz 串 ξ，ξ 都可以由 $[0,3^{280}-1]$ 上的某个 280 位三进制串 R 通过合并相同的相邻位后截取低 100 位获得，并且同一个 R 只能映射到 Kautz 空间 KautzSpace(2,100) 中的某一个值。

对 Kautz_hash 算法获得的任意一个目标 Kautz 串 $\xi=b_1b_2\cdots b_{100}$，设 ξ 中的 b_i 是由 R 中 x_i 个（$1\leqslant x_i\leqslant 280$）连续的 b_i（即$\underbrace{b_i\cdots b_i}_{\text{共}x_i\text{个}}$）合并而成的，则有

$$\sum_{i=1}^{100} x_i \leqslant 280 \tag{1.2}$$

设式(1.2)的（以 x_i 为变量）正整数解的个数为 t，则 t 是与 ξ 无关的数值。每个 Kautz 串 ξ 都是由区间 $[0,3^{280}-1]$ 中的 t 个三进制串转换而来的。根据引理 1.6，大概率情况下 R 在区间 $[0,3^{280}-1]$ 上均匀分布，故 ξ 在空间 KautzSpace(2,100) 中均匀分布。

由推论 1.1 和引理 1.7，可以直接得到定理 1.6。

1.5.3 路由正确性

本节将证明按照 FissionE 的消息路由算法，路由可以一直进行下去，并且最终到达正确的目标节点。下面首先引入几个引理并给出简要证明。

引理 1.8 FissionE 中的任意一个区域的标识都不是其他某个区域标识的前缀。即对 FissionE 中的任意区域 $U=u_1u_2\cdots u_k$，不存在区域 $V=u_1u_2\cdots u_kx_1\cdots x_j(j\geqslant 1)$。

证明 用数学归纳法证明之。初始时，对静态 Kautz 图，引理 1.8 成立。设某时刻引理 1.8 成立，则有以下结论成立：

(1) 新节点加入后，假设选择了区域 $V=v_1v_2\cdots v_k$ 进行拆分，得到 $V_1=v_1v_2\cdots v_kx_0$ 和 $V_2=v_1v_2\cdots v_kx_1$（$0\leqslant x_0<x_1\leqslant 2,x_0\neq v_k,x_1\neq v_k$）。显然，$v_1v_2\cdots v_kx_0$ 和 $v_1v_2\cdots v_kx_1$ 互不为前缀。由于拆分前 $v_1v_2\cdots v_k$ 不是任何区域标识的前缀，因此 $v_1v_2\cdots v_kx_0$ 和 $v_1v_2\cdots v_kx_1$ 也不会是其他区域标识的前缀。如果存在其他区域 Y，Y 的标识是 $v_1v_2\cdots v_kx_0$ 或 $v_1v_2\cdots v_kx_1$ 的前缀，那么不妨设 Y 是 $v_1v_2\cdots v_kx_0$ 的前缀，由于 Y 不是 $v_1v_2\cdots v_k$ 的前缀，因此 Y 只能等于 $v_1v_2\cdots v_kx_0$。因此，拆分前 V 是 Y 的前缀。但这与前面的假设矛盾。因此，新节点加入后，任意区域的标识都不是其他区域标识的前缀。

(2) 节点退出。证明过程与上述(1)中类似，此处略。

因此，在任何时刻各区域标识都不互为前缀。引理 1.8 成立。

引理 1.9 对任意节点 $U=u_1u_2\cdots u_k$，对任意基底为 2 的 Kautz 串 $R=r_1\cdots r_m(r_1\neq u_k, m\geqslant 2)$，$U$ 都有一个出边邻居 $u_2\cdots u_kx_1\cdots x_j(0\leqslant j\leqslant 2)$，且 $x_1\cdots x_j$ 是 R 的前缀。

证明 考虑节点 U 的出边邻居 $V=u_2\cdots u_kq_1\cdots q_m$，根据引理 1.4，$\|U|-|V\|\leqslant 1$，故 $|U|-1\leqslant|V|\leqslant|U|+1$，从而 $0\leqslant m\leqslant 2$。可以用归纳法来证明引理 1.9。

在初始静态 Kautz 图中，对任意的 $0\leqslant r_1\leqslant 2$ 且 $r_1\neq u_k$，U 都有一个邻居 $V=u_2\cdots u_kr_1$，故引理 1.9 成立。设某时刻引理 1.9 成立，则在节点加入或退出后，需要对区域进行拆分或合并，并对相应的路由表进行更新。容易验证，节点加入或退出后，引理 1.9 仍然成立。

由引理 1.4、引理 1.8 和引理 1.9 可得到下面的推论。

推论 1.2 对任意节点 $U=u_1u_2\cdots u_k$，若 U 有一邻居 $u_2\cdots u_kx_1\cdots x_j(1\leqslant j\leqslant 2)$，则 U 也有一邻居 $u_2\cdots u_k\widetilde{x}_1q_1\cdots q_m(0\leqslant m\leqslant 1)$。

推论 1.3 FissionE 中任意节点的出边邻居个数在 1 和 4 之间。

引理 1.10 考虑从任意节点 $W=w_1w_2\cdots w_k$ 发起的到目标 Kautz 串 $V=v_1v_2\cdots v_m$ 的消息路由（m 足够大）。s 是一整数，若 $v_1=w_k$，则 $s=1$；否则 $s=0$。设此消息路由的路由路径为 $U_1(=W)\rightarrow U_2\rightarrow U_3\rightarrow\cdots\rightarrow U_h$，则节点 $U_i(1\leqslant i\leqslant h)$ 的标识是形式为 $w_i\cdots w_{k-s}S$ 的 Kautz 串（其中串 S 为 V 的一个前缀），U_i 处理的路由消息为 Routing($V,k-s-i+1,S$)，并且 $h=k-s+1$。

证明 若 $v_1=w_k$，则令串 $S_0=w_k$，否则 S_0 为空串。因此，$U_1=W=w_1w_2\cdots w_k=w_1w_2\cdots w_{k-s}S_0$，$V=v_1v_2\cdots v_m=S_0v_{s+1}\cdots v_m$。节点 W 处理的路由消息为 Routing($V,k-s,S_0$)。因此，当 $i=1$ 时，引理 1.10 成立。

设当 $i=p$ 时（$1\leqslant p\leqslant k-s$），引理 1.10 成立，即路由路径上的当前节点 $U_p=w_pw_{p+1}\cdots w_{k-s}S$，并且节点 U_p 处理的路由消息为 Routing($V,k-s-p+1,S$)，S 为 V 的前缀。根据引理 1.9 易知，节点 U_p 有一个邻居节点 $R=w_{p+1}\cdots w_{k-s}Sx_1\cdots x_j(0\leqslant j\leqslant 2)$ 且 $S'=Sx_1\cdots x_j$ 是 V 的一个前缀。根据消息路由算法，路由消息 Routing($V,k-s-p,S'$)会被转发到邻居 R 上。因此，路由路径中的下一个节点为 $U_{p+1}=R=w_{p+1}\cdots w_{k-s}Sx_1\cdots x_j=w_{p+1}\cdots w_{k-s}S'$，且节点 U_{p+1} 处理的路由消息为 Routing($V,k-s-p,S'$)。故当 $i=p+1$ 时，引理 1.10 也成立。

当 $p=k-s+1$ 时，$k-s-p+1=0$，路由消息到达节点 $U_{k-s+1}=T$ 且 T 是 V 的前缀，T 处理的路由消息为 Routing($V,0,T$)。根据算法 1.2 中的消息路由算法，路由会停止在节点 U_{k-s+1} 上，故 $h=k-s+1$。因此，引理 1.10 成立。

根据引理 1.10，路由消息可一直转发下去，直至到达某节点 V'，且 V' 的标识是 V 的前缀。根据引理 1.8，V' 是唯一的。故定理 1.7 成立。

由引理 1.10 可知，从源节点 W 发起的路由延迟为 $k-s$ 跳步（$s\geqslant 0$）。由此可得以下推论。

推论 1.4 从源节点$U=u_1u_2\cdots u_k$发起的路由，其路由延迟不超过k跳步(hop)。

1.5.4 性能特征

引理 1.11 FissionE 中任意节点的入边邻居个数都为 2。

证明 初始时静态 Kautz 图中各节点都有 2 个入边邻居，引理 1.11 成立。设某时刻引理 1.11 成立，则有以下结论成立：

当新节点加入时，设拆分了区域$V=v_1v_2\cdots v_k$得到V_1和V_2，则V_1和V_2的入边邻居与V相同，个数也为 2。以V为入边邻居的节点，在V拆分后，只会选择V_1、V_2中的唯一一个作为入边邻居，故它们的入边邻居个数也保持不变，也为 2。

当节点退出后，设合并了兄弟区域$Y_1=y_1y_2\cdots y_{p-1}y_p$和$Y_2=y_1y_2\cdots y_{p-1}\tilde{y}_p$得到区域$V'$。考虑$Y_1$的入边邻居$ay_1y_2\cdots y_i(p-2\leqslant i\leqslant p)$，因合并时选择了面积小的区域进行合并，故$p-2\leqslant i\leqslant p-1$。因此，$Y_1$的入边邻居为所有标识为$ay_1y_2\cdots y_i(p-2\leqslant i\leqslant p-1)$的节点。类似地，$Y_2$的入边邻居也是所有标识为$ay_1y_2\cdots y_i(p-2\leqslant i\leqslant p-1)$的节点，故$Y_1$、$Y_2$的入边邻居相同，从而$V'$的入边邻居个数与$Y_1$的入边邻居个数相同，也为 2。考虑以$Y_1$(或$Y_2$)为入边邻居的节点$R$，$R$路由表中的入边邻居$Y_1$(或$Y_2$)会被$V'$替代，但入边邻居个数不变。因此，当节点退出后，FissionE 中各节点的入边邻居个数仍为 2。

故节点加入或退出后，引理 1.11 仍然成立。因此，引理 1.11 成立。

根据推论 1.3 和引理 1.11，FissionE 中节点的入度为 2，出度在 1 与 4 之间。由于整个系统中全部节点的入度和等于出度和，因此平均出度也为 2，所以下面的推论 1.5 成立。

推论 1.5 FissionE 中各节点的入度为 2，出度在 1 和 4 之间，平均出度为 2。

下面讨论 FissionE 的网络直径。

引理 1.12 在N个节点的 FissionE 系统中，标识长度最短的节点U满足$|U|<\log_2 N$。

证明 设$|U|=k$，则k是 FissionE 中各节点标识长度的最小值，故此 FissionE 系统中的节点数目不小于2^k+2^{k-1}，即$2^k+2^{k-1}\leqslant N$。因此，$k\leqslant\log_2(N\times 2/3)=\log_2 N-\log_2 3+1<\log_2 N$。

引理 1.13 在N个节点的 FissionE 系统中，标识长度最长的节点V满足$|V|<2\log_2 N$。

证明 设U是 FissionE 系统中标识长度最短的节点，考虑从节点U到V的路由。根据推论 1.4，从U到V路由的路由延迟不超过$|U|$。根据定理 1.2，路由路径上相邻的两个节点之间标识长度相差不超过 1，因此$\|V|-|U\|\leqslant|U|$。由于$|V|\geqslant|U|$，因此$|V|-|U|\leqslant|U|$，从而$|V|\leqslant 2|U|<2\log_2 N$。

由引理 1.13 和定理 1.7 可知，FissionE 中 Kautz_hash 算法产生的目标 Kautz

串长度为 100，至少可以支持 2^{50}（大于 10^{15}）个节点的 DHT 覆盖网，足以满足一般 DHT 覆盖网的需要。并且 FissionE 还可以根据需要调整 Kautz_hash 算法的参数 n 和 p，获得更大长度的 Kautz 串。

根据推论 1.4 和引理 1.13，很容易得到下面的推论 1.6 和推论 1.7。

推论 1.6　在 N 个节点的 FissionE 系统中，设标识长度最长的节点为 V，标识长度最短的节点为 U，则 $|V|-|U|\leqslant|U|<\log_2 N$。

推论 1.7　在 N 个节点的 FissionE 系统中，任意两个节点之间的路由延迟小于 $2\log_2 N$，即 FissionE 的网络直径小于 $2\log_2 N$。

由于 FissionE 拓扑构成了近似 Kautz 图 $K(2,k)$，因此其节点标识的平均长度约为 $\log_2(N\times 2/3)$。由推论 3.4 可知，FissionE 的平均路由延迟不到 $\log_2(N\times 2/3)$。将在后面小节中对 FissionE 的平均路由延迟进行详细评测。

引理 1.14　在 N 个节点的 FissionE 系统中，节点加入引起的消息的传播距离小于 $3\log_2 N$ 跳步，其中 ZONE 消息的传播距离小于 $\log_2 N$ 跳步；节点退出引起的 DEPART 消息的传播距离小于 $\log_2 N$ 跳步。节点加入或退出后，只有 $O(1)$ 个节点需要更新它们的路由表。

证明　节点加入时，首先要发起一个到目标 Kautz 串的消息路由。根据推论 1.7，此路由阶段消息传播距离小于 $2\log_2 N$ 跳步；然后 ZONE 消息被不断转发到标识长度至少小于 1 的邻居上，由推论 1.6 可知，ZONE 消息的传播距离小于 $\log_2 N$ 跳步。因此，节点加入引起的消息传播距离小于 $3\log_2 N$ 跳步。节点加入后，根据推论 1.5，节点的邻居数为 3～6 个，只有 3～6 个邻居需要更新其路由表。节点退出时的证明过程与节点加入时类似，此处略。

由推论 1.5、推论 1.7 和引理 1.14 可知，定理 1.8 成立。

1.6　实验评估

本节在 Tapestry 模拟器上实现 FissionE 覆盖网。Tapestry 模拟器中 DHT 覆盖网的构建过程如下：首先产生包含大量节点的物理网络拓扑（如 Transit-stub 拓扑），随机选取物理拓扑中的部分节点作为 DHT 覆盖网的初始节点，然后根据 DHT 中节点的加入处理过程，不断向 DHT 覆盖网中增加新的节点，直到 DHT 覆盖网达到预设的节点规模。

下面从节点度数、负载平衡、路由延迟、维护开销、鲁棒性等方面来评估 FissionE 的特性，并与 CAN 和 Koorde 等相关 DHT 覆盖网进行比较。

首先评估 FissionE 覆盖网的节点度数分布。这里分别模拟了 6000 个、50000 个节点的 FissionE 系统，其节点度数分布如图 1.5 所示。图 1.5 表明，不同节点规模的 FissionE 中节点度数都处于 3 到 6 之间，度数为 4 的节点所占比例最高。

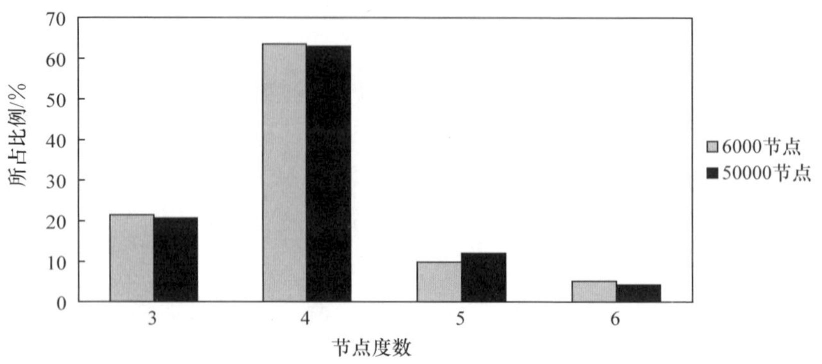

图 1.5 FissionE 节点度数分布

其次评估 FissionE 覆盖网的负载平衡特性。Koorde 覆盖网的负载平衡特性是从 Chord 覆盖网继承而来的，比 CAN 覆盖网要差。重点比较 FissionE 与 CAN 两种覆盖网。实验中分别模拟了规模为 50000 个节点的 FissionE、CAN($d=3$，即节点度数为 6）及采用统一分区优化技术的 CAN 覆盖网（在图中用 CAN（uniform）表示）。在 FissionE 和 CAN 中，各节点的负载与其负责区域的面积大小成正比。因此在每个模拟实验中，统计各种面积大小的区域数目，数目最多的区域面积都用 S 来表示。实验结果如图 1.6 所示，由图 1.6 可知，FissionE 具有较好的负载平衡特性（约 80％节点负责的区域面积都相等），并且 FissionE 负载平衡特性比普通 CAN 覆盖网更好，与采用 uniform-partitioning 优化技术后的 CAN 覆盖网相当。

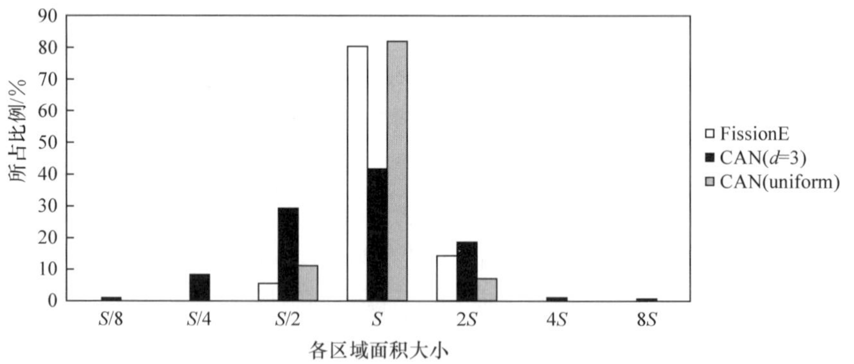

图 1.6 FissionE 负载平衡特性

再次评估 FissionE 的平均路由延迟，并将 FissionE 与相同度数的 CAN 和 Koorde 进行比较。实验中分别模拟了 CAN 覆盖网（度数分别为 4($d=2$)和

6($d=3$))和度数为 4 的 Koorde 覆盖网，节点规模从 256 变化到 64K。对每种规模的 DHT 覆盖网，进行 5000 次模拟，每次模拟随机选择两个节点进行路由，然后计算 5000 次路由的平均路由延迟，实验结果如图 1.7 所示。图 1.7 中给出了 FissionE 在不同节点规模下的最大路由延迟(即 FissionE 的网络直径，在图中以 FissionE(max)表示)。由图 1.7 可知，FissionE 平均路由延迟小于 $\log_2 N$，网络直径也与 $\log_2 N$ 相差不大。与相同度数的 CAN 和 Koorde 相比，当节点规模较大时，FissionE 的平均路由延迟最小，性能最优。

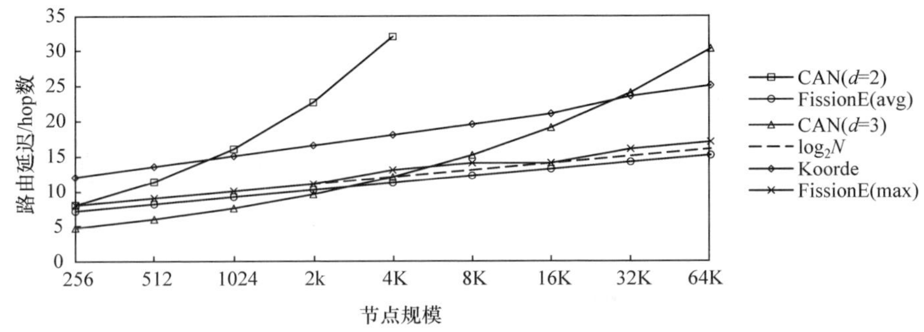

图 1.7　FissionE 平均路由延迟

接着评估 FissionE 的路由延迟分布。模拟实验中，FissionE 系统的节点规模为 50000 个。图 1.8 给出了实验中 10000 次随机路由(每次随机选择两个节点)的路由延迟分布。图 1.8 表明，FissionE 中大部分路由的路由延迟相差很小，超过 50%的路由延迟都是相等的。

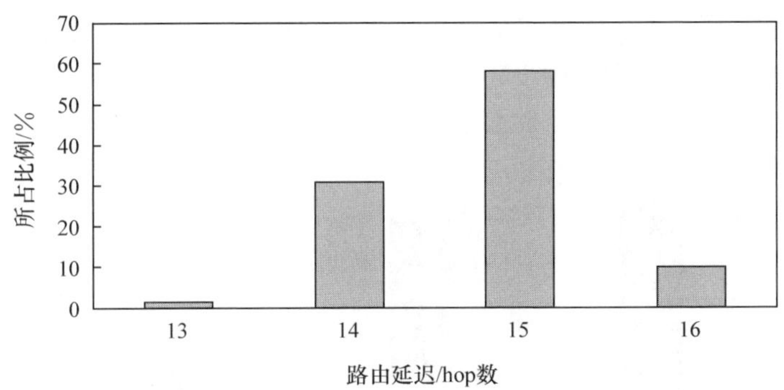

图 1.8　FissionE 路由延迟的分布

然后评估 FissionE 的动态维护开销。由于 Koorde 覆盖网继承了 Chord 中的动态维护技术，因此更新消息开销为 $O(\log_2^2 N)$，而 FissionE 覆盖网只需 $O(\log_2 N)$更新消息(见定理 1.5)，比 Koorde 覆盖网要少得多。因此，在模拟实验中只比较 FissionE 与 CAN 两种覆盖网，将 FissionE 与 CAN(d=3)覆盖网进行比较。模拟实验中，在 50000 个节点的 FissionE 和 CAN 系统中分别加入和删除 100 个节点，然后计算各统计值(节点加入时更新消息传播的总距离、FissionE 中节点加入时 ZONE 消息的传播距离和节点退出时更新消息传播的总距离)100 次的平均值，实验结果见图 1.9。图 1.9 表明，与 CAN 覆盖网相比，FissionE 中节点加入的消息开销更小，但节点退出的消息开销略大。FissionE 中节点加入比节点退出的更新消息开销大，是由于节点加入时需先路由消息到目标 Kautz 串。

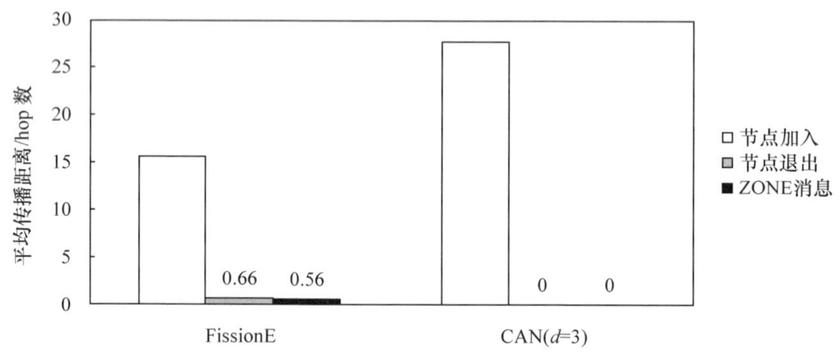

图 1.9 更新消息传播的平均距离

最后评估 FissionE 动态维护时 ZONE 消息与 DEPART 消息传播距离的分布。模拟实验中，在 50000 个节点的 FissionE 系统中分别加入和删除 100 个节点。图 1.10 给出了 100 次模拟中 ZONE 消息与 DEPART 消息传播距离的分布。由图 1.9 和图 1.10 可以看出，FissionE 中节点加入和退出产生的更新开销较小，ZONE 消息和 DEPART 消息的平均传播距离都小于 1，最大距离也只有 2。因此，当节点并发加入或退出时，采取原子更新技术带来的开销很小。

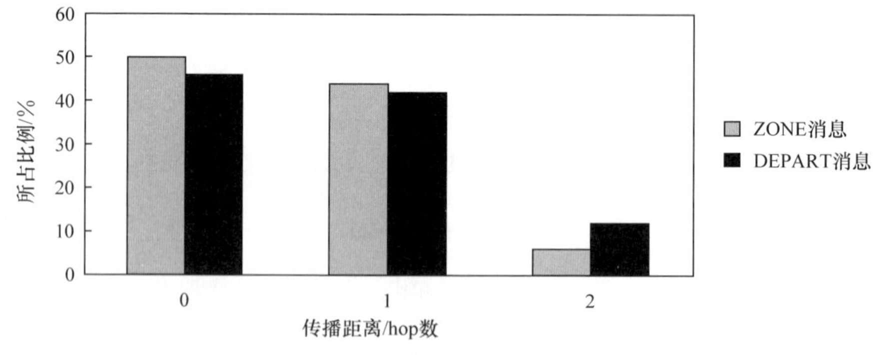

图 1.10 更新消息传播距离的分布

1.7 本章小结

本章基于 Kautz 图提出了常量度数、$O(\log_2 N)$网络直径且低拥塞的 DHT 覆盖网——FissionE。针对 FissionE 在拓扑构造、资源命名以及动态维护等多方面提出了创新性的算法和机制，并进行了详细的分析和正确性证明。分析和实验表明，FissionE 是常量度数、高性能的 DHT 覆盖网，具有良好的可扩展性、鲁棒性、负载平衡和性能，优于同类 DHT 覆盖网 CAN 和 Koorde。FissionE 作为具有良好特性的通用 DHT 覆盖网，可以广泛应用于分布式存储、名字服务、协作式缓存、数据管理和服务发现等多个应用领域。FissionE 覆盖网的程序代码在互联网上开源(http://owlet-code. sourceforge. net)，并已在虚拟计算环境中得到成功应用，有效支持虚拟计算环境中资源的高效组织和管理。

参考文献

[1] Rhea S, Wells C, Eaton P, et al. Maintenance-free global data storage. IEEE Internet Computing, 2001, 5(5): 40-49.

[2] Dabek F, Kaashoek M F, Karger D, et al. Wide-area cooperative storage with CFS//Proceedings of ACM SOSP'2001, Banff, 2001: 202-215.

[3] Druschel P, Rowstron A. PAST: A large-scale, persistent peer-to-peer storage utility//Proceedings of HotOS VIII, Schoss Elmau, 2001: 75-80.

[4] Zhuang S Q, Zhao B Y, Joseph A D, et al. Bayeux: An architecture for scalable and fault-tolerant wide-area data dissemination//Proceedings of NOSSDAV'2001, 2001: 11-20.

[5] Castro M, Druschel P, Kermarrec A, et al. Scribe: A large-scale and decentralized application-level multicast infrastructure. IEEE Journal on Selected Areas in Communications(JSAC), 2002, 20(8): 1489-1499.

[6] Huebsch R, Chun B, Hellerstein J M, et al. The architecture of PIER: An Internet-scale query processor//Proceedings of Conference on Innovative Data Systems Research(CIDR), 2005.

[7] Halevy A Y, Ives Z G, Madhavan J, et al. The Piazza peer data management system. IEEE Transactions on Knowledge and Data Engineering, 2004, 16(7): 787-798.

[8] Schmidt C, Parashar M. A peer-to-peer approach to web service discovery. World Wide Web Journal, 2004, 7(2): 211-229.

[9] Hsiao H C, King C T. Neuron: A wide-area service discovery infrastructure//Proceedings of International Conference on Parallel Processing(ICPP'02), Vancouver, 2002: 455-462.

[10] Cox R, Muthitacharoen A, Morris R T. Serving DNS using a peer-to-peer lookup service//Proceedings of First International Workshop on Peer-to-Peer Systems(IPTPS'02), Cambridge, 2002: 155-165.

[11] Xu J, Kumar A, Yu X. On the fundamental tradeoffs between routing table size and network

diameter in peer-to-peer networks. IEEE Journal on Selected Areas in Communications (JSAC),2004,22(1):151-163.

[12] Ratnasamy S, Shenker S, Stoica I. Routing algorithms for DHTs: Some open questions//Proceedings of the First International Workshop on Peer-to-Peer Systems (IPTPS'02), Cambridge, 2002:45-52.

[13] Balakrishnan H, Kaashoek M F, Karger D, et al. Looking up data in P2P systems. Communications of the ACM, 2003, 46(2):43-48.

[14] Eastlake D, Jones P. RFC3174: US Secure Hash Algorithm 1(SHA-1). Http://www.faqs.org/rfcs/rfc3174.html[2001-10-02].

[15] Malkhi D, Naor M, Ratajczak D. Viceroy: A scalable and dynamic lookup network//Proceedings of 21st ACM Symposium on Principles of Distributed Computing (PODC), Monterey, 2002.

[16] Kaashoek F, Karger D R. Koorde: A simple degree-optimal hash table//Proceedings of 2nd International Workshop on Peer-to-Peer Systems(IPTPS'03), Berkeley, 2003:98-107.

[17] Fraigniaud P, Gauron P. The Content-Addressable Network D2B. Technical Report. 1349, CNRS University paris-Sud, 2003.

[18] Loguinov D, Kumar A, Rai V, et al. Graph-theoretic analysis of structured peer-to-peer systems: Routing distances and fault resilience//Proceedings of ACM SIGCOMM, Karlsruhe, 2003:395-406.

[19] Stoica I, Morris R, Liben-Nowell D, et al. Chord: A scalable peer-to-peer lookup protocol for Internet applications. IEEE/ACM Transactions on Networking, 2003, 11(1):17-32.

[20] Panchapakesan G, Sengupta A. On a lightwave network topology using Kautz digraphs. IEEE Transactions on Computers, 1999, 48(10):1131-1138.

第 2 章　移动自组网络中的广播技术*

移动自组网络(mobile Ad Hoc network,MANET)是由移动节点通过分布式协议自组织起来的一种无线网络,网络不依赖于通信基站等固定基础设施,在战场通信和紧急救援等任务中具有重要的应用价值。广播是移动自组网络许多应用的一种重要通信模式,而且被用于单播路由的路由发现过程中。由于无线通信的共享信道特性及移动自组网络的拓扑频繁变化等,在移动自组网络中实现高效的广播通信具有较大的挑战性。本章通过将移动自组网络中的广播问题归结为图论中的最小连通支配集问题,提出一种利用冗余信息的广播算法。基于此算法,设计一个消减冗余的广播协议 RRBP。该协议通过收集重复广播消息的信息,利用局部网络拓扑信息来避免不必要的转播操作,从而大大减少洪泛中的重复消息,提高广播的效率。利用网络模拟器 ns-2,深入比较不同广播协议在不同网络规模、不同移动性和不同网络负载下的性能,验证 RRBP 的高效性。

2.1　移动自组网络简介

2.1.1　基本概念

自组网络(Ad Hoc network)是一种在没有骨干网络的条件下,由系统中的通信节点通过分布式协议互连或组织起来的网络系统。移动自组网络则是支持通信节点移动的自组网络,它主要是为在野外或无固定基站的地方提供移动通信服务而提出的。通过基站,无线蜂窝系统使在基站覆盖范围内的用户可以在移动中保持有效的通信连接。基站则往往通过有线链路构成的骨干网互联起来。在没有有线骨干网或基站未能覆盖的地方,如野外、山区、海上,为了实现信息的传输,必须采用一定的技术使通信方互联成网。由于没有骨干网,节点之间的通信需要通过其他节点的中继来实现,因而又被称为端到端网络(peer-to-peer network)。

移动自组网络中,为了支持通信设备的漫游,一般采用无线通信方式。移动自组网络中可以没有固定的通信基站,所有通信设备均可移动。两个设备之间可以直接进行无线通信。若一个通信方发出的信息可被所有其他通信方接收到,则此

---

* 本章由彭伟撰写。彭伟,2000 年 12 月获博士学位,导师为卢锡城院士,研究方向为计算机网络技术。其博士论文“移动自组网络中的广播与路由技术研究”于 2002 年获湖南省优秀博士论文奖,于 2003 年获全国百篇优秀博士论文提名奖。

系统称为单步(single-hop)移动自组网络。当两个通信方不在彼此的无线传输范围内时,允许通过中间设备实现通信的中继,这种网络称为多步(multi-hop)网络。为了实现通信中继,通信节点一般应具有路由和转发消息的能力。尽管单步网络具有简单的优点,但未来的移动自组网络要求支持多步网络的协议。首先,网络中一个节点可能移动到某些节点的无线传输范围外;其次,为了提高无线链路的带宽,需要采用高频无线电,而高频无线电的有效传输范围小;再次,缩小无线传输范围可以降低通信设备的功耗,同时可以提高无线传输介质的空分多路复用率,提高系统的通信容量。多步移动自组网络的示意图如图 2.1 所示。本书若不做特别声明,所讨论的网络环境均指多步移动自组网络。

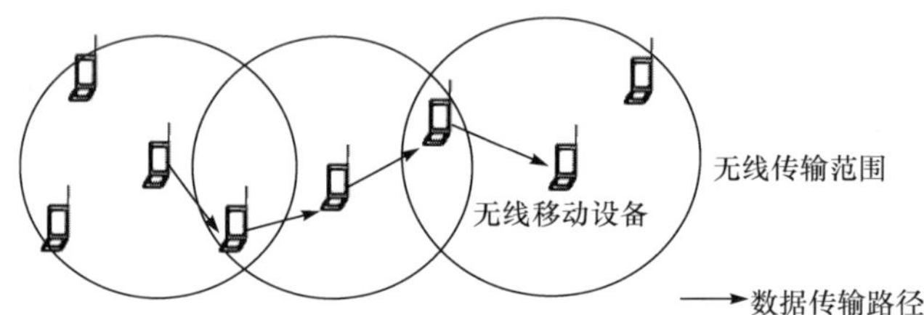

图 2.1　移动自组网络示意图

与传统移动通信系统相比,移动自组网络具有如下特点:

(1) 分布性。网络节点通过分布协议互联成网,不必设置通信控制中心。在单个或部分节点故障的情况下,其余节点仍可通信。

(2) 独立性。网络节点自组成网,不依赖固定的通信设施。

(3) 移动性或机动性。系统中所有通信设备均可移动,网络具有拓扑变化时的路由动态重构能力。

2.1.2　应用背景

移动自组网络技术的研究起初是为了满足军事应用的需要,近年来,它的商业价值也逐渐受到重视。一般来说,移动自组网络通常可用于以下场合:

(1) 没有方便可用的通信网络基础设施,如在海洋或敌方战场上。

(2) 现有通信设施遭到战争、自然灾害(如地震、洪水、火灾)等的破坏时。

(3) 需要临时快速建立一个通信网络的场合。

(4) 作为生存性极强的后备网络。

移动自组网络在军事领域和民用领域均有许多潜在的应用,尤其适合于军事通信。在军事通信领域,移动自组网络技术可用来构建战术互联网,或用于己方军用网络以提高网络的可靠性和生存性。具体地讲,它可以用于以下任务:

(1) 班组通信(包括徒步士兵之间的通信)。

(2) 装甲车辆之间的通信。

（3）舰船之间的通信。

（4）机群通信。

（5）机动多基地雷达阵地通信。

（6）军用机器人通信。

（7）战场信息采集与发布系统。

在民用领域，移动自组网络具有以下方面的应用：

（1）救灾通信系统。

（2）作为无线局域网的扩展。

（3）作为传统移动通信系统的后备网络。

（4）信息家电的互联及家庭联网（home networking）。

（5）城市车辆之间的通信。

（6）机器人之间的通信。

（7）其他需要临时快速建立通信网络的场合，如临时会议通信网络、野外作业通信网络等。

可靠、有效的通信保障是战争取得胜利的一个重要条件。对于军队移动通信系统，它必须满足以下要求。

1. 抗毁性

未来战争中，通信控制中心、通信指挥系统必然是首先遭受打击的目标。军事通信系统必须具有很强的抗毁性。通信网络应具有分布的特点，应不依赖于某些集中控制设备，在部分通信节点或链路故障的情况下，其余部分仍能继续通信。

2. 自主性

在没有直接可用的移动通信网络基础设施的地方，如野外、敌方战场、受战争打击的城市等，能自主建立起移动通信系统。

3. 机动性

机动性是部队战斗力的重要组成部分。机动性要求移动通信网络具有快速的组建和拆除能力，且配置简单、易于使用。在移动中保持通信能力，才能为部队保持全天时的战斗能力提供保障。

移动自组网络的特点使得它成为军队移动通信系统重要的选择。不依赖于固定通信设施，使其能满足军队移动通信系统自主性的要求。而网络不依赖于基站，采用分布式协议这些特点，又使得它具有较强的抗毁性。为了在节点移动造成网络拓扑变化时保持正常的通信能力，协议设计中必须考虑链路中断的情况，协议需具有路由重构、连接恢复等能力，这使得移动自组网络具有内嵌的抗毁能力。移动自组网络中所有通信设备均可移动并能在移动中持续通信，节点之间采用无线通信方式，打破了传统移动通信系统受基站覆盖范围的限制，能为军队移动通信系统提供较强的机动能力。研究并设计实现高性能的移动自组网络，具有重要的应用价值。

2.1.3 研究问题

尽管早在 20 世纪 70 年代便已开展无线数据网络的研究，但在这方面的进展一直不大。近年来，随着社会信息化程度的不断提高，以及在数字通信、无线通信、计算机技术等方面的快速进步，无线通信网络已成为一大研究热点。移动自组网络由于具有无固定基础设施、所有通信节点均可移动等特点，在设计和实现中遇到了许多新的问题。

路由技术是移动自组网络的关键技术之一，也是移动自组网络研究的一个重点。路由问题中，广播路由实现一对多通信，单播路由实现一对一通信，它们是最基本的路由方式，其技术可作为组播路由和 QoS 路由的基础，因而必须为之寻求有效的解决方案。

广播是移动自组网络应用中可能频繁被使用的一种操作。广播的目标是将源节点发送的消息传输给网络中的所有通信节点。未来战争中，只有迅速有效地获取各种战争情报信息，才有可能取得战争的胜利。从战场上以及其他多种渠道获得的信息需要及时地传输给所有作战部队，从而使得部队能根据战场信息采取正确的战术，并保证部队能有效地协同作战。下级部队（包括士兵和各种战斗车辆）与上级的联系必须受到严格的限制，以避免暴露自己，因此单向的数据广播可能成为战场信息的主要发布手段。

广播也是单播路由协议和组播路由协议经常使用的一种操作。例如，广播不仅用于链路/状态协议 OLSR[1] 和组播路由协议 ODMRP[2] 中，还用于按需（on-demand）路由协议（如 DSR[3]、AODV[4]）中。因而，设计有效的广播算法和协议，不仅可满足应用的需求，还可为设计有效的单播路由和组播路由协议提供基础。

广播路由问题可以描述为：如何传递广播消息，才能使传输所用的网络资源最少，同时能得到最好的传输性能？传输性能可以通过消息传输的成功率、系统吞吐率、消息传输延迟等来衡量。通信所占用的网络资源包括处理器资源和网络带宽等。设计有效的路由协议，必须在协议开销和性能之间进行合理的权衡。

尽管路由问题在传统网络系统中已得到较好的解决，但是在移动自组网络中仍然具有挑战性，这是由于移动自组网络具有如下特点[5]：

（1）动态变化的网络拓扑结构。由于网络中所有节点都可移动，因此网络拓扑结构将会不断改变，如连接的增加或减少、节点的增加或减少（包括由于地形等的影响造成节点暂时被隐藏）、节点群的分离与合并等。网络拓扑结构的变化受网络中节点移动模式的影响较大，而不同应用中节点的移动模式也可能有较大的不同。在网络拓扑结构频繁变化的情况下,保持准确的网络拓扑信息需要很大的开销。

(2) 无线链路的带宽低、丢失率高,链路特性动态地发生变化。无线链路的带宽通常比有线链路的带宽低。同时,由于无线信号易受干扰,因此无线链路的传输可靠性比有线链路差。此外,无线通信的广播方式可能在网络中引起较大的访问冲突或拥塞。这些均使得用户只能获得较低的且动态改变的有效通信带宽。

(3) 由于不同无线设备的传输距离不同,从此可能存在单向通信链路。

(4) 无线便携移动设备的电池能量有限。对于依赖于电池提供能量的一些移动设备,路由协议应能支持设备的休眠操作。

(5) 无线信号通常易被窃取,因而无线通信系统具有有限的安全性。这些特点中,后四者是无线通信中的共性问题。网络拓扑的动态性是移动自组网络的重要特点,也是影响路由协议有效性的主要因素。

2.2　移动自组网络中的广播技术

移动自组网络中,最简单的广播途径是洪泛(flooding),它不需要网络节点维护与路由相关的状态信息,协议开销小。洪泛不仅可用于广播通信,还可用来传递单播消息或组播消息以获得高可靠性。洪泛的基本思想是:在广播过程中,当节点首次接收到一个广播消息时,它将此消息转播(rebroadcast)给其相邻节点。由于无线广播容易发生冲突,进而造成消息的丢失,因此简单的洪泛技术不仅传输开销大,而且不能取得理想的性能。分析表明[6],在 MANET 中,洪泛可能带来广播风暴问题(broadcast storm problem)。针对洪泛的不足,利用无线通信的广播特点,提出了一些改进的广播技术,其中一些出现在单播路由协议中。

广播过程中,网络节点可分为转播节点和叶节点两类,其中只有转播节点才将收到的广播消息传递给它的相邻节点。按转播节点选择方法的不同,将移动自组网络中的广播技术分为以下三类:

(1) 基于洪泛的广播技术。

(2) 基于簇的广播技术。

(3) 基于连通支配集的广播技术。

对于洪泛,由于每一个节点均要将接收到的非重复广播消息转发出去,因此网络中每个节点均是转播节点。

2.2.1　基于洪泛的广播技术

尽管洪泛具有较大的网络开销,但它也有简单、易实现的优点,因而在洪泛基础上提出改进办法是研究中的一条重要途径。

洪泛过程中基本没有利用网络有关的状态信息,因而可以利用移动节点的某些信息来减少广播开销。一种途径是利用节点的位置信息来判断是否应转播消息[6]。节点的位置信息可以通过 GPS(global positioning system)[7]接收设备获得。节点之间的距离信息也可以用来作为转播的判断。距离信息可以通过测距装置得到或通过测量无线信号的强度来估算。文献[6]中利用这些信息来估算一个节点的额外覆盖面积(additional coverage),若面积小于某一阈值,则取消节点的转播操作。利用位置信息的途径存在以下缺点:

(1) 位置信息可能没有反映真实的网络链路状态。例如,在山区,两个移动设备之间的距离可能很近,但障碍物的阻隔使得它们不能直接接收到对方的无线信号。因而,根据位置信息做出的广播判断有可能是错误的。

(2) 在节点移动的情况下,节点的位置不断发生改变。由于位置信息具有时效性,因此节点必须不断更新其位置信息,并将此信息通知其他网络节点,这增大了协议开销。

(3) 位置信息的获得需要 GPS 接收器等附加设备,在某些情况下是不可行的。

路由发现中为了获得一个目标节点的路径,需要广播路由请求消息。若已知最近可达目标的路径,则利用节点移动的空间局部性,可以在原来路径的附近查询路由。这种机制适合于路由中的广播操作,但不适合于一般的广播通信。

文献[6]中还提出了几种减小广播冗余度的方法,如基于计数器(counter-based)的方法和概率方法。在基于计数器的方法中,节点在转播消息前先延迟一段时间,在此时间段内接收相邻节点发送的重复广播消息。若重复消息数达到一定的阈值,则取消节点的转播操作。在概率方法中,节点简单地以一定的概率执行转播操作。这两种办法均具有简单的优点,但存在盲目的缺点。因为节点在进行转播判断时并未真正考虑网络的连接情况,因而即使在无线信道无冲突和无差错的情况下,某些节点仍可能接收不到源节点发送的广播消息。

多点传递(multi-point relay)技术出现于 HIPERLAN 标准[8]和移动自组网络的 IMEP 协议草案[9]中,并被移动自组网络的路由协议 OLSR[1]作为链路状态信息的广播途径。多点传递的基本思想是,每个网络节点从其邻居中选择某些节点作为广播消息的转发节点,这些节点的传输范围覆盖了所有离它的距离为 2 跳的节点。多点传递节点的选择是一个 NP 完全问题,文献[10]中给出了一种近似算法,文献[11]中对算法的性能进行了理论分析。多点传递算法中节点只需局部网络拓扑信息,因而其分布性强,具有较好的性能,但在可靠性方面尚有欠缺。

2.2.2 基于簇的广播技术

洪泛可以直接应用于平坦结构的无线网络,而对具有层次结构的网络,可以利用簇和区域的结构来更有效地实现广播[6,12]。以基于簇的网络为例,假定网络具有两个层次,即簇首和簇成员。假定簇的半径为 1,即每个簇成员均与簇首之间直接连接。当一个节点发送一个广播消息时,若它是簇成员,则将消息传递给簇首。簇首通过无线广播的方式将消息传播给簇内的所有节点,同时通过单播或广播的方式将消息传输给相邻簇的簇首。相邻的簇首收到消息后,若不是重复消息,则它采取同样的广播和转发操作。由于将广播的转发操作限制于簇首,而簇首只占网络节点的一小部分,因此这种途径减少了广播的开销,尤其适合于网络节点较为稠密的场合。

2.2.3　基于连通支配集的广播技术

相比于前两种途径,基于连通支配集的广播技术可望取得最优的性能。因为若用转播节点的数目来衡量算法的优劣,则这种途径试图在网络中寻求最佳的转播节点集合。将转播节点视作网络中的支配点,则由所有转播节点可构成网络的连通支配集,从而广播问题可转化为图论中的最小连通支配集(minimum connected dominating set,MCDS)问题。

由于一般图中的 MCDS 问题是 NP 完全问题[13],因此当前可行的算法均为近似算法。文献[14]中提出了一个近似算法,其性能上界为 $2(1+H(\Delta))\cdot|OPT_{DS}|$,其中 Δ 为图中节点度数的最大值,H 为调和(harmonic)函数,$|OPT_{DS}|$ 为最优支配集的大小。此算法需要整个网络的拓扑信息,属于集中式算法。Das 等提出了分布计算连通支配集的算法[15,16],其目标是在网络中动态地构建一个虚拟骨干网,以解决移动自组网络中的路由问题。算法中,每个节点只需局部的网络拓扑信息,算法完成需要 $O(\gamma)$ 次迭代,其中 γ 为算法所得连通支配集的大小。Wu 等提出了一个性能更好的分布式算法[17],算法中的标记过程只需一次迭代。若使用优化规则,则需要两次迭代。Wu 的算法性能优于 Das 的算法,但仍存在以下不足:①一次迭代所得到的连通支配集较大,两次迭代则增加了协议开销;②在其优化规则中,一个节点根据相邻节点的状态来确定自己的状态,因而在移动性强的网络中可能造成虚拟骨干网(连通支配集)的失稳。即当节点移动使网络拓扑改变时,一个节点可能改变其状态,而它的状态改变可能带来相邻节点状态改变的连锁反应。这种情况使得协议开销增大,性能降低。由于上述算法均有各自的缺点,因此有必要研究更有效的广播算法。

2.3　移动自组网络中的广播问题

2.3.1　研究假设

在不同的无线介质访问技术下,广播问题是不同的。例如,在时分多址访问网络中,由于信道可以被划分为一个个的时隙,因而广播问题可归结为时隙的最优分配问题[18]。而在随机访问网络中，信道可被任一节点在任一时刻使用，因而广播问题具有不同的性质。在不同的网络结构下，如在平坦结构的网络和基于簇的层次结构网络中，广播问题也不同。此外，节点采用无向天线和有向天线所构成的网络类型也不同。由于针对不同类型的网络可以设计不同的广播算法，因此有必要首先明确广播问题的前提假设。这里对网络环境做如下假设：

(1) 网络具有平坦的结构，即网络中所有节点均是独立、对等的，不存在基站或簇首这样的中心控制节点，采用全分布式的操作。

(2) 网络在大部分时间内是连通的，网络分割只是偶尔发生的事件。

(3) 移动节点采用无向天线。

(4) 无线信道为网络节点所共享，MAC 协议采用类似于 IEEE 802.11 标准的随机信道访问协议。

(5) 网络通信为无连接方式。

(6) 网络支持话音、文本、图像等多媒体数据的传输，各种数据统一以数据包的形式传递。

2.3.2 广播问题分析

在多步无线网络中，首先应区分本地广播(local broadcasting)和全局广播(global broadcasting)两个概念。本地广播是指一个节点发送消息给所有位于它的无线传输范围内的通信节点。全局广播则指将源节点发送的一个消息传递给网络中除源节点的所有可达节点。后文如不作特别声明，广播均指全局广播。

广播问题可以描述为：在给定的网络环境下，如何最有效地将用户的广播消息传递给网络中所有节点？有效可以用性能除以价格来衡量。广播问题中，性能指达到的传输服务质量(quality of service)，包括广播的吞吐率、消息传输的成功率和传输延时等；价格指所花费的网络代价，包括所使用的网络带宽、通信节点的 CPU 时间、电源能量等。

在不考虑单向链路的情况下，计算机通信网络通常可以抽象为图论中的简单无向图。图中的节点对应于网络路由设备，节点之间的边对应于网络连接，每条边上的权值对应于节点使用此网络连接的费用值。有线网络中的广播问题从而可以归结为图论中的最小生成树(minimum spanning tree)问题。

当节点采用无向天线时，理想情况下其传输范围可以用无线传输距离作为半径的圆(二维平面上)来表示。凡是在其无线传输范围内的节点均可以接收到它所发送的消息。这种特性使得无线网络中的广播问题有别于有线网络中的情形。依据广播消息的传输方式，可以将无线网络中广播的实现途径分为两种：①采用单播方式传输广播消息；②采用本地广播来传输广播消息。

在第一种途径下，转发广播消息的节点将消息分别传输给它的每一个相邻节点。此时，广播问题也可归结为最小生成树问题，与有线网络中的问题等价。这种途径的最大缺点是浪费带宽。假定一个节点有 $D(D\geqslant 1)$ 个相邻节点，则需要传输 D 次才能将一个消息传输给它的所有相邻节点。通过本地广播，只需一次传输，便可以完成上述任务。考虑到无线链路的带宽相对较低，这种带宽浪费是无线网络中应尽量避免的。这在节点密集的移动网络中尤为重要。另外，这种途径还存在邻居信息维护与传输失败问题。

采用本地广播可以避免上述状态维护和带宽浪费的问题。这种途径下，按照在广播过程中完成的功能，可以将网络节点分为两类：转播节点（rebroadcast node）与叶节点（leaf node）。对于转播节点，当接收到一个非重复的广播消息时，通过本地广播将此消息传输给所有相邻节点。叶节点只接收而不转发广播消息。假定源节点为第一个转播节点，移动自组网络中一个正确的广播算法应满足如下条件：网络中每一个叶节点至少应与一个转播节点相邻。这是广播消息可以传递到每一个节点的必要条件。每一次转播操作都将占用网络带宽，因而广播过程中的转播节点数越少，无线链路的带宽利用率越高，网络中产生的重复消息越少，无线信道上发生冲突和碰撞的概率越低。若将转播节点视为图中的支配点，则无线网络中的广播问题可以归结为最小连通支配集问题。下面给出此问题的形式化描述。

2.3.3　定义

定义 2.1　设图 $G=(V,E)$。若满足以下条件，则称 G 为简单无向图：

(1) G 为无自圈的、连通的无向图。

(2) G 中任两个节点之间至多有一条边。

定义 2.2　若节点 u 和节点 v 之间存在一条边，记为 $\langle u,v\rangle$，则称节点 u 与节点 v 相邻。u 的相邻节点集记为 $N(u)$。

定义 2.3　图 G 的节点集 C 若满足 $C\subseteq V$，且 $\forall u\in V$，$u\in C$ 或 u 与 C 中某一节点相邻，则称 C 为支配集 C 中的节点称为支配点。

定义 2.4　若节点集 C 为连通无向图 G 的支配集，且由 C 导出的子图为连通图，则称 C 为连通支配集。节点数目最少的连通支配集称为图 G 的最小连通支配集。若节点 v 在 C 中，或与 C 中某一节点相邻，则称节点 v 被 C 覆盖。

基于连通支配集的概念，移动自组网络中的广播问题可以描述为：给定一个连通无向图 $G=(V,E)$，其中 V 为节点集，E 为边集。设广播源节点为 s，求图 G 的包含 s 的最小连通支配集。

如图 2.2(a)所示，$\{A,C,D\}$ 是图的一个支配集，但不是连通支配集（A 不与 C、D 直接相连）；而 $\{A,B,C,D\}$ 是图的连通支配集。图 2.2(b)是使用连通支配集传输广播消息时的广播过程示意图。消息的传播过程为

$S \to \{A, E\}$；$A \to \{S, B, G\}$；$B \to \{A, E, D, G, H\}$；$D \to \{B, C, J, H, I\}$；$C \to \{E, F, J, D\}$ 共执行 5 次广播发送操作。注意，当使用本地广播时，节点只需一次发送便可以将广播消息传输给它的所有相邻节点。

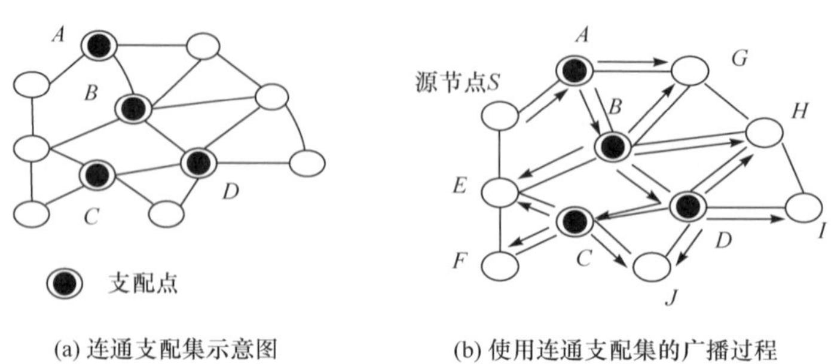

(a) 连通支配集示意图　(b) 使用连通支配集的广播过程

图 2.2　连通支配集与无线网络中的广播

2.3.4　广播冗余

采用本地广播的途径下，一个明显的事实是，一个节点可能不止一次接收到同一个广播消息的复制，如图 2.2 中节点 B、E、G、H 等。这带来了广播的冗余性。在无线网络中，这种冗余性利弊兼有。其缺点为：

(1) 重复消息浪费了无线链路的带宽、节点的处理时间和无线接口的电源能量。

(2) 使得隐藏站问题更为严重，降低了无线链路的有效带宽。

一方面，隐藏站问题使得因介质访问冲突而丢失的消息增多；另一方面，冗余性本身却可以提高消息的接收率。因而，一个广播算法的冗余度决定了它所适用的网络环境。在设计广播算法时，需要在广播开销和可靠性之间进行折中。

在不考虑无线链路可靠性的情况下，一个有效的广播算法应尽量减小广播的冗余度。广播的冗余度可以通过广播过程中转播节点的个数来度量。由于所有转播节点构成网络的一个连通支配集，因此转播节点的个数也是连通支配集的大小。转播节点越少，广播算法的效率越高。

洪泛是实现广播最直接的途径。当节点第一次接收到一个广播消息时，它简单地通过本地广播将消息传输给所有相邻节点。在此方式下，每一个节点均是转播节点(可将源节点视为第一个转播节点)。尽管洪泛具有简单、可靠性高的优点，但它具有很大的冗余度，在无线网络中可能造成大量的冲突与碰撞。洪泛带来的问题称为广播风暴问题，具体分析可参见文献[6]，这里简要地陈述该文献中的分析结果。

洪泛的缺点如下。

(1) 冗余转播(redundant rebroadcas)：当一个节点决定发送消息给它的邻居

时,它的所有邻居已经得到了相同的消息。分析表明,当节点从其邻居 v 接收到一个广播消息并转发此消息时,平均来说,节点 u 的转发操作只能覆盖 41%的新区域。若已有 k 个邻居执行了转发操作,则当 $k \geqslant 4$ 时,转发操作能覆盖的新区域面积的期望值低于 0.05%。

(2) 冲突(contention):当一个节点要转播一个消息时,若同时有相邻节点也要进行转播,则它们竞争使用无线传输信道,从而发生冲突。网络中的节点越稠密,则发生冲突的可能性越大。Ni 的模拟结果表明,当邻居个数 $n \geqslant 6$ 时,所有邻居节点发生冲突的概率超过 80%。

(3) 碰撞(collision):由于存在隐藏站问题,因此若 C 为不相邻的两个节点 A、B 的邻居,而 A 与 B 同时转播消息,则广播消息在节点 C 处因碰撞而丢失。

2.4　利用冗余信息的广播算法

2.4.1　算法描述

通常,在信道共享和信道可被随机访问的情况下,为了避免因同步发送而造成碰撞,广播消息的转发需要延迟一段随机的时间。在这段延迟时间内,节点可能接收到相邻节点发送的同一广播消息。在基于计数器的途径[6]中,若节点接收到的重复消息数目超过某一阈值,则该节点的转发操作将被取消。若阈值取值不当,则会有节点不能接收到广播消息。若节点具有本地拓扑信息,则可以更准确地做出转发决策。

算法的基本思想为:若一个节点的所有邻居均已接收到一个广播消息,则它不必再转发此消息。为此,节点需要获取本地的网络拓扑信息,以及重复消息的信息。广播算法可分为两部分:本地拓扑信息的获取与消息的广播。本地拓扑信息的获取可以通过已有的机制来实现。例如,节点可以周期性地和相邻节点交换邻居集信息,从而可以获得二步以内的网络拓扑信息。

首先给出后面将使用的一些图论术语。对节点 u,记它的邻居集为 $N(u)$。u 的度数为邻居集的大小,记为 $d(u)=|N(u)|$。u 的相邻节点的最大度数记为 $d_m(u)$。设每条边的长度为 1。节点 u 与 v 之间的距离记为 $D(u,v)$,它是节点之间最短路径的长度。广播覆盖集定义为一个广播消息传输中所覆盖的节点。若一个节点在广播覆盖集中,则认为此节点已接收到广播消息。对节点 u,消息 m 的广播覆盖集记为 $C(u,m)$。

广播消息的发送者是源节点或者是执行转发操作的节点。当一个节点接收到一个广播消息时,假定它知道消息的发送者是哪一个邻居节点。通过检查发送者的相邻节点表,节点可以知道本次传输中哪些节点也接收到了此消息。因此,这些节点(包括发送者)可以被添加到消息的广播覆盖集中。根据广播覆盖集的信息,节点可以决定是否进行消息的转发。

消息的广播过程描述如下。

(1) 源节点 s 通过本地广播将消息传送给它的所有相邻节点,丢弃其后接收到的重复消息。

(2) 对其他节点,假设为 u,当它接收到一个广播消息 m 时,假设发送者为节点 r,它执行如下操作:

① 若 $N(u) \subseteq N(r) \cup \{r\}$,则不必进行转发,丢弃其后接收到的重复消息。

② 否则,若此消息是第一次接收到,则令 $C(u,m)=N(r) \cup \{r\}$,消息的转发操作延迟一段随机的时间。在此期间,丢弃后继收到的重复消息,但在广播覆盖集中记下已接收到消息的节点信息。即:若 m 为重复消息,则令 $C(u,m)=C(u,m) \cup N(r) \cup \{r\}$,丢弃 m。

③ 在延迟时间结束后,若 $N(u) \subseteq C(u,m)$,则不必进行转发;否则,通过本地广播转发消息 m。丢弃其后接收到的重复消息。

2.4.2 算法正确性

下面的定理保证了上述算法的正确性。

定理 2.1 假设传输链路是无差错的,且消息在传输中无因碰撞造成的丢失。给定一个连通无向图 $G=(V,E)$,上述算法中,除源节点,任一节点至少接收到广播消息的一个拷贝。

证明 假设 s 是广播源节点,m 是 s 发送的一个广播消息。首先,s 的邻居节点至少会接收到 m 的一个拷贝。假设结论对到 s 的距离为 k 步的节点成立。

假设节点 v 到 s 的距离为 $k+1$ 步。节点 w 是从 v 到 s 的最短路径上的前一节点。显然,节点 w 到 s 的距离为 k 步。根据假设,w 将接收到 m 的一个拷贝。若 w 转发消息 m,则 v 将接收到 m 的一个拷贝,结论成立;否则,w 的邻居集必定包含于广播覆盖集 $C(w,m)$ 中,从而有 $v \in C(w,m)$。注意到 $C(w,m)$ 是消息在前面的传输中所覆盖的节点集合,因而,节点 v 将从前面的传输中得到 m 的一个拷贝。由归纳法可知,结论成立。

2.4.3 延迟时间的选择

延迟时间的选择对于算法的性能有一定影响。若延迟时间过短,则节点接收到的重复消息少,转发的可能性大。若延迟时间过长,则节点可以取消不必要的转发操作,但消息的传输延时将大为增加。因此,需要在广播的冗余度与消息的传输延时之间进行折中。由于一个节点具有本地的拓扑信息,因此可以利用此信息合理地选择延迟。一个选择是,相邻节点数目多的节点先转发消息,从而一次传输可以覆盖较多的节点。下面是一种延迟时间计算规则。对节点 u,延迟时间 T 计算如下:

$$T_0=\frac{1+d_m(u)}{1+d(u)}$$

$$T=U(\Delta T_0)$$

式中，$d(u)$为节点 u 的度数；$d_m(u)$为 u 的邻居节点的最大度数；Δ 为常量，表示一个小的延时；$U(\cdot)$表示均匀分布随机函数，它返回一个均匀分布于 0 和 x 之间的随机值。

2.5　消减冗余的广播协议

本节基于利用冗余信息的广播算法，设计一个消减冗余的广播协议（redundance-reduced broadcast protocol，RRBP）。RRBP 利用本地网络拓扑信息和冗余广播信息来有效地减少网络中的冗余消息数目，提高广播的有效性和可扩展性。

2.5.1　数据结构与报文格式

RRBP 中，每个节点需要维护一个重复消息表，用于重复消息的检测，其结构如图 2.3 所示。

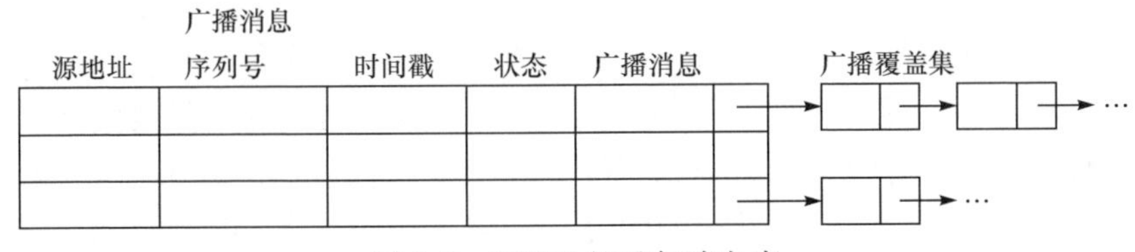

图 2.3　RRBP 的重复消息表

RRBP 中，每一重复消息表项增加了状态、广播消息、广播覆盖集三个域。状态域的取值为 NORMAL、WAITING。RBRP 中节点的转播操作要被延迟一段随机时间，在此时间内，重复消息表相应表项的状态被设为 WAITING。广播消息域保存等待发送的广播消息。广播覆盖集记录冗余广播消息的信息，从而为节点判断是否进行消息的转播提供依据。在其他时间，表项的状态被设为 NORMAL。

RRBP 中每个节点还要维护一个二步邻接表，它记录节点的相邻链路状态信息，以及邻居节点的链路状态信息。通过它，节点可以获知与它的距离为 2 跳步的节点信息。二步邻接表包含本地的网络拓扑信息，用于消息转播的判断。

RRBP 中，每个节点周期性地与相邻节点交换 HELLO 消息，消息中包含节点当前的链路状态信息。在假定链路为双向链路的情况下，消息的格式如图 2.4 和图 2.5 所示。

假定在协议实现中，通过检索 ARP（address resolution protocol）的地址映射表，由消息的 MAC 地址可以得到发送消息的节点的 IP 地址。

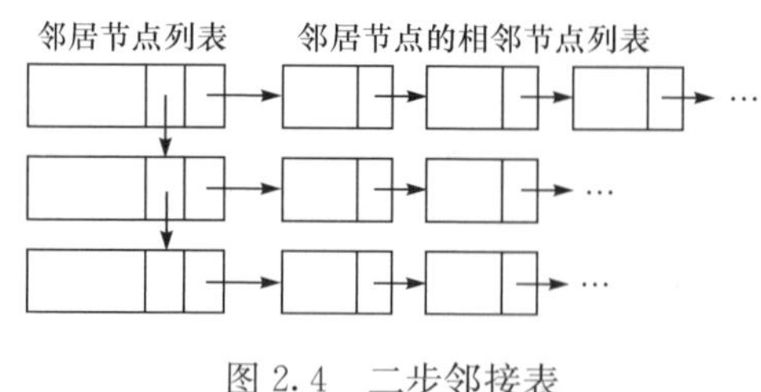

图 2.4　二步邻接表

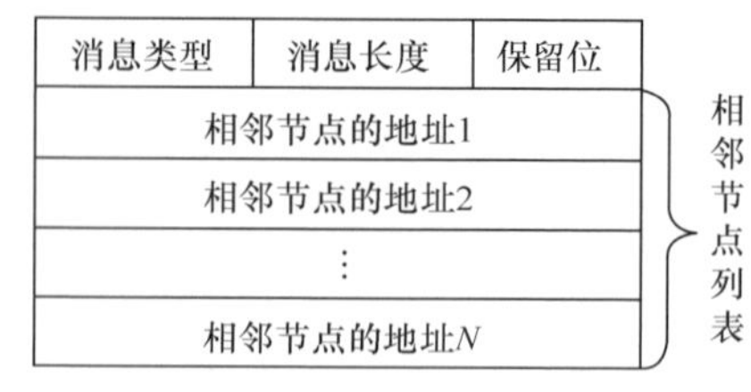

图 2.5　HELLO 消息的格式

2.5.2　链路状态监测

每经过 HELLO_PERIOD 的时间，节点便以本地广播的方式向相邻节点发送一个 HELLO 消息。当节点接收到相邻节点的 HELLO 消息时，根据消息中包含的节点的链路状态信息更新其二步邻接表。对节点的每一邻居，若经过 MAX_HELLO_PERIOD 的时间，节点仍未收到它的 HELLO 消息，则认为它们之间的链路已失效，从而可以将此邻居及其邻居表从二步邻接表中删除。

HELLO_PERIOD 决定链路状态信息的更新频率，而 MAX_HELLO_PERIOD 则决定协议对链路状态改变的反应迟缓程度。MAX_HELLO_PERIOD 的取值主要取决于 HELLO_PERIOD 的值。HELLO_PERIOD 的值越小，链路状态信息更新越频繁，节点获得的网络拓扑信息越真实，可信度越高。然而，过于频繁的 HELLO 过程将在网络中产生大量的 HELLO 消息，从而占用大量网络带宽，增大了协议开销，降低了协议性能。HELLO_PERIOD 的值过大，则节点不能及时检测到链路状态的变化，节点所维护的网络拓扑信息错误越多，可信度越低。错误的网络拓扑信息会导致协议做出错误判断，从而降低协议性能。因而，应对 HELLO_PERIOD 的取值进行折中考虑。较为合理的取值应满足这样的条件：链路状态信息的更新频率快于其变化频率。

2.5.3　广播过程

记节点 u 的相邻节点集为 $N(u)$，节点 u 关于消息 m 的广播覆盖集为 $C(u,m)$。RRBP 的广播过程如下：

(1) 对源节点，当发送一个广播消息时，在消息头(IP 分组头)中设置消息的序列号，然后将消息通过本地广播发送出去。

(2) 当节点 u 接收到一个广播消息 m 时，假设消息的源节点为 s，发送者为节点 r。若 $u=s$ 或 $u=r$，则丢弃 m，处理结束。

(3) 节点 u 检索其重复消息表，判断 m 是否为重复消息。若 m 不是重复消息，则将消息传送给上层协议进行处理，并在重复消息表中记录 m 的源地址、消息序列号以及当前时间。若 $N(u)\subseteq N(r)\cup\{r\}$，则不必转发 m，表项的状态设为

NORMAL；否则，令消息的转发操作随机地延迟一段时间，将等待发送的消息保存起来，表项的状态设为 WAITING，令 $C(u,m)=N(r)\cup\{r\}$。广播转发操作的延迟时间按 2.5.2 节中的公式计算。

(4) 对于重复消息 m，若重复消息表中相应表项的状态为 NORMAL，则丢弃 m；否则，在广播覆盖集中记下 r 的发送操作所覆盖的节点信息。即令 $C(u,m)=C(u,m)\cup N(r)\cup\{r\}$，丢弃 m。处理结束。

(5) 当延迟时间结束后，若 $N(u)\subseteq C(u,m)$，则不必转发 m；否则，通过本地广播将消息 m 传输给 u 的相邻节点，将重复消息表中相应表项的状态设为 NORMAL。处理结束。

2.5.4　协议实现考虑

RRBP 利用 HELLO 过程来获得本地网络拓扑信息。实现中，HELLO 过程可以与其他网络层协议集成。例如，在一些距离/向量路由协议中，节点需要周期性地和相邻节点交换路由表。此时，节点可以从邻居的路由表中获得本地拓扑信息，从而可取消 RRBP 中的 HELLO 过程，使得网络性能提高。此外，HELLO 过程所获得的本地拓扑信息也可以被路由协议使用，例如，在按需路由协议中，可减少不必要的路由发现操作，并可用于链路中断时的路由维护操作。HELLO 过程还可以用来实现 ARP 的功能，即通过 HELLO 消息的网络地址和数据链路层地址自动得到地址映射。这种机制可减少协议开销，简化网络协议栈。

对协议的另一要求是节点必须能知道发送广播消息给它的节点地址。IP 报文头中只包含消息的源地址和目标地址，因而不能从 IP 报文头中直接获得发送者的地址。一种解决办法是用消息的数据链路层地址通过查询 ARP 的地址映射表来得到发送者的网络(IP)地址。这种途径比较简便，但广播协议需要与 ARP 交互。另一种解放办法是在消息头中增加一个路由标签(route label)，显式地指明发送广播消息的节点地址。

2.5.5　单向链路问题

在无线网络中，由于节点无线接口设备的不同，它们的无线传输距离也不同，从而网络中可能出现单向链路。单向链路使得节点在根据广播覆盖集做转播判断时可能出现差错，并导致某些节点不能接收到广播消息。

为了减小单向链路带来的影响，节点需要知道某一链路是否为单向链路。为此，可对 RRBP 进行如下改进：

(1) HELLO 消息中包含明确的链路状态信息。HELLO 消息的格式应做相应的修改。

(2) 当将邻居的相邻节点加入广播覆盖集时，不考虑单向链路上的节点。

(3) 若 AB 为从 A 到 B 的单向链路，则当 B 在进行转播消息的判断时，应将 A 当做双向链路上的节点看待，以增强广播的可靠性。其理由是，节点 A 可能刚进入 B 的无线覆盖域不久，AB 为一条新链路。

为了减少链路失效带来的影响，应缩短节点的 HELLO 交换周期和链路最大有效时间，即减小 HELLO_PERIOD 和 MAX_HELLO_PERIOD 的取值。当然，这需要与为此增加的协议开销相折中。

2.6 模拟性能评估

2.6.1 模拟设置

下面利用网络模拟器 ns-2 来对协议进行模拟并分析其性能。ns-2 是美国加州大学伯克利分校及 VNIT 项目组开发的离散事件网络模拟器[19]。ns-2 支持从数据链路层到应用层的各种网络协议的模拟，如以太网协议、TCP、FTP 等，可以用于路由协议、传输协议、组播协议、应用协议等的研究。为了研究移动自组网络的协议，卡内基梅隆大学的 Monarch 项目组在 ns-2 中增加了无线通信的模块[20]。

在数据链路层，ns-2 实现了 IEEE 802.11 标准 MAC 协议中的分布控制功能(distributed coordination function)。发送每个单播消息前，通过 RTS/CTS 控制帧的交换来获得信道，避免因隐藏终端问题而造成碰撞。若单播消息被成功接收到，则向发送方返回一个确认(acknowledgment)控制帧。当载波侦听获知信道空闲时，可以发送广播消息，但没有 RTS/CTS/ACK 控制帧的交换过程。

每一个网络接口均有一个缓冲区，用来存放等待发送的消息。缓冲区的缺省设置为可存放 50 个消息的队列。

ns 采用模块化的设计思想，具有较好的可扩展性。为了使用 ns 进行路由协议的模拟，需要将协议程序设计为 Agent 的形式并嵌入 ns 中。Agent 代表 ns 中产生和处理网络消息的协议实体，可用来实现各层的协议。Agent 的实现通常包括两部分，一部分为 C++源代码，为协议自动机的程序实现；另一部分为 OTcl 代码，用来描述 Agent 与协议栈中其他协议实体的关系，以及设置协议参数的缺省值。

模拟网络中共有 NODE_NUM 个移动节点，每个节点有一个移动速度和位置。节点采用随机路点(random way-point)移动模型，移动区域是长为 LENGTH、宽为 WIDTH 的矩形平面区域。假设初始时节点均匀分布于移动区域内。在此移动模型下，节点先在初始位置停留时间 PAUSE_TIME，然后在区域内随机选择一目标点，以 0 和最大速度 MAX_SPEED 之间均匀分布的一个速度向此目标点匀速移动。当到达目标点后，节点再次停留时间 PAUSE_TIME，再随机选择一目标点进行移动。节点反复进行这样的“停留/移动”过程，直到达到最大模拟时间。假设所有节点具有相同的无线传输范围 TX_RANGE。

网络中有 SRC_NUM 个广播源节点，广播源节点从网络节点中随机选出。假定广播源为 CBR(constant bit rate)类型，广播消息的产生速率为 TX_RATE，广播源的起始发送时间为 TX_START。由于 RRBP 通过 HELLO 过程获得本地网络拓扑信息需要一段时间，因此为了消除协议启动时的影响，令 TX_START 的取值均匀分布于 100～280s。模拟参数及协议参数的缺省值如表 2.1 所示。

表 2.1　*x*—1 广播协议模拟参数设置

参数	描述	缺省值
HELLO_PERIOD(*T*)	节点交换 HELLO 消息的周期	10s
MAX_HELLO_PERIOD(*δ*)	一条链路被认为是有效的最大时间	15s
NODE_NUM	移动节点的数目	60
SRC_NUM	广播源的数目	20
TX_START	广播源的起始发送时刻	均匀分布于 100～280s
TX_RATE	广播消息产生速率	0.5(每 2s 产生 1 个消息)
SIM_TIME	模拟时间长度	600s
PAUSE_TIME	两次连续移动之间的停留时间	0s
MAX_SPEED	最大移动速度	20m/s
TX_RANGE	无线传输距离	250m
LENGTH	区域长度	1500m
WIDTH	区域宽度	300m
DELTA(Δ)	RRBP 中的小固定延时	0.1s
BROADCAST_JITTER	洪泛协议中避免同步碰撞的随机延迟时间	0.01s

对广播协议，考察如下的性能参数：

(1) 传输成功率。传输成功率定义为实际收到的有效消息个数与应接收的消息个数之比，即

$$DR=\frac{RX_{usr}}{TX_{src}\cdot(Node\_num-1)}$$

式中，RX_{usr} 为用户(高层协议实体或用户程序)实际接收到的非重复的广播消息个数；TX_{src} 为所有广播源产生的广播消息总数；Node_num 为节点总数。传输成功率反映了广播协议的可靠性或鲁棒性。显然，$0\leqslant DR\leqslant 1$。

(2) 传输开销。传输开销是指传输一个用户消息时平均每个节点的开销。其定义为

$$DC=\frac{TX_{all}}{TX_{src}\cdot Node\_num}$$

式中，TX_{all}为协议运行过程中所有节点发送的消息总数，包括用户的广播消息和广播协议的控制消息。这里只考虑了节点的发送开销，未计入接收开销。这是因为发送操作要占用网络带宽，网络接口的发送功耗比接收功耗大。而无线链路的带宽是移动自组网络的宝贵资源，因此在计算传输开销时主要计入发送开销。

(3) 平均传输延迟。平均传输延迟是指源节点发送一个广播消息到此消息被网络节点接收之间的平均时间。其定义为

$$\mathrm{AL}=\frac{D_{\mathrm{all}}}{\mathrm{RX}_{\mathrm{usr}}}$$

式中，D_{all}为用户接收到的所有非重复广播消息的传输时间总量。

上述三个性能评估参数之间具有一定的相关性。传输成功率低的情况下，执行转播操作的节点数少，因而传输开销也低。同时，一个节点离广播源越远，它成功接收到此源节点的广播消息的概率越低。因而，在传输成功率低的情况下，消息丢失往往发生在离源节点较远的地方，消息的平均传输延迟可能会降低。

考虑这样一种理想情况，其中网络始终保持连通，且广播消息在传输中没有发生因物理层或链路层原因（如隐藏终端问题）导致的丢失。对洪泛协议，每广播一个用户消息，除源节点外的每个节点都要转发消息一次，因而其传输成功率与传输开销均为 1。

RRBP 中采用周期性的 HELLO 过程来收集本地网络拓扑信息，HELLO 过程带来了额外的协议开销。HELLO 过程的平均开销为每秒钟产生（Node_num/HELLO_PERIOD）个 HELLO 消息，它决定了 RRBP 的传输开销下界。洪泛中不产生协议控制消息，因而其传输开销下界为 0。

对每种网络参数（网络规模、移动性大小等）设置，利用 ns-2 中的场景生成程序随机产生 8 个网络。模拟结果是在 8 个网络上分别运行模拟程序得到的统计平均值。

为了比较广播协议的性能，除了分别实现洪泛协议和 RRBP 协议的模拟程序外，还实现了多点传递（MPR）广播协议[9,10]。如同 RRBP，MPR 协议也通过周期性的 HELLO 过程来获得二步范围内的网络拓扑信息，并据此进行 MPR 节点的选择。MPR 节点的选择算法可参见文献[10]。当源节点需要发送一个广播消息时，它简单地通过本地广播将消息传输给相邻节点。当一个节点接收到一个广播消息时，若消息为重复消息，则丢弃消息；否则，若消息的发送者在它的 MPR 选择链表中，则通过本地广播转发此消息，否则将其丢弃。

考虑到移动自组网络拓扑变化的动态性，为提高 MPR 协议的可靠性，可以采用如下的增强规则。

规则 2.1 当节点 B 收到 A 的一个 HELLO 消息时，若 B 不在 A 的 MPR 节点列表和相邻节点列表中，则将 A 加入 B 的 MPR 选择链表中。

规则 2.2　当节点 B 收到 A 发送的一个广播消息时，若 A 不在 B 的 MPR 选择链表中，也不在 B 的邻居列表中，则此时应转发 A 的广播消息。

称采用上述改进规则的 MPR 协议为 EMPR 协议。

在节点连续移动的网络环境下，通过实验比较了洪泛、RRBP、MPR 和 EMPR 的性能。

2.6.2　模拟结果

1. 不同网络规模下的性能比较

针对不同的网络规模，模拟得到图 2.6 中的实验结果。

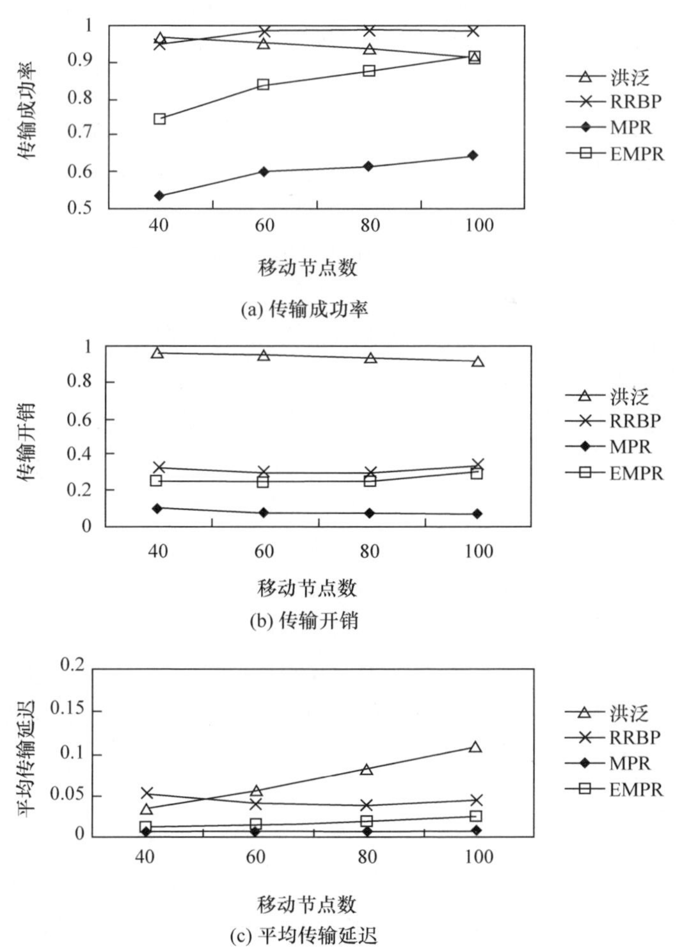

(a) 传输成功率

(b) 传输开销

(c) 平均传输延迟

图 2.6　广播协议在不同网络规模下的性能比较

首先需要注意的是，由于不同的网络场景文件是在同样大小的区域内产生的，因此网络规模的增大意味着节点密集程度的增大。节点密集带来两种影响：一是网络具有更短的直径，节点之间的数据传输路径更短；二是无线信道上发生冲突和碰撞的概率更高。

由图 2.6 可以看出，随着网络密集程度的增大，洪泛的传输成功率呈下降的趋势，而 MPR 和 EMPR 则逐渐增大。由于洪泛具有较高的广播冗余度，因此网络密集程度的增大使得因信道碰撞而丢失的广播消息增多，从而其传输成功率下降。相比于 MPR 和 EMPR，洪泛较高的冗余度又使它具有更好的传输可靠性。

RRBP 中由于大量减少了不必要的转播操作，因此减轻了无线信道的拥塞程度，从而取得比洪泛高的传输成功率，尤其在网络规模较大的情况下。MPR 中，MPR 节点往往成为广播消息传输中的关键节点，它能否正确接收到广播消息对协议性能具有较大的影响，因而在网络拓扑变化较为频繁的情况下，MPR 具有最低的传输成功率。EMPR 通过两条改进规则弥补了 MPR 在网络拓扑信息不完备或存在错误情况下的不足，因而得到比 MPR 好的传输成功率。RRBP 不依赖于事先指定的转播节点（如 MPR 节点），节点根据广播过程中冗余广播信息实时地进行转播判断，因而具有比 MPR 和 EMPR 更好的传输可靠性。

相比于洪泛，RRBP、MPR 和 EMPR 均能大量地减少冗余广播操作，因而得到较低的传输开销。EMPR 中引入的机制使得更多的节点充当转播节点，因而传输开销增大，但仍稍低于 RRBP。

节点数目较少时，洪泛具有较小的传输延迟，但随着节点密集程度的增加，传输延迟增大。节点越密集，消息因竞争无线信道的延时越大。RRBP、MPR 和 EMPR 中，由于节省了大量冗余转播操作，因而能有效地减轻无线信道的竞争使用现象，使消息的传输延时进一步减小。EMPR 的延时稍大于 MPR，但两者均优于 RRBP。有两种原因使得 RRBP 具有更高的延时。其一，RRBP 依赖于在延迟等待时间内接收冗余广播消息来避免不必要的转播操作，因而 RRBP 需要有一定的等待延迟来有效地消减广播冗余。其二，RRBP 具有更高的传输成功率。由于广播过程中不能接收到广播消息的往往是离源节点较远的节点，因而这种现象使得 RRBP 中传输延时的统计值偏大。

2. 不同移动性下的性能比较

在 ns-2 的移动模型下，节点的移动性可以通过停留时间和最大移动速度两个参数来表征。这里主要考察协议在不同停留时间下的性能。停留时间越长，节点的移动性越弱。模拟结果如图 2.7 所示。

由图 2.7 可知，在不同的停留时间下，洪泛和 RRBP 均具有优于 MPR 和 EMPR 的传输成功率，而 RRBP 稍优于洪泛，EMPR 具有比 MPR 高的传输成功率。

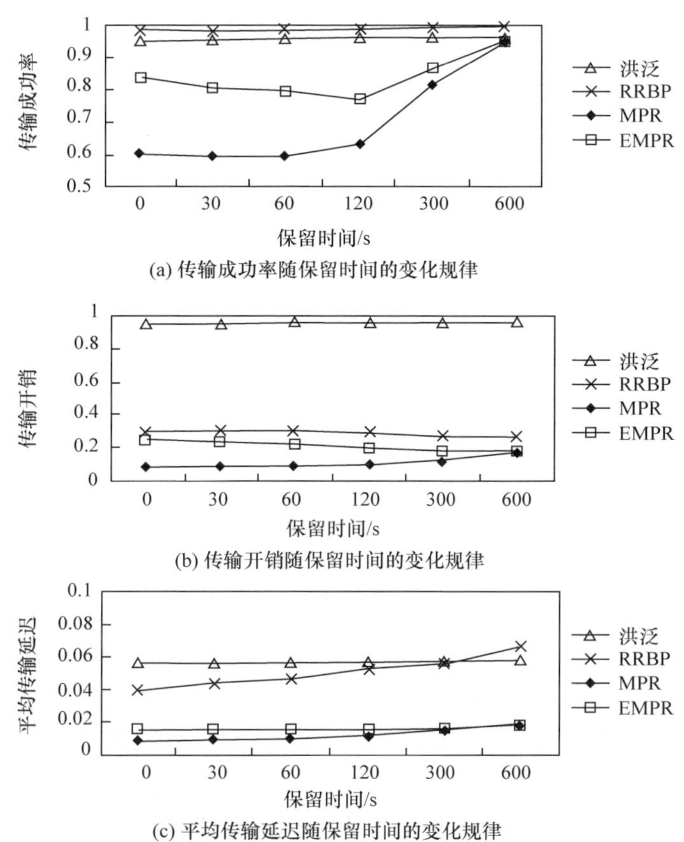

(a) 传输成功率随保留时间的变化规律

(b) 传输开销随保留时间的变化规律

(c) 平均传输延迟随保留时间的变化规律

图 2.7　广播协议在不同移动性下的性能比较

移动性强时，MPR 和 EMPR 的传输成功率约为 60%和 80%，随着移动性的减弱，两者的传输成功率迅速提高。在静态网络情况下，几种协议均具有相近的传输成功率。由此可以看出，基于 MPR 的广播技术对网络拓扑的变化强度较为敏感，而 RRBP 和洪泛则具有更强的鲁棒性。

在不同的停留时间下，RRBP、MPR 和 EMPR 均得到比洪泛少得多的传输开销，表明了协议所采用的减少广播冗余操作的有效性。RRBP 具有比 EMPR 稍大的传输开销，而后者又稍逊于 MPR。

洪泛和 RRBP 的平均传输延时大于 MPR 和 EMPR，其原因如前所述。随着移动性的减弱，RRBP 的传输成功率和平均传输延时均略有上升。

3. 不同负载下的性能比较

广播负载可以通过广播源节点个数和广播消息的产生速率来表征。各个协议在不同参数组合下的性能比较如图 2.8 所示。

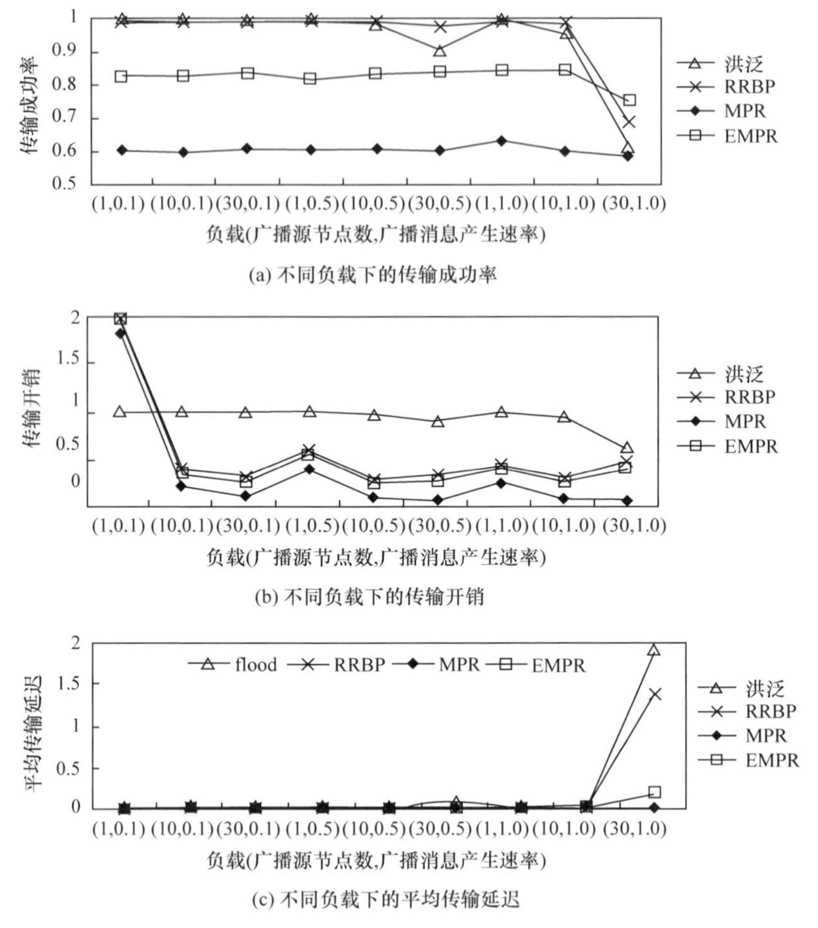

(a) 不同负载下的传输成功率

(b) 不同负载下的传输开销

(c) 不同负载下的平均传输延迟

图 2.8 广播协议在不同负载下的性能比较

由图 2.8 可知,在大多数情况下,RRBP 保持了较高的传输成功率。洪泛的传输成功率与 RRBP 近似,在负载较高时比 RRBP 差,但两者均优于 MPR 和 EMPR。在大多数情况下,MPR 和 EMPR 的传输成功率分别保持在 60%和 83%左右。当源节点数达到 30 且广播消息的产生速率达到每秒一个时,EMPR 具有最好的传输成功率。在高负载情况下,大量广播消息因无线信道上的碰撞而丢失,使得传输成功率降低。比较而言,由于 MPR 中进行转播操作的节点很少,因此受此影响较小,能维持较恒定的传输成功率。RRBP 中,消息除了因信道碰撞造成的丢失外,重复消息表和网络接口缓冲队列的溢出也是造成消息丢失的一个因素。

除了只有一个源节点且消息产生速率为 0.1 的模拟结果,其他实验中洪泛均具有较大的传输开销。RRBP、MPR 和 EMPR 均通过 HELLO 过程来获得局部的网络拓扑信息,HELLO 过程带来了一定的网络开销。这在负载很轻的情况下便体现出来了。各个协议的平均传输延时在多数情况下均较小，只有负载特别大时才有较大的增长。节点竞争使用无线信道是使传输延时增大的主要原因，比较而言，MPR 受负载的影响较小。

2.7　本章小结

鉴于无线通信的广播特点，在广播过程中，一个节点往往能接收到一些相邻节点转发的广播消息。在节点具有局部网络拓扑信息的情况下，可以利用这些重复的广播消息来确定一个节点是否应作为广播的转发节点。本章提出了利用冗余信息的广播算法。算法的基本思想为：若一个节点的所有相邻节点均已接收到某一广播消息，则节点不必再转发同样的消息。算法中提出了广播覆盖集的概念，利用广播覆盖集来记录冗余广播的信息。算法通过分布操作完成广播，思想简单，易于实现。

参考文献

[1] Clausen T, Jacquet P. Optimized link state routing protocol (OLSR)[R]. 2003.

[2] Lee S J, Su W, Gerla M. On-demand multicast routing protocol in multihop wireless mobile networks. Mobile Networks and Applications, 2002, 7(6): 441-453.

[3] Johnson D B, Maltz D A. Dynamic source routing in ad hoc wireless networks. Mobile Computing, 1996: 153-181.

[4] Perkins C, Belding-Royer E, Das S. Ad hoc on-demand distance vector(AODV) routing. 2003.

[5] Corson S, Macker J. Mobile Ad Hoc Networking(MANET): Routing Protocol Performance Issues and Evaluation Considerations. RFC 2501, University of Maryland and Naval Research Laboratory, 1999.

[6] Ni S Y, Tseng Y C, Chen Y S, et al. The broadcast storm problem in a mobile ad hoc network//The Fifth Annual ACM/IEEE International Conference on Mobile Computing and Networking(MOBICOM'99), Seattle, 1999.

[7] Parkinson B, Gilbert S. NAVSTAR: Global positioning system-ten years later. Proceedings of the IEEE, 1983, 71(10): 1177-1186.

[8] ETSI STC-RES10 Committee. Radioequipment and systems: High performance radio local area network type 1, Functional specifications. ETS 300-652, 1995.

[9] Carson M S, Papademetriou S, Papadopoulos P, et al. An Internet MANET Encapsulation Protocol (IMEP) Specification. https://tools.ietf.org/id/draft-ietf-manet-imep-spec-01.txt/[1999-08-07].

[10] Qayyum A, Viennot L, Laouiti A. Multipoint relaying: An efficient technique for flooding in mobile wireless networks. HIPERCOM report RR-3898, 2000.

[11] Viennot L. Complexity results on election of multipoint relays in wireless networks. HIP-

ERCOM report RR-3584,1998.

[12] Jiang M,Li J,Tay Y C. Cluster Based Routing Protocol(CBRP). http://www.math.nus.edu.sg/~mattyc/cbrp.txt/[1999-08-14].

[13] Garey M L,Johnson D S. Computers and intractability:A guide to the theory of NP-completeness. San Francisco:W. H. Freeman,1979.

[14] Guha S,Khuller S. Approximation algorithms for connected dominating sets//The Fourth Annual European Symposium on Algorithms,Barcelona,1996.

[15] Das B,Bharghavan V. Routing in ad-hoc networks using minimum connected dominating sets//IEEE International Conference on Communications(ICC'97),Montreal,1997.

[16] Das B,Sivakurnar R,Bharghavan B. Routing in ad-hoc networks using a virtual backbone. Proceedings of the 6th International Conference on Computer Communications and Networks(IC3N'97),Las Vegas,1997:1-20.

[17] Wu J,Li H. On calculating connected dominating set for efficient routing in ad hoc wireless networks//The Third International Workshop on Discrete Algorithms and Methods for Mobile Computing and Communications(DIALM'99),Seattle,1999.

[18] Basagni S. On the Broadcast and Clustering Problems in Peer-to-Peer Networks. PhD Thesis,Milano:Universita degli Studi di Milano,1998.

[19] UCB/LBNL/VINT Network Simulator-ns(version 2). http://www-mash.cs.berkeley.edu/ns/[2015-03-10].

[20] Wireless and Mobility Extensions to ns-2. http://www.monarch.cs.cmu.edu/[2016-02-01].

第 3 章　高效的覆盖网拓扑和路由*

结构化 peer-to-peer 覆盖网(简称结构化覆盖网)具有可扩展、延迟低、可靠性高等优点,是实现网络资源按需聚合的重要途径之一[1]。拓扑构建是结构化覆盖网的基础性关键技术,实现了覆盖网的动态维护与消息路由等基本功能。不同网络应用对下层覆盖网拓扑具有不同的要求,如路由延迟低、容错特性好或负载平衡等。针对特定要求,现有研究通常选择某种特定的正则图设计专用的覆盖网拓扑构建方法,其设计过程较为复杂,重复工作量大。针对上述问题,本章提出一种适用于任意正则图的通用覆盖网拓扑构建技术——分布式线图(DLG)变换。DLG 变换设计了一系列创新性的机制和算法,包括拓扑图统一描述、DL 迭代、逻辑点合并与分裂以及高效路由等。理论分析表明,DLG 变换具有良好的性能。令 d、N_0 和 D_0 分别为初始正则图的基、秩和直径,N 为节点个数,则在应用 DLG 变换构建的覆盖网中节点出度为常数 d,入度在 1 和 $2d$ 之间,平均入度为 d,网络直径小于 $2(\log_d N-\log_d N_0+D_0+1)$,节点加入/退出维护开销为 $O(\log_d N)$,每次节点加入/退出时最多有 $3d$ 个节点需要更新路由表。

3.1　概　　述

结构化覆盖网通常基于 DHT 实现,因此也称为 DHT 覆盖网或 DHT。常量度数 DHT 的节点出度或入度为常量,各节点需要维护的路由信息不会随系统规模的增大而增多,因此得到学术界的较多关注。

不同网络应用对下层覆盖网拓扑具有不同的要求,如路由延迟低、容错特性好或负载平衡等。针对特定要求,现有研究通常基于某种特定的正则图(regular graphs)设计专用的 DHT 拓扑构建方法。针对特定图的专用拓扑构建方法能够较好地适应拓扑图的特性,但是其设计过程较为复杂,重复工作量大,并且容易出错。虽然不同 DHT 的拓扑构建方法各不相同,但是其本质均可以抽象为处理节点加入/退出时的拓扑图变换问题,即假设当前覆盖网的拓扑图为 G,如何设计一种分布式算法,使其能够在增加/删除一个节点时以较小的开销得到新拓扑图 G',

---

* 本章由张一鸣撰写。张一鸣,2008 年 12 月获博士学位,导师为卢锡城院士,研究方向为分布式计算。其博士论文"虚拟计算环境中的高效覆盖网构建技术研究"于 2010 年获中国计算机学会(CCF)优秀博士学位论文奖。

同时还能够保持原图的拓扑性质(如节点度数和路由算法等)。

针对上述问题,本章提出一种适用于任意正则图的常量度数 DHT 拓扑构建技术—— DLG 变换。DLG 变换的基本思想是边点变换,即通过把原拓扑图的边变换为点以得到新拓扑图。DLG 变换受到了线图(line graphs,LG)迭代[2-4]的启发。作为一种通用拓扑维护方法,线图迭代已经被深入研究并广泛应用于多处理器互连和多机互连领域。然而,线图迭代是一种集中式算法,需要全局拓扑信息和集中式控制,因此不适用于分布自治的 DHT 覆盖网。作为一种通用的 DHT 拓扑构建技术,DLG 变换所面临的主要挑战在于具体拓扑信息的缺乏以及 DHT 的分布自治等特点。针对上述挑战,本章设计一系列创新性的机制和算法,包括拓扑图统一描述、DL 迭代、逻辑点合并与分裂以及高效路由。

理论分析表明,DLG 变换技术具有良好的性能。令 d、N_0 和 D_0 分别为初始正则图的基、秩和直径,N 为覆盖网的节点数,则在应用 DLG 变换技术构建的 DHT 中节点出度为常数 d,入度在 1 和 $2d$ 之间,平均入度为 d,网络直径小于 $2(\log_d N-\log_d N_0+D_0+1)$,达到了常量度数 DHT 网络直径的理论下界 $\Omega(\log_d N)$[1]。节点加入/退出维护开销为 $O(\log_d N)$,每次节点加入/退出时最多有 $3d$ 个节点需要更新路由表。

3.2 相关工作

3.2.1 基本概念

图 $G=(V,E)$ 由点集 $V=V(G)$ 和边集 $E=E(G)$ 构成,其中点的个数称为图 G 的秩(order),记为 $|G|$ 或 $|V|$,边的个数记为 $|E|$。任意时刻的 DHT 拓扑均可抽象为一个图,图中的点(vertex)表示 DHT 中的节点(node),图中的边表示节点间的连接。令 $a=[x,y]$ 为从点 x 到点 y 的一条边,称:a 为 x 的出边,x 为 a 的起点;a 为 y 的入边,y 为 a 的终点;x 为 y 的入边邻居(入点),y 为 x 的出边邻居(出点)。令 $\Gamma_G^+(x)$ 和 $\Gamma_G^-(x)$ 分别为点 x 在图 G 中的出边邻居集合与入边邻居集合,点 x 的出度(out-degree,记为 $\delta_G^+(x)$)是指 x 的出边邻居个数,即 $\delta_G^+(x)=|\Gamma_G^+(x)|$;点 x 的入度(in-degree,记为 $\delta_G^-(x)$)是指 x 的入边邻居个数,即 $\delta_G^-(x)=|\Gamma_G^-(x)|$;点 x 的度数(degree)是其出度与入度之和。若图 G 中任意点 x 的出度均为 d,则称 G 为 d-出度正则(d-out-regular)图;若图 G 中任意点 x 的入度均为 d,则称 G 为 d-入度正则(d-in-regular)图;若图 G 中任意点 x 的出度和入度都为 d,则称 G 为 d-正则(d-regular)图,d 称为图 G 的基(base)。

图 G 中任意两点 x 和 y 的距离是指从点 x 到点 y 的最短路径长度,记为 $d_G(x,y)$。需要注意的是,$d_G(x,y)$ 不一定等于 $d_G(y,x)$。图 G 的直径(diameter)是指图 G 中任意两点间距离的最大值,记为 $D=D(G)$。给定 n_0,如果对任意正整

数 $n>n_0$，一系列图$\{G_i|i=0,1,2,\cdots\}$中总存在 G_j 满足$|G_j|=n$，那么称这一系列图是可渐增[2]的(incrementally expandable)。显然，随着节点的不断加入，DHT 拓扑所对应的一系列图是可渐增的。下面将使用$|u|$表示 u 的标识长度，假设 $u=u_1u_2\cdots u_k$，则$|u|=k$。

3.2.2　线图迭代

线图迭代的基本思想是边点变换[3]。令初始图 G_0 为 d-正则图。图 G_{i+1} 被称为图 G_i 的线图(记为 $G_{i+1}=L(G_i)$，其中 $i=0,1,2,\cdots$)，如果图 G_{i+1} 的点集和边集分别满足如下条件，那么图 G_i 可以定义为 $G_i=L(G_{i-1})=\cdots=L^i(G_0)$。

(1) $V(G_{i+1})=\{uv|[u,v]\in E(G_i)\}$，即图 G_{i+1} 中的每个点代表图 G_i 中的一条边；

(2) $E(G_{i+1})=\{[uv,wz]|uv,wz\in V(G_{i+1})\wedge v=w\}$，即在图 G_{i+1} 中从点 uv 到点 wz 有一条边，当且仅当在图 G_i 中点 v 与点 w 重合。

上述迭代变换被称为线图迭代。文献[3]证明，如果初始图 G_0 为 d-正则图，那么一系列图$\{G_i|i=0,1,2,\cdots\}$也为 d-正则图。图 3.1 给出了几个线图迭代的例子。

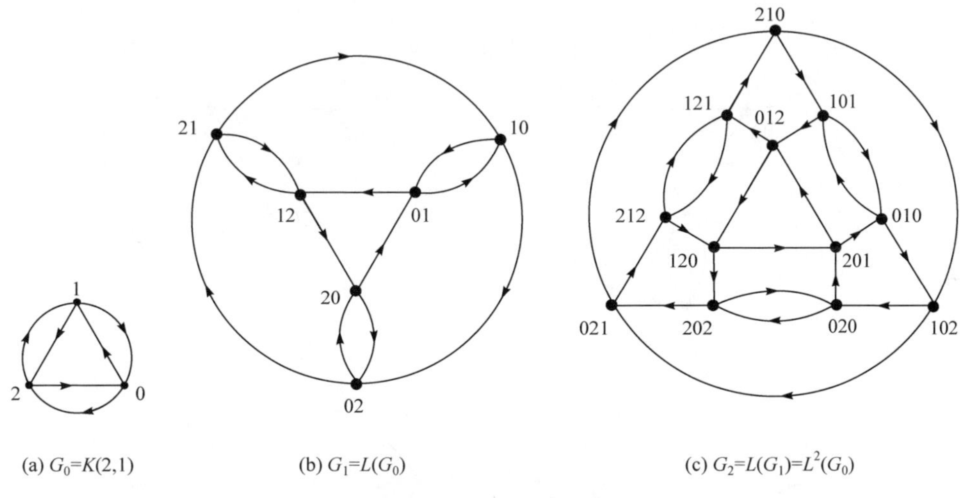

(a) $G_0=K(2,1)$　(b) $G_1=L(G_0)$　(c) $G_2=L(G_1)=L^2(G_0)$

图 3.1　线图迭代示例

令初始图 G_0 的秩和直径分别为 N_0 和 D_0，文献[3]表明，图 $G_n=L^n(G_0)$的秩 N_n 和直径 D_n 分别满足

$$N_n=N_0d^n \tag{3.1a}$$

$$D_n=D_0+n \tag{3.1b}$$

线图迭代保持了初始图 G_0 的大多数拓扑性质，如度数、连通度、路由算法等。然而，通过线图迭代得到的一系列图显然不是可渐增的。针对该问题，一些研究分别提出部分线图(partial line graphs)变换[4]、Kautz 项链(Kautz necklaces)[2]等技

术。下面简述部分线图变换的基本过程。

令图 G 的点集和边集分别为 $V=V(G)$ 和 $E=E(G)$，令 E^* 为边集 E 的子集并且满足 $\{v\mid[u,v]\in E^*\}=V$，如果 G' 满足如下条件，那么图 G' 被称为图 G 的部分线图[4]：

(1) $V(G')=\{uv\mid[u,v]\in E^*\}$，即图 G' 中的每个点代表 E^* 中的一条边；

(2) 对每个点 $w\in\Gamma_G^+(v)$，在图 G' 中从点 uv 到点 $v'w$ 有一条边，其中，

$$v'=\begin{cases}v, & [v,w]\in E^*\\ \text{选择 } \Gamma_G^-(w) \text{ 中的任意其他元素，使得 } v'w\in V(G'), & \text{否则}\end{cases}$$

上述变换被称为从图 G 到图 G' 的部分线图变换，记为 $G'=\mathrm{PL}(G,E^*)$。

图 3.2 给出了一个部分线图变换的例子。原图 G 如图 3.2(a)所示，令 $E_0=\{[21,10],[10,02],[02,21],[01,12],[12,20],[20,01]\}$，$E_1=E_0+\{[01,10]\}$，$E_2=E_1+\{[10,01]\}$，部分线图 $G_0=\mathrm{PL}(G,E_0)$、$G_1=\mathrm{PL}(G,E_1)$、$G_2=\mathrm{PL}(G,E_2)$ 如图 3.2(b)～(d)所示。

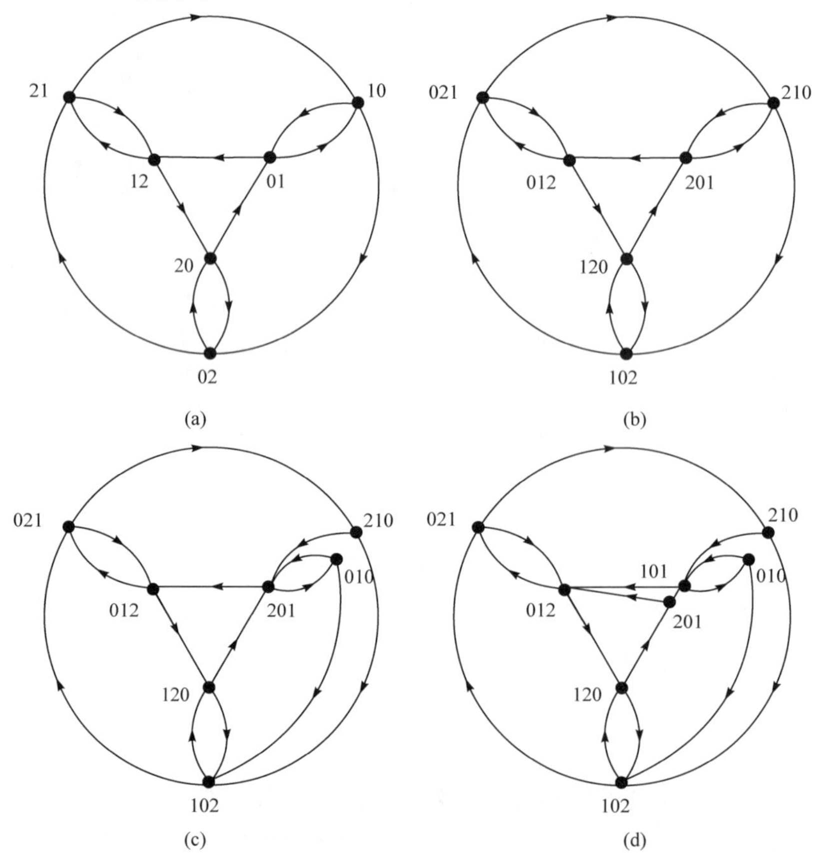

图 3.2 部分线图变换示例

通过部分线图变换得到的一系列图是可渐增的。但是，从部分线图变换的定义可知，每次部分线图变换都需要原图的全局拓扑信息，并且某些部分线图变换将导致图中所有点的标识发生变化（如从图 3.2(a)所示的 G 变换到图 3.2(b)所示的 G_0），这在大规模 P2P 系统中显然是不可行的。总之，线图迭代及其改进技术为集中式算法，需要全局拓扑信息和集中式控制，因此不适用于分布自治的 DHT。

3.3　基本 DL 迭代

3.3.1　拓扑图统一描述机制

不同拓扑图通常采用不同的描述方法，如蝶网与 Kautz 图具有完全不同的点命名规则。为便于对通用的 DHT 拓扑构建技术进行描述，下面首先提出一种适用于任意初始拓扑图的统一描述机制。假设初始图 G_0 是一个 d-正则图并且 $|G_0|=N_0$。令 X 是一个具有 N_0 个字符的字符集合并且 $\forall x\in X$ 满足 $|x|=1$，初始图 G_0 中的 N_0 个点将被依次命名为 X 中的 N_0 个字符。任意点 $\alpha\in G_0$ 有一个入边字符(in-letter)集合 $\zeta(\alpha)$ 和一个出边(out-letter)字符集合 $\psi(\alpha)$，分别定义为

$$\zeta(\alpha)=\Gamma_{G_0}^{-}(\alpha),\quad \psi(\alpha)=\Gamma_{G_0}^{+}(\alpha) \tag{3.2}$$

由于图 G_0 是 d-正则图，因此有 $|\zeta(\alpha)|=|\psi(\alpha)|=d$。字符集合 X 中的元素可以是任意字符，如 $\{a,b,c,\cdots\}$ 或 $\{\alpha,\beta,\gamma,\cdots\}$ 等。由于在本章所使用的示例中初始图 G_0 均满足 $|G_0|<10$，因此下面将简单地把图 G_0 中的点依次命名为 $0,1,\cdots,N_0-1$。

基于上述方法，下面将以统一的方式对任意初始图进行描述。例如，图 3.3(a)是一个标准的 de Bruijn 图 $B(2,2)$，采用统一描述后如图 3.3(b)所示，并且每个点有一个入边字符集合与一个出边字符集合，如 $\zeta(0)=\{0,3\}$、$\psi(0)=\{0,1\}$。图 3.3(c)是一个标准的 Kautz 图 $K(2,2)$，采用统一描述后如图 3.3(d)所示，并且每个点有一个入边字符集合和一个出边字符集合，如 $\zeta(0)=\{2,3\}$、$\psi(0)=\{1,3\}$。

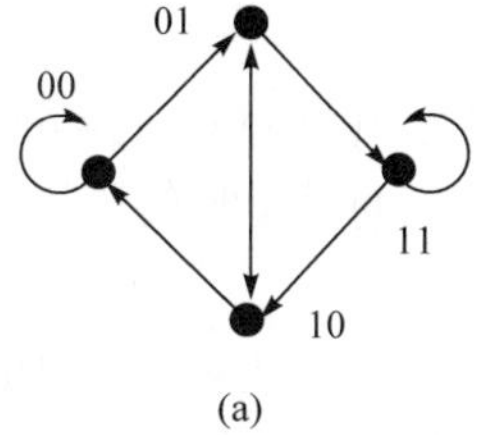

(a)

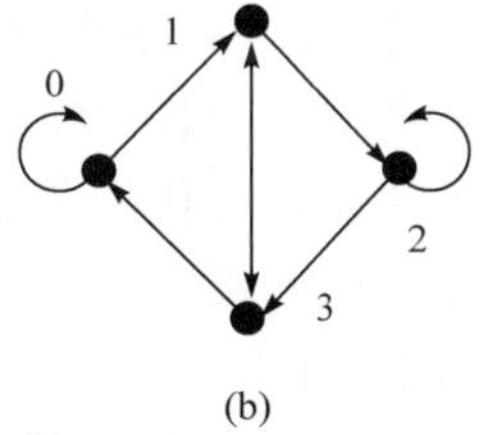

(b)

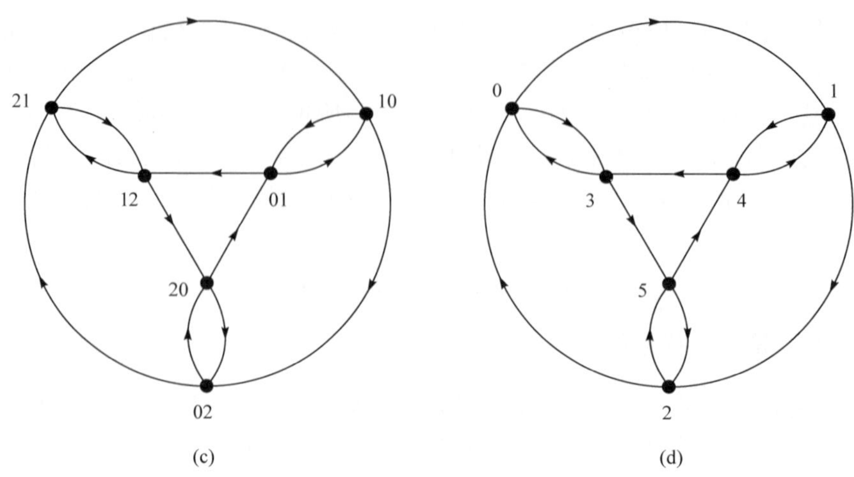

图 3.3 拓扑图统一描述示例

3.3.2 DL 迭代与 DL 图

令 $u=u_1u_2\cdots u_m$，$v=v_1v_2\cdots v_n$，$m\geqslant n$，定义 DL 连接符号"∘"如下：

$$u\circ v=u_{m-n+1}\circ v=u_{m-n+1}v_1v_2\cdots v_n \tag{3.3}$$

式中，"∘"为字符串连接操作符。例如，12∘23＝123，012∘23＝123。如果$[u,v]$是图 G 中的一条边，那么可以认为 $u\circ v$ 表示边$[u,v]$的起点和终点信息。

定义 3.1(DL 图与 DL 迭代) 令初始图 $G_0=(V,E)$是一个 d-正则图。一系列图 $G_{i+1}=\mathrm{DL}(G_i,v^{(i)})$，其中 $i=0,1,2,\cdots$并且 $v^{(i)}\in V(G_i)$满足

$$\forall u\in\Gamma_{G_i}^-(v^{(i)})\cup\Gamma_{G_i}^+(v^{(i)}),\quad |v^{(i)}|\leqslant|u| \tag{3.4a}$$

被称为基为 d 的 DL 图。如果 G_{i+1}的点集 $V(G_{i+1})$和边集 $E(G_{i+1})$分别为

$$V(G_{i+1})=V(G_i)-\{v^{(i)}\}+\{u\circ v^{(i)}\mid u\in\Gamma_{G_i}^-(v^{(i)})\} \tag{3.4b}$$

$$\begin{aligned}E(G_{i+1})=&E(G_i)-\{[x,v^{(i)}]\mid x\in\Gamma_{G_i}^-(v^{(i)})\}-\{[v^{(i)},y]\mid y\in\Gamma_{G_i}^+(v^{(i)})\}\\&+\{[u,u\circ v^{(i)}]\mid u\in\Gamma_{G_i}^-(v^{(i)})\}+\{[u\circ v^{(i)},w]\mid u\in\Gamma_{G_i}^-(v^{(i)}),w\in\Gamma_{G_i}^+(v^{(i)})\}\end{aligned} \tag{3.4c}$$

那么从图 G_i 到图 G_{i+1}的变换过程称为 DL 迭代。

在 DL 迭代 $G_{i+1}=\mathrm{DL}(G_i,v^{(i)})$中，点 $v^{(i)}$被称为负责点(responsible node)。由式(3.4a)可知，DL 迭代的负责点必须具有局部最短标识，即负责点的标识长度不大于其直接邻居的长度。

令 $i=0$，假设在 DL 迭代前图 G_i 如图 3.4(a)所示，$v^{(i)}$为图 G_i 中的点 1，那么式(3.4)所代表的一次 DL 迭代的具体过程如图 3.4(a)～(e)所示。

首先，令新图 G_{i+1}与原图 G_i 相同，即 $G_{i+1}=G_i$，如图 3.4(a)所示。其次，在新图 G_{i+1}中删除点 $v^{(i)}$及 $v^{(i)}$的所有入边和出边，如图 3.4(b)所示。再次，对原图 G_i 中负

责点 $v^{(i)}$ 的每一条入边$[u, v^{(i)}]$，在新图 G_{i+1} 中增加一个新点 $u \circ v^{(i)}$，如图 3.4(c)所示。然后，对新图 G_{i+1} 中的每一个新点 $u \circ v^{(i)}$，增加入边$[u, u \circ v^{(i)}]$，如图 3.4(d)所示。最后，对新图 G_{i+1} 中的每一个新点 $u \circ v^{(i)}$，增加出边$[u \circ v^{(i)}, w]$，其中 $w \in \Gamma_G^+(v^{(i)})$，如图 3.4(e)所示。图 3.4(f)～(h)给出了另外连续三次 DL 迭代的例子。

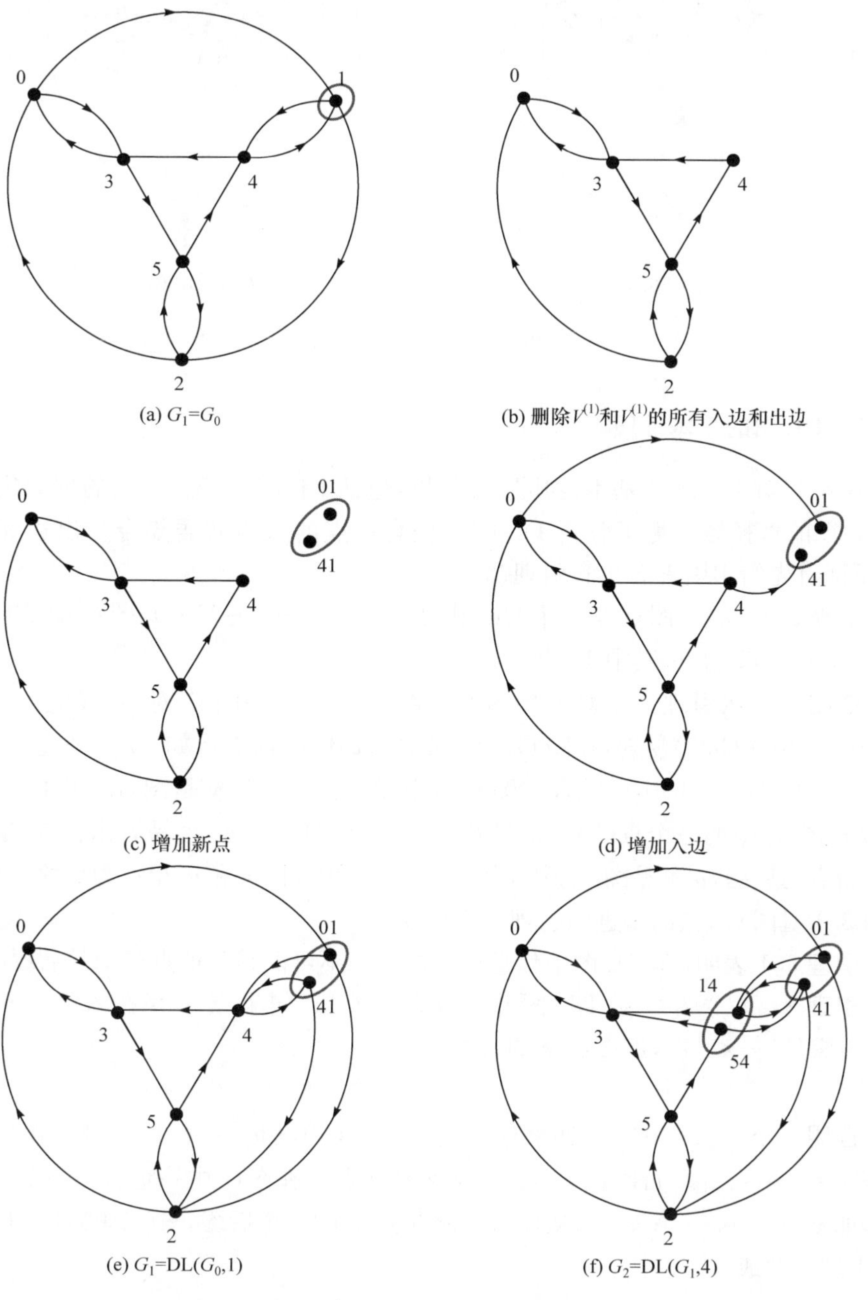

(a) $G_1=G_0$

(b) 删除$V^{(1)}$和$V^{(1)}$的所有入边和出边

(c) 增加新点

(d) 增加入边

(e) G_1=DL(G_0,1)

(f) G_2=DL(G_1,4)

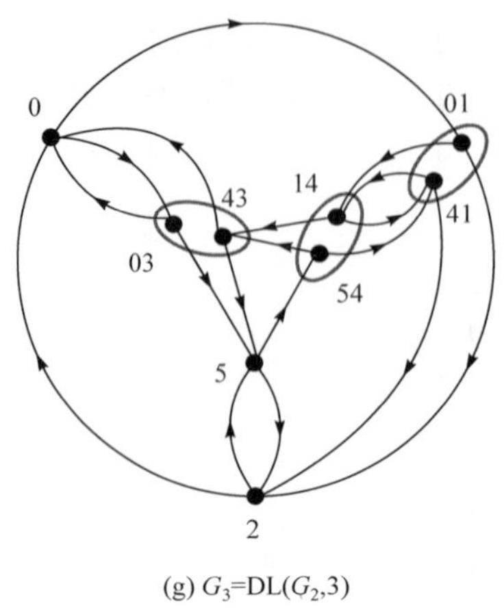

(g) G_3=DL(G_2,3)

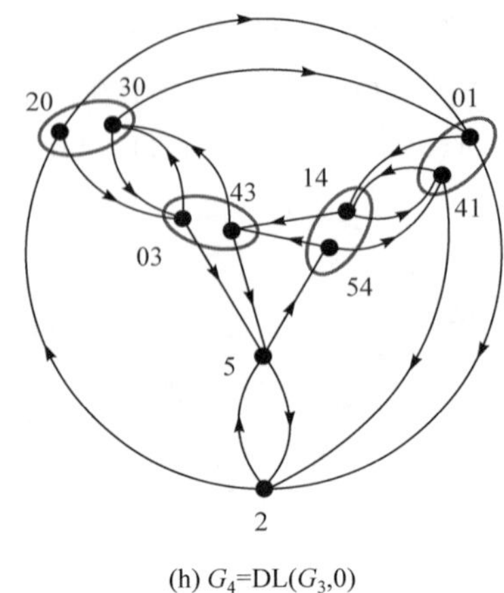

(h) G_4=DL(G_3,0)

图 3.4　DL 迭代示例

3.3.3　DL 图的基本性质

本节将对 DL 图的基本性质进行分析,包括 DL 图中任意一点的邻居集合以及 DL 图的直径等。为了分析 DL 图中任意一点的入边邻居集合与出边邻居集合,下面首先给出引理 3.1 和引理 3.2。

引理 3.1　假设图 G 是一个 DL 图,点 $x=x_1x_2\cdots x_n\in V(G)$,图 G 中没有形如 $x'=x_ix_{i+1}\cdots x_n$ 的点,其中 $1<i\leqslant n$。

证明　显然引理 3.1 对初始图 G_0 成立。假设引理 3.1 对 G_i 成立。令 $v=v_1v_2\cdots v_m$,由式(3.3)易知,在图 $G_{i+1}=\mathrm{DL}(G_i,v)$中的新点形如 $\alpha v_1v_2\cdots v_m$,标识长度为 $m+1$。由式(3.4b)可知,在图 G_{i+1} 中没有点 v。令 y 是图 G_{i+1} 中的一个新点,u 是图 G_i 中的一个点(同时也是 G_{i+1} 中的点)且 $u\neq v$。容易看出:y 不是任意其他新点的后缀,u 不是图 G_i 中其他任意点的后缀,且 y 和 u 互不为后缀。因此,引理 3.1 对图 G_{i+1} 成立,进而引理 3.1 成立。

引理 3.1 表明,在 DL 图中任意一点的标识不可能是其他点标识的后缀。

引理 3.2　令图 G 是 DL 图并且 $x\in V(G)$。如果点 x 存在入边邻居 $y\in\Gamma_G^-(x)$满足$|y|<|x|$,那么点 x 的入度满足

$$\delta_G^-(x)=1 \tag{3.5}$$

证明　令 $x=x_1\cdots x_m$。如果存在点 $y\in\Gamma_G^-(x)$满足$|y|<|x|$,那么由归纳法可证 $y=x_1\cdots x_{m-1}$。如果 $\delta_G^-(x)>1$,那么易知点 x 在图 G 中一定有另一个入边邻居形如 $y'=\alpha_1\cdots\alpha_r x_1\cdots x_{m-1}$,从而点 y 将是点 y'的一个后缀,与引理 3.1 矛盾。因此,引理 3.2 成立。

引理3.2表明，如果DL图中的点u有一个标识长度小于自己的入边邻居v，那么点u只有唯一的入边邻居v。从引理3.2容易推出，如果点x存在一个入边邻居$y\in\Gamma_G^-(x)$满足$|y|\geqslant|x|$，那么对任意$w\in\Gamma_G^-(x)$均有$|w|\geqslant|x|$。

下面的定理3.1给出了DL图中任意一点的入边邻居集合。

定理3.1　假设图G是一个基为d的DL图，令点$x=x_1x_2\cdots x_n\in V(G)$。如果图$G$中存在点$y\in\Gamma_G^-(x)$满足$|y|<|x|$，那么有

$$\Gamma_G^-(x)=\{y\,|\,y=x_1\cdots x_{n-1}\in V(G)\}\tag{3.6a}$$

否则，对任意$\beta\in\zeta(x_1)$，点x有一个入边邻居$y\in\Gamma_G^-(x)$满足

$$y=\beta x_1x_2\cdots x_{n-1}\tag{3.6b}$$

或者有d个入边邻居$y\in\Gamma_G^-(x)$满足

$$y=\beta'\beta x_1x_2\cdots x_{n-1}\tag{3.6c}$$

式中，$\beta'\in\zeta(\beta)$，并且点x在图G中没有其他入边邻居。

证明　显然定理3.1对初始图G_0成立。假设定理3.1对图G_i成立（$i\geqslant0$），令$G_{i+1}=\mathrm{DL}(G_i,v)$，负责点$v=v_1v_2\cdots v_m$。

下面首先证明当点x是一个新点时定理3.1对图G_{i+1}成立。由式(3.3)易知，新点x的标识形如$\alpha v_1v_2\cdots v_m$。

如果存在点$u\in\Gamma_{G_{i+1}}^-(x)$满足$|u|<|x|$，那么由式(3.4a)易知$|u|=|v|$。由于定理3.1对图$G_i$成立，因此由式(3.6b)可知

$$u=\alpha v_1v_2\cdots v_{m-1}\tag{3.7}$$

由引理3.2可知，在图G_{i+1}中点u是新点x的唯一邻居，因此式(3.6a)在这种情况下成立。否则，与上面的情况类似，由式(3.3)、式(3.4a)和式(3.6a)易知，在图G_i中负责点v的入边邻居只可能形如$u'=\alpha'\alpha v_1v_2\cdots v_{m-1}$。显然有$u'=|x|=|v|+1$。由于定理3.1对图$G_i$成立，因此可以得出在图$G_i$中$\alpha\in\zeta(v_1)$，并且点$v$有$d$个形如$y=\lambda\alpha v_1v_2\cdots v_{m-1}$的入边邻居，其中$\lambda\in\zeta(\alpha)$。由式(3.4c)易知，这$d$个点构成了点$x$在图$G_{i+1}$中的入边邻居集合。因此，当点$x$是一个新点时，定理3.1对图$G_{i+1}$成立。同理可证，当点$x$是负责点$v$在图$G_i$中的一个出边邻居时，定理3.1对图$G_{i+1}$成立。比较图$G_{i+1}$与图$G_i$，其他点的入边邻居均未发生变化。因此，定理3.1对图G_{i+1}成立，进而定理3.1成立。

由定理3.1可以得出如下推论。

推论3.1　如果在DL图中的两个点x和y是邻居，那么有$\|x|-|y\|\leqslant1$。

推论3.2　假设图G是一个基为d的DL图，令$G'=\mathrm{DL}(G,v)$，那么有

$$|V(G')|-|V(G)|=d-1\tag{3.8a}$$

$$V(G')-V(G)=\{\alpha v_1v_2\cdots v_m\}\tag{3.8b}$$

式中，$\alpha\in\zeta(v_1)$。

推论3.2表明，每次DL迭代将增加$d-1$个点。

推论 3.3 假设图 G 是一个基为 d 的 DL 图，令点 $x=x_1x_2\cdots x_n\in V(G)$。对任意 $i=1,2,\cdots,n-1$，有

$$x_i\in\zeta(x_{i+1}),\quad x_{i+1}\in\psi(x_i) \tag{3.9}$$

推论 3.3 限定了 DL 图的点标识中任意两个相邻字符的关系。

下面的定理 3.2 给出了 DL 图中任意一点的出边邻居集合。

定理 3.2 假设图 G 是一个基为 d 的 DL 图，令点 $x=x_1x_2\cdots x_n\in V(G)$。对任意 $\beta\in\psi(x_n)$，点 x 在图 G 中有一个出边邻居 $y\in\Gamma_G^+(x)$ 满足

$$y=x_t\cdots x_2x_3\cdots x_n\beta \tag{3.10}$$

式中，$1\leqslant t\leqslant 3$，并且点 x 在图 G 中没有其他出边邻居。

定理 3.2 的证明与定理 3.1 类似，详细证明过程略。

下面的定理 3.3 给出了 DL 图中任意一点的出度和入度。

定理 3.3 假设图 G 是一个基为 d 的 DL 图。对任意 $x\in V(G)$，点 x 的出度 $\delta_G^+(x)$ 和入度 $\delta_G^-(x)$ 分别满足

$$\delta_G^+(x)=d \tag{3.11a}$$

$$1\leqslant\delta_G^-(x)\leqslant d^2 \tag{3.11b}$$

并且图 G 中所有点的平均度数（出度与入度之和）为 $2d$。

证明 显然式(3.11a)对初始图 G_0 成立。假设式(3.11b)对图 G_i 成立($i\geqslant 0$)，由定义 3.1 易知，在图 $G_{i+1}=\mathrm{DL}(G_i,v)$ 中所有点的出度都为 d，此时式(3.11b)对图 G_{i+1} 成立，因此式(3.11b)成立。

若点 x 有一个入边邻居 $y\in\Gamma_G^-(x)$ 满足 $|y|<|x|$，则由引理 3.2 容易得出 $\delta_G^-(x)=1$；否则有每一个入边邻居 $y\in\Gamma_G^-(x)$ 满足 $|y|\geqslant|x|$，那么由定理 3.1 容易得出 $d\leqslant\delta_G^-(x)\leqslant d^2$，从而式(3.11b)成立。

显然，在图 G 中所有点的出度之和与入度之和满足

$$\sum_{x\in V(G)}\delta_G^+(x)=\sum_{x\in V(G)}\delta_G^-(x)=|E(G)| \tag{3.12}$$

因此，图 G 中所有点的平均度数为 $2d$，从而定理 3.3 成立。

定理 3.4 令 d-正则图 G_0 的直径为 D_0，图 G_0 经过一系列 DL 迭代得到 DL 图 G。令点 u 和 v 为图 G 中任意两点，从点 u 到点 v 的距离满足

$$d_G(u,v)\leqslant|v|+D_0-1 \tag{3.13}$$

证明 令 $u=u_1u_2\cdots u_m$，$v=v_1v_2\cdots v_n$。由于初始图 G_0 的直径为 D_0，在 G_0 中一定有一条从 u_m 到 v_1 的路径：

$$u_m\rightarrow x_1\rightarrow x_2\rightarrow\cdots\rightarrow x_q\rightarrow v_1 \tag{3.14}$$

式中，$q\leqslant D_0-1$。令 $x=x_1x_2\cdots x_q$，$w=uxv=u_1\cdots u_mx_1\cdots x_qv_1\cdots v_n=w_1w_2\cdots w_{m+q+n}$，那么在图 G 中将有如下从点 u 开始的路径：

$$u=s^{(0)}\rightarrow s^{(1)}\rightarrow\cdots\rightarrow s^{(q+n-1)}\rightarrow s^{(q+n)} \tag{3.15}$$

式中，第 j 个中间点 $s^{(j)}$ 的标识为 $s^{(j)}=w_k w_{k+1}\cdots w_{m+j}$。显然 $s^{(j)}$ 是 w 的一个子串，注意推论 3.3 和定理 3.2 保证了每个中间点 $s^{(j)}$ 的存在。

注意到 $s^{(j)}$ 的最后一个字符为 w_{m+j}，从而第 $q+n$ 个中间点 $s^{(q+n)}$ 的标识的最后一个字符为 $w_{m+q+n}=v_n$。点 $s^{(q+n)}$ 的标识长度有 3 种可能，分别为 $|s^{(q+n)}|>n$、$|s^{(q+n)}|=n$ 和 $|s^{(q+n)}|<n$。注意到当 $|s^{(q+n)}|=n$ 时有 $s^{(q+n)}=v_1v_2\cdots v_n=v$，而在图 G 中已经存在点 v，由引理 3.1 容易得出，不可能出现 $|s^{(q+n)}|>n$ 或 $|s^{(q+n)}|<n$ 的情况。因此，只可能 $|s^{(q+n)}|=n$，从而 $s^{(q+n)}=v$，进而从点 u 到点 v 的距离满足

$$d_G(u,v)=q+n \tag{3.16}$$

由式(3.14)和式(3.16)易知，定理 3.4 成立。

定理 3.4 限定了 DL 图中任意两点之间的距离。例如，在以 Kautz 图 $K(d,1)$ 为初始图的 DL 图中，任意两点的距离不超过目标点的标识长度。在定理 3.4 的证明过程中，式(3.15)同时给出了在 DL 图中从任意一点 $u=u_1u_2\cdots u_m$ 到另一点 $v=v_1v_2\cdots v_n$ 的路由过程：假设当前路由消息在第 j 个中间点，若 $j\leqslant q$，则下一跳邻居的最后一个字符应为 x_j，否则下一跳邻居的最后一个字符应为 v_{j-q}。

为了分析 DL 图的直径，下面首先定义最优 DL 迭代和 φ 映射，并给出引理 3.3 和引理 3.4。

假设初始图 $G_0=(V,E)$ 是 d-正则图，对 $i=0,1,2,\cdots$，DL 迭代 $G_{i+1}=\mathrm{DL}(G_i,v^{(i)})$ 被称为最优的，如果在定义 3.1 中对负责点 $v^{(i)}$ 的限定条件(3.4a)被加强为

$$\forall u\in V(G_i),\quad |v^{(i)}|\leqslant|u| \tag{3.17}$$

显然，式(3.17)要求负责点具有全局最短点标识，而式(3.4a)仅要求负责点与其直接邻居相比具有局部最短点标识。令图 G 为通过一系列最优 DL 迭代得到的 DL 图，并且 u 和 v 是图中任意两点，由式(3.17)容易得出 $\|u|-|v\|\leqslant 1$。

令 $u=u_1u_2\cdots u_m$，定义

$$\varphi(u,i)=\begin{cases}u_{m-i+1}\cdots u_m, & i\leqslant m\\ u, & i>m\end{cases} \tag{3.18}$$

$\varphi(u,i)$的含义是取字符串 u 的最后 i 个字符。显然，如果 $i\leqslant m$，那么有 $|\varphi(u,i)|=i$；如果 $|u|\geqslant|v|$，那么有 $\varphi(u\circ v,|v|)=v$。例如，$\varphi(012,2)=12$，$\varphi(012\circ 23,|23|)=23$。

定义图 G 的 φ 映射 $G'=\varphi(G,m)$，其中

$$V(G')=\{\varphi(v,m)\,|\,v\in V(G)\} \tag{3.19a}$$

$$E(G')=\{[\varphi(v,m),\varphi(w,m)]\,|\,[v,w]\in E(G)\} \tag{3.19b}$$

显然图 G 和图 G' 的秩满足 $|G|\geqslant|G'|$。例如，在图 3.4 中有 $G_0=\varphi(G_1,1)=\varphi(G_2,1)=\varphi(G_3,1)=\varphi(G_4,1)$，且 $|G_1|>|G_0|$、$|G_2|>|G_0|$、$|G_3|>|G_0|$、$|G_4|>|G_0|$。

引理 3.3　假设初始图 G_0 为 d-正则图，G_0 经过一系列最优 DL 迭代得到 DL

图 G。令图 G 中所有点的最短标识长度为 m，那么有

$$\varphi(G,m)=L^{m-1}(G_0) \tag{3.20}$$

证明 令初始图 G_0 的秩为 N_0。下面首先证明当 $0\leqslant i<N_0$ 时，由一系列最优 DL 迭代得到的 DL 图 $G_{i+1}=\mathrm{DL}(G_i,v^{(i)})$ 满足式(3.20)。

由式(3.17)，对每个负责点 $v^{(i)}\in G_i$，有

$$v^{(i)}\in G_0 \tag{3.21}$$

式中，$i<N_0$。令 $E^{(0)}\subset E(G_0)$ 满足

$$\{v\,|\,[u,v]\in E^{(0)}\}=V(G_0) \tag{3.22a}$$

$$|E^{(0)}|=N_0 \tag{3.22b}$$

根据部分线图的定义和式(3.22a)、式(3.22b)，易知部分线图 $G_0^*=\mathrm{PL}(G_0,E^{(0)})$ 满足

$$\varphi(G_0^*,1)=G_0 \tag{3.23}$$

令 $E^{(i+1)}\subseteq E(G_0)$ 满足

$$E^{(i+1)}=E^{(i)}+\{[u,v^{(i)}]\,|\,u\in\Gamma_{G_0}^{-}(v^{(i)})\} \tag{3.24}$$

式中，$0\leqslant i<N_0$。根据 DL 图的定义和式(3.22a)、式(3.22b)，易知部分线图 $G_i^*=\mathrm{PL}(G_0,E^{(i)})$ 与由最优 DL 迭代产生的 DL 图同构(isomorphic)，并且满足

$$\varphi(G_i^*,1)=\varphi(G_i,1) \tag{3.25}$$

式中，$0<i\leqslant N_0$。另外，显然有

$$\varphi(G_i^*,1)=G_0 \tag{3.26}$$

式中，$0<i\leqslant N_0$。由式(3.25)和式(3.26)易知

$$\varphi(G_{i+1},1)=G_0 \tag{3.27}$$

式中，$0<i\leqslant N_0$。

同理可证，对任意 $k\geqslant 2$ 和 $N_0\sum\limits_{j=0}^{k-2}d^j\leqslant i<N_0\sum\limits_{j=0}^{k-1}d^j$，均有

$$\varphi(G_{i+1},k)=L^{k-1}(G_0) \tag{3.28}$$

根据部分线图的定义，在 $G_i^*=\mathrm{PL}(G_0,E^{(i)})$ 中所有点具有相同的标识长度 $k+1$，从而图 G_{i+1} 中最短的点标识长度为 k。因此，引理 3.3 成立。

引理 3.3 表明，在 φ 映射下最优 DL 迭代得到的 DL 图与线图 $L^{m-1}(G_0)$ 是同构的。

引理 3.4 令初始图 G_0 为 d-正则图，G_0 经过一系列 DL 迭代得到 DL 图 G。令图 G 中所有点的最短标识长度为 n，那么有

$$\varphi(G,n)=L^{n-1}(G_0) \tag{3.29}$$

证明 令图 $\{G_i\,|\,i=0,1,2,\cdots\}$ 为一系列由初始图 G_0 通过 DL 迭代得到的 DL 图。令图 G_i 中最短的点标识长度为 m_i，令

$$G_i^*=\varphi(G_i,m_i+1) \tag{3.30}$$

显然有

$$G_0^* = G_0 \tag{3.31}$$

对每次 DL 迭代 $G_{i+1}=\mathrm{DL}(G_i, v^{(i)})$，对负责点 $v^{(i)}$ 有如下两种情况：

(1) $|v^{(i)}|=m_i$ 时，即 $v^{(i)}$ 在图 G_i 中具有全局最短标识，那么由推论 3.2 有

$$G_{i+1}^* = \mathrm{DL}(G_i^*, v^{(i)}) \tag{3.32}$$

需要指出的是，在图 G_i^* 中 $v^{(i)}$ 同样具有全局最短标识。

(2) $|v^{(i)}| \neq m$ 时，有

$$G_{i+1}^* = G_i^* \tag{3.33}$$

因此，图$\{G_i^* \mid i=0,1,2,\cdots\}$为一系列由初始图 G_0 通过最优 DL 迭代得到的 DL 图。由引理 3.3 有

$$\varphi(G_i^*, m_i) = L^{m_i-1}(G_0^*) \tag{3.34}$$

另外，由 $G_i^* = \varphi(G_i, m_i+1)$ 有

$$\varphi(G_i, m_i) = \varphi(G_i^*, m_i) \tag{3.35}$$

由式(3.31)和式(3.34)、式(3.35)易知，引理 3.4 成立。

引理 3.4 表明，在 φ 映射下标准 DL 迭代得到的 DL 图与线图 $L^{n-1}(G_0)$是同构的。

下面的定理 3.5 给出了 DL 图的直径(即最大路由延迟)。

定理 3.5　假设图 G 是一个基为 d、秩为 N 的 DL 图，令初始图 G_0 的秩和直径分别为 N_0 和 D_0，那么图 G 的直径满足

$$D(G) \leqslant 2(\log_d N - \log_d N_0 + D_0) \tag{3.36}$$

证明　令点 u 和点 v 分别是图 G 中标识长度最短和最长的点，假设 $|u|=m$，$|v|=n$。由定理 3.4 容易得出

$$D(G) \leqslant D_0 + n - 1 \tag{3.37}$$

由引理 3.4 容易得出 $\varphi(G,m)=L^{m-1}(G_0)$。由式(3.1)和式(3.19a)可以得出图 G 的秩满足

$$N = |G| \geqslant |L^{m-1}(G_0)| = N_0 d^{m-1} \tag{3.38}$$

在图 G 中从点 v 到点 u 的距离满足

$$d_G(v,u) \leqslant D_0 + m - 1 \tag{3.39}$$

由推论 8.1 可知，如果图 G 中的两点 x 和 y 互为邻居，那么有 $\| x| - |y \| \leqslant 1$。假设从点 v 到点 u 的路由过程为

$$v \to x^{(1)} \to x^{(2)} \to \cdots \to x^{(j)} \to u \tag{3.40}$$

那么点 v 和点 u 的标识长度满足

$$n - m \leqslant d_G(v,u) \tag{3.41}$$

由式(3.37)～式(3.39)和式(3.41)可知，定理 3.5 成立。

由定理 3.5 容易得出如下推论。

推论 3.4 假设图 G 是一个基为 d、秩为 N 的 DL 图，令初始图 G_0 的秩和直径分别为 N_0 和 D_0，令点 u 和 v 为图 G 中任意两点，那么有

$$\frac{\log_d N-\log_d N_0-D_0}{2}+1\leqslant|v|\leqslant 2\log_d N-2\log_d N_0+D_0+1 \quad (3.42\text{a})$$

$$\|v|-|u\|\leqslant \log_d N-\log_d N_0+D_0 \quad (3.42\text{b})$$

3.4 逻辑点合并与分裂

基为 d 的 DL 图在每次 DL 迭代后将增加 $d-1$ 个点，因此，当 $d>2$ 时 DL 图不是可渐增的，从而不能直接应用于 DHT 的拓扑构建。针对该问题，本节提出一种基于逻辑点合并与分裂机制的 DL+图，并对 DL+图的相关性质进行分析。

3.4.1 DL+图

如图 3.5(a)所示，令初始图 G_0 是一个 3-正则图 $G_0=K(3,2)$。在一次 DL 迭代后得到 $G_1=\mathrm{DL}(G_0,1)$，如图 3.5(b)所示，图 G_1 比图 G_0 多两个点。因此，当 $d>2$ 时，DL 迭代不能直接应用于 DHT 的拓扑构建。

针对上述问题，本节提出逻辑点合并/分裂操作。

1. 点合并

假设图 G 是一个基为 d 的 DL 图，图 $G'=\mathrm{DL}(G,v)$，负责点 $v=v_1v_2\cdots v_m$。由推论 3.2 易知，在图 G' 中将增加 d 个新点 $\alpha v_1v_2\cdots v_m$，其中 $\alpha\in\zeta(v_1)$，按照首字符升序对 d 个新点进行排序，依次记为 $\alpha_i v_1v_2\cdots v_m$，其中 $\alpha_i\in\zeta(v_1)$，$i=0,1,\cdots,d-1$。

在 d 个新点中，前一半点具有标识 $\alpha_i v_1v_2\cdots v_m$，其中 $i\leqslant\lceil d/2\rceil$，将合并为一个点 $s=\beta v_1v_2\cdots v_m$，其中 $\beta=\alpha_0$；后一半点具有标识 $\alpha_i v_1v_2\cdots v_m$，其中 $i>\lceil d/2\rceil$，将合并为一个点 $t=\beta v_1v_2\cdots v_m$，其中 $\beta=\alpha_{\lceil d/2\rceil+1}$。上述操作被称为合并操作，记为 $G''=\mathrm{Merge}(G',v)$。在新图 G'' 中，点 s 的入边(或出边)为合并前各点的入边(或出边)的并，即 $\Gamma_{G''}^-(s)=\bigcup\Gamma_{G'}^-(\alpha_i v_1v_2\cdots v_m)$，$\Gamma_{G''}^+(s)=\bigcup\Gamma_{G'}^+(\alpha_i v_1v_2\cdots v_m)$，其中 $i\leqslant\lceil d/2\rceil$。同理，点 t 的入边(或出边)为合并前各点的入边(或出边)的并。点 s 和点 t 互称为兄弟邻居(sib-neighbor)，每个点最多有一个兄弟邻居，其目的主要是便于节点退出时的处理(详见 3.5.2 节)。

图 3.5 给出了一个合并操作的例子：在图 3.5(b)中的两个点 01 和 41 合并为图 3.5(c)中的一个点 01。为行文方便，在后文中 s 和 t 将被称为物理点(physical vertex)，对应于 DHT 中的节点；而 s 和 t 所包含的点将被称为逻辑点(logical vertex)，简称点，对应于 DL 图中的点。显然，一个物理点与它所包含的逻辑点具有

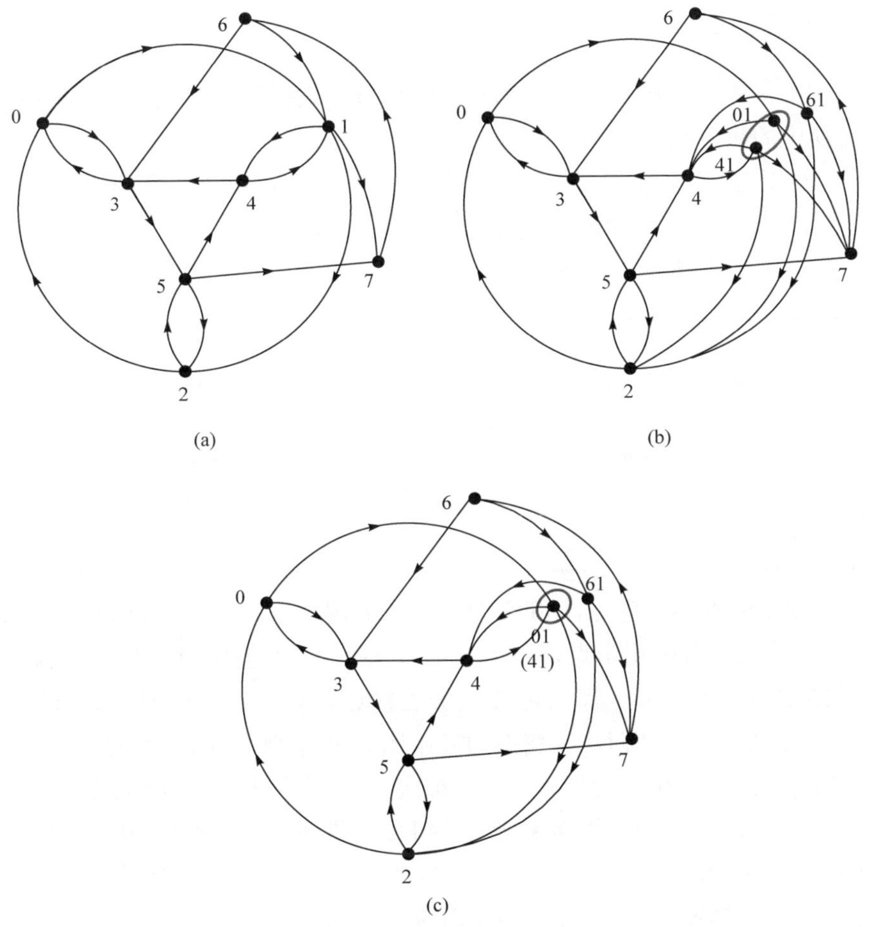

图 3.5　逻辑点合并示例

相同的标识长度。本节把一个物理点 v 所包含的逻辑点个数称为 v 的秩，记为 $[\![v]\!]$。例如，在图 3.5(c)中有 $[\![01]\!]=2$。

2. 点分裂

如果在 DL 迭代 $G'=\mathrm{DL}(G,v)$ 前负责点 v 发现其逻辑点个数满足 $[\![v]\!]>1$，那么一次分裂操作 $G'=\mathrm{Split}(G,v)$ 将取代此次 DL 迭代。令点 $\alpha_j v_1 v_2 \cdots v_m$，分裂操作将把负责点 v 的逻辑点以及逻辑点的边分成两份。负责点 v 将得到前一半标识为 $\alpha_i v_1 v_2 \cdots v_m$ 的逻辑点，其中 $j \leqslant i \leqslant j+\lceil [\![v]\!]/2 \rceil$ 且 $\alpha_i \in \zeta(v_1)$；一个新的物理点将得到后一半标识为 $\alpha_i v_1 v_2 \cdots v_m$ 的逻辑点，其中 $j+\lceil [\![v]\!]/2 \rceil < i < j+[\![v]\!]$ 且 $\alpha_i \in \zeta(v_1)$，新物理点的标识为 $\beta v_1 v_2 \cdots v_m$，其中 $\beta=\alpha_{j+\lceil [\![v]\!]/2 \rceil+1}$。分裂操作后的物理点 $\alpha_i v_1 v_2 \cdots v_m$ 和新物理点 $\beta v_1 v_2 \cdots v_m$ 互为兄弟邻居。

3. DLG 变换与 DL+图

本书把基本 DL 迭代和上述逻辑点合并与分裂操作统称为 DLG 变换技术。DLG 变换中的负责点v应满足

$$\forall u\in \Gamma_G^-(v)\cup\Gamma_G^+(v)，有 |v|<|u| 或(|v|=|u|)\wedge([\![v]\!]\geqslant[\![u]\!]) \quad (3.43)$$

由 DLG 变换得到的一系列图被称为 DL+图。

DLG 变换的具体过程如下。

```
Procedure DLG_transition(OldGraph G)                              /***DLG 变换 ***/
1. 选择一个物理节点 v∈V(G)使其满足|v|<|u|                          // 选择负责点
   or(|v|= |u|)∧([[v]]≥[[u]]) for any u∈Γ⁻_G (v)∪Γ⁺_G (v).
2. if([[v]]>1) {G'=Split(G,v);}                                   // 分裂操作
3. else {G'=DL(G,v); G'=Merge(G',v); }                            // DL 迭代+合并操作
4. return G';
```

DL+图中的点为物理点，而 DL 图中的点为逻辑点。通过把 DL+图中的每个物理点替换为所包含的逻辑点，每个 DL +图有一个对应的 DL 图。显然，如果一个 DL+图中的每个物理点都只包含一个逻辑点，那么该 DL+图与其对应的 DL 图是同构的。如果一系列 DLG 变换的初始图为 d-正则图，那么称初始图、一系列 DL 图和 DL+图具有相同的基 d。由于每次 DLG 变换只需要负责点 v 的直接邻居信息，并且以任意 d-正则图为初始图的 DL+图都是可渐增的，因此 DLG 变换技术可以应用于 DHT 的拓扑构建。显然，基于 DLG 变换技术构建的 DHT 拓扑在任意时刻均可抽象为一个 DL+图并对应一个 DL 图。

3.4.2 路由算法

DL+图中的路由算法与 DL 图中的路由算法(见定理 3.4 的证明过程)类似。令起始点为 $u=u_1u_2\cdots u_m$，目标点为 $v=v_1v_2\cdots v_n$。假设当前路由消息在第 i 个中间点 w(认为起始点 u 为第 0 个中间点)，具体路由过程如下。

```
Procedure w.DLplus_routing(Destination v= v1v2…vn,Current_hop i)/** DL+ 路由 **/
1. 计算在 G0 中从 um 到 v1 的路径:um→x1→x2→…xq→v1                 // um 到 v1 的路径
2. Let x= x1x2…xq;
3. if(i≤q) {
4.     Next_char= xi; }                                           // 下一跳的最后字符应为 xi
5. else {
6.     Next_char= vi-q;}                                          // 下一跳的最后字符应为 vi-q
```

```
7. 选择一个邻居节点 s,使得 s 存在一个逻辑节点 s'且 s'的最后一个字符为 Next_Char;
8. s.DLplus_routing(v1v2…vn,i+ 1);                          // 下一跳路由
9. return;
```

在路由过程中第 i 个中间点首先计算在初始图 G_0 中从 u_m 到 v_1 的路径，假设为 $u_m \to x_1 \to x_2 \to \cdots \to x_q \to v_1$，令 $x=x_1x_2\cdots x_q$。若 $i \leqslant q$，则下一跳邻居的最后一个字符应为 x_i，否则下一跳邻居的最后一个字符应为 v_{i-q}。假设满足上述条件的逻辑点为 s'，推论 3.3 和定理 3.2 保证了在 DL 图中下一跳逻辑点 s' 的存在，而由 3.4.1 节的分析可知，如果当前点 w 所包含的一个逻辑点到逻辑点 s' 有一条 DL 图中的连接，那么 w 到逻辑点 s' 所对应的物理点 s 一定有一条 DL＋图中的连接。最后将路由消息发送给邻居 s。按照上述路由算法，路由消息最终会到达目标点 v。

3.4.3　DL＋图的基本性质

下面的定理 3.6 给出了 DL＋图中任意物理点的出度和入度。

定理 3.6　假设图 G 是一个基为 d 的 DL＋图。对任意物理点 $x \in V(G)$，x 的出度 $\delta_G^+(x)$ 和入度 $\delta_G^-(x)$ 分别满足

$$\delta_G^+(x)=d \tag{3.44a}$$

$$1 \leqslant \delta_G^-(x) \leqslant 2d \tag{3.44b}$$

并且图 G 中所有物理点的平均入度为 d。

证明　假设物理点 x 对应的逻辑点集合为 $\{x^{(i)} \mid i=0,1,\cdots,k\}$，易知这些逻辑点在图 G 所对应的 DL 图中具有相同的出边邻居，从而 x 与其任意逻辑点具有相同的出度。由定理 3.3 有 $\delta_G^+(x)=d$，从而式(3.44a)成立。

显然，图 G 中所有点的出度之和与入度之和满足

$$\sum_{x \in V(G)} \delta_G^+(x) = \sum_{x \in V(G)} \delta_G^-(x) = |E(G)| \tag{3.45}$$

从而图 G 中所有物理点的平均入度为 d。对 $\delta_G^-(x)$，考虑如下两种情况。

(1) 在 DL＋图 G 中存在物理点 $v \in \Gamma_G^-(x) \cup \Gamma_G^+(x)$ 满足 $|v|>|x|$。

令图 G 所对应的 DL 图为 G^*。假设与物理点 v 同标识的逻辑点 v^* 通过 DL 迭代 $G_{i+1}=\mathrm{DL}(G_i,v')$ 得到(注意 G_{i+1} 与 G^* 不一定相同)，显然在图 G_i 中逻辑点 v' 对应的物理点的秩为 1，因此可以使用 v' 同时表示此逻辑点和物理点。在图 G_i 所对应的 DL＋图中物理点 x 是 v' 的邻居，因此 x 的秩满足

$$[\![x]\!] \leqslant [\![v']\!]=1 \tag{3.46}$$

由于在 DL＋图 G 中 $|x|<|v|$，因此目前式(3.46)仍然成立，从而可以使用 x 同时表示此逻辑点和物理点。令 $x=x_1x_2\cdots x_m$，由定理 3.1 可知，任意给定的 $\alpha \in \zeta(x_1)$，在 DL 图 G^* 中存在唯一逻辑点 $y^* \in \Gamma_{G^*}^-(x)$ 满足

$$y^* = \alpha x_1 x_2 \cdots x_{m-1} \tag{3.47}$$

或者存在 d 个逻辑点 $y^* \in \Gamma^-_{G^*}(x)$ 满足

$$y^* = \alpha' \alpha x_1 x_2 \cdots x_{m-1} \tag{3.48}$$

式中，$\alpha' \in \zeta(\alpha)$。在存在唯一的逻辑点满足式(3.47)的情况下，每个 $\alpha \in \zeta(x_1)$ 将有一个对应的物理点 $y \in \Gamma^-_G(x)$。

在存在 d 个逻辑点满足式(3.48)的情况下，由于 $|y^*| > |x|$，因此 y^* 对应的物理点不会发生分裂操作，从而每个 $\alpha \in \zeta(x_1)$ 将有两个对应的物理点 $y \in \Gamma^-_G(x)$。又由于 $|\zeta(x_1)| = d$，从而物理点 x 在 DL 图中的入度满足 $\delta^-_G(x) \leqslant 2d$，因此式(3.44b)在第一种情况下成立。

(2) 在 DL+图 G 中不存在物理点 $v \in \Gamma^-_G(x) \cup \Gamma^+_G(x)$ 满足 $|v| > |x|$。

首先考虑 d 为偶数的情况。令图 G 所对应的 DL 图为 G^*，令 $x^{(i)}$ 表示物理点 x 在图 G^* 中所对应的逻辑点，其中 $1 \leqslant i \leqslant [\![x]\!]$。

假设每个逻辑点 $x^{(i)}$ 对应 $k^{(i)}$ 个物理入边邻居点，那么物理点 x 的入度应满足

$$\delta^-_G(x) \leqslant \sum_{i=1}^{[\![x]\!]} k^{(i)} \tag{3.49}$$

如果 $x^{(i)}$ 在 G^* 中有一个形如 $x_1 x_2 \cdots x_{m-1}$ 的入边邻居，那么由引理 3.2 易知，$x^{(i)}$ 在 G^* 中仅有一个入边邻居，从而 $x^{(i)}$ 仅产生一个(物理)入边邻居点，此时有

$$k^{(i)} = 1 \tag{3.50}$$

否则，$x^{(i)}$ 在 G^* 中的所有入边邻居均与 $x^{(i)}$ 具有相同标识长度。由定理 3.1 易知

$$\delta^-_{G^*}(x^{(i)}) = d \tag{3.51}$$

假设逻辑点 $x^{(i)}$ 所对应的 $k^{(i)}$ 个物理入边邻居点分别为 $y^{(1)}$、$y^{(2)}$、…、$y^{(k(i))}$，由 DL+图的定义有

$$\delta^-_{G^*}(x^{(i)}) = \sum_{j=1}^{k(i)} [\![y^{(j)}]\!] \tag{3.52}$$

又由分裂操作的定义有

$$\frac{[\![x]\!]}{2} \leqslant [\![y^{(j)}]\!] \leqslant 2[\![x]\!] \tag{3.53}$$

由式(3.51)～式(3.53)有

$$k^{(i)} \leqslant \frac{2d}{[\![x]\!]} \tag{3.54}$$

由式(3.49)、式(3.50)及式(3.54)易知，式(3.44b)在 d 为偶数时成立。同理可证，式(3.44b)在 d 为奇数时成立，从而式(3.44b)在第二种情况下成立。因此，式(3.44b)成立。

综上，定理 3.6 成立。

下面的定理 3.7 给出了 DL+图的直径(即最大路由延迟)。

定理 3.7　假设一个 DL+图 G 的秩为 N，令其初始 d-正则图 G_0 的秩和直径分别为 N_0 和 D_0，那么图 G 的直径 D 满足

$$D<2(\log_d N-\log_d N_0+D_0+1) \tag{3.55}$$

证明　令图 G 所对应的 DL 图为 G^*，且 $|G^*|=N^*$。对任意物理点 $x\in V(G)$，x 的秩满足

$$[\![x]\!]\leqslant d/2 \tag{3.56}$$

从而图 G^* 的秩满足

$$N^*<\lceil d/2\rceil\times N<d\times N \tag{3.57}$$

显然，图 G 中任意两物理点之间的一条路径对应 DL 图 G^* 中一条具有相同长度的路径，令 D^* 表示图 G^* 的直径，有

$$D\leqslant D^* \tag{3.58}$$

由式(3.57)、式(3.58)和定理 3.5 易知，定理 3.7 成立。

3.5　基于 DLG 变换构建 DHT 拓扑

DHT 拓扑构建主要包括动态维护和消息路由功能。令初始状态下的 DHT 拓扑为 d-正则图 G_0。随着节点的加入/退出，覆盖网拓扑将演化为一系列 DL+图，显然 DHT 中任意两节点之间的路由完全等价于 DL+图中两个物理点之间的路由。

3.5.1　节点加入

假设新节点 p 准备加入覆盖网，根据图 3.6 所示的 DLG 变换算法，节点 p 的加入处理过程为：首先寻找一个负责节点 v；然后进行 DLG 变换，更新相关节点的路由表。下面将分别进行介绍。

1. 寻找负责节点

为实现 DLG 变换，节点 p 首先需要寻找一个满足式(3.43)的负责节点 v，具体过程如下：

(1) 节点 p 随机产生一个字符串 K，并从一个众所周知(well-known)的网关节点 n 发出一次以 K 为目标字符串的消息。网关节点 n 的选择与 DHT 本身无关，可以采用各种现有方法实现。假设该消息最终路由至某节点 u。

(2) 从节点 u 发出一个加入(JOIN)消息。在 JOIN 消息的路由过程中，假设消息路由至中间节点 u'，如果节点 u' 有一个邻居 w 满足 $|w|<|u'|$，那么 JOIN 消息将转发至节点 w；否则，如果节点 u' 有一个邻居 w' 满足 $(|w'|=|u'|)\wedge([\![w']\!]>[\![u']\!])$，那么 JOIN 消息将转发至节点 w'。上述过程一直重复到 JOIN 消息到达

一个满足式(3.43)的节点 v。节点 v 即为处理节点 p 加入的负责节点。

上面的第一步处理在几乎所有 DHT 中均有类似的操作,其目的是通过对 JOIN 消息发起节点的随机化处理,得到较为均衡的 DHT 拓扑。但是,这种随机化处理的开销为 $O(\log N)$,在规模较大、动态性较强的系统中将严重影响性能。注意到 DLG 变换本身对这一步并无要求,3.5.3 节将对一种均衡性相对较差、但处理开销更小的查找负责节点的方法进行讨论。

2. 更新路由表

更新相关节点的路由表可以容易地通过一次 DLG 变换($G'=\mathrm{Split}(G,v)$,或 $G'=\mathrm{DL}(G,v)$ 和 $G''=\mathrm{Merge}(G',v)$)来实现。在完成 DLG 变换后,DHT 拓扑所对应的 DL+图中将有两个新的物理点,第一个物理点对应负责节点 v,第二个物理点对应新节点 p。

3. 并发加入

当多个节点同时加入引起路由表更新时,上述节点加入处理算法可能会导致部分节点的路由表出现暂时的不一致情况。为避免这种情况,可以采用原子更新(atomic update)的处理方式。当节点加入引起一次路由表更新时,所有相关节点只能处理一个 JOIN 消息,只有所有相关节点都完成此次 JOIN 消息的处理后,才能处理其他 JOIN 消息。该过程与其他 DHT 对并发加入的处理过程类似。

3.5.2 节点退出

1. 主动退出

节点的主动退出是节点加入的逆过程。当一个节点 p 主动退出时,它将把自己维护的路由信息转移到其他节点,具体过程如下:

(1) 选择负责节点。节点 p 发出一个退出(DEPART)消息。在 DEPART 消息的路由过程中,令当前节点为 u。如果节点 u 有一个邻居节点 w 满足 $|w|>|u|$,那么 DEPART 消息将转发至节点 w;否则,如果节点 u 有一个邻居节点 w' 满足 $(|w'|=|u|)\wedge([\![w']\!]<[\![u]\!])$,那么 DEPART 消息将转发至节点 w'。DEPART 消息最终将到达一个具有局部最长标识或最小秩的节点 v,即

$$\forall v'\in\Gamma_G^-(v)\cup\Gamma_G^+(v),\text{有}\ |v|>|v'|\ \text{或}(|v|=|v'|)\wedge([\![v]\!]\leqslant[\![v']\!]) \quad (3.59)$$

并且节点 v 有一个同样具有局部最长标识或最小秩的兄弟邻居 x。节点 v 即为处理节点 p 主动退出的负责节点。

(2) 转移逻辑点。首先,节点 v 把自己的逻辑点(包括出边和入边,即路由信息)转移到兄弟邻居 x,节点 p 把自己的逻辑点转移到节点 v。其次,逻辑点所属关系的变更将通知到所有相关的邻居节点。最后,节点 p 退出系统。

(3) 合并逻辑点。如果在上述转移操作后节点 x 的秩达到 d,那么需要把 x 的 d 个逻辑点进行合并。假设 d 个逻辑点分别为 $x^{(i)}=\alpha_i v_1 v_2 \cdots v_k, i=0,1,\cdots,d-1$,覆盖网在合并操作前后分别对应的 DL 图为 G 和 G',那么 d 个逻辑点将合并为一个逻辑点 $x=v_1 v_2 \cdots v_k$,此时物理点与逻辑点具有相同的标识,并且 x 的入边邻居集合与出边邻居集合分别为 $\Gamma_{G'}^{-}(x)=\bigcup \Gamma_{G}^{-}(x^{(i)})$,$\Gamma_{G'}^{+}(x)=\bigcup \Gamma_{G}^{+}(x^{(i)})$。

2. 被动退出

在有些情况下,DHT 节点可能没有通知任何邻居节点就被动退出系统。在被动退出的情况下,退出节点无法像主动退出那样完成路由信息的转移工作。针对该问题,可以采取传统 DHT 中检测失效节点的方法,各节点周期性地向自己的邻居节点发送 ALIVE 消息,如果一个节点长时间没有收到某邻居节点的 ALIVE 消息,那么认为该邻居已经被动退出系统。此时该节点将代替被动退出的邻居发出一个 DEPART 消息,剩余的处理过程与节点主动退出基本相同。

3.5.3 快速处理

本节将讨论 DHT 拓扑均衡和节点加入处理开销的折中问题。DHT 拓扑均衡通常基于节点标识长度的不均衡性(imbalance)进行评价。不均衡性是指任意两节点标识长度之差的最大值。节点标识长度的不均衡将导致节点负责的资源空间大小分布不均匀,进而导致 DHT 负载分布不均衡[1]。在 3.5.1 节介绍的节点加入处理过程中,新节点 p 首先随机产生一个字符串 K 并发起一次以 K 为目标字符串的路由。在几乎所有 DHT 中均有类似的操作,其目的是通过对 JOIN 消息发起节点的随机化处理,减小节点标识长度的不均衡性,得到较为均衡的 DHT 拓扑。本节把这种节点加入处理方法称为均衡加入(balanced join)方法。

虽然均衡加入方法能够获得较为均衡的 DHT 拓扑,但是由于随机化处理的开销等于一次 DHT 路由的开销 $O(\log N)$,因此难以适应规模较大、动态性较强的系统。针对上述问题,注意到 DLG 变换本身对随机化处理阶段并无要求,本节提出所谓的快速加入(fast join)方法。快速加入方法简单地省略了均衡加入方法的随机化处理阶段:新节点 p 直接从网关节点 n 发出一个 JOIN 消息,并按照均衡加入第二阶段的方式完成路由及后续处理。显然,由于没有对 JOIN 消息发起节点进行随机化处理,因此快速加入方法在实际系统中比均衡加入方法的均衡性更差。但是,由式(3.42b)可知,它们具有相同的拓扑不均衡性的理论上界。

3.6 模拟评估

本节对基于 Kautz 图[5]、采用 DLG 变换的 DHT(DLG-Kautz,DK)性能进行

评估。实验通过修改 Tapestry 模拟器[6]进行，结果均为重复10000次模拟的均值。

3.6.1 路由延迟

本节首先评估 DK（采用均衡加入）的最大路由延迟和平均路由延迟，并与相同度数（$d=4$）的 CAN 和 Koorde 等 DHT 进行比较。每次模拟通过 KHash 算法随机产生一个目标 Kautz 串，并随机选择一个节点作为消息发起节点。覆盖网节点数从 256 变化到 256K。模拟结果如图 3.6 所示。

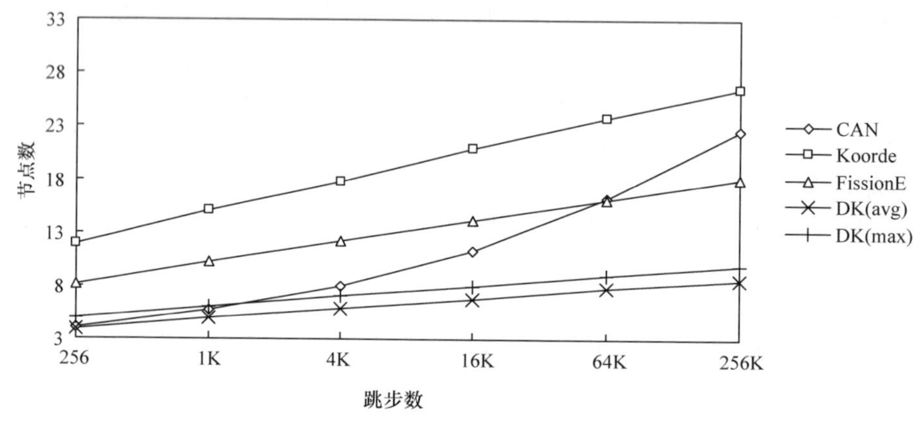

图 3.6 DK 路由延迟

在图 3.6 中，DK(max)和 DK(avg)分别表示 DK 的最大路由延迟和平均路由延迟，对其他 DHT 则仅给出了平均路由延迟。虽然 FissionE 只能基于 Kautz 图 $K(2,D)$进行构建（即 $d=2$），但是为了便于比较，在第一个结果图中也包括了 FissionE 的平均路由延迟。从图中可以看出，由于 x 轴采用了对数坐标，因此除了 CAN 所有 DHT 的平均路由延迟都几乎随着节点数的增加而呈线性增长。DK 的最大路由延迟略高于 $\log_d N$，平均路由延迟低于 $\log_d N$，远小于相同度数的 CAN 和 Koorde。需要指出的是，DK 的路由性能优势随着节点数的增加将越来越明显。

本节接着评估了当节点数为 256K 时 DK 路由延迟的分布，实验中模拟了 $d=4$ 的情况，模拟结果如图 3.7 所示。从图中可以看出，DK 的消息路由延迟相差较小，绝大部分路由延迟都分布在平均值附近。

3.6.2 拓扑维护

本节将对 DK 的拓扑维护机制进行评估。采用均衡加入和快速加入方法的 DK 分别被称为均衡 DK（balanced DK，B-DK）和快速 DK（fast DK，F-DK）。首先评估 B-DK 和 F-DK 的动态维护开销（即节点加入/退出覆盖网时产生的维护消息

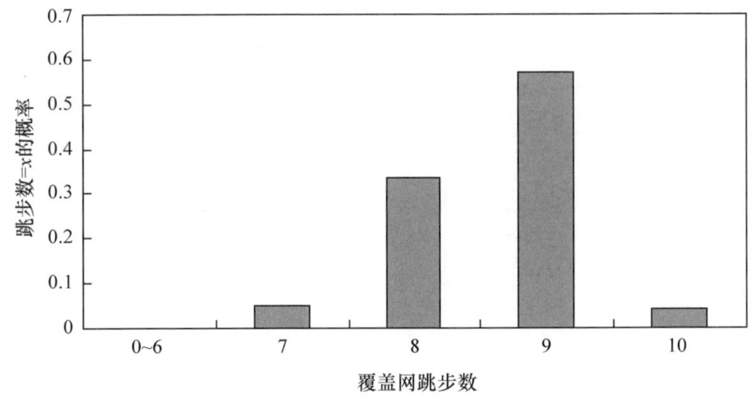

图 3.7　路由延迟分布

数量)。实验中 DK 的基 $d=16$,节点数 $N=256\text{K}$。在加入处理的模拟中,一个新节点随机选择一个网关节点启动加入处理过程;在退出处理的模拟中,随机选择一个节点采用主动退出的方式退出覆盖网。模拟结果如图 3.8 所示。

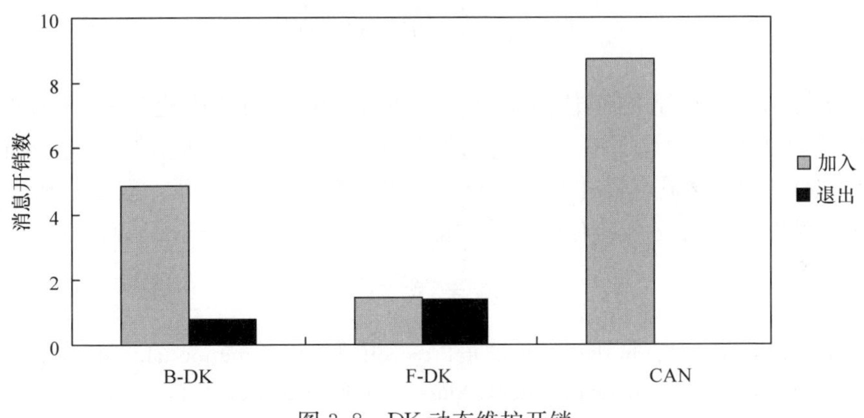

图 3.8　DK 动态维护开销

从图 3.8 中可以看出,F-DK 的节点加入处理开销明显小于 B-DK,而 F-DK 的节点退出处理开销则略大于 B-DK,因此 F-DK 能够更好地适应动态性较强、节点频繁加入/退出的系统。为便于比较,图中同时包括了相同实验配置下 CAN 的节点加入/退出处理开销。虽然 F-DK 的动态维护开销较小,但是其拓扑均衡性相对较差。

下面对 B-DK 和 F-DK 的节点标识长度分布进行评估。实验中 DK 的基 $d=16$,节点数 $N=256\text{K}$。

模拟结果如图 3.9 所示。从图中可以看出,在 B-DK 中节点标识长度的分布比 F-DK 更加集中,从而 B-DK 具有比 F-DK 更好的负载平衡特性。总之,B-DK

与 F-DK 可以看成对拓扑均衡和维护开销的折中的不同选择：B-DK 的拓扑均衡性较好、但维护开销较大，适用于对负载平衡要求较高且稳定性较好的系统；而 F-DK 的拓扑均衡性相对较差、但维护开销更小。

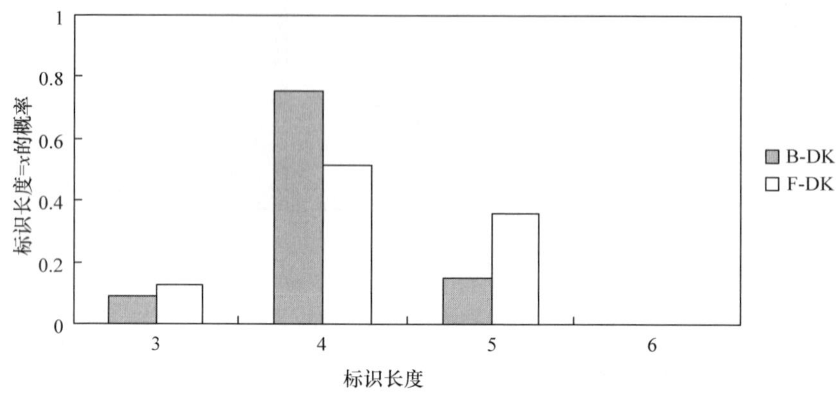

图 3.9　节点标识长度分布

3.7　本章小结

本章提出了一种适用于任意正则图的通用 DHT 拓扑构建方法——DLG 变换。DLG 变换技术设计了一系列创新性的机制和算法，包括拓扑图统一描述机制、DL 迭代算法、逻辑点合并与分裂算法以及高效路由算法等。理论分析和模拟实验表明，DLG 变换技术具有良好的性能。

参考文献

[1] Xu J, Kumar A, Yu X. On the fundamental tradeoffs between routing table size and network diameterin peer-to-peer networks. IEEE Journal on Selected Areas in Communications(JSAC), 2004, 22(1): 151-163.

[2] Tvrdik P. Factoring and Scaling Kautz Digraphs. Research Report 94-15, LIP ENSL, 69364 Lyon, France, 1994.

[3] Fiol M A, Yebra J L A, Alegre I. Line digraph iterations and the(D, K) digraph problem. IEEE Transactions on Computers, 1984, 100(5), 400-403.

[4] Fiol M A, Llado A S. The partial line digraph technique in the design of large interconnection networks. IEEE Transactions on Computers, 1992, 41(7): 848-857.

[5] Kautz W H. The design of optimum interconnection networks for multiprocessors. Architecture and Design of Digital Computer, 1969: 249-277.

[6] Zhao B, Huang L, Stribling J. Tapestry: A resilient global-scale overlay for service deployment. IEEE Journal on Selected Areas in Communications(JSAC), 2004, 22(1): 41-53.

第 4 章　Crossbar 的串行轮询调度技术*

传统交换开关调度算法研究的主要不足是算法复杂、硬件实现困难。从解决输入输出阻塞的方式来看，导致目前算法复杂的原因在于调度算法并行消解输入输出端口阻塞。例如，在请求—授予—接受三阶段调度算法中，由于所有输入端口自由竞争所有输出端口，所有输出端口自由选择所有输入端口，因此调度器内部不同端口的处理逻辑之间通信复杂，又由于不同端口的竞争和选择是同时进行的，因此调度器内部需要大量的仲裁逻辑。

从保证算法的公平性来看，导致目前算法复杂性高的原因在于调度算法力求保证每次调度对每个输入输出端口都是公平的。例如，为了保证公平性，ESLIP算法允许任何输入端口在任何时刻提出组播请求，多个组播请求同时存在必然带来不同输入端口组播请求的扇出集合重叠，调度组播信元必然代来扇出分割，因此增加了算法实现的复杂性。

本章提出一种新的交换开关调度算法设计思想——大步调度，为 Crossbar 调度算法的设计提供新的思路，其核心是调度算法不保证每次调度对于每个端口都是公平的，但算法在连续多次调度中保证对每个端口是公平的。实验证明，大步调度实现简单，效率较高。

4.1　大步调度思想

大步调度思想包含多步调度和串行轮询两个重要的实现机制。

4.1.1　多步调度

多步调度方式将 k($k>1$，称为步长)个时间槽划分为一帧。调度器每一帧对 Crossbar 的拓扑结构配置一次，因此可以有足够的时间(k 个时间槽)执行较复杂的调度算法。

严格地说，多步调度是调度器对 Crossbar 的一种配置方式，这种配置方式并没有简化算法的复杂性，只是增加了算法的执行时间。多步调度方式适合实现一

---

* 本章由孙志刚撰写。孙志刚，2001 年 6 月获博士学位，导师为卢锡城院士，研究方向为高性能网络交换技术。其博士论文“路由器高速交换开关调度算法的研究与实现”提出的输入串行轮询(ISP)算法在我国首台具有自主知识产权的 IPv4 核心路由器中得到应用。

些无法并行执行的、复杂的加权调度算法，如 LQF。

由于算法 k 个时间槽调度一次，因此若在区间$[t,t+k)$内输入端口 i 与输出端口 j 相连，在此区间内有 q 个信元从输入端口 i 交换到输出端口 j，则

$$q=\begin{cases} k, & L_{i,j}(t)\geqslant k \\ L_{i,j}(t), & \text{其他} \end{cases}$$

显然，当 $L_{i,j}(t)<k$ 时，从输入端口 i 到输出端口 j 将有 $k-L_{i,j}(t)$个时间槽的带宽被浪费，因此 k 越小越好。然而从一个较长的过程来看，当端口负载较低、相应 VOQ 队列较短时（小于 k），一帧中浪费的带宽将在后续帧中补足。当端口负载较重、VOQ 队列较长时（大于 k），不存在带宽浪费现象。因此在一段较长的时间内，无论端口负载情况如何，多步调度方式的带宽利用率应接近一般调度方式。

由多步方式实现的LQF算法称为SLQF(stride LQF)算法。设输入端口 i 的信元到达服从离散、各态遍历的过程 $A_i(n)$，速率为 λ_i，$0\leqslant i\leqslant N-1$。队列 $Q_{i,j}$ 的信元到达过程为 $A_{i,j}(n)$，速率为 $\lambda_{i,j}$，因此有 $\lambda_i=\sum_{j=1}^{N}\lambda_{i,j}$。

定义 4.1 $A(n)$是可接受的。

对于信元到达过程的集合 $A(n)=\{A_i(n),0\leqslant i\leqslant N-1\}$，若 $\sum_{i}\lambda_{i,j}<1$，$\sum_{j}\lambda_{i,j}<1$，则称 $A(n)$ 是可接受的(admissible)，否则称 $A(n)$ 是不可接受的。

定义 4.2 到达过程是一致的。

到达过程是一致的当且仅当各输入端口到达过程有相同的速率，且信元到每个目的输出端口的概率是一致的。

定义 4.3 开关是稳定的。

对于某种信元到达过程，如果交换开关输入队列长度的数学期望不会无限地增长，那么称该开关是稳定的，即 $E\left[\sum_{i,j}L_{i,j}(n)\right]<\infty,\forall n$。

定义 4.4 100%利用交换开关的带宽。

设开关各个输入端口的信元到达是独立的，如果对于任何可接受的到达过程，开关都是稳定的，那么称开关可以 100%地利用吞吐率。

定理 4.1 当信元到达是独立分布时，SLQF 算法可以 100%利用交换开关的吞吐率。

证明略。

定理 4.1 说明无论步长如何选取，在信元到达服从独立分布时，SLQF 算法都可以 100%地利用带宽。增加步长可供给算法运行更长的时间，然而 SLQF 算法的延时特性却与步长密切相关，步长的选择对多步调度算法十分重要。

设步长为 4、8、16、64 的 SLQF 算法分别记为 SLQF4、SLQF8、SLQF16、

SLQF64。图 4.1 比较了上述四种 SLQF 算法以及 M-LQF 和 iSLIP 算法在信元到达服从 burst 时的延时特性，交换开关端口数为 8。

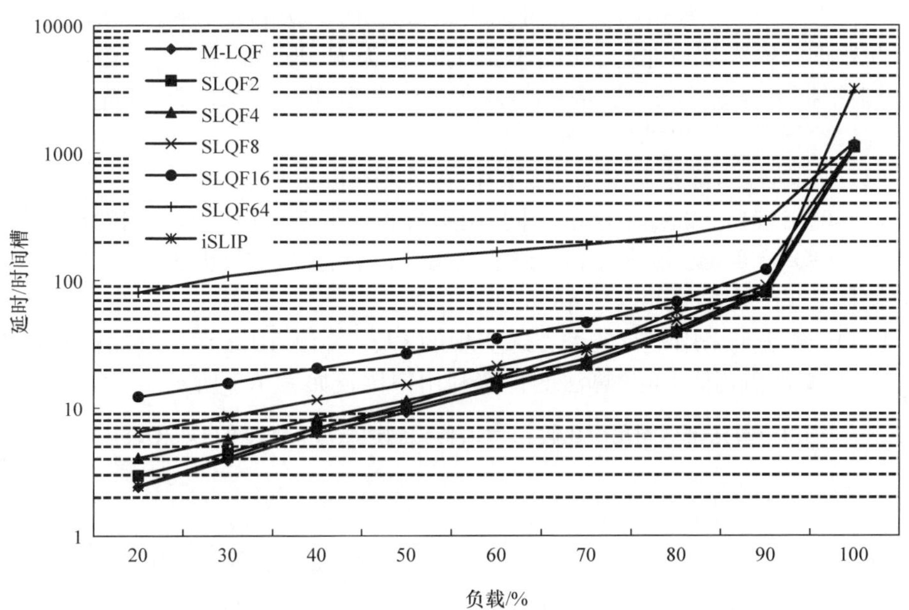

图 4.1　算法的延时特性比较，信元到达服从 $L=10$ 的 ON/OFF 模型，$N=8$

由图 4.1 可以得出以下结论：

(1) M-LQF 算法的延时特性明显优于 iSLIP 算法。这说明加权调度算法的延时特性优于非加权调度算法。

(2) 端口负载较低时，SLQF 算法的步长越长，延时特性越差。这说明虽然在 VOQ 队列较短时(小于步长)，一帧中浪费的带宽将在后续帧中补足，不会明显降低带宽利用率，但会明显增加信元的平均延时。

(3) 端口负载较高时，各种步长的 SLQF 算法的延时特性几乎相同，明显优于非加权调度算法 iSLIP。

综合考虑算法在低负载时的延时特性和执行时间限制，可以认为当开关端口数为 8 时，步长选取 $k=8$ 比较合适。

4.1.2　串行轮询

串行轮询方式是设计调度算法的一种基本思想。采用串行轮询方式的调度算法每次调度迭代 N 次，每次迭代只为一个输入(输出)端口选择输出(输入端口)。由于每次迭代只有一个端口进行选择，因此算法的硬件实现十分简单，所需选择逻辑与开关端口数目无关。

串行轮询调度算法的基本框架如下(以轮询输入端口为例)：

(1) 设置空闲输出端口集合 $S=\{0,1,\cdots,N-1\}$，求调度首次轮询的输入端口号 start，对于第 k 次调度，start=$k$mod N，$k=1,2,3,\cdots$，mod 为求模运算。

(2) 迭代 N 次，第 i 次迭代轮询输入端口(start+i)mod$N$，$i=0,1,2,\cdots,N-1$。设当前轮询的输入端口非空 VOQ 队列的集合为 R，若此时 $R\cap S=\varnothing$，则匹配失败；否则根据集合 R 和 S，按某种策略(如权值大小、Round_Robin 优先级等)为该输入端口选择一个输出端口 s，$S=S-s$。

(3) 如果必要，修改调度器内部的状态，如 Round_Robin 指针。

根据输出端口 s 选择方法的不同，用串行轮询框架可设计出不同的调度算法。如果用 VOQ 长度表示输入端口 i 请求输出端口 j 的权，按权值大小选择 s，那么得到的就是 L2QF(local longest queue first)算法。

L2QF 算法是采用串行轮询方式实现的 LQF 算法，因此它具有加权调度算法的性能，L2QF 和其他 LQF 算法的带宽利用率比较如表 4.1 所示。

表 4.1　算法带宽利用率比较，$N=8$，信元到达服从 $L=10$ 的 ON/OFF 模型

算法	端口负载								
	0.2	0.3	0.4	0.5	0.6	0.7	0.8	0.9	1.0
M-LQF	0.813	2.418	3.216	3.930	4.796	5.593	6.397	7.117	7.986
GS-LQF	0.813	2.418	3.216	4.009	4.796	5.593	6.397	7.199	7.913
SLQF	0.813	2.418	3.216	3.930	4.796	5.593	6.397	7.117	7.986
L2QF	0.813	2.418	3.216	4.010	4.796	5.993	6.397	7.200	7.971
iSLIP	0.813	2.418	3.216	3.930	4.796	5.593	6.397	7.117	7.895

通过上述比较可以看出，L2QF 算法的带宽利用率与其他加权调度算法相似，高负载时明显高于非加权调度算法 iSLIP。

以上各种算法的延时特性比较如图 4.2 所示，从图中可以看出，L2QF 算法的延时特性与其他加权调度算法相似，高负载时明显优于非加权调度算法 iSLIP。

以上各种算法的实现复杂性比较如表 4.2 所示。其中，$I\times P\times R$ 代表算法硬件实现的复杂性。由于 SLQF 算法每 N 个时间槽执行一次，其他算法每个时间槽执行一次，因此 SLQF 算法的复杂性可等效为 $O(N^2\log N)$。

表 4.2　算法复杂性比较

算法	I	P	R	$I\times P\times R$	max(C)
M-LQF	1	1	$O(N^3\log N)$	$O(N^3\log N)$	N
GS-LQF	N	$2N$	$O(N)$	$O(N^3)$	N
i-LQF	$\log N$	$2N$	$O(N)$	$O(N^2\log N)$	N
SLQF	1	1	$O(N^3\log N)$	$O(N^2\log N)$	N
L2QF	N	1	$O(N)$	$O(N^2)$	1

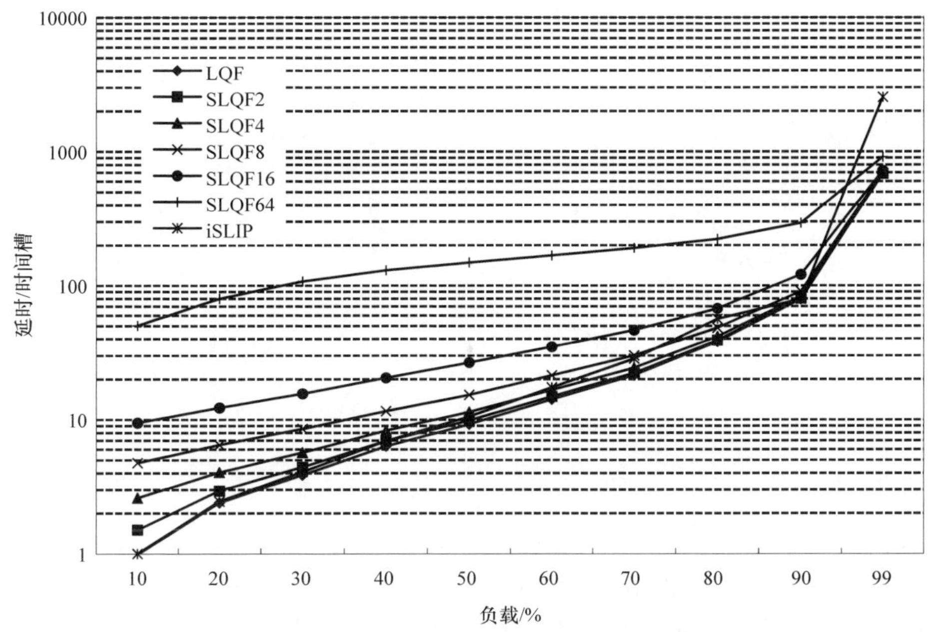

图 4.2　算法延时特性比较，信元到达服从 $L=10$ 的 ON/OFF 模型，$N=8$

由表 4.2 可以看出，在所有算法中，L2QF 算法的复杂性最低。该算法 P、R 值分别为 1 和 $O(N)$，因此实现需要的逻辑最少，工作频率最高。同时，L2QF 算法每次最多匹配一个输入输出端口，因此调度器对交换开关配置接口的设计最简单。

4.2　基于大步调度的高效算法——ISP 算法

4.2.1　ISP 算法定义

ISP 算法是一种简单高效的非加权调度算法，它以串行轮询的方式检查各输入端口的请求，并按 Round_Robin 方式为输入端口选择一个输出端口。由于各端口的轮询是串行的，因此 ISP 算法不存在 iSLIP 等算法中因 Round_Robin 指针同步而带来的性能下降问题。虽然算法迭代 N 次，但当 N 较小时(路由器交换开关端口数目一般不大于 32)，ISP 算法不会成为交换开关的瓶颈。ISP 算法的定义如下。

输入：时刻 t 和请求向量 req_i，i=0,1,…,N−1，$req_i[j]=1$ 表示队列 $Q_{i,j}$ 非空。

输出：输入输出端口的匹配集合 $\Omega=\left\{<i,j>,0\leqslant i,j\leqslant N-1\right\}$。

算法开始：

```
step1:if(t==0)
```

```
        for(i=0;i<N;i++)
            Ri=0;
step2:s=t mod N; Ω=ϕ; Ψ={0,1,…,N-1};
step3:for(i=0;i<N;i++){
        in=(s+i)mod N;
        out=MA(reqin,Rin,Ψ);
        if(out≠0){
            Ω=Ω∪{<in,out>};
            Ψ=Ψ_out;
            if(i==0)
                Rin=(in+1)mod N;
        }
    }
step4:输出 Ω;
算法结束。
```

其中，函数 out=MA(req_{in},R_{in},Ψ)根据端口 in 的请求 req_{in}、Round_Robin 指针 R_{in}和空闲输入端口集合 Ψ 为端口 in 选择一个输出端口，若返回值 out 为 0，则说明匹配失败，否则 out 为匹配的输出端口号。

图 4.3 给出一个在四端口交换开关上使用 ISP 算法调度的例子。某时刻各输入端口的请求和调度器的状态分别如图 4.3(a)和(b)所示。算法第一次迭代轮询端口 0。由于端口 0 的 Round_Robin 指针为 0，请求的输出端口为 1 和 2，因此根据 Round_Robin 的原则将输出端口 1 匹配给输入端口 0，如图 4.3(c)所示。根据同样的方法，算法第 2～4 次迭代后开关的匹配分别如图 4.3(d)、(e)、(f)所示。由于算法第一次迭代匹配成功，因此将输入端口 0 的 Round_Robin 指针改为 2。同时下一次调度将首先轮询端口 1。

由于迭代是串行进行的，因此 Round_Robin 指针同步不会带来带宽利用率的下降。同时，定理 4.1 说明了 ISP 算法不会产生饿死现象。

定理 4.2　ISP 算法保证信元在 VOQ 队列头等待交换的最大延时 D_{max} 等于 N^2。

证明　设某信元在时刻 t 成为队列 $Q_{i,j}$ 的 HOL 信元，根据 ISP 的定义，t 时刻后的 N^2 次仲裁中必有 N 次仲裁首先从端口 i 开始迭代。又由于 Round_Robin 指针只在第一次迭代后修改，在这 N 次迭代中，端口 i 的 Round_Robin 指针必有一次等于 j，因此该信元在 t 时刻后的 N^2 个时间槽内必能交换到端口 j。

证毕。

由于 ISP 算法需要保证一定的公平性，因此该算法得到的匹配不是最大匹配。例如，图 4.3(f)所示的匹配并不是最大匹配，最大匹配如图 4.3(h)所示。

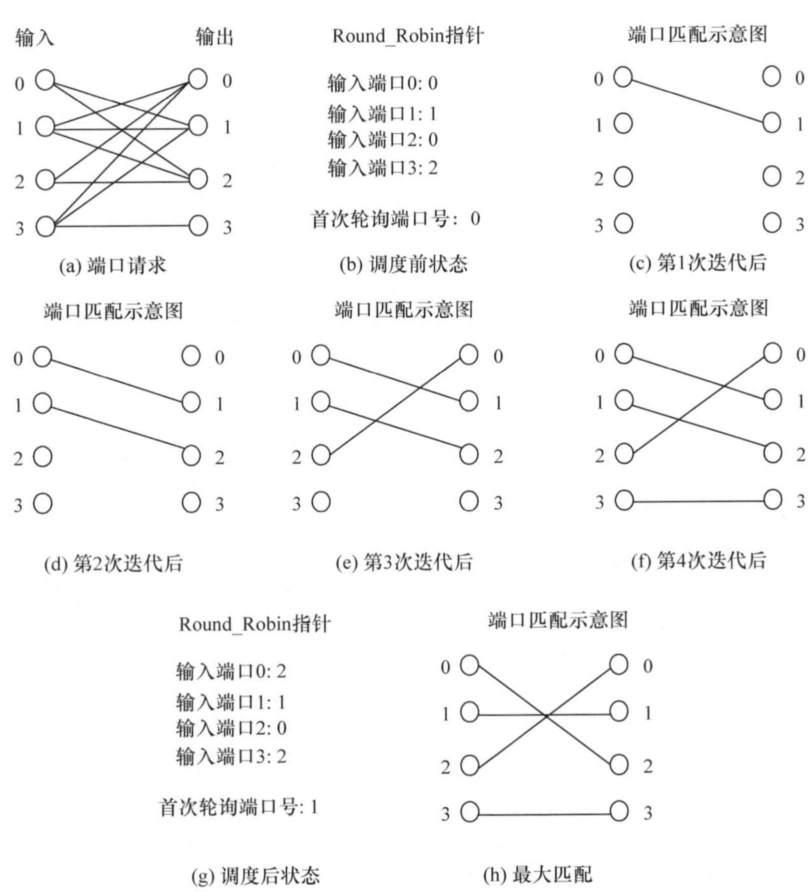

图 4.3　ISP 算法调度的例子

4.2.2　ISP 的性能分析

平均每次调度匹配的输入输出端口数反映了算法的带宽利用率，平均每次匹配数目越多，带宽利用率越高。

定义 4.5　算法的带宽利用率。

设时间区间$[t_1, t_n]$内算法调度 n 次，第 i 次调度匹配的端口数为 P_i，$1 \leqslant i \leqslant n$。那么，算法在区间$[t_1, t_n]$内的带宽利用率为

$$\eta = \frac{\sum_{i=1}^{n} P_i}{nN}$$

式中，N 为开关端口数。

定义 4.6　Round_Robin 指针同步。

对于采用 Round_Robin 机制的调度算法，设 t 时刻端口 i 的 Round_Robin 指

针为 $R_i(t)$，若

$$R_i(t)=R_j(t),\quad 1\leqslant i,j\leqslant N \text{ 且 } i\neq j$$

则称 Round_Robin 指针 $R_i(t)$和 $R_j(t)$同步。

由于 ISP 算法是串行匹配算法，因此 Round_Robin 指针同步不会影响算法的带宽利用率。而对于采用三阶段仲裁的 iSLIP 算法，Round_Robin 指针同步会导致带宽利用率的下降。例如，对于 16 端口交换开关和 keepfull 到达过程（保证任何时刻、任何 VOQ 队列都非空），ISP 的带宽利用率为 1，而 iSLIP 算法的带宽利用率为 0.9998。

Nick McKeown 的研究表明，当端口负载较低时，目前所有使用 Round_Robin 机制的调度算法都具有几乎相同的带宽利用率，原因有两点：

(1) 当负载较低时，许多 VOQ 队列都保持在空的状态，因此 Round_Robin 指针没有很大的作用，每个端口的调度都相当于随机调度。

(2) 算法在一次调度中匹配的端口数较少会导致下一次调度时非空 VOQ 队列数目的增加，从而下一次调度会匹配较多的端口数。

不同调度算法的差距在于当端口负载较高时，它们具有不同的带宽利用率。由于在端口负载较高，即多数 VOQ 队列非空时，时分多路复用（time division multiplexing）算法的带宽利用率最高（可惜在负载较低时，该算法的带宽利用率太低），因此好的调度算法在端口负载较高时，应表现出时分多路复用的性质。显然，根据 ISP 算法的定义，端口负载越高，ISP 算法的行为与时分多路复用算法越接近，而由于 Round_Robin 指针同步带来的带宽利用率下降，在端口负载较高时，iSLIP 算法的带宽利用率无法达到时分多路复用算法的水平。

模拟表明，在独立同分布或 ON/OFF 到达条件下，轻负载时 ISP 和 iSLIP 算法平均每次调度匹配的端口数几乎相同，重负载时 ISP 算法的平均匹配数要大于 iSLIP 算法。

图 4.4 列出了在信源到达服从不同参数的 ON/OFF 过程且负载为 1 时，ISP 算法和 iSLIP 算法的带宽利用率比较。显然，当负载较高时，ISP 算法的带宽利用率高于 iSLIP 算法。图 4.5 中列出了当交换开关端口数不同时，ISP 算法的带宽利用率。从图中可以看出，带宽利用率随着开关端口数目的增加和 burst 长度的增加略有下降，但下降幅度不大（小于 1%），这说明在端口负载较高时，随着开关端口数目和信源 burst 长度的变化，ISP 算法有比较稳定的带宽利用率。

在输入缓冲的交换开关模型中，调度算法主要影响信元在 VOQ 中的等待延时。由于 ISP 算法无法精确控制单个信元的等待延时，因此用信元的平均等待延时来衡量算法的延时特性。

定义 4.7 信元通过交换开关的平均延时。

设时间区间$[t_1,t_n]$内通过交换开关的信元记为 $c_1,c_2,\cdots,c_n$，信元 c_i 在 VOQ

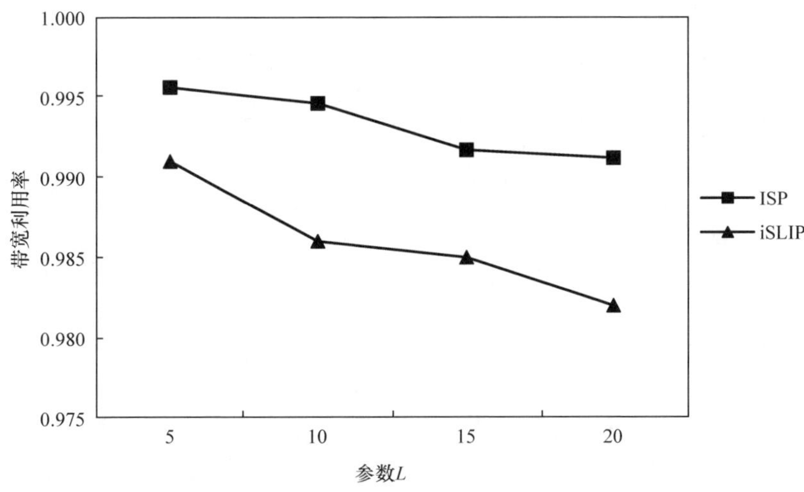

图 4.4　负载为 1 时，调度算法、ON/OFF 过程的参数 L 和带宽利用率的关系，$N=8$

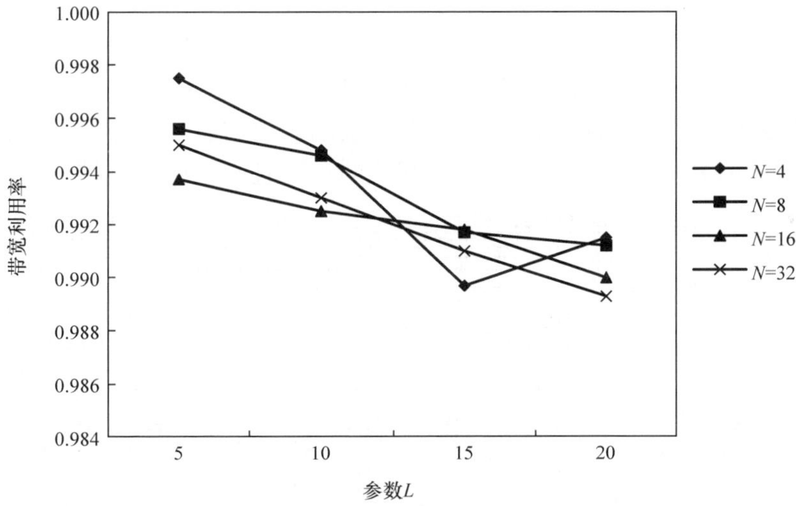

图 4.5　负载为 1 时，参数 L、N 和 ISP 算法的带宽利用率的关系

中的等待时间为 d_i，$1 \leqslant i \leqslant n$。那么在区间$[t_1, t_n]$内交换开关的平均延时为

$$d(t_1, t_n) = \frac{\sum_{i=1}^{n} d_i}{n}$$

式中，n 为开关端口数。

模拟表明，在独立同分布或 ON/OFF 到达条件下，对于 ISP 和 iSLIP 两种算法，轻负载时信元的平均延时几乎相同；重负载时，ISP 算法的平均延时明显小于

iSLIP 算法的平均延时，如图 4.6 所示。

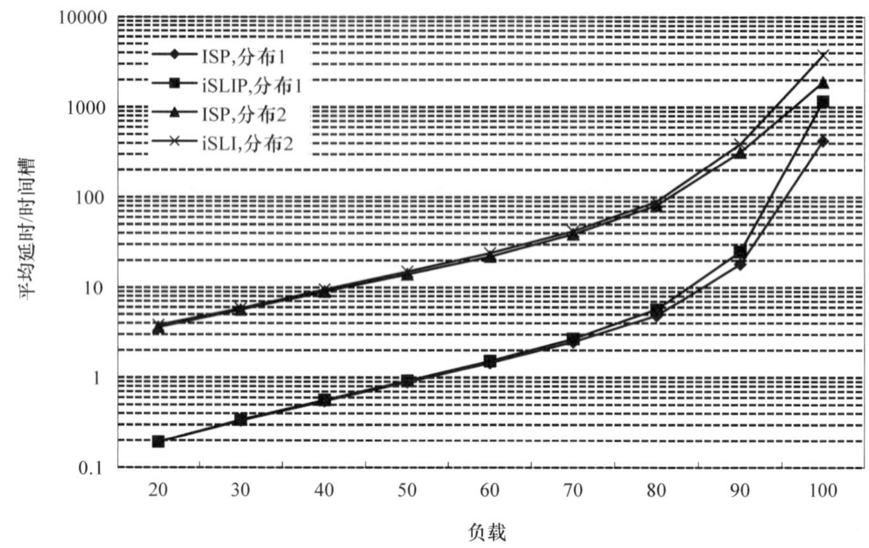

图 4.6　当信元到达分别服从独立一致的伯努利分布（分布 1）和 $L=10$ 的 ON/OFF 过程时算法的延时特性比较，$N=16$

随着交换开关端口数目的增加，ISP 算法的延时特性变化不大，如图 4.7 所示，因此 ISP 算法的延时特性对于交换开关的规模具有较好的可扩展性。图 4.8

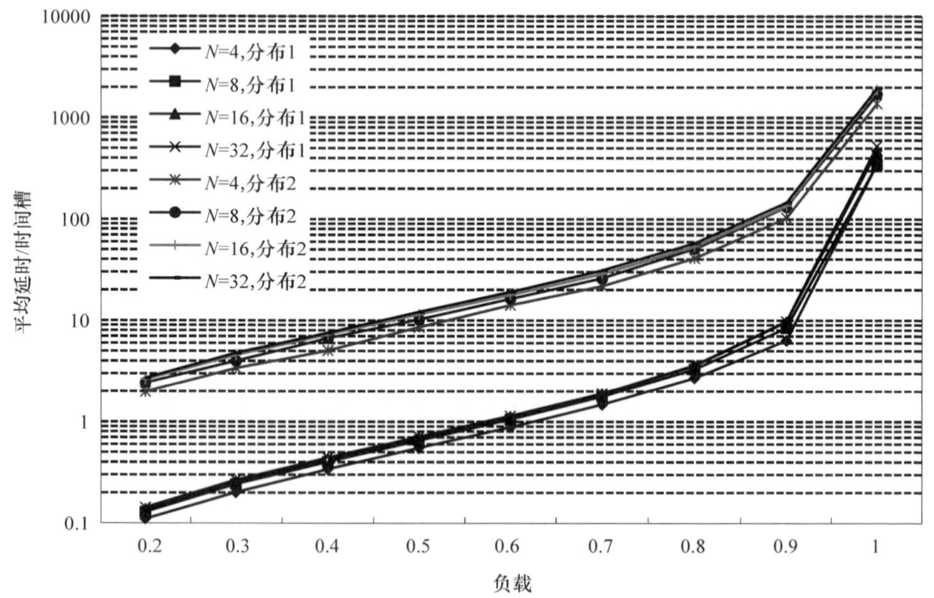

图 4.7　当信元到达分别服从独立一致的伯努利分布（分布 1）和 $L=10$ 的 ON/OFF 过程时 ISP 算法的延时特性与 N 的关系

显示了随着输入端口信元到达服从不同参数的 ON/OFF 过程时，信元的延时特性。ON/OFF 过程的参数 L 越大，信元到达的猝发特性就越强。因此，对于 ISP 算法，输入端口信元到达的猝发特性越强，信元的平均延时也就越长。

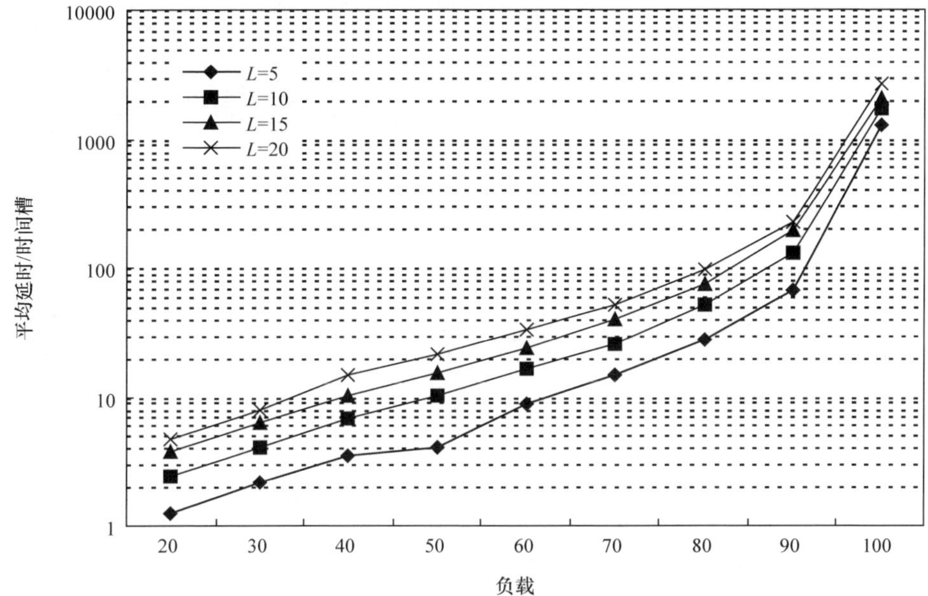

图 4.8　当信元到达分别服从不同参数的 ON/OFF 过程时 ISP 算法的延时特性，$N=8$

由于 ISP 算法保证 VOQ 队列的 HOL 信元等待交换的最大延时 D_{max} 不大于 N^2，因此该算法不会产生饿死现象。在此前提下，信元平均延时的均方差可用来衡量算法的公平性，均方差越小，说明各信元通过交换开关的延时越接近，公平性越好。

模拟表明，在独立同分布或 ON/OFF 到达条件下，对于 ISP 和 iSLIP 两种算法，负载较低时，延时均方差相近；负载较高时，ISP 算法的均方差明显小于 iSLIP 算法的均方差，如图 4.9 所示。

与算法的延时特性相似，随着交换开关规模的增加，信元通过交换开关延时的均方差也在缓慢地增加，如图 4.10 所示。均方差缓慢增加的原因是随着开关规模的增加，算法保证公平性的时间粒度（等于开关端口数）变得更粗，因此公平性变差。

图 4.11 显示了延时均方差与 ON/OFF 过程的参数 L 的关系，L 越大，延时均方差越大。

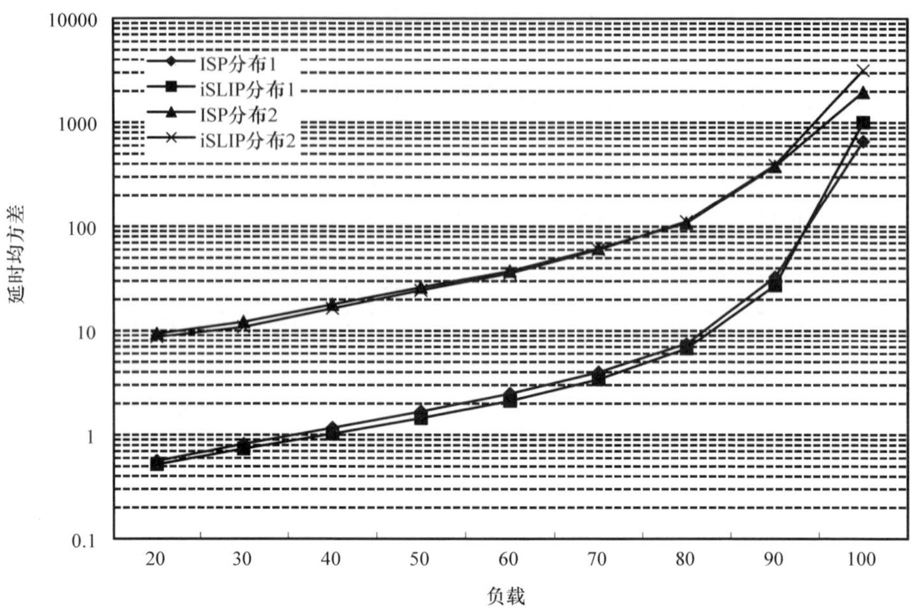

图 4.9 当信元到达分别服从独立一致的伯努利分布(分布 1)和 $L=10$ 的 ON/OFF 过程时,信元的延时均方差比较,$N=16$

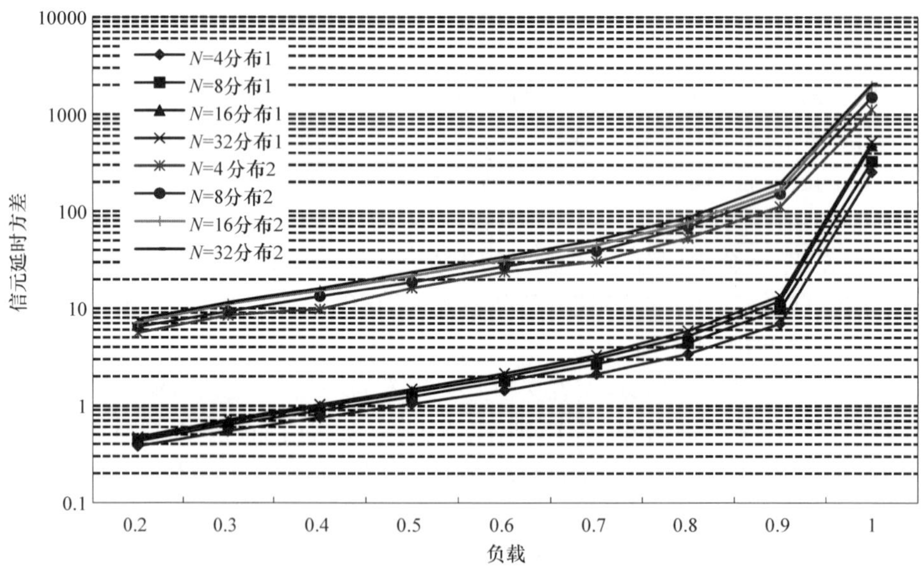

图 4.10 当信元到达分别服从相互独立、一致的伯努利分布(分布 1)和 ON/OFF 过程时,信元的延时均方差与 N 的关系

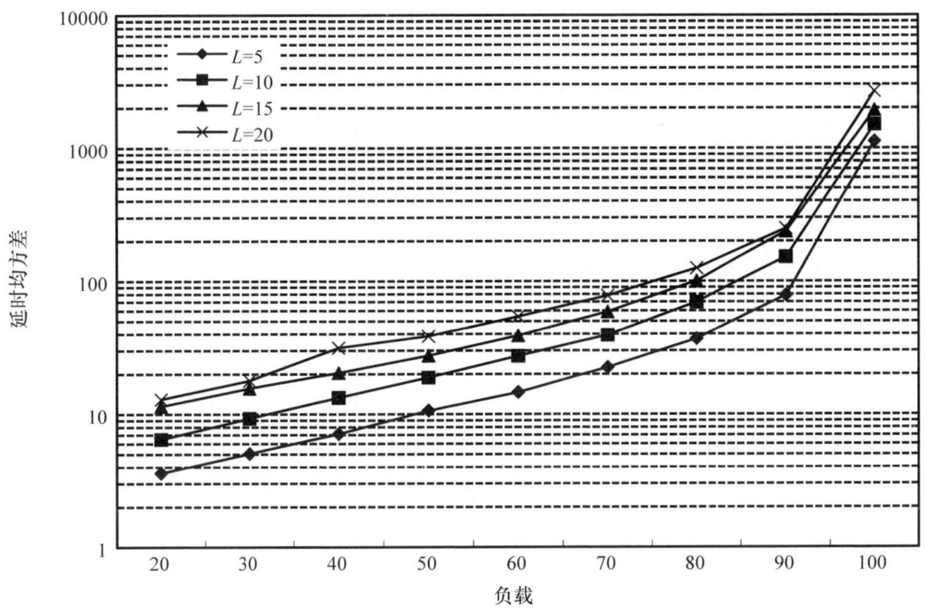

图 4.11　当信元到达 ON/OFF 过程时，信元的延时均方差与参数 L 的关系，$N=16$

以上模拟都假设 VOQ 队列为无限长，然而采用无限长的 VOQ 是不现实的。设交换开关每个输入端口缓冲区大小为 B，通常 VOQ 的组织形式有以下两种：

(1) 固定划分。每个 VOQ 队列的最大长度为 $L_{\max}(i,j)=\dfrac{B}{N}$，若 $L_{i,j}(t)=L_{\max}(i,j)$ 且 $a_{i,j}(t)=1$，则 t 时刻队列 $Q(i,j)$ 溢出，到达的信元丢失。

(2) 按需划分。在任意时刻 t 有 $\sum\limits_{j=1}^{N}L_{i,j}(t)\leqslant B$，若 $\sum\limits_{j=1}^{N}L_{i,j}(t)=B$ 且 $a_{i,j}(t)>0$，则 t 时刻队列 $Q(i,j)$ 溢出，到达的信元丢失。

固定划分实现简单，但缓冲区利用率较低，按需划分对缓冲区的利用率较高，但硬件实现复杂，一般需要软件协助管理。本书假设缓冲区按固定划分的方式组织。

图 4.12 比较了在 VOQ 长度有限的条件下，ISP 和 iSLIP 算法在端口服从 ON/OFF 信元到达时信元的丢失率比较。从图中可以看出，ISP 算法带来的信元丢失率要小于 iSLIP 算法；缓冲区的增加对于减小低负载(0.65)到达信元的丢失率效果明显，若要减小高负载(0.95)到达信元的丢失率，则缓冲区需要很大。

一方面，当 VOQ 队列的长度一定时，开关的规模越大，每个输入端口总的缓冲区越大；另一方面，开关端口数目越多，输入端口到达的信元进入某一个 VOQ 队列的概率越小。因此，当 VOQ 队列的长度恒定时，随着开关端口数目的增加，

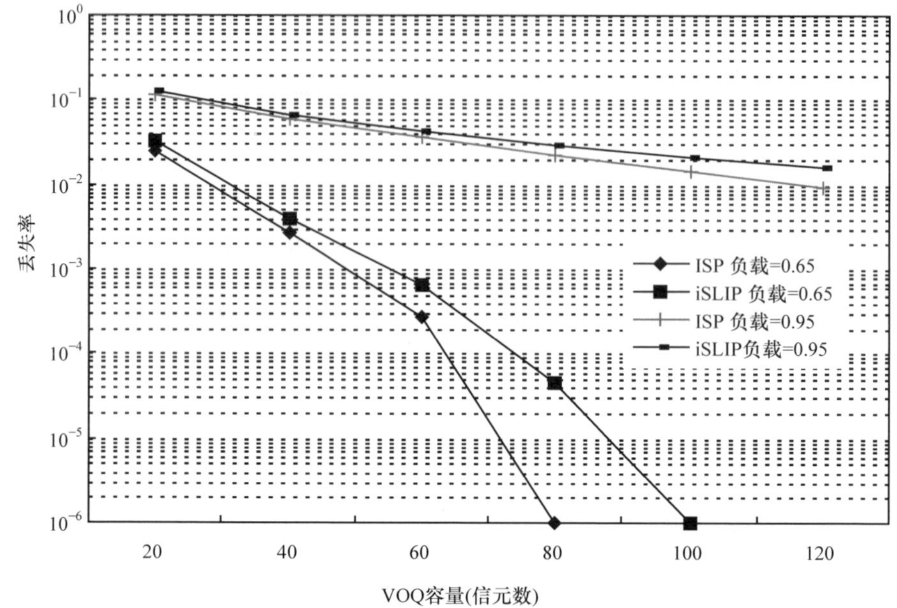

图 4.12　当信元到达服从 $L=10$ 的 ON/OFF 过程时，
VOQ 容量、调度算法和信元丢失率的关系，$N=8$

交换开关输入端口总的缓冲区大小也在增加，信元的丢失率应减小。模拟结果如图 4.13 所示。

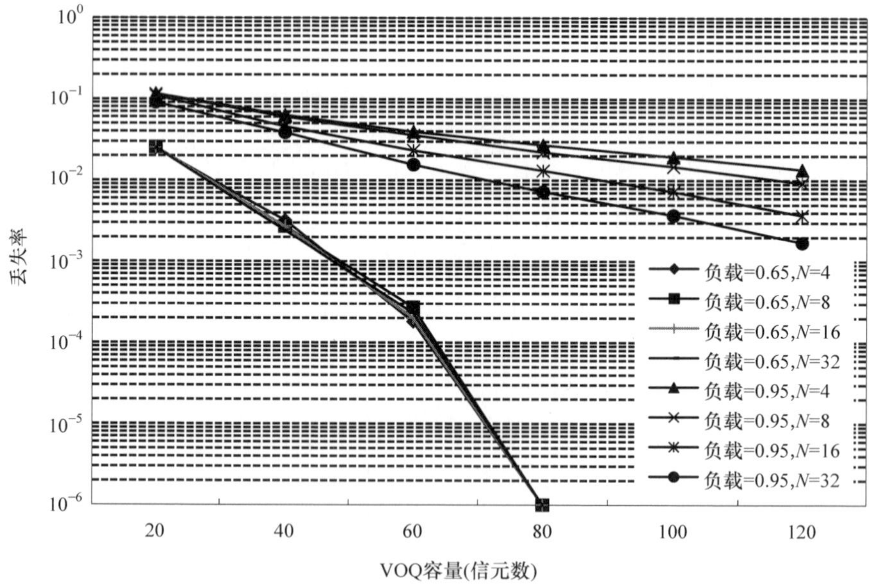

图 4.13　当信元到达服从 $L=10$ 的 ON/OFF 过程时，
VOQ 容量、参数 N 和 ISP 算法下信元丢失率的关系

随着 ON/OFF 过程参数 L 的增加，信元的丢失率也在不断增加，如图 4.14 所示。

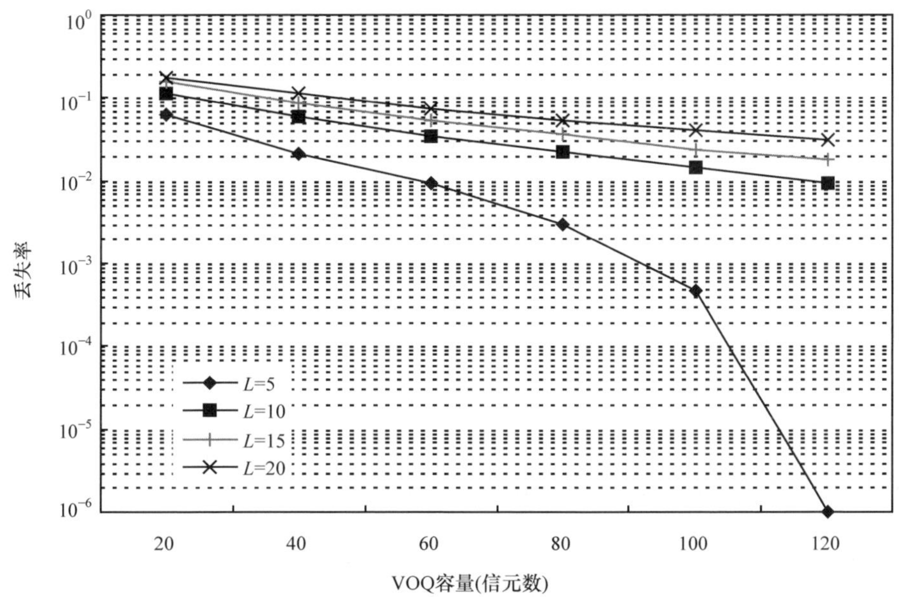

图 4.14 当信元到达服从不同参数的 ON/OFF 过程时，VOQ 容量和 ISP 下的信元丢失率的关系，$N=8$

输入端口缓冲区大小的选择和信元丢弃控制必须注意以下两点：

(1) 增加 VOQ 长度可减小信元的丢失率，但会增加信元的平均延时和整个交换开关的成本。

(2) 由于一个报文在进入交换开关时被划分为多个信元，因此输入端口无论采用什么样的丢弃策略，都必须保证只要不丢弃报文的第一个信元，就不能丢弃该报文的其他信元；只要丢弃报文的第一个信元，就必须丢弃该报文的其他信元。

4.3 ISP 调度器的实现

4.3.1 顶层设计

ISP 调度器的顶层设计包括接口定义、内部功能划分和工作模式的选择。

1. 接口定义

N 端口 ISP 调度器的接口定义如图 4.15 所示，$\mathrm{REQ}_i[j]=1$ 表示队列 $Q_{i,j}$ 非空，$0\leqslant i,j\leqslant N-1$。若 $\mathrm{GntOut}[j]=1$，$\mathrm{GntIn}=i$，则说明输出端口 j 分配给输入端

口 i，NewSlot 信号有效表示当前时间槽结束，下一时间槽开始。其中，$m=\lceil \log_2 N\rceil$，$\lceil x\rceil$表示不小于 x 的最小整数。

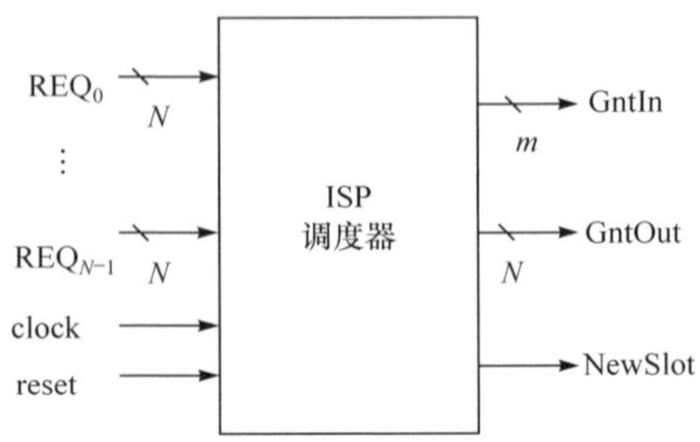

图 4.15　ISP 调度器的接口定义

2. 内部功能划分

ISP 调度器主要由时序发生器(状态机)、当前请求产生器、当前 RR 指针产生器、微仲裁器和输出控制器组成，如图 4.16 所示。

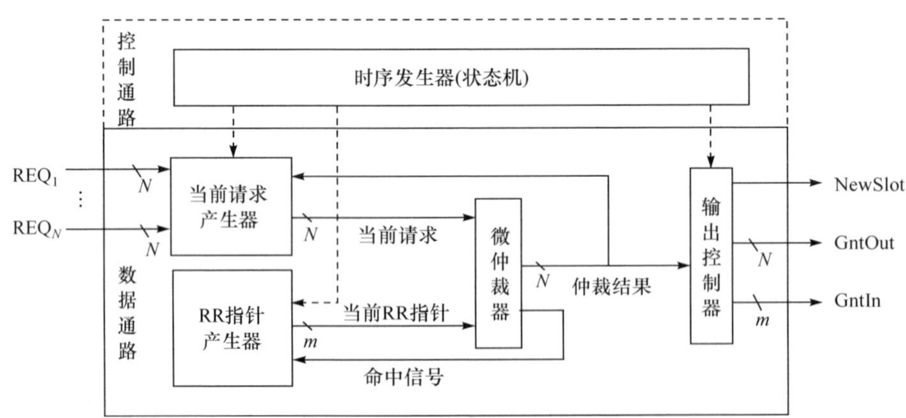

图 4.16　ISP 调度器的组成

时序发生器(状态机)是调度器的控制核心，它产生当前迭代轮询的端口号，并用此信号控制调度器其他逻辑的工作。当前请求产生器和当前 RR 产生器产生当前迭代所轮询端口的请求以及 RR 指针。微仲裁器实现 ISP 算法中函数 MA 的功能，为当前轮询的输入端口选择输出端口，输出控制器保存微仲裁器的仲裁结果，并根据时序发生器产生的控制信号，产生对 Crossbar 的配置信号。

3. 工作模式选择

ISP 调度器的一次迭代可分为准备、仲裁和配置三个阶段。在准备阶段，当前请求产生器和当前 RR 产生器产生当前轮询端口的请求和 RR 指针。在仲裁阶段，微仲裁器为输入选择一个输出端口。在配置阶段，输出控制器将当前迭代产生的匹配信息写入 Crossbar。

准备、仲裁和配置阶段各需一拍。由于不同迭代的准备、仲裁和配置阶段可以流水进行，如图 4.17 所示，因此对于 N 个端口的 Crossbar 开关，一次调度只需 N 拍。

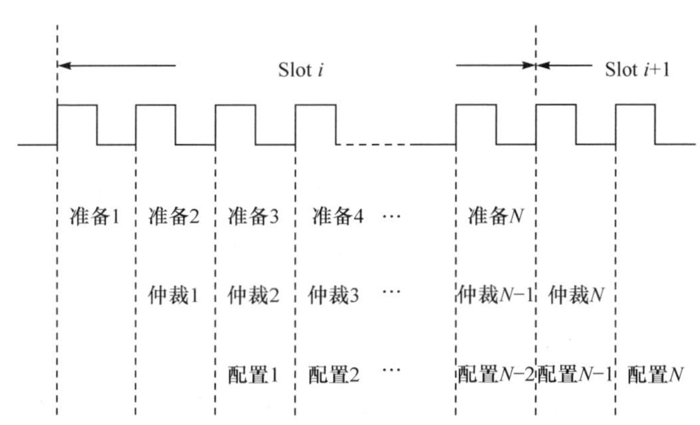

图 4.17　ISP 的流水工作模式

4.3.2　子模块设计

ISP 调度器的子模块设计包括时序发生器、当前请求产生器、RR 指针产生器、微仲裁器和输出控制器的设计。

1. 时序发生器

时序发生器(图 4.18)由两个模 N 计数器 timer1 和 timer2 组成(初始值均为 0)，timer2 表示每次调度中迭代的次数，每拍加 1；timer1 表示当前迭代应首先轮询的端口，当 timer2 等于 $N-1$ 时，timer1 加 1；timer1＋timer2 表示当前迭代应轮询的端口号。

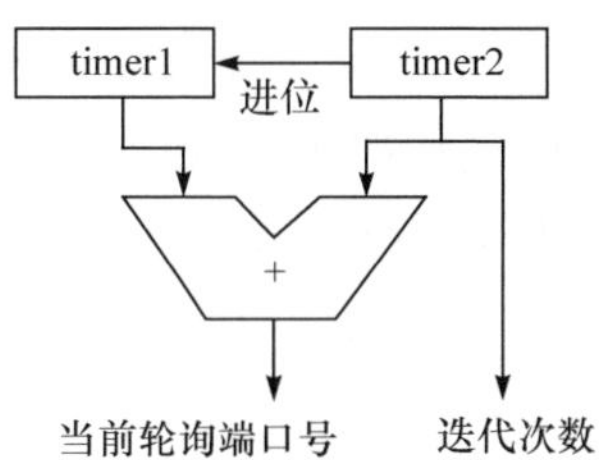

图 4.18　ISP 调度器的时序发生器

2. 当前请求产生器

当前请求产生器的功能是根据当前轮询端口号、输出端口状态寄存器及输入端口的请求信号产生当前迭代对微仲裁器的请求信号，如图 4.19 所示。

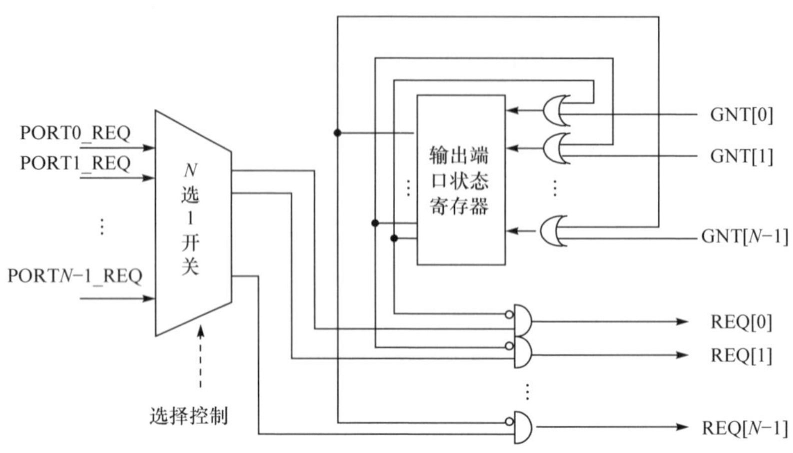

图 4.19　当前请求产生器的设计

N 选 1 开关根据当前轮询端口号选择该端口的请求。由于某些输出端口可能已经分配(输出端口状态寄存器中相应位为 1),即使输入端口对这些输出端口有请求,这些请求也不能送给微仲裁器,因此当前端口请求信号还要与输出端口状态寄存器执行逻辑操作后才能送给微仲裁器。每次仲裁结束后,输出端口状态寄存器根据匹配结果修改自身的值,当迭代次数为零时,即新的一次调度开始时,输出端口状态寄存器清零。

3. RR 指针产生器

RR 指针产生器包括 N 个$\lceil \log_2 N \rceil$位的 RR 指针寄存器以及一个$\lceil \log_2 N \rceil$位宽的 N 选 1 开关。N 选 1 开关根据当前迭代端口号选择相应的 RR 指针送微仲裁器。当迭代次数为 0 时,RR 指针产生器根据匹配结果,按 ISP 算法的要求修改相应的 RR 指针。

4. 微仲裁器

微仲裁器的功能等效于可编程优先级编码器(programmable priority encoder,PPE),Pankaj Gupta 分析和比较了 PPE 的各种实现。在 ISP 调度器的设计中,用 Verilog 语言对微仲裁器的功能进行描述,微仲裁器的实现结构则由Max+Plus II 平台根据综合时指定的面积和速度要求自动选择。

5. 输出控制器

输出控制器简单锁存当前匹配端口号和匹配结果,并产生对 Crossbar 的配置信号。当匹配次数为 0 时,NewSlot 信号有效,通知 Crossbar 进行内部拓扑的切换。

4.3.3　相关工作比较

1. 逻辑复杂性

ISP 调度器的逻辑复杂性比 iSLIP 调度器低，主要表现在以下两方面：

(1) ISP 算法的仲裁阶段只需 1 拍，而 iSLIP 算法的仲裁阶段需 2 或 4 拍。

(2) ISP 算法每次迭代最多产生一对匹配，而 iSLIP 算法每次迭代最多可产生 N 对匹配，因此 ISP 调度器的 Crossbar 配置接口设计简单。

2. 逻辑面积

微仲裁器和 N 选 1 开关在调度器中占有较大的逻辑面积。当端口数较小时，用 FPGA 实现的微仲裁器和 N 选 1 开关所需的逻辑面积相近，如表 4.3 所示。由于 ISP 调度器包含一个微仲裁器和一个 N 选 1 开关，而 iSLIP 调度器需要 $2N$ 个微仲裁器，因此可近似地认为 ISP 调度器所需逻辑面积为 iSLIP 调度器的 $1/N$。

表 4.3　微仲裁器和 N 选 1 开关所占的逻辑面积

端口数	微仲裁器	N 选 1 开关
4	12	8
8	56	40
12	180	132
16	272	192
20	520	340

3. 调度速度

工作频率和调度时间是衡量调度器速度的重要指标。微仲裁器是调度器中的关键路径，决定调度器的工作频率。由于 ISP 和 iSLIP 采用相同的微仲裁器，因此在相同工艺下，ISP 和 iSLIP 调度器可达到相同的工作频率。本书用 ALTERA FLEX10K FPGA 实现的 10 端口 ISP 调度器工作频率可达 65MHz 以上。

在流水工作方式下，ISP 和 iSLIP 调度器完成一次调度分别需要 N 和 $2\lceil \log_2 N \rceil$ 拍，即 ISP 调度时间较长。

4.3.4　小结

实现简单是 ISP 算法的优点之一，通过比较可知，ISP 调度器所需的逻辑面积仅为 iSLIP 调度器的 $1/N$。虽然 ISP 算法调度时间较长，但当 N 不大时(目前宽带交换设备的端口数不超过 16)，调度器不会成为开关的瓶颈。

例如，当 $N=10$、信元长度为 64Byte、ISP 调度器工作频率为 60MHz 时，调度器支持的链路速率为$\frac{60\text{MHz}}{10}\times 64\times 8\text{bit}=3\text{Gbit/s}$。因此，ISP 调度器可在宽带交换设备中使用。

4.4 本章小结

传统交换开关调度算法的复杂度较高，难以实现。导致目前算法复杂的原因在于：①调度算法并行消解输入输出端口阻塞；②调度算法需要尽量保证每次调度对每个输入输出端口都是公平的。针对上述问题，本章提出了一种新的交换开关调度算法设计思想，即大步调度，其为 Crossbar 调度算法的设计提供新的思路，其核心是调度算法不保证每次调度对于每个端口都是公平的，但算法在连续多次调度中保证对每个端口是公平的。实验证明，大步调度实现简单，效率较高。

参考文献

[1] Keshav S, Sharma R. Issues and trends in router design. IEEE Communication Magazine, 1998, 36(3): 144-151.

[2] Partridge C, et al. A 50-Gbps IP router. IEEE/ACM Transactions on Networking, 1998, 6(3): 237-247.

[3] Michael G, et al. Queueing in high performance packet switching. IEEE Journal on Selected Areas in Communications, 1988, 6(9): 1587-1597.

[4] Karol M J, et al. Input versus output queueing on a space-division packet switch. IEEE Transactions on Communications, 1987, 35(12): 1347-1356.

[5] McKeown N, Izzard M. The tiny tera: A packet switch core. IEEE Micro, 1997, 17(1): 26-33.

[6] McKeown N. iSLIP: A scheduling algorithm for input-queued switches. IEEE Transactions on Networking, 1999, 7(2): 188-201.

[7] Ahuja R, Prabhakar B, McKeown N. Multicast scheduling for input-queued switches. IEEE Journal on Selected Areas in Communications, 1997, 15(5): 855-866.

第 5 章　移动自组网络组密钥生成与更新*

组密钥管理是移动自组网络中安全研究的核心问题之一，它是安全组通信、安全路由的基础。针对移动自组网络拓扑结构频繁变化、链路可靠性差等特点，以及已有工作对所有节点均可移动的自组网络组密钥管理问题考虑不足等问题，本章提出一种基于门限秘密共享机制的分布式组密钥管理框架，它采用局部信任模型，组密钥利用局部密钥信息生成，具有不依赖网络拓扑结构、扩展性好、鲁棒性强等优点，可避免组密钥管理的单点失效问题，降低节点移动性和链路可靠性对于组密钥生成的影响，为解决移动自组网络组密钥管理问题提供了一条新的途径。为了保证组通信的安全性，使组通信满足前向私密性(forward-secrecy)和后向私密性(backward-secrecy)，本章将成员加入、退出时带来的组密钥更新问题抽象为简单无向图的 k 阶最优划分问题，提出分布式组密钥更新算法——DGR，并通过理论分析和模拟实验验证管理框架和更新算法的有效性和性能。

5.1　概　　述

无线网络为用户提供了在任意时间和地点进行通信和信息获取并在移动中保持通信连接的能力。传统的移动通信系统一般通过基站为用户提供网络接入服务，而基站则往往通过有线骨干网互连起来。移动自组网络是由移动节点通过分布式协议自组织起来的一种无线网络，网络中可以没有基站等固定的路由设施。当有线网络不可使用时，如在战场通信和紧急救援等任务中，移动自组网络提供了一种可行的地面通信和信息存取技术。

安全是移动自组网络中的基本问题，也是当前该领域的研究热点之一。目前，移动自组网络安全技术较为集中的研究领域包括安全路由技术、安全组通信技术、认证技术以及密钥管理技术等。在移动自组网络中，组密钥管理具有重要的应用——不但安全组通信需要组密钥管理技术的支持，安全路由中的密钥管理问题也可认为是所有节点均为一个通信组的组密钥管理问题。然而，目前的研究工作存在许多不足：现有的组密钥管理框架大多依赖固定节点生成或分发密钥；包括协

---

* 本章由况晓辉撰写。况晓辉，男，博士，研究员。2004 年 12 月博士毕业，导师为卢锡城院士，主要研究领域为计算机网络和信息安全。其博士论文题目为“移动自组网络组密钥管理关键技术研究”，博士期间发表论文 10 余篇，获得光华奖学金 1 次。

商算法在内的组密钥更新算法在移动自组网络中的性能有待提高;缺乏对大规模移动自组网络安全广播的研究等。

针对上述问题,本章在分析敌对环境下组密钥管理框架的设计目标以及挑战的基础上,讨论移动自组网络组密钥管理信任模型,在国际上首次提出适合移动自组网络特点的分布式组密钥管理框架。该框架以门限秘密共享机制和 RSA 非对称加密体制为基础,采用局部信任模型,可提高密钥管理框架对拓扑结构变化的适应性,避免组密钥管理的单点失效问题,降低节点移动性和链路可靠性对组密钥生成与更新的影响,通过理论分析和模拟实验验证算法的有效性。

5.2 问题描述

5.2.1 应用分类

不同的移动自组网络应用具有不同的安全需求。Perkins 等[1]根据不同的安全需求以及密钥部署方式将移动自组网络的应用领域分为以下三类。

1. 完全开放的环境

完全开放的环境不存在任何可信的第三方,网络中任意节点间均可建立通信,节点间也不存在预先的数据和密钥交换。野外活动、体育竞赛、会议展览等属于此类应用。

2. 受控的开放环境

在受控的开放环境下,考虑节点的准入控制,建立通信的节点需要预先交换初始参数信息。在此类环境中,网络中的节点临时分发某些秘密信息。

3. 敌对环境

在战场中各个战斗单元组成的自组网络或救灾中的移动自组网络均属于敌对环境下的应用。在此类环境中,安全是首先需要考虑的因素。敌对环境下的移动自组网络通常由集中控制点统一部署,因此节点能够预先保存某些密钥信息。

鉴于敌对环境下的移动自组网络具有重要和关键的应用,本章主要考虑敌对环境下移动自组网络的组密钥管理问题。

5.2.2 设计目标与挑战

由于应用场景的特殊性,敌对环境下的组密钥管理框架需要满足以下需求:

(1) 后向私密性。当成员加入时,需要更新组通信密钥 TEK(traffic encrypt key),以保证新加入成员不能获得已经传输的秘密信息。

(2) 前向私密性。当成员退出时，需要更新 TEK，以保证退出的组成员不能获得退出后的组通信信息。

(3) 高效性。在移动自组网络中，组成员频繁变化，因此组密钥管理框架应能以较小的开销完成组密钥生成。

(4) 扩展性。移动自组网络中的节点数因应用的不同而变化很大，组密钥管理框架应能满足扩展性要求。

(5) 鲁棒性。由于节点的物理安全性较差，并且节点移动可能导致节点孤立和网络分割，因此组密钥管理框架应能在部分节点失效的情况下保证组密钥生成。

然而，由于移动自组网络自身的特点，在敌对环境下组密钥管理面临以下挑战：

(1) 不存在可信的第三方。移动自组网络没有固定的基础设施，网络中不存在可信的第三方安全地计算和分发密钥。

(2) 网络拓扑结构频繁变化。节点的移动导致路由的频繁变化，移动自组网络没有固定的拓扑结构，组密钥管理框架不能依赖固定的网络拓扑结构。

(3) 信道的可靠性差。由于节点的移动性以及多跳通信可靠性差[2]，以某个节点为中心生成和分发组密钥难以取得良好的性能。

(4) 带宽有限。在移动自组网络中，无线信道带宽有限，对组密钥管理的通信性能提出了较高要求。

(5) 网络动态性。由于节点移动性，单个节点的存在性难以保证，因此依赖单个节点的组密钥管理机制存在单点失效问题。

(6) 恶意攻击。敌对环境下，恶意的破坏不可避免。主动和被动攻击[3]都将威胁组密钥管理机制的安全性。

5.2.3　系统模型

无线介质访问技术以及天线类型的差别，节点通信能力、运算能力以及移动特性的差异，导致移动自组网络存在多种类型。而对于不同类型的网络，组密钥管理框架面临的问题不同，因此有必要首先明确网络环境和应用环境的特征。本章对所研究的网络环境进行如下假设：

(1) 网络中所有节点独立且对等，不存在类似基站的中心控制节点，网络采用全分布操作。

(2) 网络在大部分时间内连通，网络分割只是偶尔发生的事件。

(3) 节点采用无向天线，且天线传输能力相同。

(4) 每个节点均具有唯一的标识，且具有单跳邻居节点发现机制。

(5) 无线信道为网络节点所共享，MAC 协议采用类似于 IEEE 802.11 标准的随机信道访问协议。

(6) 网络通信为无连接方式。

(7) 网络支持话音、文本、图像等多媒体数据的传输，各种数据统一以数据包的形式传递。

(8) 节点可在网络中自由移动。

网络采用移动自组网络路由协议[4-14]支持节点间的多跳通信。所有链路均为双向链路且链路层能够检测出随机损坏的报文，同时节点的时钟同步[15]。此外，物理层的安全攻击以及介质访问控制层的拒绝服务攻击不在本章的讨论范围内，本章主要考虑规模较大的通信组的密钥管理问题。

在敌对环境下，恶意节点的攻击将威胁移动自组网络的安全。在最坏的情况下，当节点被捕获时，节点上的所有信息如密钥信息、节点标识信息等将被攻击者获得。攻击者能够复制、修改和删除节点上的任何信息，或者利用合谋节点加速对整个系统的破坏。如果不对攻击者的能力进行限制，那么一旦节点被捕获，系统将无法区分恶意节点和可信节点，从而导致任何安全机制都将失去意义。因此，本章对入侵者能力进行如下假设：

(1) 假设系统底层的加密机制如 RSA[16]不可破解，即入侵者没有足够的运算能力在有效的时间内通过运算破解加密机制。

(2) 假设节点具有 tamper-resistant 属性[3]，使得节点的密钥信息不会暴露给入侵者或被入侵者篡改[17]。

基于上述假设，一旦节点被入侵者捕获，系统也能够区分恶意的合谋节点和合法成员。

5.3 分布式组密钥管理框架

5.3.1 设计原理

安全通信包含以下五个特征[18]：

(1) 数据完整性。确保只有授权者能够修改传输信息。

(2) 可鉴别。接收方能够确认信息发送方的真实身份。

(3) 消息私密性。传输的数据仅能被授权方读取。

(4) 防抵赖。发送方和接收方不能否认消息的传输。

(5) 服务可用性。当授权者需要访问服务时，系统资源可用。

基于证书的方法能够满足上述五个特征中的前四个，因此本章采用证书机制实现组成员资格的鉴别，保证组密钥生成过程中的安全性。

门限秘密共享机制的许多特征符合移动自组网络特性：移动自组网络密钥缺乏集中控制基础，而当密钥全分布时，易于提高服务的可用性，并且在本地进行入侵检测具有更强的可实现性[17]。因此，采用门限秘密共享机制能够提高组密钥管理的可用性和扩展性。

门限 k 是组密钥管理框架可用性和安全程度的平衡点，敌对方只有入侵 $M-k+1$ 个节点才能完全破坏组密钥管理框架，或者完全入侵 k 个节点才能获取系统私有密钥，其中 M 为组成员数量。

当 $k=1$ 时，单个节点都拥有系统的私有密钥，框架与 Secure Pebblenet 类似。当组成员退出时，需要更新所有节点的私有密钥，开销较大。若攻击者获取任何一个节点的秘密信息，则整个通信组的安全性都将被破坏。

当 $k=M$ 时，敌对方只有入侵所有组成员节点才能获得系统私钥，因而框架的安全性最高。然而，组密钥生成时，则需要所有成员节点参与，类似组密钥协商协议。而移动自组网络的节点物理安全性差且多跳通信可靠性不高，因此框架存在可用性和扩展性问题。

5.3.2　基本概念与符号表示

移动自组网络用图 $G=(V,E)$ 表示，其中 V 表示网络节点集合，且 $|V|=N$。当节点 u、v 在对方的通信范围内时，用 $\{u,v\}\in E$ 表示节点间的通信链路。根据系统模型假设，整个移动自组网络由统一的集中控制节点部署。为了简化描述，本节仅描述一个通信组的情况，组成员数量用 M 表示，且 $k\leqslant M\leqslant N$。框架中所用到的符号定义如下。

(1) v_i：节点的全局唯一标识，其中 $i=1,2,\cdots,N$。

(2) C_{offline}：组离线控制器，在网络部署前，为组成员设置密钥信息。

(3) {SK,PK}：组公钥私钥对，其中 SK 为私有密钥，PK 为公开密钥，用于为组成员生成资格证书、组控制密钥。

(4) TEK：组通信密钥，或称组密钥，用于加密组内通信信息，保证其安全性。

(5) $g(x)$：组通信密钥种子生成函数。该函数用于生成组通信密钥种子，其中 x 为自然数序列，称为组密钥种子序号，且 $g(x)$ 具有单调性。

(6) GCK：节点的组控制密钥，用于生成组通信密钥。

(7) {sk,pk}：节点的公钥私钥对，用于保证密钥生成与分发过程中的通信安全性。

(8) $(\text{cert})_{\text{SK}^*}$：节点的组成员资格证书，用于验证组成员的资格。

5.3.3　信任模型

目前，网络中广泛采用的信任模型包括可信第三方(TTP)信任模型和 PGP 信任模型。

在 TTP 信任模型中[19]，凡是由可信第三方信任的节点均是可信节点。由于移动自组网络节点移动性、不存在固定基础设施等特点，采用可信第三方模型存在可用性和鲁棒性等问题。

与可信第三方信任模型完全不同，PGP 信任模型[20]中每个节点独立管理各自的信任关系，并通过寻找信任链在节点间建立信任关系。PGP 信任模型适合完全开放的移动自组网络应用。在安全组通信中，基于 PGP 信任模型在所有组成员间建立信任关系开销较大。

由于 TTP 和 PGP 不能适应移动自组网络组密钥管理需求，因此本章在框架中采用局部信任模型。

局部信任模型是一种新的信任模型，它非常适应不存在固定基础设施的大规模移动自组网络。其核心思想是：某个节点若被 k 个可信节点信任，则该节点可信。在局部信任模型中，k 个实体可以是任意的可信节点，并且在局部被验证是可信节点，在整个系统范围内也是可信节点。因此，局部信任模型中的信任管理和维护具有时间和空间上的分布特性，具有良好的扩展性。

5.3.4 密钥信息部署

基于门限秘密共享机制和局部信任模型，在敌对环境中组离线控制器 C_{offline} 的密钥信息部署过程如下：

(1) C_{offline} 首先为通信组选择组 RSA 密钥对{SK，PK}及组通信密钥种子生成函数 $g(x)$，并根据应用确定门限 k，其中 $1<k<N/2$ 且 $k\leqslant M$，表明在局部信任模型中，任何 k 个可信节点可以组成信任中心。

(2) C_{offline} 根据 k 以及组私钥 $\text{SK}=\langle d,n\rangle$ 随机生成 $k-1$ 阶多项式，其中

$$f(x)=d+\sum_{i=1}^{k-1} f_i x^i,\quad i\in[1,k-1] \text{ 且 } f_i \text{ 属于 } \text{GF}(n)$$

(3) 每个组成员节点生成各自的 RSA 密钥对{sk，pk}。

(4) C_{offline} 验证每个组成员的身份后，为每个组成员生成组成员资格证书、组控制密钥 GCK，并通过安全信道发送给组成员。同时，C_{offline} 向每个组成员发送组通信密钥种子生成函数 $g(x)$。

组成员资格证书由组控制节点利用组私钥签发，其中包括节点标识、节点公钥、签发时间以及有效期限。例如，节点 v_i 的组成员资格证书为 $(v_i,\text{pk}_i,T_{\text{sign}},T_{\text{expire}})_{\text{SK}}$，证书的更新、签发和废除可采用传统的移动自组网络证书服务机制。

组成员节点 v_i 的组控制密钥 $\text{GCK}_i=f(v_i)\bmod n$，其中 $i=1,2,\cdots,M$。

5.3.5 组密钥的生成

在分布式组密钥管理框架中，组密钥的定义如下：由组通信密钥种子 s 经过组私有密钥加密后的密文，再经过散列函数(用 HASH 表示)变换后获得的序列称为 s 对应的组密钥。当组密钥种子序列号为 i 时，组密钥 TEK_i 为

HASH(SK($g(i)$))。

组通信密钥种子生成函数 $g(x)$ 及 s 为公开信息，根据定义，组密钥的安全性依赖于RSA算法的安全强度。RSA算法的破解难度等价于对大数 n 进行素数分解的难度。图5.1显示了因子分解的运算强度随数 n 的位数变化的情况。

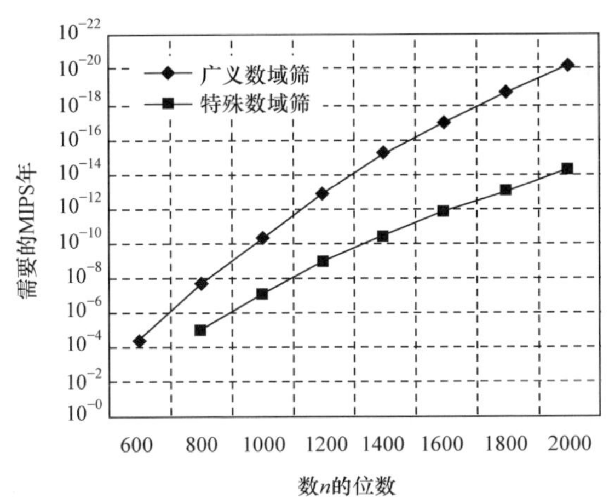

图5.1 因子分解所需要的MIPS年

由图5.1可以看出，当组私钥没有暴露且私钥位数足够长时，基于现有的运算能力，敌对方不可能通过暴力的方法获得组私钥或生成有效的组密钥。

在网络部署时，初始组密钥可以通过 C_{offline} 生成。此外，由于组控制密钥是 C_{offline} 根据拉格朗日插值原理生成的，因此任意 k 个成员能够恢复组私有密钥SK。而根据组密钥的定义，利用TEK生成算法，任何 k 个以上的成员都可以在不暴露组控制密钥的情况下生成TEK。

假设 k 个组成员节点为 v_i，$i\in[1,k]$，组通信密钥种子序号为seed，TEK算法描述如下：

(1) 每个参与生成组密钥的成员首先利用 $g(x)$ 和seed生成组通信密钥种子 $s=g(\text{seed})$，然后利用其组控制密钥生成部分组密钥PTEK。对于组成员节点 v_j，$j\in[1,k]$，其部分组密钥计算方法如下：

$$\text{PTEK}_j=(s)^{\text{GCK}_j\cdot l_j(0)\bmod n},\quad l_j(x)=\prod_{m=1,m\neq j}^{k}\frac{(x-v_m)}{(v_j-v_m)}$$

(2) 组成员将生成的部分组密钥利用安全信道发送给组密钥合成节点，设为 v_c，$c\in[1,k]$。根据拉格朗日插值原理，$\sum_{i=1}^{k}(\text{GCK}_i\cdot l_i(0)\bmod q)=tn+d$，$t$ 为整数且 $t<k$。v_c 接收到 $k-1$ 个部分组密钥后，计算 $\prod_{i=1}^{k}\text{PTEK}_i=(s)^{tn+d}$。由于 $t<k$，组

成员 v_c 可利用如下算法生成 $TEK_s = HASH(SK(s))$。

```
假设 X = ∏_{i=1}^{k} PTEK_i mod n
Y= (s)^{-n} mod n
i=0,result=0
while i<k do
    X=X×Y mod n
    i++
    if(s==X^{PK} mod n) then
         result=1
break
    End if
endwhile
if (result==1)then
    TEK=HASH(X)
else
    TEK 生成失败
```

在上述算法中，只要一个部分组密钥有差错，必将导致组密钥合成失败，组密钥合成节点只能重新选择门限个节点的部分组密钥，在最坏的情况下，将引起门限次合成。如果在部分组密钥合成前首先验证其正确性，那么能够避免错误的部分组密钥造成的破坏。为此，本章描述可鉴别的组密钥生成算法。

为了使合成节点能够验证部分组密钥的正确性，组控制节点还需公开 $\{g^{SK}, g^{f_1}, \cdots, g^{f_{t-1}}\}$，并且为每个组成员节点发送 g^{GCK}，其中 g 是最大阶数为 $\lambda(n)$* 的元素。

假设 k 个组成员节点为 v_i，$i \in [1,k]$，组通信密钥种子序号为 seed，可验证的组密钥生成算法描述如下：

（1）每个参与生成组密钥的组成员首先利用 $g(x)$ 及 seed 生成组通信密钥种子 $s=g(\text{seed})$，然后利用其组控制密钥生成部分组密钥 PTEK，同时计算 $W_j = g^{GCK_j} \bmod n$。接下来，任选 u 计算 $A_1 = PTEK^u \bmod n$、$A_2 = g^u \bmod n$ 及 $r = u - c \cdot GCK_j$，其中 $c = HASH(W_j, PTEK_j, A_1, A_2)$。

（2）组成员将 A_1、A_2、$PTEK_j$、W_j 及 r 利用安全信道发送给组密钥合成节点 v_c。v_c 首先利用 HASH 函数计算 c，然后判断部分组密钥的正确性：若 $A_1 = \text{seed}^r \cdot PTEK_j^c$ 且 $A_2 = g^r \cdot W_j^c$，则部分组密钥 $PTEK_j$ 有效，剩余步骤与 TEK 生成算法相同。

---

* $\lambda(n)$表示 Carmichael 数。

为了分析组密钥生成算法的性能，本章在 Windows 平台上，以 Visual C++6.0 为开发环境，利用 Crypto4.2 加/解密库实现上述组密钥生成算法，并分别在 CPU 为 Celeron 333 和 Pentium III 550 上对算法的运算代价进行测试。在相同条件下，比较 TEK 生成算法和可鉴别组密钥生成算法的性能。

图 5.2 显示了密钥长度为 1024 位时，TEK 生成算法和部分组密钥验证算法的运算代价随门限值变化的情况。因为 TEK 生成算法的运算代价包含 $O(1)$ 次幂运算、$O(k)$ 次模乘和 RSA 公钥验证，而 RSA 公钥验证速度远高于私钥加密速度，且模乘次数不大于门限 k，因此门限值对 TEK 生成算法的影响不大。而在部分组密钥的鉴别中，每个参与生成的节点在计算 A_1、A_2 时引入了指数运算，因此算法的运算开销随门限值的增加而提高，约呈线性关系。

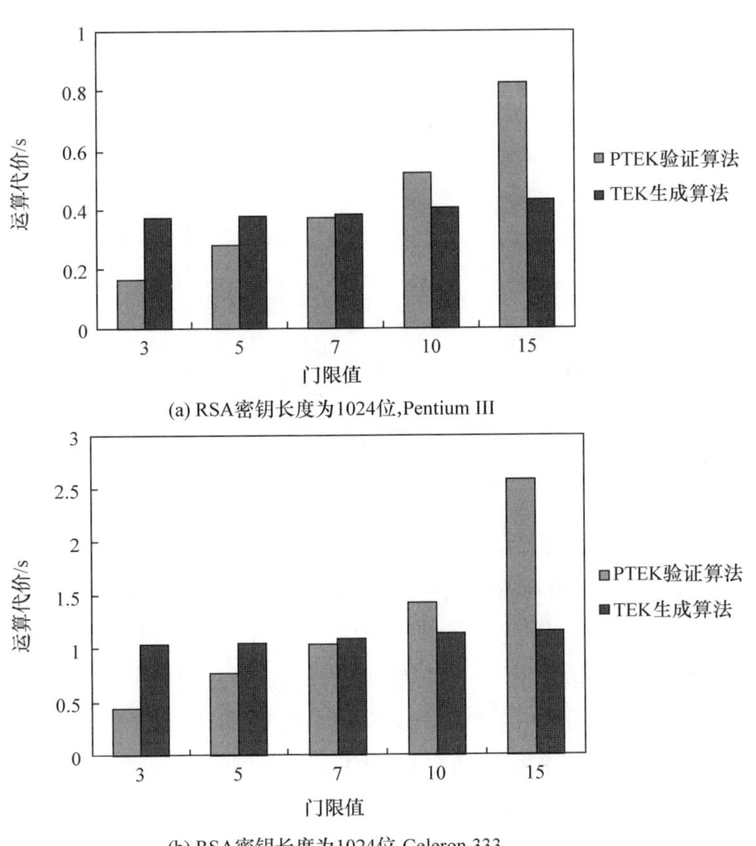

(a) RSA密钥长度为1024位,Pentium III

(b) RSA密钥长度为1024位,Celeron 333

图 5.2 TEK 生成算法及 PTEK 验证算法的性能

图 5.3 比较了可鉴别 TEK 生成算法(VTEKGA)、无差错 TEK 生成算法(TEKGA)及存在一个错误的部分组密钥时 TEK 生成算法(TEKGA-1)的性能。

其中,假设存在错误的部分组密钥时,TEK 生成算法的尝试次数取均值⌈$k/2$⌉。

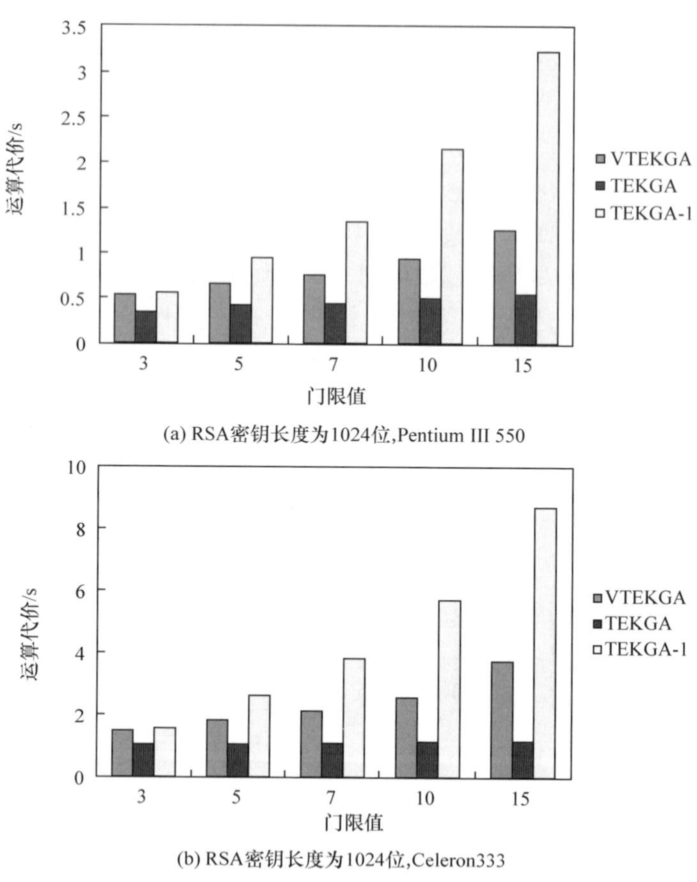

图 5.3 组密钥生成算法的性能比较

由图 5.3 可以看出,当存在一个错误的部分组密钥时,TEK 生成算法的性能急剧下降,TEKGA-1 的运算代价远高于 VTEKGA。虽然可鉴别 TEK 生成算法的性能劣于 TEK 生成算法的最优性能,即所有的部分组密钥均正确无误时的性能,然而移动自组网络信道可靠性不高,部分组密钥的正确性难以保证,因此可鉴别 TEK 生成算法能够有效地提高组密钥生成的效率,避免恶意节点破坏组密钥的生成,减少不可靠的无线信道对组密钥生成的影响。

组密钥生成算法的安全性取决于 RSA 算法的安全性。基于系统模型假设,可知组密钥生成算法的安全强度等价于 RSA(k,N)。

5.3.6 分组数据源认证

分组数据源认证是指接收方鉴别分组数据发送方身份的方法,它是安全组通信的基本问题之一。根据复杂性不同,分组数据源认证有三种级别。

1）组鉴别

组鉴别是指接收者能够判别接收的数据来自组成员,但不能识别发送者的身份。

2）发送方鉴别

某些组通信应用将组成员分为发送节点和接收节点。发送方鉴别指接收者能够鉴别出数据来自合法的发送方,而不是接收节点或非法成员。

3）组成员身份鉴别

组成员身份鉴别是指接收方能够确定发送方的身份,其安全性高于组鉴别和发送方鉴别。

在组通信应用中,考虑多发多收的情况,即每个组成员既可以是发送方也可以是接收方,因此本章仅讨论其他两种鉴别方式。

在分布式组密钥管理框架中,组鉴别能够使接收者鉴别出数据来自合法的组成员,并可以鉴别数据的完整性。组鉴别可以通过所有组成员共享的 MAC 密钥实现。共享 MAC 密钥的分发可以采取与组密钥相同的机制或直接由组密钥变换获得。

由于组鉴别不能防止内部成员发送虚假消息,组密钥管理框架还能够提供基于组成员资格证书的组成员身份鉴别。组成员在发送数据时,除了利用组密钥加密数据,还需要利用其私钥生成消息的签名,因此接收方可以通过签名鉴别发送方的身份。

5.3.7　组密钥的一致性

在移动自组网络中,如果组密钥更新时发生网络分割、组成员加入或退出异常,那么可能导致组通信密钥的不一致,从而破坏信息的正常发送和接收。在分布式组密钥管理框架中,每个组密钥均与一个组密钥种子序号对应,因此基于序列的组密钥生成方法能够及时发现 TEK 不一致的问题,并利用组密钥更新机制维护 TEK 的一致性。

组成员发送信息时,首先在信息中附加其采用组密钥对应的组密钥种子序列号,用于判别组密钥的一致性,即当组密钥为 HASH(SK($g(m)$))时,将 m 作为明文信息添加到组通信信息中。然后利用分组数据源认证方法生成所有信息的摘要,保护消息的完整性。

在框架中,组密钥一致性恢复采用按需恢复策略,即在组通信过程中,当发现组密钥不一致时,才恢复组密钥的一致性。

根据 5.3.4 节内容可知,在密钥信息部署时,每个组成员均可获得组通信密钥

种子的生成函数 $g(x)$ 及初始值。TEK 是组通信密钥种子经过组私有密钥加密后的密文。因此，成员间可以利用组密钥种子对应的序列号判断密钥是否一致。在 TEK 不一致时，组成员可根据 TEK 更新算法恢复组密钥的一致性。

组密钥对应的组密钥种子序列号用 λ 表示，当组成员利用 TEK 进行组通信时，在通信信息中包含其当前 TEK 对应的 λ。在接收方解密组通信信息前，首先比较其 TEK 对应的 λ 与接收到的是否一致。若一致，则正常接收信息。若不一致，则存在以下两种情况：接收方的 TEK 对应的 λ 新于发送方，这时接收方向发送方传输其 TEK 对应的 λ，请求其以此序列更新组通信密钥；反之，接收方利用接收到的 λ 更新 TEK。在密钥更新时，λ 以单调序列变化，并且生成函数 $g(x)$ 具有单调性，从而保证了组密钥的唯一性。

5.4 组密钥更新算法

5.4.1 组密钥更新问题

在安全组通信中，节点加入、退出时均需要更新组密钥，然而由于更新的目的不同，密钥更新方法存在差别。

1. 节点退出

当节点退出时，为了防止退出组成员获得退出后的组通信信息，造成信息泄露，需要及时更新组密钥，并且在更新过程中，不能利用已有的组密钥分发任何密钥信息。

在组密钥管理框架中，任何门限个组成员节点协作即可生成组密钥。因此，节点退出时的组密钥更新问题可描述为：如何将所有组成员节点划分成不同的子组，每个子组包含门限个或门限个以上的组成员节点，使每个子组能够有效地生成新的组密钥。所谓有效，可以用性能价格比来衡量。在组密钥更新问题中，性能包括密钥更新成功率、更新延时等；价格指所花费的网络代价，包括所使用的网络带宽、运算代价、电源能量等。

根据 TEK 生成算法（见 5.2.5 节），每个子组存在一个部分组密钥合成节点。因此，在组成员节点数量固定的情况下，划分的子组越少，每个子组的部分组密钥合成节点距离其余子组成员的跳步数越少，则组密钥更新延迟越少，组密钥更新的通信代价也越少。

根据系统模型假设，组成员退出时组密钥更新问题的形式化描述如下。

定义 5.1 若图 $G=\langle V,E\rangle$，其中 V 为顶点集合，E 为边集，满足：

(1) G 为无自圈的、连通的无向图。

(2) G 中任意两个节点之间至多有一条边。

则称 G 为简单无向图。

定义 5.2 若节点 u 和节点 v 之间存在一条边，记为 $\langle u,v\rangle$，则称节点 u 与节点 v 相邻。u 的相邻节点集记为 $N(u)$。

定义 5.3 图 $G'=\langle V',E'\rangle$ 为图 G 的连通子图，若 G' 满足：$V'\subseteq V$，$E'\subseteq E$，且 V' 中的任何两个顶点间都有路径相连。若 $|V'|=k$，则称图 G' 为 G 的 k 阶连通子图。

定义 5.4 连接顶点 u 和 v 的长度最短的路径称为 u 和 v 之间的最短路径，顶点 u 和 v 之间的最短路径的长度称为 u 和 v 之间的距离，用 $d(u,v)$ 表示。

定义 5.5 节点 u 为简单无向图 $G=\langle V,E\rangle$ 的重心，若满足：对于 $\forall v\in V$，$v\neq u$，均有 $\sum\limits_{w\neq u,w\in V} d(u,w)\leqslant \sum\limits_{w\neq v,w\in V} d(v,w)$。重心节点到所有其他节点的距离之和用 D_u 表示，则 $D_u=\sum\limits_{w\neq u,w\in V} d(u,w)$。

定义 5.6 简单无向图 $G=\langle V,E\rangle$ 的划分 P 定义为：将图 G 的顶点集合分割为若干个子集，每个子集均可组成图 G 的连通子图，且对于 $\forall u\in V$，至少存在一个子集 P_i 使得 $u\in P_i$。子集的数量称为划分的元，则图 G 的 m 元划分 $P_m(G)$ 表示为 $\{P_1,P_2,\cdots,P_m\}$，其中 P_i 为连通子图的顶点集合。

定义 5.7 在简单无向图 $G=\langle V,E\rangle$ 的划分 P 中，若每个子集的节点数均大于或等于 k，则称该划分为图 G 的 k 阶划分。

定义 5.8 若简单无向图 G 的划分满足以下条件，则称该划分为 G 的 k 阶最优划分：

(1) 划分中每个子集的节点数均大于或等于 k。

(2) 假设划分为 m 元划分，且每个连通子图的重心节点用 c_r 表示，则 $\sum\limits_{r=1}^{m} D_{c_r}$ 最小。

基于最优划分的概念，节点退出时的组密钥更新问题可以描述为：给定一个简单无向图 $G=(V,E)$，其中 V 为节点集，E 为边集，求图 G 的 k 阶最优划分。

图 5.4 为四阶最优划分示例，其中图 G 被划分为四阶和五阶连通子图，子图 G_1 的顶点集合为 $\{1,2,3,4,5\}$，重心节点为节点 3。子图 G_2 的顶点集合为 $\{4,5,6,7\}$，重心节点为 6。划分的 $\sum\limits_{r=1}^{2} D_{c_r}=7$。

在移动自组网络中，网络拓扑结构随节点移动频繁变化，而组成员节点组成逻辑结构的维护需要较大开销，并且图 G 的 k 阶最优划分问题是设备定位问题（facility location problem）的特例，是 NP-hard 问题。因此，在缺乏集中控制的移动自组网络中，本章首先利用分布式算法获得由组成员节点组成的简单无向图的 k 阶划分，然后逐步逼近划分问题的最优解。

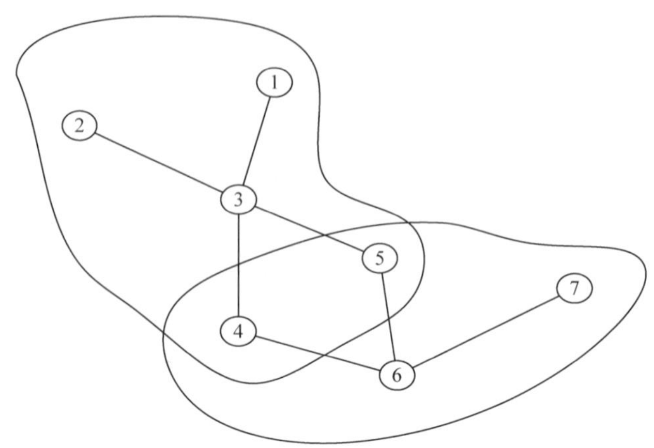

图 5.4　图 G 的四阶最优划分示例

2. 节点加入

为了保证组通信的前向安全性,需要在节点加入时更新组密钥。除了可以采用节点退出时的组密钥更新方法,通信组还可以利用已有的组密钥安全发送新生成的组密钥,以提高组密钥更新的效率。此时,仅需要在节点加入时,在局部生成新的组密钥。因此,节点加入时组密钥更新问题可描述为:如何有效地组织不少于门限个组成员节点,利用 TEK 生成算法生成新的组密钥。

根据系统模型假设以及 5.1.1 节中的定义,节点加入时的组密钥更新问题可描述为:给定一个简单无向图 $G=(V,E)$,以及点 $u\in V$,求以 u 为重心节点的 m 阶连通子图 $G'=\langle V',E'\rangle$,$m\geqslant k+1$,满足 D_u 最小。

通过问题描述可知,节点加入时的组密钥更新问题可看成节点退出时组密钥更新问题的特例。因此,在本章后续讨论中,仅研究节点退出时的组密钥更新问题。

3. 组控制密钥生成

在节点加入时除了更新组密钥,还需为新加入的节点生成组控制密钥,使其能够参与后续的组密钥更新过程。由离线组控制节点为新加入的节点生成组控制密钥存在以下问题:首先,离线控制节点仅能在网络部署时或向网络增添新节点时,为其生成初始组控制密钥,此方法不能解决网络中节点加入时的组控制密钥生成问题;其次,采用离线控制节点为新加入成员生成组控制密钥还存在可用性问题;最后,一旦离线控制节点不可用,将无法向组中添加新成员。

本章采用分布式组控制密钥生成算法为新加入的节点生成组控制密钥。该算法仍以局部信任模型为基础,其核心思想是:由门限个组成员节点生成部分组控制密钥，然后由新加入的节点合成其组控制密钥。

假设加入节点标识为 v_{join}，参与生成组控制密钥的顶点集合用 $V'=\{v_1,v_2,\cdots,v_k\}$ 表示。V' 中的节点 v_j 通过下述公式为请求加入节点 v_{join} 计算部分组控制密钥：

$$\mathrm{PGCK}_{v_j}=\mathrm{GCK}_{v_j}\cdot l_{v_j}(v_{\mathrm{join}})\bmod n \tag{5.1}$$

式中

$$l_{v_j}(v_{\mathrm{join}})=\prod_{m=1,m\neq j}^{k}\frac{(v_{\mathrm{join}}-v_m)}{(v_j-v_m)}$$

根据拉格朗日插值原理可得

$$\mathrm{GCK}_{\mathrm{join}}=f(v_{\mathrm{join}})\bmod n=\sum_{j=1}^{k}(\mathrm{GCK}_{v_j}\cdot l_{v_j}(v_{\mathrm{join}}))\bmod n=\sum_{j=1}^{k}\mathrm{PGCK}_{v_j,v_{\mathrm{join}}}\bmod n$$

由于节点标识对组成员公开，因此对于每个节点 v_j，请求加入节点均能够计算出其对应的 $l_{v_j}(v_{\mathrm{join}})$，如果直接传输 PGCK_{v_j}，那么请求加入节点根据式(6.1)能够进一步计算出 GCK_{v_j}，从而获得 k 个组控制密钥，从而恢复出组私钥 SK，危及整个通信组的安全性。

为使加入节点既能够获得 k 个部分组密钥之和，又不会泄露任一节点的组控制密钥，本章采用洗牌策略：集合 V' 中的每个节点在生成 PGCK_{v_j} 后，均添加洗牌因子，同时保证所有洗牌因子之和为零，从而保证合成后的组控制密钥的正确性。具体过程如下。

对于集合 V' 中的任意两个组成员节点 $v_i,v_j\in V'$，通过安全信道交换其洗牌因子 $d_{i,j}$。若 $v_i>v_j$，则 $\mathrm{SPGCK}_{v_i}=\mathrm{PGCK}_{v_i}+d_{i,j}$，$\mathrm{SPGCK}_{v_j}=\mathrm{PGCK}_{v_j}-d_{i,j}$。任意节点 $v_m\in V'$，需要在其部分组控制密钥上加/减 $k-1$ 个洗牌因子，即

$$\mathrm{SPGCK}_{v_m}=\mathrm{PGCK}_{v_m}+\sum_{n=1,n\neq m}^{k}\mathrm{sgn}(v_m-v_n)d_{m,n}$$

式中，若 $x>0$，则 $\mathrm{sgn}(x)=1$，否则 $\mathrm{sgn}(x)=-1$。

节点 v_{join} 在接收到 k 个经过洗牌后的组控制密钥 SPGCK 后，通过以下公式累加获得其组控制密钥：

$$\begin{aligned}\mathrm{GCK}_{\mathrm{join}}&=\sum_{j=1}^{k}\mathrm{SPGCK}_{v_j}\bmod n\\&=\sum_{j=1}^{k}\Big(\mathrm{PGCK}_{v_j}+\sum_{r=1,r\neq j}^{k}\mathrm{sgn}(v_j-v_r)d_{j,r}\Big)\bmod n\\&=\sum_{j=1}^{k}\mathrm{PGCK}_{v_j}+\sum_{j=1}^{k}\sum_{r=1,r\neq j}^{k}\mathrm{sgn}(v_j-v_r)d_{j,r}\bmod n\\&=\sum_{j=1}^{k}\mathrm{PGCK}_{v_j}+0\bmod n\\&=\mathrm{PGCK}_{v_{\mathrm{join}}}\end{aligned}$$

在上述过程中，请求加入节点 v_{join} 除了获得组控制密钥之外，无法计算出每个

节点的组控制密钥。并且,在洗牌策略中,每个节点的运算复杂性为 $O(k)$。

在组控制密钥生成算法中,为了减少通信代价,可以采用局部广播方式,通过两轮通信完成组控制密钥生成所需的节点间通信。

根据上述分析,组控制密钥分布式生成算法的示意图如图 5.5 所示。

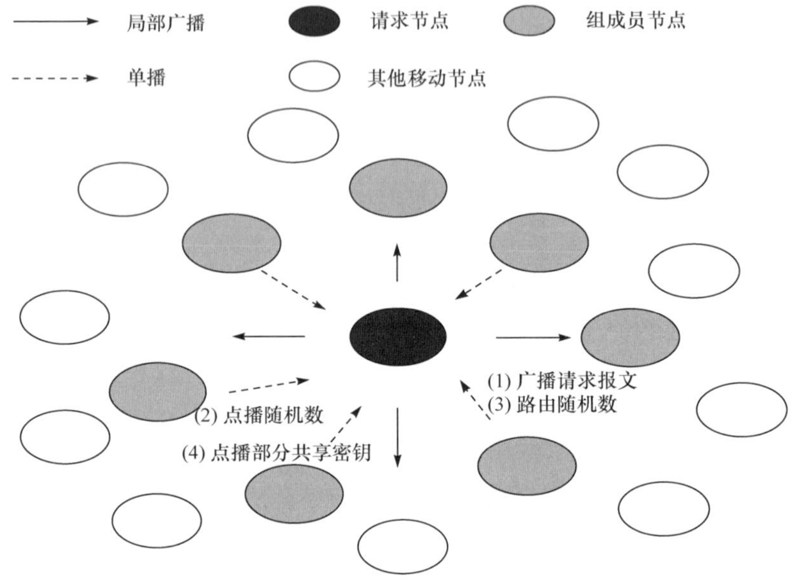

图 5.5　组控制密钥更新通信流程

(1) 节点 v_{join} 向子图中的其他节点局部广播组控制密钥生成请求,其中包含连通子图中所有节点标识及加入节点自身标识。

(2) V' 中的节点在接收到组控制密钥生成请求后,为请求加入的节点生成部分组控制密钥,而后标识小的节点为集合 V' 中所有标识大于自己的节点随机生成洗牌因子,并利用标识对应的公钥加密和自己的私钥签名,单播发送给请求节点。

(3) 请求节点接收到加密后的洗牌因子后,通过局部广播发送给集合 V' 中的所有节点。

(4) 每个 V' 中的节点解密局部广播消息后,在部分组控制密钥中加上所需的洗牌因子,利用请求节点的公钥加密,单播发送给请求节点。

基于 6.3 节系统模型假设可知,分布式组控制密钥更新算法的安全强度为 RSA(k,n)。

5.4.2　分布式组密钥更新算法

1. 算法描述

分布式组密钥更新算法利用了门限个节点能够生成组密钥的特点。每个节点在接收到密钥更新广播后，利用邻居组成员节点生成的部分组密钥合成新的组密钥，完成组密钥更新。在该算法中，每个节点采用相同的组密钥更新过程：每个组成员节点通过邻居发现过程获得 $k-1$ 个邻居节点标识，然后向邻居节点发送部分密钥请求，在接收到 $k-1$ 个部分组密钥响应后，利用组密钥生成算法合成 TEK。

算法中使用的概念和符号定义如下。

（1）Rekey：节点的状态标识。用于标识节点是否处于组密钥更新状态，避免节点在洪泛组密钥更新请求时，多次转发组密钥更新消息，造成网络拥塞。

（2）Rekey_Round：局部广播的跳步数，初始值为 1。节点在组密钥更新过程中，采用局部广播发现邻居组成员节点。该参数用于控制通信的范围。

（3）seed：组密钥种子序号。节点根据序号确定组密钥的新旧程度，是否需要更新组密钥。当组密钥更新成功后，组密钥种子序号增 1。

（4）$N_{gm}(i)$：节点 i 发现的多跳邻居组成员节点集合。

算法中使用的消息如下。

（1）REKEY 消息：组密钥更新请求消息。当组成员节点退出时，由组成员管理机制向整个组广播该消息。消息中包含退出成员标识、更新组密钥对应的 seed 及发送该消息节点的签名。

（2）NEIGHBOR_FIND 消息：邻居组成员发现消息。该消息为局部广播消息，跳数由 Rekey_Round 控制。消息中包含发送节点标识、已发现的邻居成员节点集合、跳步数、当前时钟以及发送节点的签名。

（3）NEIGHBOR 消息：邻居组成员节点响应消息。该消息为单播消息，其中包含邻居组成员节点标识以及签名信息。

（4）PARTKEY_REQ 消息：部分组密钥请求消息。密钥更新请求节点向其对应的 N_{gm} 中的所有节点发送该消息，其中包含集合 N_{gm}、请求节点标识、seed 及当前时钟，并用请求节点的私钥签名。

（5）PART_KEY 消息：部分组密钥响应消息。集合 N_{gm} 中的节点根据组密钥生成算法生成部分组密钥，利用该消息返回给请求节点。消息中包含节点标识、seed、生成的部分组密钥，并用其私钥签名，用请求节点的公钥加密以保证部分组密钥的安全性。

（6）GROUP_KEY 消息：更新组密钥消息。更新后的组成员节点向处于密钥更新状态的节点发送该消息。消息中包含更新后的组密钥、组密钥对应的 seed。该消息用发送节点的私钥签名，并用接收节点的公钥加密以保证组密钥的安全性。

算法中采用的定时器如下。

（1）T_e：等待状态定时器。用于避免节点同时发送局部广播而导致无线信道过度拥塞以及报文丢失。

（2）T_n：等待邻居组成员节点响应的定时器。组成员节点发送邻居发现消息后，需要等待邻居组成员节点响应，等待时间随 Rekey_Round 的增加而增加。

(3) T_o：等待部分组密钥响应的定时器。当请求更新节点发送部分组密钥更新请求后，等待组成员节点响应部分组密钥。该定时器的等待时间与发送部分组密钥请求时的 Rekey_Round 成正比。

根据上述定义，分布式组密钥更新算法中节点状态和行为的有限状态机如图 5.6 所示。

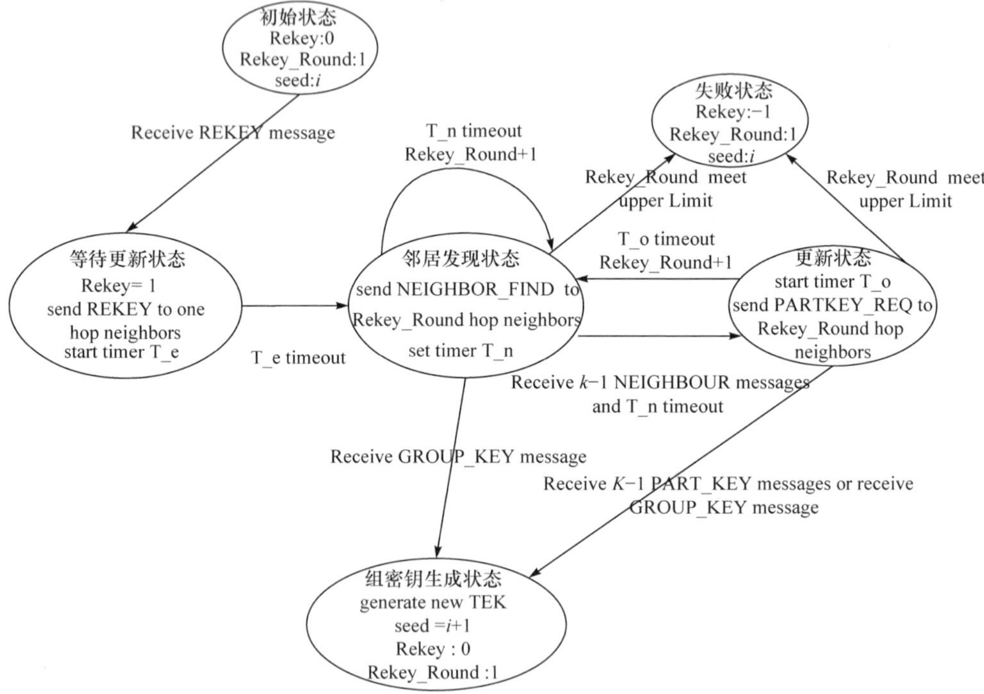

图 5.6　分布式组密钥更新算法的有限状态机

(1) 初始状态：节点在新的密钥更新开始前的状态称为初始状态。此时，所有节点的 TEK 均为 $HASH((g(i))_{SK})$，其中 $g(i)$ 为 TEK 对应的组密钥种子，其序号为 i，节点的状态标识 Rekey 置为 0，Rekey_Round 置为 1。

当节点接收到 REKEY 消息时，进入等待更新状态。

(2) 等待更新状态：节点进入等待更新状态后，首先将 Rekey 置为 1，并向邻居节点广播 REKEY。同时启动定时器 T_e，当 T_e 超时后，节点进入邻居发现状态。如果 Rekey 为 1，那么节点不再响应 REKEY 消息。

如果节点接收到 NEIGBOR_FIND 消息，那么首先将请求节点标识加入响应节点集合中，避免在同一次密钥更新过程中多次响应同一个节点请求，然后向请求节点返回邻居响应消息(NEIGBOR)。

(3) 邻居发现状态:为了正确更新组密钥,需要至少门限个组成员合作,节点在获取至少 $k-1$ 个邻居组成员标识过程中所处的状态称为邻居发现状态。节点进入邻居发现状态后,向其 Rekey_Round 跳范围内的邻居节点广播 NEIGBOR_FIND,其中包含组密钥种子序号 $i+1$,然后等待 NEIGBOR 消息。同时启动定时器 T_n。

当 T_n 超时后,节点仍未获得 $k-1$ 个邻居组成员节点标识,则将 Rekey_Round 加 1,重复上述过程。当 Rekey_Round 超过其上限时,邻居发现过程失败,进入失败状态。

若节点接收到 NEIGBOR 消息,则将其中的节点标识加入邻居组成员节点列表中。T_n 超时后,邻居组成员节点的数量不小于 $k-1$ 时,节点进入更新状态。

如果节点接收到更新组密钥消息(GROUP_KEY),则进入组密钥生成状态。

(4) 更新状态:节点进入更新状态后,将自己的节点标识加入 N_{gm} 中,向其 Rekey_Round 跳范围内的邻居组成员节点广播 PARTKEY_REQ,其中包含节点的组成员资格证书、邻居组成员节点标识以及组密钥种子序号 $i+1$,并用节点的私钥签名保证消息的完整性,然后等待接收 PART_KEY 消息。同时启动组密钥更新定时器 T_o。

T_o 超时后,节点仍未获得 $k-1$ 个部分组密钥,则返回到邻居发现状态,并将 Rekey_Round 加 1。当 Rekey_Round 超过其上限时,进入失败状态。反之,当节点获得 $k-1$ 个部分组密钥时,则进入组密钥生成状态。

若节点接收到 GROUP_KEY 消息,则直接进入组密钥生成状态。

(5) 组密钥生成状态:若节点接收到 GROUP_KEY 消息,则利用私钥解密后直接获得组密钥,否则节点利用获得的 $k-1$ 个部分组密钥,加上自己生成的部分组密钥,根据组密钥生成算法生成新的组通信密钥 HASH($(g(i+1))_{SK}$),而后将 Rekey_Round 置为 1,Rekey 置为 0,恢复到初始状态,完成组密钥更新。

(6) 失败状态:将 Rekey_Round 置为 1,Rekey 置为 -1,TEK 对应的组密钥种子序号仍为 i。此时节点可能因为移动变为孤立节点,从而导致组密钥不一致。当节点接收到组通信信息或发送组通信信息时,可利用基于序列组密钥一致性机制更新组密钥。

处于邻居发现状态或更新状态的节点在接收到 PARTKEY_REQ 消息后,首先验证消息的完整性,然后利用组成员资格证书检测请求发送节点是否为合法的组成员,若节点标识在 PARTKEY_REQ 消息的邻居列表中,则根据其中的组密钥种子序号生成部分组密钥,利用请求节点的公钥加密,向请求节点返回 PART_KEY 消息。

当节点处于组密钥生成状态时,接收到 PARTKEY_REQ 或 NEIGBOR_FIND 消息后,若其组密钥生成种子的序号等于或高于请求中的序号,则直接向请求节点返回 GROUP_KEY 消息。

2. 算法分析

定理 5.1 若图 $G=\langle V,E\rangle$ 是简单无向图，$|V|=N$，且网络拓扑在算法执行时不变，则分布式组密钥更新算法中每个节点的 $N_{gm}(i)$ 组成的集合为图 G 的 k 阶划分。

证明 对于每个组成员节点 v，均存在 $N_{gm}(v)$ 与之对应，且 $v\in N_{gm}(v)$。因此，不存在节点 $u\in V$ 不属于任何一个节点子集 N_{gm}。

通过算法描述可知，$|N_{gm}|\geqslant k$。下面证明每个 N_{gm} 均可组成连通图。

假设请求节点标识为 r，节点 $u\in N_{gm}(r)$。若在由 $N_{gm}(r)$ 组成的子图中，r 和 u 之间不存在路径，则在图 G 中，r 和 u 之间的最短路径中存在节点 $v\notin N_{gm}(r)$ 且 $d(r,v)<d(r,u)$，而上述结果与算法邻居发现过程逐跳增加广播范围矛盾。因此，对于任意节点 $u\in N_{gm}(r)$，必然存在路径 (r,u)，其中的所有中间节点均属于 $N_{gm}(r)$。由此可得，对于任意 $u,v\in N_{gm}$，必然存在经过请求节点，且所有中间节点均属于 N_{gm} 的路径。因此，每个 N_{gm} 均可组成连通图。

因此，分布式组密钥更新算法中每个节点的对应 $N_{gm}(i)$ 组成的集合为图 G 的 k 阶划分。

根据定理 5.1 及组密钥生成算法可知，当组密钥生成种子一致时，每个节点生成的组密钥相同。因此，算法执行过程中网络拓扑不变时，分布式组密钥更新算法能够保证组密钥更新的正确性。在实际应用中，网络拓扑结构频繁变化，因此算法中将先完成组密钥更新的节点作为密钥分发节点，当发现节点请求更新组密钥时，直接发送更新后的组密钥，以减小节点移动对组密钥更新的影响，降低组密钥更新延迟。

组密钥生成算法的安全性已经得到证明，分布式组密钥更新算法的安全性还需考虑通信的安全性。通过算法描述可知，为了避免恶意节点伪造组密钥更新消息，所有的消息均用节点私钥签名。为了避免重放攻击，消息中加入了时间信息。所有的组密钥更新消息用接收方的公钥加密，保证了消息的私密性，同时避免了恶意节点获得网络的拓扑信息。

5.4.3 模拟实现与性能评估

1. 模拟平台

本节采用网络模拟器 ns-2 对算法进行模拟并分析其性能。ns-2 中的信号传播模型使用了称为参考距离(reference distance)的概念。当无线接收方与发送方的距离在参考距离以内时，采用自由空间传播(free space propagation)模型，信号

的衰减率为 $1/r^2$（r 为接收方与发送方之间的天线距离）。若超过此距离，则采用双线地面反射(two-ray ground reflection)模型，信号的衰减率为 $1/r^4$。典型地，对室外 1.5m 高、操作于 1～2GHz 的低增益天线，其参考距离为 100m。

每个移动节点可以有一个或多个无线网络接口，同样类型的接口通过单一的物理信道连接在一起。当节点发送一个消息时，消息被传递给物理信道对象。后者计算消息从发送方到信道上每一网络接口的传输延迟，并分别调度一个接收消息事件。网络接口在接收消息时，判断接收信号的强度。只有当接收功率水平(receiving power level)超过载波阈值(carrier sense threshold)和接收阈值(receive threshold)时，才能从无线信道上正确接收到数据帧。若信号强度低于载波阈值，则消息被当做噪声丢弃。

模拟网络中共有 Num 个移动节点，每个节点有一个移动速度和位置。节点移动模型采用随机路点模型，移动区域是长为 LENGTH、宽为 WIDTH 的平面区域。假设初始时节点均匀分布于移动区域内。在此移动模型下，节点先在初始位置停留时间 PAUSE_TIME，然后在区域内随机选择一个目标点，以 0 和最大速度 MAX_SPEED 之间均匀分布的一个速度向此目标点匀速移动。当到达目标点后，节点再次停留时间 PAUSE_TIME，再随机选择一个目标点进行移动。节点反复进行这样的“停留/移动”过程，直到达到最大模拟时间。假设所有节点具有相同的无线传输范围 TX_RANGE，模拟参数及算法参数的缺省取值见表 5.1。

表 5.1　组密钥更新算法模拟参数设置

模拟参数	描述	缺省值
T_e/s	等待状态定时器	2
T_n/s	等待邻居组成员节点响应的定时器	2Rekey_Round
T_o/s	等待部分组密钥响应的定时器	2Rekey_Round
T_c/s	等待更新组密钥的定时器	10
NUM	移动节点的数目(网络规模)	40～100
SIM_TIME/s	模拟时间长度	600
PAUSE_TIME/s	两次连续移动间的停留时间	4
MAX_SPEED/(m/s)	最大移动速度	0～24
TX_RANGE/m	无线传输距离	150
LENGTH/m	区域长度	Sqrt(Num×3.14×150×150/8)
WIDTH/m	区域宽度	Sqrt(Num×3.14×150×150/8)
广播抖动/s	洪泛广播中避免同步碰撞的随机延迟时间	0.15
失效率/%	链路可靠性	90
k	门限取值	5

组成员节点在网络中随机分布,为了简化模拟实现,本章假设网络中所有节点均为组成员节点。组密钥更新请求随机产生,并采用 SecAgent 中实现的洪泛广播方式发送。

对于组密钥更新算法,考察如下的性能参数。

(1) 更新成功率:实际更新组密钥的节点数量与接收到组密钥更新广播的组成员节点数量之比,即

$$S_{\mathrm{rkey}}=\frac{N_s}{N_r}$$

式中,N_s 为成功更新的节点数量;N_r 为接收到广播更新请求的节点数量。更新成功率反映了组密钥更新算法的可靠性。显然,$0\leqslant S_{\mathrm{rkey}}\leqslant 1$。

(2) 更新延迟:组密钥更新开始与结束之间的时间间隔,即

$$R_{\mathrm{rkey}}=T_e-T_s$$

式中,T_s 为发送组密钥更新请求的时刻;T_e 为接收到组密钥更新请求的节点完成组密钥更新或进入失败状态的最后时刻。

根据定义可知,组密钥更新成功率与更新延迟具有一定的相关性。节点的尝试次数越少,组密钥更新延迟越小,更新成功率越低。此外,组成员节点密度越高,密钥更新所需跳数越少,密钥更新延迟也越低。

2. 模拟结果

1) 算法参数对性能的影响

节点更新组密钥的尝试次数直接影响组密钥更新的成功率和延迟,因此首先研究节点退出时不同尝试次数对分布式组密钥更新算法的成功率和延迟的影响。

在分布式组密钥更新算法中,令 Rekey_Round 的最大值 R 分别取 3、5、7,则算法的性能如图 5.7 所示。模拟时,节点最大移动速度为 5m/s,门限取值为 5,其余参数均取缺省值。

从模拟结果可以看出:

(1) 当尝试次数增加时,组密钥更新延迟随网络规模的增加而增加,成功率也逐步提高。

(2) 当尝试次数小于门限时,组密钥更新的成功率较低;当尝试次数等于或大于门限时,算法的组密钥更新成功率接近 100%。

(3) 组密钥更新延迟的增加与尝试次数基本呈线性关系。然而,当尝试次数等于或大于门限时,虽然增加了组密钥更新延迟,但是对于组密钥更新成功率的提高有限。

因此,在后续的模拟过程中,将最大尝试次数设为与门限相等。

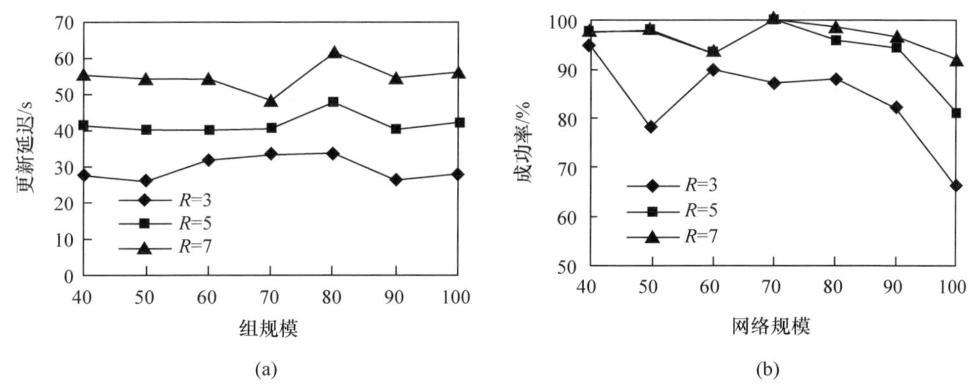

图 5.7　分布式组密钥更新算法性能随尝试次数变化的情况

2）节点加入时算法的性能

由于节点加入时，仅需要获得 k 阶连通子图以生成新的组密钥，然后用已有的组密钥加密广播，同时为新加入的节点生成组控制密钥，因此对于提出的两种组密钥更新算法，节点加入时的组密钥更新过程相同。

图 5.8 和图 5.9 分别显示了组规模变化及节点移动速度变化时，节点加入的组密钥更新算法的性能。除非特别说明，模拟参数取缺省值。

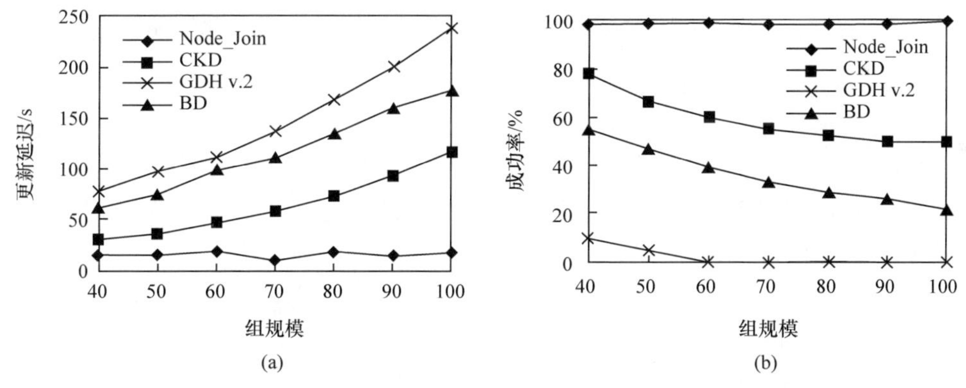

图 5.8　节点加入时组密钥更新算法性能随组规模变化的情况

当组规模发生变化时，节点最大移动速度为 5m/s，门限取值为 5，最大尝试次数为 5。从图 5.8 中可以看出，节点加入时，提出的组密钥更新算法延迟随组规模的增加略有增加，因为节点加入时仅需与局部节点通信便可生成新的组密钥，然后向全组广播，因此延迟的增加主要在组规模增加后，洪泛广播的延迟略有增加。由于组密钥更新算法生成组密钥依赖于局部通信，因此可靠性较高；更新后，采用洪泛广播更新其余节点的组密钥，因此密钥更新成功率接近 100%。

虽然 CKD 协议中节点加入时的组密钥更新机制与提出的组密钥更新算法类似，但是由于在组密钥更新时，加入节点需要与集中控制节点通信，在通常情况下，为多跳通信，其可靠性较差，并且协议没有失败尝试机制，因此性能较差。

当节点移动速度变化时，组成员规模为 60，门限取值为 5，最大尝试次数取为 5。从图 5.9 可以看出，节点加入时，随着移动速度的增加，组密钥更新算法的性能有所下降，但是延迟仍小于 30s，成功率接近 100%。下降的原因在于节点加入时需要获得组控制密钥，当节点移动速度增加后，多跳通信的概率增加，从而增加延迟。

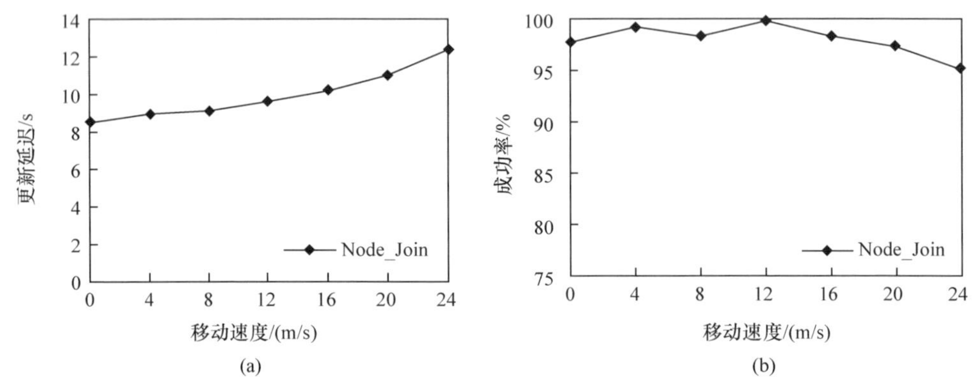

图 5.9　节点加入时组密钥更新算法性能随节点移动速度变化的情况

3）节点退出时算法的性能

当节点退出时，本节比较了分布式组密钥更新(distributed group rekey，DGR)算法，以及在此基础上针对更大规模网络优化提出了基于随机簇生成的组密钥更新算法 RCDGR 的性能。图 5.10 显示了节点退出时组规模变化对组密钥更新算法性能的影响。除非特别说明，否则模拟参数取缺省值。

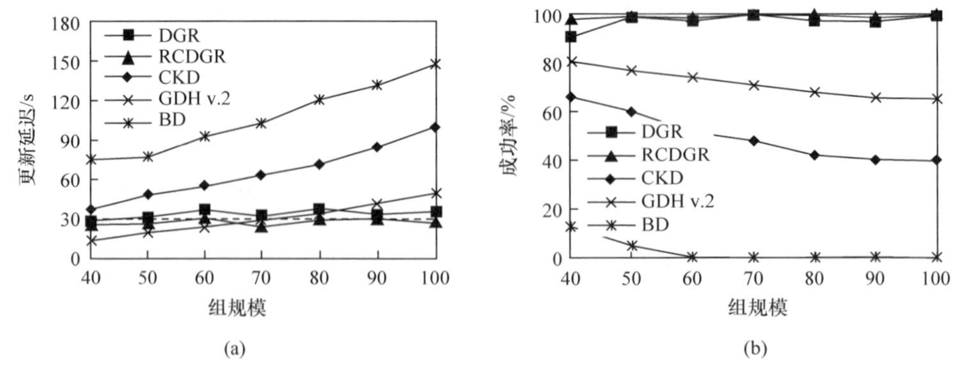

图 5.10　节点退出时组密钥更新算法性能随组规模变化的情况

当组规模发生变化时，节点最大移动速度为 5m/s，门限取值为 5，最大尝试次数为 5。由图 5.10 可以看出，DGR 算法和 RCDGR 算法的性能基本不受网络规模变化的影响。在相同的模拟条件下，CKD、GDH v.2 及 BD 等组密钥管理协议和算法的更新延迟平均在 80s 左右，组密钥更新的成功率均低于 90%，并且随着组的规模增加性能下降明显。RCDGR 算法性能略优于 DGR 算法，原因在于基在组密钥更新时利用随机簇生成方法，降低了局部组通信开销。

5.5 本章小结

针对移动自组网络不存在可信第三方、网络拓扑结构频繁变化以及节点移动导致的组密钥一致性等问题，本章提出了基于局部信任模型的分布式组密钥管理框架。该框架采用门限秘密共享以及 RSA 非对称加密机制，提供组鉴别以及组成员身份鉴别等分组数据源认证方式。组密钥的生成是组密钥管理框架的关键问题，针对移动自组网络信道可靠性差的特点，本章在组密钥的定义基础上，提出了基于部分组密钥鉴别机制的组密钥生成算法。在分布式组密钥管理框架的基础上，本章将组密钥更新问题抽象为简单无向图最优划分问题，提出了分布式的组密钥更新算法，只需利用局部密钥信息更新组密钥，显著降低了移动自组网络拓扑结构变化频繁、连接短暂等特点对组密钥更新的影响。

参考文献

[1] Perkins C E. Ad Hoc Networking. London: Addison-Wesley, 2001.

[2] Corson S, Macker J. Mobile Ad Hoc Networking(MANET): Routing Protocol Performance Issues and Evaluation Considerations. RFC 2501, Maryland: University of Maryland and Naval Research Laboratory, 1999.

[3] NIST. FTPS PUB 140-1, Security Requirements for Cryptographic Modules. National Institute of Standards and Technology, 1994.

[4] Clausen T, Jacquet P. Optimized link state routing protocol(OLSR). 2003.

[5] Lee S J, Su W, Gerla M. On-demand multicast routing protocol in multihop wireless mobile networks. Mobile Networks and Applications, 2002, 7(6): 441-453.

[6] Johnson D B, Maltz D A. Dynamic source routing in ad hoc wireless networks. Mobile Computing, 1996: 153-181.

[7] Perkins C, Belding-Royer E, Das S. Ad hoc on-demand distance vector(AODV) routing. 2003.

[8] Park V, Corson S. Temporally-Ordered Routing Algorithm (TORA) Version 1-Functional Specification. https://tools.ietf.org/id/draft-ietf-manet-tora-spec-01.txt/[1999-08-07].

[9] Haas Z J, Pearlman M R, Samar P. The zone routing protocol(ZRP) for ad hoc networks. 2002.

[10] Jiang M, Li J, Tay Y C. Cluster Based Routing Protocol(CBRP). http://www.math.nus.

edu. sg/～mattyc/cbrp. txt/[1999-08-14].

[11] Carson M S, Papademetriou S, Papadopoulos P, et al. An Internet MANET Encapsulation Protocol (IMEP) Specification. https://tools. ietf. org/id/draft-ietf-manet-imep-spec-01. txt/[1999-08-07].

[12] Lee S B, Ahn G S, Zhang X, et al. INSIGNIA: An IP-based quality of service framework for mobile ad hoc networks. Journal of Parallel and Distributed Computing, 2000, 60(4): 374-406.

[13] Wu C W, Tay Y C. AMRIS: A multicast protocol for ad hoc wireless networks//Military Communications Conference Proceedings, 1999. MILCOM 1999. IEEE. IEEE, 1999, 1: 25-29.

[14] Xie J, Talpade R R, McAuley A, et al. AMRoute: ad hoc multicast routing protocol. Mobile Networks and Applications, 2002, 7(6): 429-439.

[15] Kozat U, Tassiulas L. Network layer support for service discovery in mobile ad hoc networks. INFOCOM 2003, IEEE, San Francisco, 2003.

[16] Rivest R, Shamir A, Adleman L. A method for obtaining digital signatures and public key cryptosystems. Communication of ACM, 1978, 21(2): 120-126.

[17] Marti S, Giuli T J, Lai K, et al. Mitigating routing misbehavior in mobile ad hoc networks. Mobile Computing and Networking, 2000: 255-265.

[18] Stallings W. Cryptography and Network Security: Principles and Practice. 2nd ed. Englewood Cliffs: Pretice-Hall, 1999.

[19] Perlman R. An overview of PKI trust models. IEEE Network, 1999, 13(6): 38-43.

[20] Abdul-Rahman A. The PGP trust model. EDI-Forum: The Journal of Electronic Commerce, 1997.

第 6 章 移动自组网络中的数据复制技术*

随着移动通信技术、计算机网络技术的不断进步以及互联网技术的迅猛发展，为移动用户提供包括访问互联网在内的各种信息服务已成为网络技术研究的一大热点。传统的移动通信网络一般依赖于固定的通信设施。例如，蜂窝移动通信系统需要基站的支持；无线局域网一般也工作在有接入点（access point，AP）和有线骨干网络的模式下。为了支持无固定基站环境中的通信，一种新的网络技术——移动自组网络技术应运而生。然而，移动自组网络的自组性、无线通信带宽的有限性、网络的多跳性、网络拓扑的动态性以及节点资源的有限性等特点使得基于移动自组网络的通信和计算面临许多新问题，如何解决这些问题既具有挑战性，又具有重要意义。

数据复制技术作为数据管理的关键技术，是许多应用的基础。在移动自组网络环境中，数据复制技术对提高数据可用性和可靠性，减少数据读/写请求的响应时间，提高数据访问的性能具有重要意义。但是，移动自组网络环境固有的特点使得数据复制技术面临新的挑战，对移动自组网络中数据复制技术的研究是一项前瞻性的工作，对移动自组网络的应用必将起到重要的推动作用。

6.1 移动自组网络简介

6.1.1 基本概念

自组网络[1]是一种在没有骨干网络的条件下，由系统中的通信节点通过分布式协议自组织起来的网络系统。移动自组网络[2]是支持移动通信节点的自组网络，旨在为无固定基站的环境提供移动通信服务。

移动自组网络技术起源于 20 世纪 70 年代的美国军事领域，它是在美国国防部高级研究计划局（DARPA）资助研究的“战场环境中的无线分组数据网络”[3]（packet-radio network，PRNET）项目中产生的一种新型的网络构架技术。后来，DARPA 先后资助了抗毁可适应性网络（survivable adaptive network，SURAN）和全球移动信息系统（global mobile information system，GloMo）两个项目的研究，目的是能够在某些特殊环境或紧急情况下建立无线通信网络。移动自组网络技术

---

* 本章由郑静撰写。郑静，2005 年 6 月获博士学位，导师为卢锡城院士，研究方向为移动计算，博士论文题目为“移动自组网络中的数据复制技术研究”。

就是吸取了 PRNET、SURAN 以及 GloMo 等项目的组网思想而产生的一种网络构架技术。

在移动自组网络中，没有固定的通信设施，所有通信节点均可移动，两个通信节点之间通过无线通信相互建立连接，每个节点的无线通信覆盖范围有限。若网络中所有节点的通信范围相互覆盖，即任意一个节点发出的信号都可以被其他所有节点接收到，则该网络称为单跳(single-hop)移动自组网络；若网络中至少存在两个节点，它们不在彼此的无线通信范围内，必须通过其他节点进行中继才能通信，则该网络称为多跳(multi-hop)移动自组网络，其示意图如图 6.1 所示。在多跳移动自组网络中，为了能实现通信中继，节点具有路由和转发消息的能力。下面若不做特别声明，所讨论的网络环境均指多跳移动自组网络。

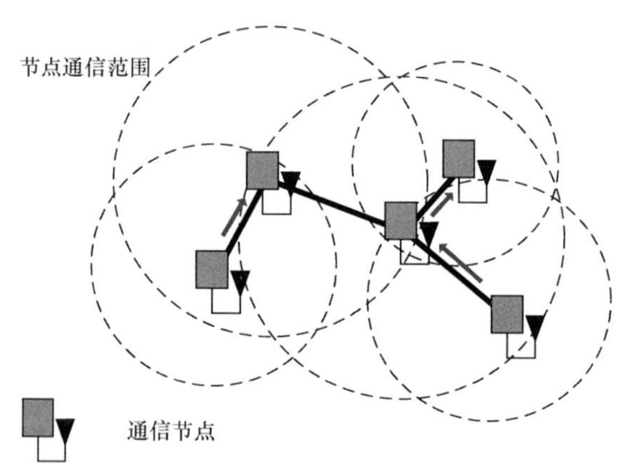

图 6.1　多跳移动自组网络示意图

与传统移动通信网络相比，移动自组网络强调的是多跳、自组织、无中心的概念，它具有如下特点：

(1) 自组性。网络节点自组成网，即网络节点可以不依赖于固定的通信设施在任何时间、任何地点构建自由移动的通信网络。

(2) 分布性。网络中的移动节点通过分布式协议互联成网，网络中不存在类似于基站的网络中心控制点，在单个或部分节点出现故障的情况下，其余节点仍可通信，增强了网络的健壮性。

(3) 多跳性。网络中的节点都兼有独立路由和主机的功能，当两个节点不在彼此的无线通信范围内时，通过中间节点转发分组进行通信。

(4) 网络拓扑的动态性。受节点的移动性、无线发送装置发送功率的变化、无线信道间的相互干扰以及地形等因素的影响，节点间的无线连接状况动态变化，因此整个网络的拓扑结构呈现出动态性。

6.1.2 移动自组网络的应用背景

移动自组网络可以广泛应用于军事和民用的许多领域。

在民用领域里，移动自组网络用于救灾通信系统，信息家电的互联及家庭联网，机器人之间的通信，个人无线网络及其他需要临时、快速建立通信网络的场合（如临时会议通信网络、野外作业通信网络等）。另外，将移动自组网络作为中继以扩大第二代和第三代蜂窝系统的覆盖范围是移动自组网络技术的又一重要应用。互联网工程任务组（IETF）已经成立了专门的研究小组——MANET 工作组，用于负责移动自组网络在互联网上的应用和相关协议的标准化工作。

在军事通信领域，由于移动自组网络符合军队对移动通信系统的如下要求，因此它成为军队移动通信系统的一种重要选择。

(1) 自组性。军队移动通信系统要求能在没有直接可用的通信网络的地方（如野外、敌方战场、受战争打击的城市等）建立起移动通信系统。由于移动自组网络不依赖于固定的通信设施，因而满足了军队移动通信系统自组性的要求。

(2) 抗毁性。战争中通信控制中心和通信指挥系统必然是首先遭受打击的目标，因此军事通信系统必须具有很强的抗毁性。军事通信网络应具有分布的特点，应不依赖于某些集中控制设备，在部分通信节点或链路出现故障的情况下，其余部分仍能继续通信。一方面，移动自组网络中没有基站，并且采用分布式协议，这使得它具有较强的抗毁性。另一方面，为了在节点移动造成网络拓扑变化时仍能保持正常的通信能力，移动自组网络协议设计中往往要考虑链路中断的情况，因而具有路由重构、连接恢复等能力，这使移动自组网络具有内在的抗毁能力。

(3) 机动性。机动性是部队战斗力的重要指标。机动性要求移动通信网络具有快速的组建和拆除能力，且配置简单、易于使用。在移动中保持通信能力，才能为部队保持全天候的战斗能力提供保障。因为移动自组网中节点之间采用无线通信方式，所有节点均可移动并能在移动中持续通信，所以打破了蜂窝系统受基站覆盖范围的限制，能为军队移动通信系统提供较强的机动能力。

因此，移动自组网络技术被各军事强国应用于战略和战术综合通信网络。1981 年，美国为海军特遣部队研制了一种高频自组网络；1991 年，美国军队研制了改进型高频数据网络，充分应用了短波自组网络技术；1994 年，美国陆军通信电子司令部进行了名为抗毁自适应系统的演示，该演示以宽带技术为基础，改善了战术通信的机动性和生存能力；美军在联合作战 2020 规划中采用移动自组网络技术作为其网络支撑技术（图 6.2）。

6.1.3 移动自组网络的研究领域

对移动自组网络的研究工作覆盖了从物理层到应用层的各个层次，主要分为

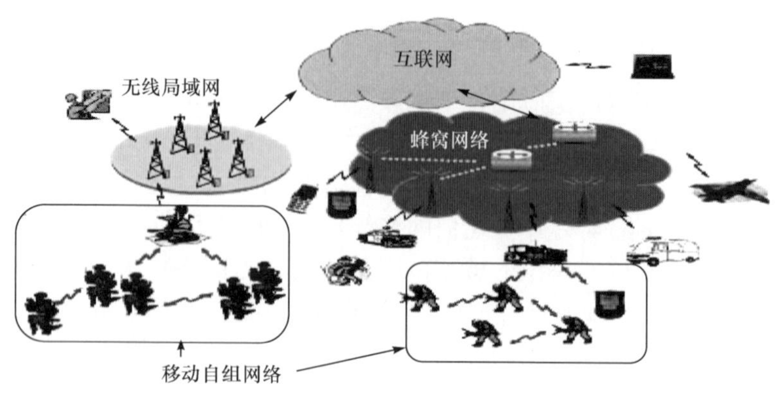

图 6.2　移动自组网络的应用

三类:使能技术研究、组网技术研究和中间件及应用层技术研究。另外,对电能管理、安全和协作、服务质量等问题的研究贯穿各层[4],如图 6.3 所示。

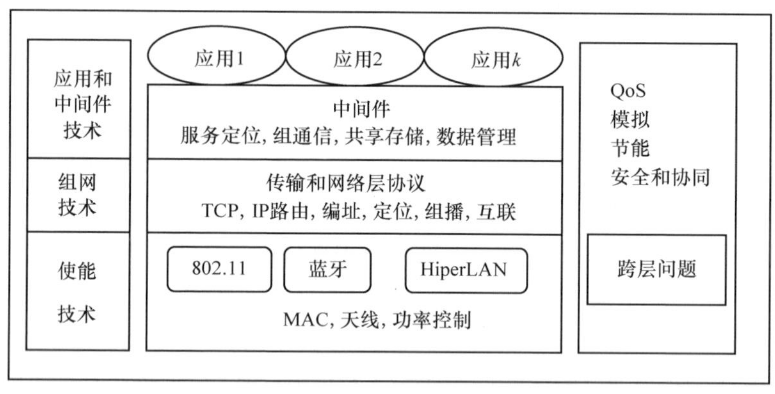

图 6.3　移动自组网络中研究领域的分类

1. 使能技术

使能技术[5-9]研究物理层和 MAC 层的技术。在物理层主要研究天线技术、传输技术和编码技术。MAC 层的研究主要解决隐藏终端问题、暴露终端问题、物理载波检测范围大于传输范围等问题,以增加信道利用率。

2. 组网技术

组网技术基于使能技术提供的单跳传输服务构造端到端的传输服务,包括路由层协议、传输层协议和位置服务等。

对路由协议的研究是移动自组网络研究领域中的热点,目前已提出了针对移动自组网络的单播路由、组播路由、QoS 路由、地理路由等多种路由协议[10-13]。

在移动自组网络环境中，无线信道差错率高、节点移动性大、隐藏终端问题等因素都将导致 TCP 分组丢失，而传统的 TCP 将所有的分组丢失都归因于网络拥塞，并启动拥塞控制和避免算法。所以，若在移动自组网络中直接采用传统的 TCP 将可能导致端到端的吞吐量严重降低。解决这一问题的主要方法是修改 TCP 的错误检测和恢复机制，并减少链路断接和节点移动对 TCP 性能的影响[14-16]。

位置服务主要查询节点的位置信息，一般通过泛洪获取。该方面的研究主要是解决泛洪带来的广播风暴问题[17,18]。

3. 中间件及应用层技术

移动自组网络有着广泛的应用，如果这些应用直接建立在网络层之上，将会使应用开发低效而复杂，因此在应用层和网络层之间需要中间件提供一些高级机制，使应用开发更简单高效。但是，对移动自组网络中间件[19,20]的研究还处于起步阶段，现在主要集中在对数据管理方面的研究，研究主要在以下几方面展开：

(1) 数据复制技术。数据复制技术可以提高分布式系统的可用性、可靠性和数据访问的性能。在移动自组网络环境中，由于网络具有带宽有限、易分割等特征，数据复制技术尤为重要。数据复制技术是本章要讨论的主要内容。

(2) 数据广播技术。为支持节点对热点数据的并发访问，数据广播技术将热点数据组织在共享无线信道上，并使节点有选择地接收数据，以提高查询效率。

(3) 缓存技术。在移动环境中，缓存技术不仅可以提高低带宽网络连接下的访问效率，还可以为断接情况下访问数据提供更好的支持。

(4) 移动事务处理技术。移动事务处理技术用于维护数据的一致性，支持多用户的并发访问，使用户能可靠地查询和更新数据库。在移动自组网络环境中，如何支持断接事务、跨区长事务，在事务处理中如何提高有限资源的利用率和系统效率等都是有待解决的问题。

4. 跨层问题

对电能管理、安全和协作、服务质量、性能评价及模拟等问题的研究贯穿各层，这些研究影响移动自组网络的各个层次。

在移动自组网络的众多研究领域中，本章着重研究数据复制技术。

6.2　移动自组网络环境中的数据复制技术简介

数据复制技术是提高数据可用性、系统性能和容错能力的重要技术。

(1) 提高数据可用性方面:数据可用性表征用户在合理的响应时间内获得请求数据的能力,它与两个因素有关,即服务器单点失效和网络分割。对于前者,复制是一种避免服务器单点失效的技术,因为当默认服务器失效或不可访问时,用户可以通过存储了数据副本的其他服务器获取数据。而后面将详细讨论网络分割对可用性的影响。

(2) 提高系统性能方面:数据复制对减少访问响应时间、减少通信开销和 I/O 开销、均衡负载等有重要作用。

(3) 增强容错性方面:数据复制在提高可用性的同时可以用来实现容错。例如,如果至多 f 个服务器会发生拜占庭错误,那么理论上通过 $2f+1$ 个服务器进行投票将能够找到故障服务器,从而提供正确的服务。但是,高可用性数据不一定是正确的数据。例如,获得的响应数据可能已过时或者与在其他不连接的分割中执行的更新发生冲突。容错服务能在一定数量和类型的失效范围内确保操作的正确性,为客户提供最新的数据以及保证客户对数据的正确操作。

数据复制的基本要求是复制透明性和一致性。复制透明性要求数据副本的位置和数量对客户透明,客户关心的是副本集合构成的逻辑对象,而无需关心访问操作事实上在多少物理拷贝上执行。对副本一致性强度的要求根据应用需求的不同而不同。

对固定网络中数据复制技术的研究已有多年,尤其对分布式系统和数据库系统中数据复制技术的研究已相当深入。随着 Internet 的发展,对面向 Internet 的分布式存储系统中数据复制的研究日益成为数据复制技术研究领域中新的研究热点。同时,随着移动计算的迅速发展和广泛使用,兴起了对移动计算环境中数据复制技术的研究。

6.3 基于分簇的数据复制协议框架

无论是在固定网络中还是在移动网络环境中,数据复制技术都是许多应用的基础,是提高数据可用性和系统性能的重要技术。固定网络和传统移动通信网络环境中数据复制技术的研究已相当深入,但是移动自组网络环境中的网络分割现象、网络的多跳性、网络拓扑的动态性、网络带宽的有限性,以及节点资源的有限性给数据复制技术提出了新的问题和新的要求。因此,固定网络和传统移动通信网络环境中的数据复制技术已不能适用于移动自组网络环境,需要设计新的数据复制协议来解决移动自组网络给数据复制带来的问题。本章提出移动自组网络环境中基于分簇的数据复制协议(CDRP),CDRP 的目标是提高出现网络分割时的数据可用性,并在此前提下减少数据访问的通信开销和协议带来的网络负载,提高数据访问的性能和协议的可扩展性。本节重点研究 CDRP 中的分簇算法、副本放置算法和概率可靠的分发协议。

6.3.1　问题描述

1. 网络模型和假设

移动自组网络由一组移动节点组成，节点间通过无线通信相互连接，无法直接通信的两个节点可以借助其他节点转发分组进行数据通信。假设节点能力相同（具有相同的传输半径和处理能力），并且不考虑障碍、气候等影响信号传输的因素，则当两个节点间的距离不大于节点最大的无线传输距离时，这两个节点可以直接通信。因此，可用 UDG(unit disk graph)图 $G(V,E)$作为移动自组网络的抽象模型，即移动自组网络中的节点由分布在二维平面上的一组节点 V 表示，若两点间的欧氏距离小于等于最大传输距离，则认为两点间有一条边（图 6.4）。

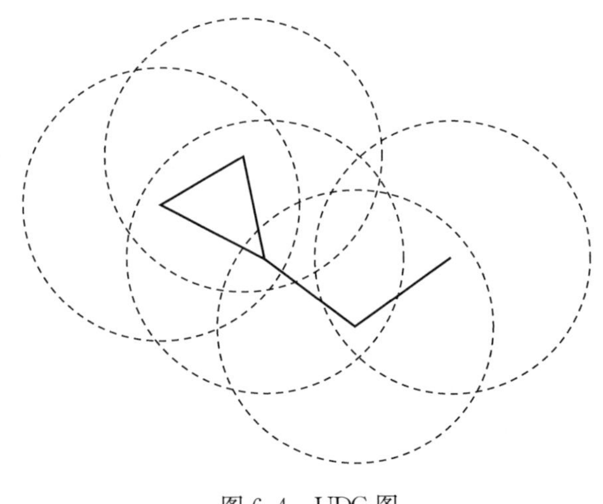

图 6.4　UDG 图

在此环境中，做如下假设：

(1) 每个节点有一个全局唯一的 ID。

(2) 每个节点可以通过 GPS 或其他位置服务获得其位置信息。

(3) 若两个节点间存在一跳或多跳连接，则两点间存在路由。

(4) 节点的移动模式服从随机路点移动模型(random waypoint mobility model)。

(5) 假设各节点失效是相互独立的。

(6) 每个节点可以访问在其他节点上存储的数据项，数据访问请求分为读访问请求和写访问请求。

(7) 假设数据的处理单位为数据项，并且所有数据项的大小相同，数据项是数据的集合，每个数据项有一个创建者，且有一个全局唯一的 ID，即 DataID。

(8) 每个节点都可以复制数据项，存储数据项副本的空间有限且大小相同(包括创建的原始数据项)。

2. 问题描述

针对移动自组网络环境的特点给数据复制带来的问题，CDRP 的目标是提高出现网络分割时的数据可用性，并在此前提下减少数据访问的通信开销和协议带来的网络负载，提高数据访问的性能和协议的可扩展性。CDRP 要解决数据项副本的放置问题和副本的更新一致性问题，即：

(1) 如何决定副本的位置和数量，以提高数据可用性，并在此前提下提高数据访问的性能。

(2) 如何维护副本间的一致性，在保证副本一致性的同时如何减少由于维护副本一致性带来的系统开销。

1) 数据可用性

当一个节点对某个数据项产生一个数据访问请求时，这个请求在以下两种情况下将得到响应，即此访问请求成功：

(1) 此节点存储了被请求的数据项的副本或原始数据。

(2) 在和请求节点间有一跳或多跳连接的节点中，至少有一个节点存储了被请求的数据项的副本或原始数据。

否则，数据访问失败。

本节用数据的可用性描述数据访问的成功率。数据可用性定义为对某个数据项请求的响应数与请求数之比。数据可用性表征了一个节点从其他节点获得数据项的存储信息，以及在需要时能够访问到这些数据项的能力。

在移动自组网络环境中，节点的移动性常常会导致链路断接甚至网络分割的发生。如果一个节点请求某个数据项，而存储此数据项的节点在另一个不相连的分割中，那么被请求的数据项将不可访问，致使此次数据访问失败，从而降低数据的可用性。因此，提高出现网络分割情况下的数据可用性是移动自组网络环境中数据复制协议设计的首要目标。

2) 数据访问性能

在移动自组网络环境中，无线通信带宽的有限性、网络的多跳性及节点资源的有限性等特点对减少数据访问的系统开销、提高数据访问的性能提出了新的要求。对数据访问性能有多种评价参数，因此要选择一个合适的度量来评价移动自组网络中数据访问的性能。

数据访问的性能与副本的数量和位置相关。在数据副本的数量方面，较少的副本易于管理，但是难以满足数据访问性能的需求，这主要有三个原因：①节点访问远程数据副本的延迟过大；②访问远程数据副本带来的通信开销(包括带宽消耗、电能消耗和信道冲突等)过大;③某些副本节点可能成为访问的瓶颈,影响访问速度,并且缩短副本节点的生存期。另外,较多的副本则会给系统的管理带来很大的复杂性,复杂的管理同样会造成性能的下降。对于只读或读请求占多数的数据项,希望其副本数多;相反,对于写请求多的数据项,希望其副本数尽量少,因为副本数增加会增加维护数据副本一致性的开销。因此,副本的数量必须合适,在性能和开销之间达到平衡。在数据副本的放置位置方面,应该使请求节点可以就近访问到所需的数据项,从而提高数据访问性能。

因此,提高数据访问性能的问题就是以某个(或多个)数据访问性能的度量为目标函数的副本放置的优化问题。这是一个 NP-完全问题,本章不对副本放置问题进行定义和详细讨论。

3) 数据一致性协议的可扩展性

数据一致性协议的可扩展性是指在保证数据一致性的前提下,当网络规模或副本节点规模扩大时,数据一致性协议的系统开销如何增长。维护数据一致性的开销是数据复制协议中最主要的系统开销,因此减少维护数据一致性的开销直接影响数据复制协议的性能。

数据一致性协议的系统开销主要由协议本身的机制和支持一致性协议的组通信协议的系统开销两方面决定:一方面,强一致性协议实现复杂,并且需要强可靠性的组通信协议支持,将降低数据的可用性;另一方面,数据一致性协议通过组通信协议在副本节点之间传播消息实现,因此组通信协议带来的网络负载是影响数据一致性协议的系统开销中最重要的因素。在移动自组网络中,网络的高动态性使强可靠性的组通信协议实现复杂、开销巨大。因此,在移动自组网络中应该一方面松弛对副本一致性的要求,使用弱一致性协议,在数据一致性和可用性间折中;另一方面放宽对组通信协议的可靠性要求,在组通信协议的可靠性和可扩展性之间折中。

这里组通信协议的可靠性是指当一个组成员发出一个消息时,有多少组成员接收到此消息;组通信协议的可扩展性是指在保证一定可靠性的前提下,当网络规模/组规模扩大时,组通信协议的系统开销如何增长。数据一致性协议通过组通信协议实现,因此组通信协议的可扩展性是影响数据一致性协议可扩展性最重要的因素。

6.3.2 CDRP 的设计思路

CDRP 的基本设计思路是:①通过分簇来预测网络分割,并考虑节点存储空间的限制,各个簇按簇内节点对数据项的访问频度存储数据,以提高数据的可用性;②在各个簇内,根据簇内数据请求的分布和节点的分布动态调度数据项副本的位置和数量,以减少数据访问的通信开销;③使用概率可靠的分发协议在簇间分发消息，保证消息分发的高概率可靠性，以减少网络负载，提高协议的可扩展性。

1. 提高数据可用性

CDRP 从以下两个方面提高数据可用性。

1）预测网络分割

在移动自组网络中，网络分割主要是由节点移动性导致的，网络分割的频率、持续时间，以及网络分割的特征与节点的移动模式和当前的网络拓扑相关。因此，能够根据节点的移动模式和当前的网络拓扑预测网络分割发生的时间和位置，并在网络分割前复制所需的数据从而提高数据可用性。由于分簇结构与网络分割将网络分为多个分割的特征相吻合，因此本节通过分析网络拓扑，根据节点的地理位置和移动模型对节点分簇，从而预测网络分割。

若两个节点在相互的无线通信范围内，则它们之间存在一条无线链路。因此，两个邻居节点可以根据它们当前的位置和移动模式，计算一个时间间隔 Δt 后这两个节点的新位置，从而计算此时这两个节点间的距离 d'（图 6.5）。若 d' 小于等于相互的无线通信范围，则可以预测在经过 Δt 后这两个节点间的链路是活跃的，否则认为是断接的。

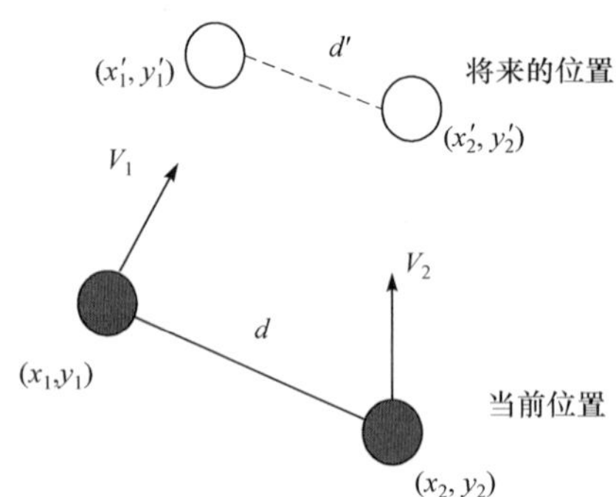

图 6.5　两点的位置及其连接概率预测

本节用两个节点在未来时间间隔 Δt 内连接的概率（即两个节点间链路是活跃的概率）来衡量这两个节点间链路的稳定性。若将节点动态地划分到不同的簇，使簇内任意两个节点间的路径可用概率（即两个节点间路径是活跃的概率）较大，则可以预测网络分割发生在不同簇间的概率较大。如图 6.6 所示，根据节点 1、2、3、4、5、6 的当前位置和移动速度及方向，可以预测在未来 Δt 内，节点 1、2、3 之间的链路比较稳定，节点 4、5、6 之间链路比较稳定，而节点 3 和 4、3 和 5 之间的链路可能断接，由此，将节点 1、2、3 划分为一个簇 $\mathrm{Cluster}_1$，节点 4、5、6 形成簇 $\mathrm{Cluster}_2$，则在 Δt 内，$\mathrm{Cluster}_1$ 和 $\mathrm{Cluster}_2$ 之间出现网络分割的概率比较大。

2）统计节点对数据项的访问频度

数据项的访问频度是指最近时间间隔内对此数据项的请求次数。

在通过分簇预测网络分割的基础上，CDRP 决定每个簇需要复制的数据项，使发生网络分割时节点能访问到请求的数据。由于节点的存储空间有限，因此在各个簇中复制簇内节点访问频度高的数据项，以提高数据的可用性。

如图 6.6 所示，若数据 D_1 存储在 $Cluster_2$ 中的节点 5 上，数据 D_2 存储在 $Cluster_1$ 中的节点 1 上，则当在 $Cluster_1$ 和 $Cluster_2$ 之间发生网络分割时，$Cluster_1$ 中的节点对 D_1 的访问请求将失败，$Cluster_2$ 中的节点对 D_2 的访问请求将失败。但是，若在分割发生前在 $Cluster_1$ 中复制数据 D_1，在 $Cluster_2$ 中复制 D_2，则即使在 $Cluster_1$ 和 $Cluster_2$ 之间发生网络分割，各个分割中的节点对 D_1 和 D_2 的访问请求也能够得到响应。

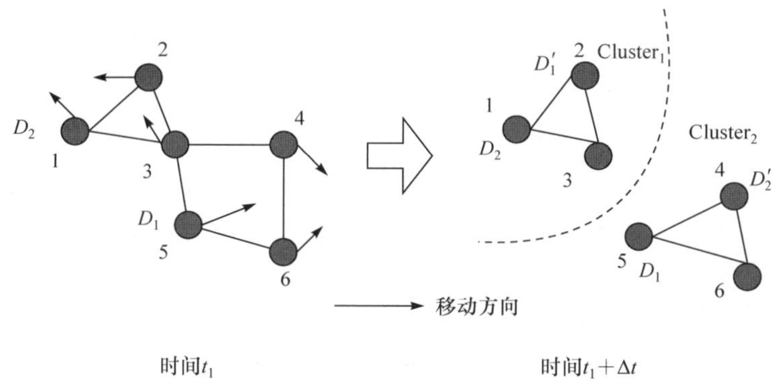

图 6.6　网络分割预测

2. 提高数据访问性能

数据访问的性能评价指标有通信开销、I/O 开销、存储开销、访问延时、电能消耗等。在移动自组网络环境中，无线通信带宽有限和网络多跳性等特点使数据访问通信开销是影响数据访问性能的最重要指标，因此，本节以通信开销作为衡量数据访问性能的指标。

数据复制的性能与副本的数量和位置相关。在移动自组网络环境中，节点的移动性使网络拓扑不断变化，导致数据请求的分布和数据访问的通信开销动态变化，从而数据项副本的位置和数量需要随节点的移动而动态改变。因此，移动自组网络环境的副本放置不仅与节点对数据项的读写请求相关，而且与网络拓扑的变化相关。同时，移动自组网络是一种临时自治的分布式系统，对全局信息进行统计和广播的开销很大，更适合采用基于局部信息的分布式副本放置算法。因此，CDRP 中的副本放置算法根据从邻居节点收集的读写请求的局部信息动态改变每个簇内副本的数目和位置，以适应访问请求和网络拓扑的变化，提高数据访问的性能。

3. 提高数据一致性协议的可扩展性

由于数据强一致性要求会降低数据的可用性和数据复制协议的可扩展性，因此从以下两方面入手：

一方面，CDRP 松弛了对数据一致性的要求，使用弱一致性协议，即当副本节点接收到写请求时，首先在本地进行冲突检测，若没有一致性冲突，就在本地执行更新并将更新传播到其他副本节点，并且当网络发生分割时使用乐观方法允许在所有分割中对数据进行更新。

另一方面，数据一致性协议通过组通信协议实现，组通信协议的可扩展性是影响数据一致性协议可扩展性最重要的因素，因此 CDRP 放宽对组通信协议的可靠性要求，选择合适的组通信协议传播副本更新消息，以提高数据一致性协议的可扩展性。

组通信协议大约分为如下三类：

(1) 保证强可靠性。此类协议提供“all-or-nothing”语义，保证将消息成功地传送到所有组成员。但由于检测丢失消息和重传会带来很大的系统开销，因此这类协议的可扩展性差。

(2) 保证一定的可靠性。大部分组通信协议属于这一类，包括 Internet 中一些典型的建立在 IP 组播之上的协议。这类协议不保证第一类协议的可靠性，并且缺乏度量可靠性的标准。这类协议使用确认机制来提高可靠性，但这样将严重地增加网络负载，从而降低协议的可扩展性。

(3) 保证概率可靠。提出这类协议的主要动机是在可靠性和可扩展性之间折中，如基于 gossip 的协议。这类协议的共同之处是：组中的每个成员节点按一定的概率向一组随机的组成员传播它所接收到的消息。对这类协议的分析通常基于概率模型，可靠性的程度也用概率来表示。概率可靠组通信(probabilistic reliable group communication)牺牲了原子性的安全保证，但减少了协议开销，并且具有如下性质：①通过调整参数在可靠性和可扩展性之间达到一定的折中；②易于实现；③容错能力强，由于此类协议在所有组成员节点上平等地分配负载，因此提高了对链路和节点失效的适应能力。

在有线网络中实现可靠组通信时，要在可靠性和可扩展性之间达到适当折中已相当困难。移动自组网络的高动态性使以上问题的复杂性进一步被加大。在移动自组网络中，现有的许多组通信协议通过构造和维护组播树(如 MAODV 协议)或 mesh(如 ODMRP 协议)建立组成员间的连接关系。但是，在重新构造 mesh/组播树时这些协议不能保证包的可靠传播，可能造成分组丢失。由于节点的移动性，路由变化快，重新构造 mesh/组播树的情况可能频繁发生，因此这类协议不能提供可靠性保证。另外一些协议力图通过检测并恢复失效来提高协议的可靠性，但在网络拓扑频繁变化时，由于协议开销太大几乎不可行。另外，由于不同的组成员接收到的包的数量大不相同，因此将造成节点负载不平衡。总之，考虑到协议实现的复杂性和开销，目前在移动自组网络中还没有任何协议能够提供"all-or-nothing"语义的强可靠性保证，而概率可靠分发协议(PLPD)却吻合了移动自组网络的不确定性的内在特点，所以在移动自组网络环境中适合使用 PLPD 进行节点间的消息分发。

CDRP 要求组通信协议能够保证以下两个性能：①随着时间推移，每个节点最终获得一致性的数据，即每个节点可以在不同的时间和不同的副本节点通信，获得所能得到的最新副本；②副本之间的松弛一致性，即副本之间可能不一致，但所有副本节点最终将收到所有的更新。因此，CDRP 使用 PLPD 在副本间传播更新消息，为消息传播提供概率可靠保证，并且在 PLPD 中考虑节点的地理位置信息，尽量将消息分发和组成员管理限制在局部区域中，以减少网络负载，提高协议的可扩展性。

4. 冲突消解

由于在发生网络分割时 CDRP 允许在各个分割中对数据项进行更新操作，并且使用 PLPD 传播更新消息不能保证副本的强一致性，因此副本之间可能不一致，出现副本不一致时需要进行冲突消解。由于对冲突消解的研究已相当成熟，因此本节采用时间戳的方法进行冲突消解，但没有进行更深入的探讨。

6.3.3 CDRP 框架

CDRP 主要包括分簇算法 α-SPCA (α-stable path based clustering algorithm)、元数据管理、副本管理和 PLPD 四部分，CDRP 框架如图 6.7 所示。分簇算法基于节点间的路径可用概率将节点分为若干簇，以预测网络分割；元数据管理负责记录和获取数据项存储的位置信息；副本管理负责副本的放置和一致性维护；PLPD 负责在簇间分发元数据管理中的数据索引消息和副本管理中的副本更新消息。

1. 分簇算法 α-SPCA

分簇算法 α-SPCA 是 CDRP 的基础，用于在节点中构造满足 CDRP 要求的簇，从而预测网络分割。

α-SPCA 分两步实现：第一步，计算邻居节点间无线链路的连接概率，从而定义节点间的路径可用概率，节点通过和邻居节点交换信息分布地构造 α-稳定图，α-

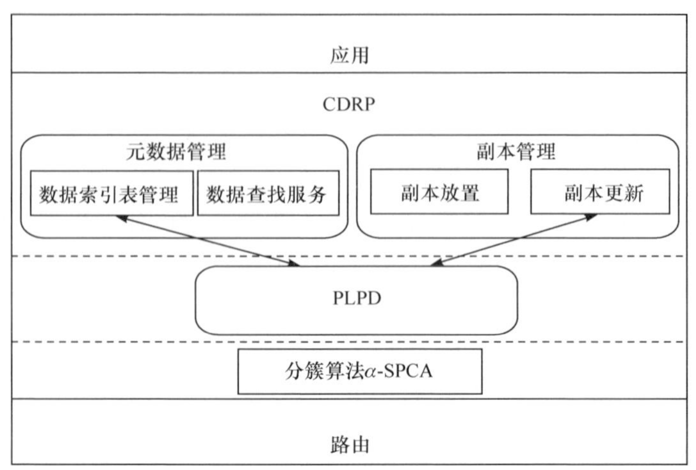

图 6.7　CDRP 框架

稳定图的顶点为所有节点，节点间存在一条边当且仅当节点间存在可用概率大于 α 的路径（即稳定路径）；第二步，通过在 α-稳定图中寻找完全子图的方法来构造簇，使分簇满足 CDRP 对簇的要求。由于 α-SPCA 基于路径的可用概率分簇，因此形成的簇能适应网络拓扑变化，并可以有效地预测网络分割。

2. 元数据管理

元数据管理负责管理和获取数据项存储的位置信息，它根据数据项存储的位置信息，创建数据索引表。当产生一个数据访问请求时，通过查找数据索引表得到存储数据项的节点。元数据管理包括数据索引表管理和数据查找服务两部分：数据索引表管理负责记录数据项的存储位置和时间戳等信息；数据查找服务负责查找数据索引表获取数据项的存储位置信息。

1）数据索引表管理

通过分簇算法 α-SPCA，节点被划分到不同的簇中，每个簇有一个簇首，在每个簇首上建立两个数据索引表：簇内数据索引表和簇间数据索引表。簇内数据索引表记录了本簇中各节点存储的数据项信息，其表结构如表 6.1(a)所示；簇间数据索引表记录了其他簇存储的数据项信息，其表结构如表 6.1(b)所示。在每个节点中存储其所属簇的簇内数据索引表。

簇内数据索引表维护过程如下：

(1) 每个节点周期性地将本节点对不同数据项的访问频度发送给簇首节点，簇首节点根据副本放置策略确定需要复制的数据项，并确定复制这些数据项的位置，生成相应的簇内数据索引表，同时将簇内数据索引表广播给簇内所有节点。

（2）当数据项副本放置的位置发生改变时，簇首根据新的数据项副本放置的位置重新构造簇内数据索引表，并将簇内数据索引表广播给簇内所有节点。

表 6.1(a)　簇内数据索引表

数据 ID	所在节点 ID	时间戳
DataID	NodeID	TimeStam
…	…	…

表 6.1(b)　簇间数据索引表

数据 ID	所在簇 ID	时间戳
DataID	CID	TimeStam
…	…	…

其中，由 α-SPCA 产生的每个簇有一个全局唯一的 ID，即 CID；每个数据项的时间戳代表此数据的创建或更新时间。

簇间数据索引表维护过程如下。

（1）每个簇首周期性地将本簇存储的数据项的列表和对此数据项的描述信息向其他簇首广播，此消息被称为数据通告（data advertising，DA）消息，DA 消息格式如表 6.2 所示。DA 消息通过 PLPD 在簇首之间分发。簇首通过接收到的 DA 消息构造簇间数据索引表。

表 6.2　簇首间发送的 DA 消息格式

发送簇 ID(CID)		消息序列号(SeqNum)
数据 ID (DataID)	时间戳(TimeStam)	描述(Description)
数据 ID (DataID)	时间戳(TimeStam)	描述(Description)
数据 ID (DataID)	时间戳(TimeStam)	描述(Description)
…	…	…

其中，消息的序列号(SeqNum)用于检查丢失、冗余或乱序的消息。

为了减少广播 DA 消息和维护数据目录的开销，对协议做如下优化：

① 减少 DA 消息大小。每个簇首节点在较长的周期里广播完全的 DA 消息，在较短的周期里每次只广播与上次消息不同的内容，包括自上次广播的消息后增加（或改变的）和删除的数据项（表 6.3）。

表 6.3　DA 消息

<table>
<tr><td colspan="2">发送簇 ID(CID)</td><td colspan="2">消息序列号(SeqNum)</td></tr>
<tr><td colspan="2">数据 ID (DataID)(已删除)</td><td colspan="2">数据 ID (DataID)(已删除)</td></tr>
<tr><td colspan="2">…</td><td colspan="2">…</td></tr>
<tr><td>数据 ID (DataID)</td><td colspan="2">时间戳(TimeStam)</td><td>描述(Description)</td></tr>
<tr><td>…</td><td colspan="2">…</td><td>…</td></tr>
</table>

② 控制 DA 消息数。DA 消息的数量将随着簇的个数增加而增加。若簇的个数很多,则广播 DA 消息的开销将十分巨大。为提高系统的可扩展性,有必要控制发送 DA 消息的数量。根据网络中正在转发的消息数自适应调节发送 DA 消息的数量。每个节点跟踪当前时间窗口中接收到的 DA 消息总数 θ,若 θ 小于等于某个阈值 ζ,则以概率 1 发送 DA 消息;若 θ 大于 $\lambda\zeta(\lambda>1)$,则不发送 DA 消息;若 θ 介于 ζ 和 $\lambda\zeta$ 之间,则以概率 $p(0<p<1)$ 发送 DA 消息,即

$$\Pr(\text{Send}-\text{DA})=\begin{cases}1, & \theta\leqslant\zeta\\ p, & \zeta<\theta\leqslant\lambda\zeta\\ 0, & \theta>\lambda\zeta\end{cases}$$

(2) 当一个簇首接收到其他簇首发送的 DA 消息时,比较簇内数据索引表和 DA 消息中包含的数据项目录,若 DA 消息中的数据项目录存在于簇内数据索引表中,则比较此数据项的时间戳,若接收到的 DA 消息中的数据项的时间戳新,则按照簇内数据索引表查找存储此数据项的节点,删除此数据项副本;若接收到的 DA 消息中的数据项目录不在簇间数据索引表中,则将此数据项信息加入本簇首的簇间数据索引表;若 DA 消息中的数据项目录已存在于簇间数据索引表中,则更新其相应的信息。

2) 数据查找服务

数据查找服务负责查找数据索引表以获取数据项的存储位置信息。

(1) 当一个节点产生数据访问请求时,首先查找本地的簇内数据索引表。如果所请求的数据项在索引表中,那么发起请求的节点直接将请求发送给存储此数据副本的节点。

(2) 如果请求的数据项不在簇内数据索引表中,那么发起请求的节点就将请求发送给簇首节点。簇首查找簇间数据索引表,根据簇间数据索引表查找到存储了被请求的数据项的簇,并将访问请求发送到相应的簇首,由此簇首查找存储了被请求的数据项的节点。

3. 副本管理

副本管理包括副本的放置管理和副本更新管理。

1）副本放置管理

副本放置管理决定数据项副本的数量和位置。针对移动自组网络的特征和 CDRP 的设计目标，从以下两个方面进行副本放置管理。

（1）决定每个簇复制的数据项。每个簇根据簇内节点对各数据项访问频度的总和，复制访问频度高的数据项。当网络分割发生时，如果网络分割出现在簇间，那么簇内的数据请求将最大限度地得到响应，从而提高数据可用性。本章提出基于分簇的副本放置算法 CDRA。CDRA 决定每个簇需要复制的数据项，以及复制这些数据项的位置，并且管理对数据项副本的替换、删除等操作。

（2）决定簇内数据副本的位置和数量。每个簇以 CDRA 算法产生初始的副本放置位置，同时在簇内调用基于稳定邻居的自适应副本放置算法 EARAM_SN 以提高数据访问性能。EARAM_SN 算法根据簇内节点分布的变化和数据请求分布的变化，在簇内动态自适应地调度数据副本的位置和数量，以减少数据访问的通信开销。

2）副本更新管理

节点对数据项的访问请求分为读访问请求和写访问请求。对于读访问请求，节点通过数据查找服务查找任意一个存储了被请求的数据项副本的节点，此副本节点将数据项返回给请求节点。若此副本节点不是本簇节点，则此副本节点通过簇首节点将数据项返回给请求节点。

对于写访问请求，要将此写访问请求传播到所有存储此数据项的副本节点，以保证对所有此数据项副本更新的一致性。副本更新过程如下（图 6.8）：

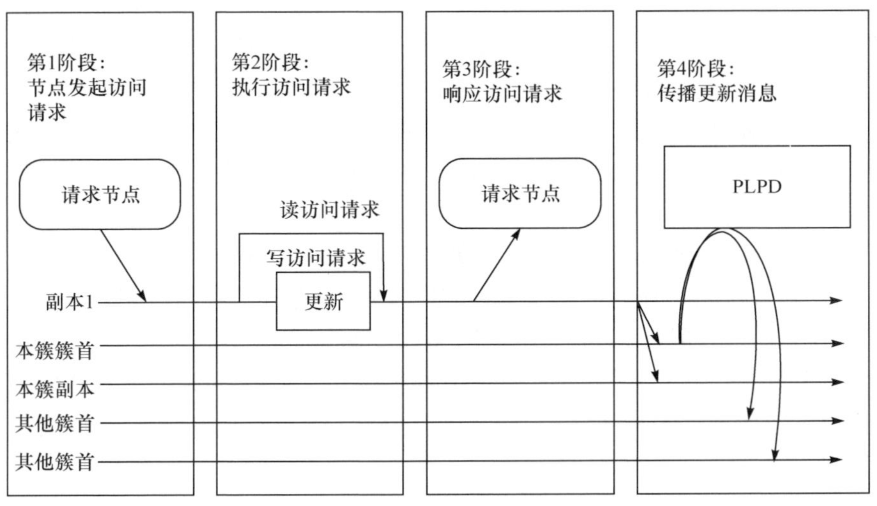

图 6.8　CDRP 中访问请求处理过程

(1) 当一个节点对某个数据项发出写访问请求时,查找簇内数据索引表,若簇内有此数据项的副本节点,则将写访问请求发送给最近的副本节点。此副本节点在本地进行一致性检查,若检查通过,则执行并响应写访问请求,并将更新消息传播到簇内所有此数据项的副本节点,同时将更新消息发送给簇首节点。

(2) 簇首节点查找簇间数据索引表,将更新消息发送到所有有此数据项副本的簇的簇首节点。这个过程通过 PLPD 在簇首间传播更新消息完成。

(3) 收到更新消息的簇首将更新消息发送到本簇内存储此数据项副本的节点,各副本节点完成更新操作。

4. PLPD

PLPD 在所有簇首之间分发数据索引目录和副本数据的更新消息,以维护簇首间数据索引目录以及数据项副本的一致性。即由所有簇首构成一个组,PLPD 用于在这些组成员中分发消息,并保证所有组成员收到消息的概率为 1。另外,该协议考虑节点的地理位置信息,将消息分发和组成员管理限制在局部区域内,可有效地减少网络负载,提高协议的可扩展性。实验结果显示,在大规模移动自组网络环境中,PLPD 在保证高概率可靠性前提下有效地减少了网络负载,具有良好的可扩展性。

6.4 基于 α-稳定路径的分簇算法

分簇技术是维护移动自组网络结构的有效方法之一。为了支持移动自组网络环境中的数据复制,本章提出一种分布式分簇算法 α-SPCA 来组织移动自组网络中的节点,并通过分簇来预测网络分割以提高数据的可用性。α-SPCA 是基于分簇的 CDRP 的基础。在移动自组网络的研究中,分簇技术已被广泛应用于路由算法以提高系统的可扩展性和减少网络拓扑变化对路由的影响,但针对数据复制进行的分簇研究很少。

α-SPCA 根据节点的当前位置和节点的移动模型预测邻居节点间的连接概率,从而预测节点间路径的可用概率;并基于节点间路径的可用概率对节点进行分簇,簇内任意两节点间的路径可用概率不小于某个阈值。由于 α-SPCA 基于路径的可用概率分簇,因此形成的簇能够适应网络拓扑变化,并可以有效地预测网络分割。本章对分簇算法的复杂性进行理论性分析,对算法生成的簇的性质进行理论证明和实验分析。

6.4.1 问题描述

移动自组网络由一组移动节点组成,节点间通过无线通信相互连接,无法直接通信的两个节点可以借助其他节点转发分组进行数据通信。假设节点能力相同(具有相同的传输半径和处理能力),并且不考虑障碍、气候等影响信号传输的因素,则当两个节点间的距离不大于节点最大的无线传输距离时,这两个节点可以直接通信。因此,可用 UDG 图 $G(V,E)$ 作为移动自组网络的抽象模型,即移动自组网络中的节点由分布在二维平面上的一组节点 V 表示,如果两点间的欧氏距离小于等于最大传输距离,则认为两点间有一条边,并且假设各节点失效是相互独立的。

由于 α-SPCA 是为了支持移动自组网络环境中的数据复制,用于预测网络分割以提高数据的可用性,因此 α-SPCA 生成的簇应满足如下性质:

(1) 由簇内节点导出的 UDG 图的子图是连通的,并且簇内任意两个节点间的路径可用概率大于某个阈值。前者保证了簇内节点之间只经过本簇节点就可以通信,后者保证了簇内任意节点间的路径在一段时间内是活跃的概率较大,断接的概率较小。由此,网络分割发生在簇内的概率较小,而发生在簇间的概率较大。因此,满足此性质的簇结构可以有效地预测网络分割。

(2) 簇的个数尽量少。由于每个簇都复制簇内节点请求的数据项,因此簇的个数越多,数据副本个数越多,维护副本一致性的开销越大,存储空间的开销也越大。

(3) 簇间适当重叠。一方面,如果一个节点属于多个簇,那么它将维护所有它所属簇的状态和转发所属簇内的信息,增加了节点的开销。另一方面,簇间重叠可以减少副本个数,即在两个簇的公共节点上存放数据副本可以使两个簇的成员访问公共的数据副本。因此,簇的划分要在两者之间权衡。

(4) 簇结构相对稳定。在移动自组网络环境中,节点可能会动态地加入网络、退出网络或由于移动引起网络拓扑变化,因此节点可能动态地加入或退出一个簇。由于动态生成和维护簇会带来额外的处理开销和通信开销,因此簇的结构应该在实时地反映网络拓扑变化的同时保持相对的稳定性,使网络拓扑变化只引起局部的重新分簇,以减少重构簇带来的系统开销。

下面对一些相关概念和问题做形式化描述。

定义 6.1(α-稳定邻居)　设在时间 Δt 中,节点 i 和其邻居 j 的连接概率为 $\Pr(\text{link}_{i,j})$,即 i 和 j 之间的链路是活跃的概率。若 $\Pr(\text{link}_{i,j})>\alpha$($\alpha$ 为阈值),则认为 j 是 i 的 α-稳定邻居(图 6.9)。

记集合 $\text{SN}(i)=\{j\mid\Pr(\text{link}_{i,j})\}>\alpha\}$ 为节点 i 的 α-稳定邻居节点集合。

定义 6.2(α-稳定路径)　节点 m 和 n 之间的路径 $\text{Path}_{m,n}$ 由链路 $\text{link}_{i,j}\in\text{Path}_{m,n}$ 组成,此时路径 $\text{Path}_{m,n}$ 的可用概率为 $\Pr(\text{Path}_{m,n})=\prod_{(i,j)\in\text{path}_{m,n}}\Pr(\text{link}_{i,j})$,若 $\Pr(\text{Path}_{m,n})>\alpha$,则称路径 $\text{Path}_{m,n}$ 为 α-稳定路径(图 6.9)。

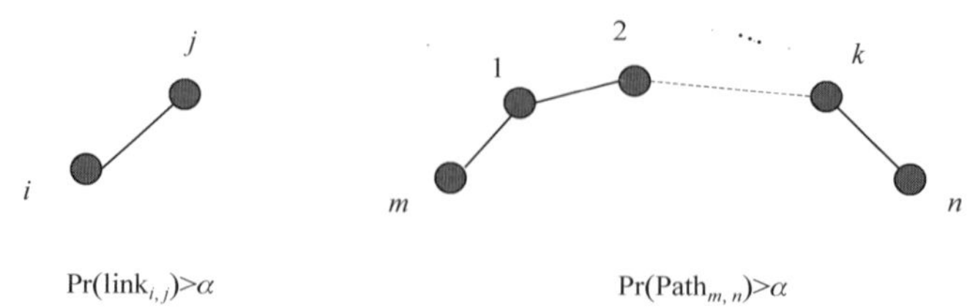

图 6.9　α-稳定邻居和α-稳定路径

定义 6.3（α-稳定路径点集合）　对于节点集合 SP(i)中的任意元素 j，若节点 i 和 j 之间至少存在一条α-稳定路径，则称 SP(i)是 i 的α-稳定路径点集合。

由定义 6.1～定义 6.3 可知，SN(i)⊆SP(i)。

定义 6.4（图 G 的α-稳定图 G_α）　定义图 $G_\alpha(V,E')$为图 G 的α-稳定图，G_α 中的顶点与 G 中相同，为 V，但是$(m,n)\in E'$，当且仅当 m、n 之间至少存在一条α-稳定路径，即 $\Pr(\text{Path}_{m,n})>\alpha$。

图 6.10 为一个移动自组网络的拓扑图，图 6.11 为其α-稳定图 G_α。图 6.11 中连接两点的虚线表示两点间存在一条α-稳定路径，连接两点的实线表示两点互为α-稳定邻居。

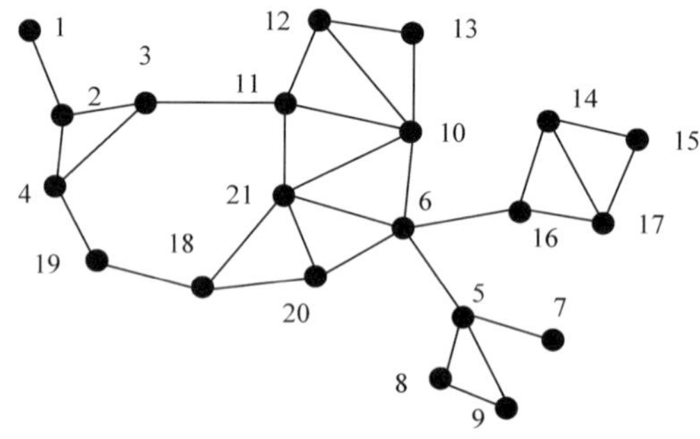

图 6.10　UDG 图示例

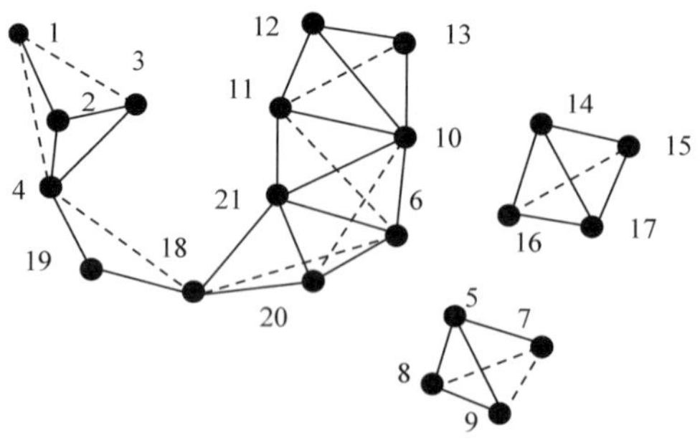

图 6.11　α-稳定图 G_α

假设网络分割由节点移动引起，而不考虑节点电能耗尽引起的链路断接等情况。在 G_α 中，节点被分为多个互不连通的子图，则分别属于任意两个互不连通的子图中的两点之间不存在任何稳定路径，因此网络分割出现在各个不连通的子图之间的概率比较大。α-SPCA 的目标是使生成的簇中任意两点间的路径可用概率大于 α，并且每个簇包含的节点数尽量多以减少簇的个数，这个问题可转化为求图 G_α 中分别包含各节点的最大完全子图问题(maximum clique problem，MCP)。无向图的完全子图是指每对顶点间有边相连的子图。完全子图的规模是它包含的顶点数。最大完全子图问题是寻求图中最大规模的完全子图的优化问题，它是一个NP-完全问题。

图 G_α 中的完全子图意味着此子图中任意两点间至少存在一条 α-稳定路径。CDRP 对分簇算法生成的簇的另一个要求是由簇内节点集合导出的 UDG 图的子图是连通的，但同时满足以上两个要求的图可能并不存在。如图 6.12 所示，图 G_α 是图 G 的 α-稳定图。图 G_α 中由节点 A、C、E 和 F 组成了包含节点 A 的最大完全子图，但它们在图 G 中的导出子图并不连通。因此，α-SPCA 构造的包含节点 i 的簇是图 G_α 中包含节点 i 的最大完全子图且簇内节点集合在 G 中的导出子图是连通的。

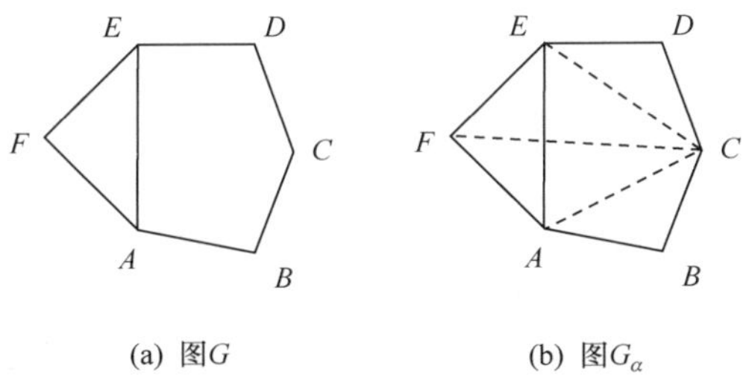

图 6.12　图 G_α 中的完全子图

6.4.2　基于 α-稳定路径的分簇算法

1. 计算邻居节点间的连接概率

本节用邻居节点间的距离来衡量两者邻居关系的稳定性。假设每个节点的无线通信半径相同，为 R。假设节点 i 的有效无线通信区域是以 i 为圆心、R 为半径的圆 Disk_i。如果已知节点 i 和其邻居 j 的距离(可由 GPS 或其他位置信息服务获取)是 d，假设节点以随机路点移动模型移动，即每个节点速率为 $0\sim\text{Vel}_{\max}$ 均匀分布，移动方向在区间 $0\sim2\pi$ 均匀分布，则节点 j 相对于节点 i 的最大移动速率为 $2\text{Vel}_{\max}$。那么，在时间 Δt 中，节点 j 相对于节点 i，在以 j 为圆心、$2\text{Vel}_{\max}\Delta t$ 为半径的圆 Disk_j 中均匀分布，在时间 Δt 中 j 和 i 的连接概率为

$$\Pr(\text{link}_{i,j})=\frac{S(\text{Disk}_i,R)\cap S(\text{Disk}_j,2\text{Vel}_{\max}\Delta t)}{S(\text{Disk}_j,2\text{Vel}_{\max}\Delta t)} \tag{6.1}$$

式中，$S(\text{Disk}_i,R)$为以 i 为圆心、R 为半径的圆 Disk_i 的面积，如图 6.13 所示。若 $\Pr(\text{link}_{i,j})>\alpha$（$\alpha$ 为阈值），则认为 j 是 i 的 α-稳定邻居。

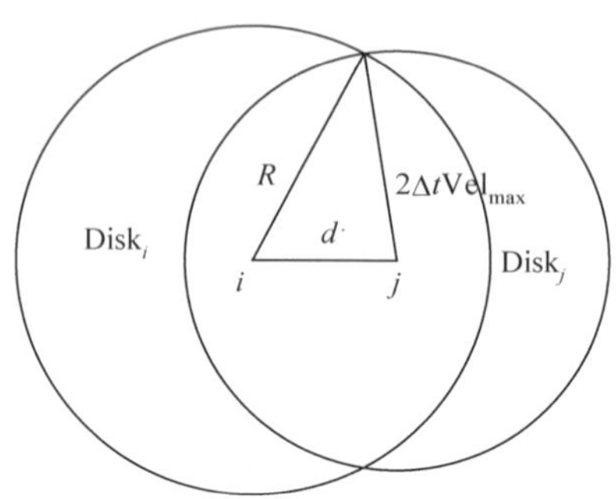

图 6.13　连接概率

其中，Δt 是一个系统参数，它表示连接概率有效性的时间间隔。由式(6.1)可知，如果 Δt 和 $\text{Vel}_{\max}$确定，那么两个节点间的距离 d 决定两点间的连接概率。为了减少节点间距离变化引起的连接概率的变化，将圆 Disk_i 按离圆心 i 的距离不同划分为 n 个环形区域，由近到远分别为 $H_1,H_2,\cdots,H_n$。每个区域与节点 i 的连接概率为落在这个区域的所有节点与节点 i 连接概率的平均值。如果节点 j 位于 Disk_i 的某个区域 H_k 中，$k\in\{1,2,\cdots,n\}$，那么 $\Pr(\text{link}_{i,j})$为区域 H_k 与节点 i 的连接概率。这样，节点在各个环形区域内的位置变化将不影响此节点与圆心节点间连接概率的变化，并且连接概率值可以通过查找预设定的各个环形区域与其圆心节点间的连接概率值对应表获得，减少了计算连接概率的计算开销，也减少了传播连接概率更新消息的通信开销。

2. 构造 α-稳定图的分布式算法

本节提出一个完全分布的算法 α-SGA（α-stable graph algorithm）来构造前面提出的 α-稳定图，算法只需在邻居节点间交换信息。假设每个节点有一个全局 ID，在每个节点 i 上维护如下的数据结构：

(1) 邻居节点连接概率表 $P(i)$。表 $P(i)$记录节点 i 与所有邻居节点间的距离及对应的连接概率。每个节点 i 与其每个邻居节点交换位置信息，由此计算出与每个邻居节点间的距离，并由式(6.1) 计算与每个邻居的连接概率 $\Pr(\text{link}_{i,j})$，记录在表 $P(i)$中。其中，节点 j 为 i 的邻居节点。

(2) α-稳定邻居集合 SN(i)及其连接概率表 ListSN(i)。SN(i)为所有满足定义 6.1 的邻居节点的集合。i 的每个 α-稳定邻居与 i 的连接概率记录在表 ListSN(i)

中。ListSN(i)的每个表项是一个二元组〈id(j),Pr($\text{link}_{i,j}$)〉,其中 $j\in \text{SN}(i)$。

(3) α-稳定路径点集合 SP(i)及其路径可用概率表 ListSP(i)。SP(i)记录满足定义 6.3 的所有节点的集合。对于每个 $j\in \text{SP}(i)$,j 和 i 之间的路径可用概率记录在表 ListSP(i)中。表 ListSP(i)的每个表项是一个三元组〈id(j),id($N(\text{Path}_{i,j})$),Pr($\text{Path}_{i,j}$)〉。其中,Pr($\text{Path}_{i,j}$)为 i 和 j 之间的路径可用概率,当 i 和 j 之间存在多条路径时,Pr($\text{Path}_{i,j}$)取 i 和 j 之间最大的路径可用概率;$N(\text{Path}_{i,j})$为所有 $\text{Path}_{i,j}$ 中路径可用概率最大的路径中 i 的下一跳节点。

(4) α-稳定邻居节点的 α-稳定路径点集合 SP(j)及其路径可用概率表 ListSP(j),其中 $j\in \text{SN}(i)$。节点 i 将从 α-稳定邻居 j 收到的 j 的 α-稳定邻居和 α-稳定路径节点记录到 SP(j)中,并将 j 与这些节点的路径可用概率记录到表 ListSP(j)中。表 ListSP(j)的每个表项是一个三元组〈id(m),Pr($\text{Path}_{j,m}$),Pr($\text{Path}_{i,j,m}$)〉,其中,$m\in \text{SP}(j)$,Pr($\text{Path}_{i,j,m}$)为 i 经过 j 到 m 的路径可用概率,由 Pr($\text{link}_{i,j}$)和 Pr($\text{Path}_{j,m}$)计算得到。

在 α-SGA 中,每个节点通过和邻居节点交换信息获得其 α-稳定邻居集合和 α-稳定路径点集合,构造 α-稳定图 G_α。算法包括如下三个操作:

(1) 测量。每个节点 i 与邻居节点交换当前的位置信息,根据位置信息和移动模式计算与邻居节点间的距离;并根据距离查表得到与邻居节点间的连接概率,记录到表 $P(i)$中。对于 $j\in P(i)$,若满足定义 6.1,即 Pr($\text{link}_{i,j}$)$>\alpha$,则 $\text{SN}(i)=\text{SN}(i)\cup\{j\}$,并在 ListSN($i$)中增加相应的表项。初始化时,$\text{SP}(i)=\text{SN}(i)$。

(2) 交换。每个节点 i 与其每个 α-稳定邻居节点 $j\in \text{SN}(i)$相互交换其 α-稳定邻居集合和 α-稳定路径点集合及其路径可用概率。i 从 j 得到的交换信息由二元组〈id(m),Pr($\text{Path}_{j,m}$)〉构成。其中,节点 $m\in \text{SP}(j)\cup \text{SN}(j)$。基于从 α-稳定邻居 j 接收到的信息,节点 i 更新 SP(j)和 ListSP(j),并由此更新 SP(i)和 ListSP(i)。

(3) 更新。当 i 与邻居节点的连接概率发生变化或从 α-稳定邻居节点接收到更新消息时执行更新操作,其算法描述如算法 6.1 所示。

算法 6.1　α-SGA 中的更新操作

```
if i 与邻居 j 的连接概率发生变化 then
    if j∈SN(i) 且 Pr(link_{i,j})≤α then SN(i)=SN(i)/{j}
        删除 ListSN(i)中 j 的表项,删除 SP(j)和 ListSP(j)的所有信息
    endif
    if j∈SN(i) then 更新 ListSN(i)和 ListSP(j)中相应的概率值
        将 j 加入更新消息队列
    endif
    if j∉SN(i) 且 Pr(link_{i,j})> α then SN(i)=SN(i)∪{j},SP(i)=SP(i)∪{j}
        在 ListSN(i)和 ListSP(j)中增加 j 的表项;将 j 加入更新消息队列
    endif
```

```
    for all m∈SP(i) 且 id(N(Path_{i,m}))==id(j),重新计算 Pr(Path_{i,m})
        if ∃k∈SN(i),使 Pr(Path_{i,k,m})>α 且 Pr(Path_{i,k,m})=max_{l∈SN(i)}{Pr(Path_{i,l,m})}
            then 更新 ListSP(i),使 id(N(Path_{i,m}))=id(k);Pr(Path_{i,m})=Pr(Path_{i,k,m})
                将 m 加入更新消息队列
        else  SP(i)=SP(i)/{m}; 删除 ListSP(i)中 m 的表项
                               将 m 加入更新消息队列
        endif
    endfor
    for all j∈ SN(i)
        for all m∈SP(j)
            if m∈SP(i)
                if Pr(Path_{i,j,m})>ListSP(i)中的 Pr(Path_{i,m})
                    then 更新 List SP(i)中 m 的表项
                        id(N(Path_{i,m}))=id(j); Pr(Path_{i,m}):=Pr(Path_{i,j,m})
                endif
            else if Pr(Path_{i,j,m})>α
                then SP(i)=SP(i)∪{m}; id(N(Path_{i,m}))=id(j); Pr(Path_{i,m})=Pr(Path_{i,j,m})
                endif
            endif
        endfor
    endfor
   将更新消息传播给除 j 以外的所有 α-稳定邻居
endif
if i 接收到 α-稳定邻居 j 传来的更新消息
   then 对 SP(i)、List SP(i)、SN(i)、List SN(i)、SP(j)和 List SP(j)做和以上相似的更新
       将更新消息传播给除 j 以外的所有 α-稳定邻居
endif
```

α-SGA 中每个节点通过和邻居交换信息形成与自己有 α-稳定路径的节点集合,每个节点和其 α-稳定路径点集合中的节点之间构成 G_α 的边。每个节点上执行 α-SGA 的算法复杂性为 $O(|SP(i)\|SN(i)|)$。因为每个节点只接收来自 α-稳定邻居的更新消息,并且也只将更新消息广播给其 α-稳定邻居;节点移动引起的连接概率的变化只在该节点的 α-稳定路径点集合中传播,因此维护 G_α 的通信开销和每个节点的 α-稳定路径点集合的大小相关。由于每个节点的 α-稳定路径的节点是有限的,$\max\limits_{i\in V}|SP(i)|$远小于网络节点数$|V|$,并且更新只做增量更新,因此 α-SGA 的通信开销和计算开销在移动自组网络中是可以接受的。

3. 构造 α-稳定图的完全子图的启发式算法

如 4.2 节所述,对于任一节点 i,生成包含 i 的簇的问题可映射为在图 G_α 中构

造包含节点 i 的最大完全子图,并且此子图的顶点集合在 G 中的导出子图是连通的。由于求最大完全子图问题是一个 NP-完全问题,构造最大完全子图算法的计算复杂性使其在移动自组网络环境中没有实用性,因此本节基于顺序贪心的启发式方法,提出 CCGA(connected clique graph algorithm)来构造一个近优解。CCGA 是一个局部的启发式算法,用于构造在图 G_α 中包含节点 i 的极大完全子图。CCGA 以 SP(i)为候选节点集合,反复从中选出符合条件的节点加入要构造的节点集合,被选择的节点需满足如下条件:

(1) 使新形成的节点集合在 G 中的导出子图是连通的;

(2) 此节点为所有满足条件(1)的节点中与其他候选节点相连的边最多的节点。

这种方法又称为 added in 方法,其描述见算法 6.2。

算法 6.2　CCGA

```
procedure local-search-add-move(output:Clique(i); input:SP(i),SN(i))
begin
1.    PA=SP(i),Clique(i)=i
2.    repeat
3.        PA'=∅
4.        for 所有 j∈Clique(i)
5.            PA'=PA'∪(PA∩SN(j))
6.        endfor  //PA'为和 Clique(i)中至少一个节点有 α-稳定邻居关系的候选节点集合
7.        查找节点 v∈PA'且满足 SP(v)∩PA'=max_{k∈PA'}{SP(k)∩PA'}
8.        if 对所有 u∈Clique(i),都满足 v∈SP(u) then Clique(i)=Clique(i)∪{v}
9.        endif
10.       PA=PA/{v}
11.       if k∈SN(v)∩PA 且 SN(k)∩PA=={v} then PA=PA/{k}
12.       endif
13.   until PA==∅
14.   return Clique(i)
end;
```

其中,Clique(i)为所求的 G_α 中含节点 i 的极大完全子图的节点集合;PA 为所有可能加入 Clique(i)的候选节点集合,其初始化为 SP(i);PA$'$为和 Clique(i)中至少一个节点有 α-稳定邻居关系的候选节点集合,这样,PA$'$集合中的节点和 Clique(i)中的节点集合在 G 中的导出子图是连通的;第 7 行在候选节点中查找与其他候选节点相连的边最多的节点;在算法第 8 行,若点 v 和 Clique(i)中已有的所有节点之间都有一条 α-稳定路径,则将 v 加入Clique(i),保证了 Clique(i)是图 G_α 中包含 i 的一个完全子图;第 11 行是为了优化算法,从候选节点中减去一些不满足条件的节点,以减少算法的循环次数。

在 CCGA 中,第 2 行 repeat 语句的循环次数最多为$|SP(i)|$,第 4 行 for 语句执行的循环次数最多为$|SP(i)|$,第 7 行查找执行的循环次数最多为$|SP(i)|^2$,因此,算法复杂性为$O(|SP(i)|^3)$。

4. 基于α-稳定路径的分簇算法

本节提出分布式的基于稳定路径的分簇算法α-SPCA 来构造满足 CDRP 要求的簇。α-SPCA 由簇的生成和维护两部分组成。假设每个簇有一个簇 ID(cluster ID,CID)。

1) 簇的生成

(1) 在每个时间间隔Δt结束时,每个节点执行α-SGA。α-SPCA 计算和邻居节点的连接概率,通过和邻居交换信息,每个节点i获得其α-稳定路径点集合 SP(i)。

(2) 如果某个节点的 ID 在其所有没有分簇的α-稳定邻居的 ID 中最小,那么此节点成为簇首,并向其α-稳定邻居节点广播自己为新的簇首。

(3) 在簇首i上执行 CCGA,在G_α中找到包含簇首i的完全子图 Clique(i) [Clique(i)$\subseteq$SP(i)]。这样,由 Clique(i)中的节点构成一个簇,簇首为i,簇号 CID 为i的 ID。簇首向所有簇成员广播这些节点加入新簇的信息,并告知新的 CID。

(4) 不属于任何簇的节点i重复第 2 步和第 3 步,直到所有节点至少属于一个簇。

2) 簇的维护

一个簇一旦生成,便进入簇维护阶段。由于节点的移动性,节点间路径可用概率不断变化,一些节点会动态地加入或退出某个簇,因此需要动态地维护簇状态,对簇做局部的更新。

(1) 节点加入:当簇首i发现其α-稳定路径点集合中的节点j不属于任何簇时,i询问所有簇成员j是否属于其α-稳定路径点集合或α-稳定邻居节点集合,若j与每个簇成员之间都存在α-稳定路径,且是某个簇成员的α-稳定邻居,则j加入此簇。

(2) 节点退出:若某个节点和同簇的任意一个节点之间不再存在α-稳定路径,则 ID 大的非簇首节点向簇首申请退出本簇。若退出的节点不再属于任何簇,且不能加入其所有α-稳定邻居所在的簇,则此节点成为新的簇首,并执行 CCGA 生成新的簇。若此节点不存在任何α-稳定邻居,则此节点成为孤儿节点,孤儿节点是网络中极不稳定的节点。

(3) 簇的删除:若一个簇的所有成员都属于多个簇,则此簇的簇首向所有覆盖此簇的其他簇首申请删除本簇,若申请成功,则删除此簇。向其他簇首提出删除申请是为了避免由于同时删除多个簇导致某些节点不属于任何簇。若两个簇的成员完全相同,则合并这两个簇,删除簇 ID 大的簇。

由 α-SPCA 生成的簇具有如下性质:

性质 6.1　簇中任意两点间的路径可用概率大于 α。

证明　由 α-SPCA 可知,簇中所有节点构成图 G_α 中的一个完全子图,即簇中任意两个节点在图 G_α 中有一条边,因此任意两个节点间的路径可用概率大于 α。

性质 6.2　由簇内节点集合导出的 UDG 图的子图是连通的。

证明　在执行 CCGA 生成簇时,每次加入簇的节点是簇中已有某个节点的 α-稳定邻居节点(算法 6.2 第 4 行),因此簇内节点集合在 G 中的导出子图是连通的。

性质 6.3　每个节点 i 最多属于 $|SP(i)|$ 个簇。

证明　包含 i 的簇的簇首互不相同,且包含 i 的簇的簇首属于 SP(i),因此至多有 $|SP(i)|$ 个包含 i 的簇的簇首,所以包含 i 的簇至多有 $|SP(i)|$。

例如,在图 6.10 所示的网络拓扑中,执行 α-SPCA,第 1 次迭代生成簇 $Cluster_1$、$Cluster_5$、$Cluster_6$、$Cluster_{14}$ 和 $Cluster_{18}$(图 6.14),对不属于任何簇的节点执行第 2 次迭代,生成簇 $Cluster_{12}$ 和 $Cluster_{19}$(图 6.15)。

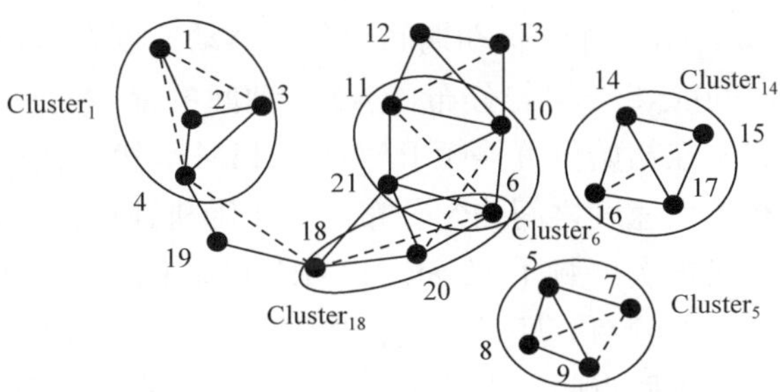

图 6.14　α-SPCA 第一次迭代结果

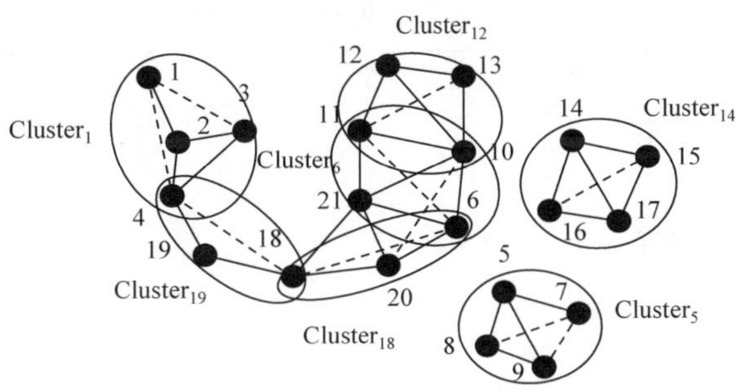

图 6.15　α-SPCA 第二次迭代结果

6.5　模拟与分析

本节通过模拟实验来评价本章提出的 α-SPCA 分簇算法的性能。实验采用离散事件模拟的方法,用 C++编写模拟程序,程序主要由网络拓扑产生器和分簇事件组成。

1) 网络拓扑产生器

网络拓扑产生器根据设置的移动自组网络模拟环境和节点的移动模式,生成不同时刻的网络拓扑。

2) 分簇事件

分簇事件执行 α-SPCA 分簇算法,将节点分成不同的簇。

6.5.1　模拟实验参数

由于算法关注的是频繁出现网络分割的场景,因此模拟环境设置为节点比较稀疏的移动自组网络环境。初始时 250 个节点随机分布在 5000m×5000m 的平面中,节点的无线传输范围为 R=0.5km。节点按随机路点移动模式移动,平均移动速度 MVel 为 5~10m/s,在连续移动期间内节点移动速度在区间(0,2MVel)均匀分布,移动方向在区间(0,2π)均匀分布,连续移动间的停顿时间为 4s。在随机路点移动模式中,节点先在初始位置停顿 PAUSE_TIME,然后在移动区域内随机选择一目标点,以 0 和最大速度之间均匀分布的一个随机速度向此目标点匀速移动。当到达目标点后,节点再次停顿 PAUSE_TIME,再随机选择一目标点进行移动。节点反复进行这样的"停顿/移动"过程,直到模拟结束。实验假设"若两个节点间存在一跳或多跳连接,则两点间存在路由",并且假设节点的位置信息可知。

主要网络环境参数如表 6.4 所示。

表 6.4　主要网络环境参数

参数	参数值
移动范围	5000m×5000m
节点数	250
移动速度	0~20m/s
移动方向	0~2π
两次连续移动间的停顿时间	4s
节点的通信范围	500m
算法执行的时间间隔	20s

6.5.2　模拟结果

在模拟实验中，比较了分别由 α-SPCA 和 (α,t)-Cluster 算法生成的簇的性质。两者的区别在于：路径可用概率的计算方法不同，分簇目的不同，从而分簇的方法也不同。(α,t)-Cluster 算法基于路径可用性分簇，该算法中每个节点只能属于一个簇，即簇间没有重叠；即使两个簇中的所有节点对之间都存在 (α,t)-稳定路径，也不进行合并簇操作，因此网络中可能形成许多规模小的簇。

系统参数 Δt 为 20s，路径可用概率的阈值 α 选用 0.4 和 0.6，模拟时间为 600s，数据为 5 次实验的平均值。

图 6.16(a)显示了移动速度对平均簇大小的影响。结果表明，α-SPCA 分簇算法根据节点移动速度和门限值 α 的变化自适应调整簇大小。另外，α-SPCA 生成的平均簇大小大于 (α,t)-Cluster 算法的平均簇大小。这是由于 α-SPCA 中簇首总是尽可能多地把节点加入簇中，并允许簇间存在重叠，但是在 (α,t)-Cluster 算法中每个节点只能属于一个簇，即使两个簇中的每对节点间都有一条稳定路径，这两个簇也不能合并为一个簇。相应地，簇的个数与簇的大小相关，α-SPCA 中的平均簇个数小于 (α,t)-Cluster 算法的平均簇个数。根据 CDRP 的副本放置策略，簇越多，需要的副本数量也越多。因此，基于 α-SPCA 的数据复制可以减少数据项的副本数。相应地，由于簇规模大，一个簇内可共享的存储空间增加，可以复制更多的项，使数据可用性增加。

图 6.16(b)显示了节点移动速度对一个节点被分簇的概率的影响。α-SPCA 允许一个节点属于多个簇，因此即使移动速度很大的情况下，节点被分到某个簇的概率也比较大，且大于 (α,t)-Cluster 算法中节点被分到某个簇的概率。这是分簇算法所希望的一个性质，因为如果一个节点不属于任何簇，那么将重新调用创建簇的过程，这将增加系统开销。

图 6.16(c)显示的是对不同分簇算法得到的簇结构的稳定性的比较。其中，簇的生存期是指当前活跃簇从创建到当前的时间。图中的曲线表明，节点移动速度影响网络拓扑的稳定性，速度越高，链路断接概率越高，因此簇的生存期越短。在 α-SPCA 中，只有当簇中所有节点都同时属于多个簇时，才有可能删除这个簇，因此形成的簇相对稳定。在 (α,t)-Cluster 算法中，当节点移动速度为 10m/s 时曲线出现了向上的跳变，这是由于在移动速度加大时，节点被分簇的概率降低[图 6.16(b)]，在计算平均簇生存期时不计算这些不属于任何簇的节点。

实验结果表明，α-SPCA 分簇算法产生的簇满足 CDRP 所要求的性质。

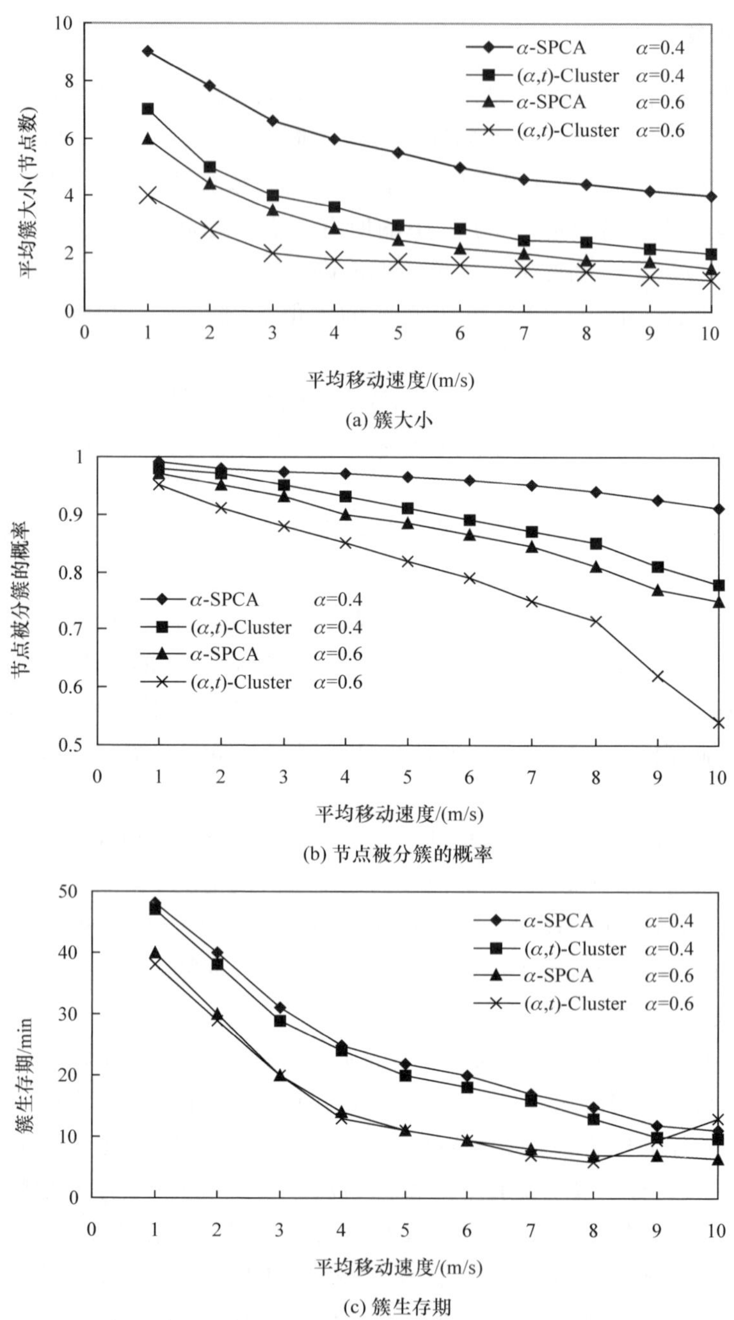

图 6.16　不同算法生成的簇的性能比较

6.6 本章小结

为了提高数据可用性，并在保证数据可用性的前提下提高数据访问的性能，本章提出了基于分簇的 CDRP。CDRP 考虑网络分割对数据可用性的影响，根据两个节点当前的位置和移动模式计算节点间路径的可用概率，并基于路径可用概率对节点进行分簇，使簇内任意两个节点间的路径可用概率大于某个阈值，从而通过分簇来预测网络分割。在 α-SPCA 分簇的基础上，每个簇复制本簇节点访问频度高的数据项，提高了网络分割时的数据可用性。并且，CDRP 通过簇内动态自适应副本放置算法动态调度簇内副本的数量和位置，以减少数据访问的通信开销，提高数据访问的性能。同时，CDRP 松弛对副本一致性的要求，通过概率可靠的分发协议 PLPD 在所有簇首之间分发数据索引目录和副本数据的更新消息，以维护簇首间数据索引目录以及数据项副本的弱一致性。PLPD 协议在保证消息分发的高概率可靠性前提下减少网络负载，提高了协议的可扩展性。为了提高出现网络分割时的数据可用性，进一步提出了基于稳定路径的分簇算法 α-SPCA，它是基于分簇的 CDRP 的基础，通过分簇预测网络分割。α-SPCA 分两步实现：第一步，计算邻居节点间无线链路的连接概率，从而定义节点间的路径可用概率，节点通过和邻居节点交换信息分布地构造 α-稳定图，图的顶点为所有节点，节点间存在一条边当且仅当节点间存在可用概率大于 α 的路径；第二步，通过在 α-稳定图中寻找完全子图的方法来构造簇，使簇内任意两个节点间至少存在一条稳定路径，并满足 CDRP 对簇的要求。由于 α-SPCA 基于路径的可用概率分簇，因此形成的簇能适应网络拓扑变化，并可以有效地预测网络分割。

参考文献

[1] Perkins C E. Ad Hoc Networking. London：Addison-Wesley，2001.

[2] Corson S，Macker J. Mobile Ad Hoc Networking(MANET). IETF，RFC 2501，1999.

[3] Karn P. Packet Radio in Amateur Service. IEEE JSAC，1985，3(3)：431-439.

[4] Imrich C，Marco C. Mobile Ad Hoc networking：Imperatives and challenges. Ad Hoc Networks，2003，1：13-64.

[5] Romit R C，Xue Y，Nitin H V，et al. Using directional antennas for medium access control in ad hoc networks//Proceedings of the Eighth ACM Internatinal Conference on Mobile Computing and Networking(MOBICOM 2002)，Atlanta，2002：59-70.

[6] Eun-Sun J，Nitin H V. A power control MAC protocol for ad hoc networks//Proceedings of the Eighth ACM Internatinal Conference on Mobile Computing and Networking(MOBICOM 2002)，Atlanta，2002：36-47.

[7] Takai M，Martin J，Bagrodia R，et al. Directional virtual carrier sensing for directional anten-

nas in mobile Ad Hoc networks//Proceedings of ACM MobiHoc, Lausanne, 2002: 183-193.

[8] Alaa M, Marwan K. CDMA-based MAC protocol for wireless ad hoc networks//Proceedings of ACM MobiHoc, 2003: 153-164.

[9] Carvalho M M, Garcia-Luna-Aceves J J. A scalable model for channel access protocols in multihop ad hoc networks//Proceedings of ACM MOBICOM, Philadelphia, 2004: 330-344.

[10] Wang W, Li X, Wang Y. Truthful multicast routing in selfish wireless networks//Proceedings of ACM MOBICOM, Philadelphia, 2004: 245-259.

[11] Hari R. Using labeled paths for loop-free on-demand routing in ad hoc networks//Proceedings of ACM MobiHoc, 2004: 43-54.

[12] Belding-Royer E M, Toh C K. A review of current routing protocols for ad-hoc mobile wireless networks. IEEE Personal Communications Magazine, 1999: 46-55.

[13] Elizabeth B R. Routing approaches in mobile ad hoc networks. Ad Hoc Netwoking, IEEE Press Wiley, 2003.

[14] Xin Y. Improving TCP performance over mobile ad hoc networks by exploiting cross-layer information awareness//Proceedings of ACM MOBICOM, Philadelphia, 2004, 3: 231-244.

[15] Ahuja A, et al. Performance of TCP over different routing protocols in mobile ad hoc networks//Proceedings of IEEE Vehicular Technology Conference(VTC 2000), Tokyo, 2000: 2315-2319.

[16] Chandran K, Raghunathan S, Venkatesan S, et al. A feedback based scheme for improving TCP performance in ad hoc wireless networks. IEEE Personal Communication Magazine, Special Issue on Ad Hoc Networks, 2001, 8(1): 34-39.

[17] Dragoş N, Badri N. Error characteristics of ad hoc positioning systems(aps)//Proceedings of ACM MobiHoc, 2004: 20-30.

[18] Capkun S. GPS-free positioning in mobile ad hoc networks//Proceedings of Hawaii International Conference on System Sciences, 2001.

[19] Klaus H. MESHMdl: A middleware for selforganization in ad hoc networks//Proceedings of the IEEE Workshop on Mobile and Distributed Computing(MDC 2003) in Conjunction with ICDCS, 2003: 446-451.

[20] Liu J, Sohraby K. Resource discovery in mobile ad hoc networks//Ilyas M. The Handbook of Ad Hoc Wireless Networks. New York: CRC Press, 2003.

第 7 章　IBGP 健壮性拓扑设计问题建模与分析*

IBGP 网络是构建在物理拓扑之上的层叠网络，用于建立 IBGP 会话的 IGP 路径以及相关的路由协议，参数的设置决定了 IBGP 操作的有效性和可靠性。对于一个大规模自治系统，可构建许多不同的路由反射拓扑。在不同的路由反射拓扑结构中，同样的故障对路由或网络流量的影响往往并不同。因此，应该对不可靠的物理和路由层环境中的 IBGP 拓扑设计问题进行研究，以减少故障的影响，提高网络性能。

IP 网络的健壮性应该包括数据平面的健壮性，然而现有的 IBGP 拓扑构建方法都没有从流量的角度进行考虑，因此本章提出一种新的测度方法(流量损移率)来度量 IBGP 拓扑对网络的影响；为了计算流量损移率，提出一种新的 IBGP 会话失败概率计算方法；定义基于流量损移率的路由反射器可冗余及会话约束的 IBGP 拓扑设计问题；讨论问题的复杂性以及路由反射器冗余度和流量损移率的关系，并给出该问题的优化下界；对每一个簇内都有一个冗余路由反射器的拓扑设计问题给出可解条件。通过采用真实网络拓扑的路由和流量数据进行实验，结果表明，基于本章所提出的测度进行 IBGP 拓扑规划，可以有效降低故障对网络流量的影响。

7.1　IBGP 拓扑的健壮性问题

在骨干网络中，几乎每天都会发生路由器或链路故障，并且过高的 CPU 利用率或内存消耗可能会使路由器不能正常执行 BGP 功能，导致 IBGP 会话失败，从而引起路由撤销，导致一些网络前缀不可达或路由发生切换，使大量的流量发生转移。当 IBGP 会话恢复时，会话两端路由器的整个路由表需要交换。因而，IBGP 会话的失败和恢复可能会导致路由抖动，引发路由振荡和报文转发错误。

IBGP 网络是构建在物理拓扑之上的层叠网络。用来建立 IBGP 会话的 IGP 路径以及相关的路由协议参数的设置决定了 IBGP 会话的可靠性，因而不同的 IBGP 拓扑结构对网络健壮性可能具有不同的影响。在图 7.1(a)中，C 和 D 是路由反射器，A 和 B 是 C 的客户，E 和 F 是 D 的客户。如果 IGP 指示链路(A,D)比其

---

* 本章由赵锋撰写。赵锋，2007 年 6 月获博士学位，导师为卢锡城院士。研究方向为计算机网络，博士论文题目为“大规模自治系统的路由优化技术研究”。

他链路的可靠性差，那么这种 IBGP 拓扑比图 7.1(b)要好。原因是如果(A,D)被 IBGP 网络使用，那么链路(A,D)的故障可能会使 A 和 D 关闭它们之间的 IBGP 会话，撤销从对方学到的路由，从而引发重路由和路由振荡。然而，如果(C,D)用在 IBGP 网络中，并且链路(C,D)更可靠，那么这种路由反射拓扑会更好。同理，图 7.1(b)中的路由反射拓扑的健壮性不好，因为路由反射器之间的会话经过多条链路，任意一条链路故障都可能会导致它们之间的会话断开。

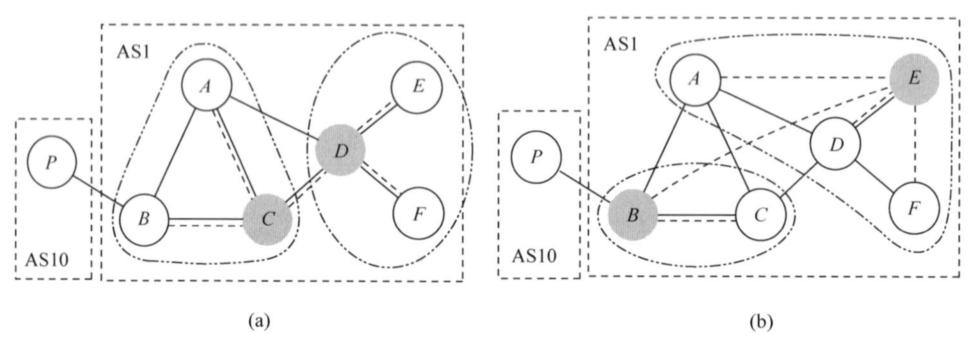

图 7.1　不同健壮性的反射拓扑结构

对于一个大规模自治系统，可选的路由反射拓扑结构往往非常多。在不同的路由反射拓扑下，同样的故障对路由或流量的影响往往并不同。如何评价不同的反射拓扑结构对网络的影响并选择优化的路由反射拓扑是近几年研究的热点。

7.2　网络模型和符号定义

为便于后续讨论，下面给出本章使用的网络模型和一些符号的含义。

使用图 $G(V,E)$来表示一个自治系统的 IP 网络，V 代表路由器集合，E 代表链路，特别地，(i,j)代表从路由器 i 到 j 的链路。从 i 到 j 的 IGP 路径记做 P_{ij}，表示路由器和链路的集合。使用 n 表示图 G 中的节点数目，v_i 表示路由器 i 的故障率，w_l 表示链接 l 的故障率，$\gamma(l)$代表链路 l 的可靠性。所有的故障场景加上一个没有故障的场景组成场景集合 S，场景 s 产生的概率记为 r_s，在场景 s 下出故障的部件集合记为 F_s。

IBGP 的路由反射拓扑使用 $G_r(V_r,E_r)$来表示，V_r 代表 IBGP 路由器集合，E_r 代表 IBGP 会话集合。路由器 u 和 v 之间的 IBGP 会话记做$\langle u,v\rangle$。会话 e 使用的 IGP 路径记做 P_e，若会话 e 的一端为路由器 i，则称路由器 i 拥有会话 e；若会话 e 和链路 l 的端点都相同，则称链路 l 拥有 e；若 $j\in P_e$，则称 e 通过 j。用 m 表示 IBGP 会话总数，h_i 表示路由器 i 所拥有的会话数。k_i 表示通过路由器 i 的被其他路由器所拥有的会话数目，k_l 表示通过链路 l 的会话数目。q_e 和 q_r 分别代表链路故障和路由器故障对 IBGP 会话的平均影响。q_s 表示场景 s 中的网络故障所影响的 IBGP 会话失败的条件概率。q_{se} 表示网络故障场景 s 中 IBGP 会话 e 发生失败的概率。若路由器 i 和 j 之间不能交换 BGP 路由信息，即路由器 i 和 j 之间不存在 BGP 信令路径或它们之间所有的 IBGP 信令路径出故障，则称路由器 i 和 j 逻辑断开(记为[$i \leftarrow\!\mapsto j$])，否则称为逻辑连接(记为[$i \leftrightarrow j$])，使用 $\Pr_s[i \leftrightarrow j]$ 表示在故障场景 s 中路由器 i 和 j 保持逻辑连接的概率，用 $\Pr_s[i \leftarrow\!\mapsto j]$ 表示在故障场景 s 中路由器 i 和 j 逻辑断开的概率。w_i 表示路由器 i 从 EBGP 对等体学习到并注入 IBGP 网络的路由数目。

特别地，使用 G_{2r} 表示每一个簇内都有一个冗余的路由反射器的两层 IBGP 网络。本书只考虑每一个路由器都运行 BGP 的自治域，即 $V_r = V$。

7.3 IBGP 会话失败概率

IBGP 网络的健壮性和 IBGP 会话的可靠性相关。在计算本书提出的流量损移率测度时，首先需要计算出任意两个路由器逻辑断开的概率。要计算出这个概率，先需要计算出 IBGP 会话失败概率。因此，本节在第 1 章讨论 IBGP 会话可靠性的基础上先讨论 IBGP 会话失败概率的计算方法。

7.3.1 基于 IGP 平均恢复时间的 IBGP 会话失败概率计算方法

为了检测邻居工作是否正常，每个路由器针对每条 BGP 会话都维护一个保持定时器(hold timer)和保活定时器(keep alive timer)，其值分别记为 t_{ht} 和 t_{ka}。路由器 i 和路由器 j 之间的 IBGP 会话 e 在故障场景 s 中失败的概率 q_{se} 的计算可分为三种情况[1]：①如果 $i \in F_s$ 或 $j \in F_s$，那么 $q_{se}=1$；②如果 $F_s \cap P_{uv} = \varnothing$ 或者 $F_s \cap P_{vu} = \varnothing$，那么 $q_{se}=0$；③q_{se} 依赖于 t_{ht}、t_{ka}、IGP 路由恢复时间 T_c 和 TCP 的重传行为。

$$q_{se}=\begin{cases}0, & T_c \leqslant \mathrm{tr}(i^*)-t_{\mathrm{ka}} \\ 1, & T_c \geqslant \mathrm{tr}(i^*) \\ 1-\left[\dfrac{\mathrm{tr}(i^*)-T_c}{t_{\mathrm{ka}}}\right]^2, & \text{其他}\end{cases} \tag{7.1}$$

在第三种情况下，如果节点 u 和 v 之间的通信延迟比较小，那么 q_{se} 可按式(7.1)进行计算。其中，T_c 是典型失败情况下的 IGP 路由恢复时间的平均值。本书将这种方法称为 SFPC_AIRRT(session failure probability calculation based on average IGP routing recovery time)。

然而，IGP 路由失败和恢复是受故障特性、协议设计、协议实现和协议配置影响的复杂过程。不同的故障场景和网络的不同状况使得 IGP 路由恢复时间并不相同。下面对 IGP 路由恢复时间的分析表明，取平均值不足以刻画 IBGP 会话失败概率。

7.3.2　IGP 路由恢复时间

大规模自治系统的域内路由协议通常为 ISIS 或 OSPF。不管是 ISIS 还是 OSPF，收敛过程都可划分为三个部分：故障检测、泛洪、路由计算。本书总结了影响 IGP 路由收敛时间的主要因素及其典型值[2]，见表 7.1。

表 7.1　影响 IGP 收敛时间的主要因素及其典型值　　（单位：s）

<table>
<tr><td>模块</td><td colspan="4">OSPF</td><td colspan="2">ISIS</td></tr>
<tr><td rowspan="5">故障检测</td><td>链路层机制</td><td colspan="3">HELLO 协议</td><td>链路层机制</td><td>HELLO 协议</td></tr>
<tr><td rowspan="4">0～2</td><td>定时器</td><td colspan="2">默认值</td><td rowspan="4">0～2</td><td rowspan="4">30～60</td></tr>
<tr><td></td><td>局域网</td><td>广域网</td></tr>
<tr><td>保活</td><td>10</td><td>30</td></tr>
<tr><td>保持</td><td>40</td><td>120</td></tr>
<tr><td rowspan="2">泛洪</td><td colspan="2">链路状态更新报文处理</td><td colspan="2">0.1～0.8</td><td>链路状态报文生成</td><td>0.1</td></tr>
<tr><td colspan="2">链路状态通告泛洪（每跳）</td><td colspan="2">0.03～0.04</td><td>链路状态报文泛洪（每跳）</td><td>0.01</td></tr>
<tr><td rowspan="4">路由计算</td><td>定时器</td><td>spf_delay</td><td colspan="2">spf_hold</td><td>定时器</td><td>spf_interval</td></tr>
<tr><td>默认值</td><td>5</td><td colspan="2">10</td><td>默认值</td><td>2.5</td></tr>
<tr><td colspan="2">最短路径优先计算</td><td colspan="2">0.001～0.4</td><td>最短路径优先计算</td><td>0.1～0.4</td></tr>
<tr><td colspan="2">转发信息表更新</td><td colspan="2">0.1～1.5</td><td>转发信息表更新</td><td>0.1～1.5</td></tr>
</table>

7.3.3　SFPC_AIRRT 的缺陷

在一个骨干域内网络内部，可以认为大部分的 RTT＋4RTTVAR 值不超过 1s。因而根据标准的 TCP 实现，可假定通常情况下的重传超时值 $R_0=1$。另外假定网络操作员并没有改变 BGP 会话相关定时器的缺省设置，即会话 e 的相关参数按缺省配置。在这些假定下，根据基于 IGP 路由恢复平均时间的 IBGP 会话故障概率计算方法可得

$$
q_{se}=\begin{cases}0, & T_c\leqslant 31\\ 1, & T_c\geqslant 61\\ 1-\left[\dfrac{61-T_c}{30}\right]^2, & \text{其他}\end{cases}\tag{7.2}
$$

在 Sprint IP 网络中，典型的链路故障引起的服务崩溃时间小于 7.4s，因此有理由认为对于 IP 网络，许多链路故障的 IGP 路由恢复平均时间小于 31s[2,3]。那

么由式(7.2)可以得出,无论何时这些链路发生故障,IBGP 会话都不会失败。然而,在实际情况下,尽管 IGP 路由恢复平均时间比较小,但是链路故障发生后,OSPF 可能要花费 130s 以上才能收敛,而 ISIS 也有可能要花费 65s 才能收敛,这一点可以由表 7.1 看出。在这种情况下,同样根据式(7.2),IBGP 会话一定失败。因此,需要给出一种新的计算 IBGP 会话失败概率的方法。

7.3.4　一种新的 IBGP 会话故障概率计算方法

本节假定故障状态 s 所导致的恢复时间的分布已知(在实际应用中,这可以根据历史信息和测量方法估计得到)。设故障状态 s 所导致的恢复时间 t_c 的分布函数为 $\Gamma_s(x)$,即

$$\Gamma_s(x)=P(t_c\leqslant x) \tag{7.3}$$

根据前面章节对 IBGP 会话可靠性的讨论可知,如果 $t_{\mathrm{cd2or}}<\mathrm{tr}(i'^*)$,那么 IBGP 会话不断开;如果 $t_{\mathrm{cd2or}}\geqslant\mathrm{tr}(i'^*)$,那么 IBGP 会话就会断开。因此,本节给出下列公式来计算故障产生时 IBGP 会话 e 失败的概率 q_{se}:

$$q_{se}=1-\Gamma_s(\mathrm{tr}(i'^*)) \tag{7.4}$$

本节将这种新的计算方法称为 SFPC_IRRTD(session failure probability calculation based on IGP routing recovery time distribution),即基于 IGP 路由恢复时间概率分布的 IBGP 会话故障概率计算方法。

7.4　一种新的 IBGP 拓扑设计测度

IBGP 健壮性拓扑设计的一个重要问题是网络设计测度问题,即如何度量网络拓扑设计的好坏。目前研究人员已经提出了多种测度方法,然而这些测度都是从控制平面的视图提出的,没有从转发层面进行考虑,因此本节提出一种新的测度。

7.4.1　已有测度

为描述 IBGP 拓扑的健壮性,现有研究提出了一系列测度[1,4],如下所述。

1) 跳数总和 Hop

跳数总和 Hop 定义为所有 IBGP 会话所对应的 IGP 路径的跳数总和,表示为

$$\mathrm{Hop}(G_r)=\sum_{e\in G_r}\mathrm{Hop}(e)=\sum_{e\in G_r}\mathrm{Hop}(P_e) \tag{7.5}$$

如果该值比较小,那么路由消息的流量就比较小,将路由信息传播给所有路由器的时间也会比较短。

2）链路可靠性乘积 γ

链路可靠性乘积 γ 定义为所有 IBGP 会话所对应的 IGP 路径的 IP 连接的可靠性乘积，表示为

$$\gamma(G_r)=\prod_{e\in G_r}\gamma(e)=\prod_{e\in G_r}\gamma(P_e) \tag{7.6}$$

如果 IBGP 会话断开，那么和这条会话关联的路由都会标记为无效，可能引起大量的路由振荡和重新路由。因此，希望 IBGP 会话能建立在比较可靠的 IP 连接上。

3）会话失败期望间隔 T

会话失败期望间隔 T 定义为两次连续的 IBGP 会话失败（包括 IBGP 路由器失败）的期望时间间隔，表示为

$$R_f(G_r)=\sum_{i\in V}v_i+\sum_{l\in E,k_l>0}w_l[1-(1-q_e)^{k_l}] \tag{7.7}$$

$$T(G_r)=\frac{1}{R_f(G_r)} \tag{7.8}$$

IBGP 故障是指一个或者多个非可选的 IBGP 会话失败。给定一个 IBGP 网络，期望生存时间是指从现在到下一次可能出现 IBGP 故障的这一段时间。

4）会话损失 L

会话损失 L 定义为单个 IBGP 故障所导致的单位时间内期望会话损失比例，表示为

$$L(i)=\frac{h_i+q_rk_i}{m}v_i \tag{7.9}$$

$$L(l)=\frac{q_ek_l}{m}w_l \tag{7.10}$$

$$L(G_r)=\max_{j\in V\cup E}L(j) \tag{7.11}$$

会话损失是指在 IBGP 网络中，失败的 IBGP 会话数目占总的 IBGP 会话数目的比例。因为在一个自治域中，任何外部路由信息都是通过一条或者几条 IBGP 会话传递，较高的会话损失比例意味着对 IBGP 传递的路由影响较大。

5）网络弹性 R

网络弹性 R 定义为可正常通告的外部路由数目的比例，表示为

$$R_s=\frac{\sum_{i,j\in V_r}(w_i+w_j)\Pr_s[i\leftrightarrow j]}{\sum_{i,j\in V}(w_i+w_j)} \tag{7.12}$$

$$R=\sum_{s\in S}r_sR_s \tag{7.13}$$

网络弹性意味着即使发生故障，网络系统仍然能执行某些功能。IBGP 网络

的功能主要是在对从外部系统收到的路由信息进行必要的处理后，将其分发给自治域中的所有路由器。不同的 IBGP 会话故障会导致撤销的路由数目不同。网络弹性是根据可用的路由数目来度量网络系统的功能。

6）IBGP 故障概率 P

定义一条 IBGP 会话失败的概率为

$$P = 1 - \prod_{s \in V} (1 - r_s) \prod_{s \in E} (1 - r_s + r_s (1 - q_s)^{k_s}) \tag{7.14}$$

7）期望连接损失 L_c

期望连接损失 L_c 定义路由器之间逻辑连接损失的比例，表示为

$$L_c(s) = \frac{2 \sum_{i,j \in V_r, i \neq j} \Pr_s[i \leftarrow\mapsto j]}{n^2 - n} \tag{7.15}$$

$$L_c = \sum_{s \in S} r_s L_c(s) \tag{7.16}$$

期望的连接损失用来描述 IBGP 故障的严重程度。如果网络无故障，那么任何两个 IBGP 路由器之间都有一条有效的信令路径。在网络产生故障时，如果有 IBGP 会话失败，那么某些路由器之间的信令路径可能不可用，从而导致网络功能不正常。因此，期望的连接损失使用出故障的信令路径比例来度量 IBGP 网络的功能损失。

7.4.2　流量损移率：一种新的 IBGP 拓扑设计测度

健壮的网络应该对流量负载变化不敏感。IP 网络的健壮性应该包括数据平面的健壮性[5,6]。在给出流量损移率的定义之前，先对域间流量的特点进行简要介绍。

Feamster 等[7]利用 Netflow 测量 AT&T(AS7018)的流量数据，得到如下统计结果：到 1%前缀的出流量约占总出流量的 20%，到 10%前缀的出流量约占总出流量的 70%；将具有相同路由的前缀归类，与 10%的路由选择相关的出流量超过了总出流量的 80%。Steve Uhlig 研究了域间流量动态性以及域间流量拓扑分布特性，得出如下结论：少数流占了大多数的域间流量。Agarwal 等[8]研究了 BGP 路由变化与域间流量之间的关系，也发现只有极少数的网络涉及流量矩阵的大幅度变化。本节对 Abilene 网络在 2005 年 1 月的域间流量和外部路由数目的分析也表明，边界路由器之间流量和前缀数目的比值差异很大，如图 7.2 所示。

因为少数的路由可能引起大量的流量发生变化，即控制平面的微小变动可能会对数据平面带来严重影响，所以在 IBGP 拓扑设计时，只考虑 IBGP 拓扑对路由的影响是不够的，还应该考虑其对数据平面的影响。

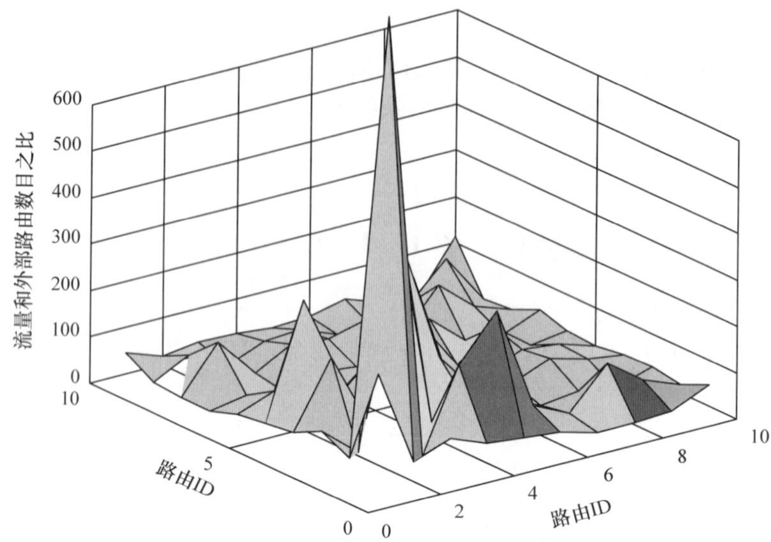

图 7.2　Abilene 网络域间流量和外部路由数目之比

由本章的讨论可知，域间流量在相当长的一段时间内是稳定的。域间流量的这个特点使得自治系统在相当长的时期内保持一个固定的 BGP 路由配置成为可能。

从前面的测度介绍中可以看出，当前的所有测度都不能描述 IBGP 拓扑对数据平面的影响。理解网络对变化的敏感度是设计健壮网络的关键步骤。路由器的最好路由发生变化有两个原因：要么可用的路由发生变化，要么路由下一跳可达性发生变化。前人已经研究了由于 IGP 变化导致链路下一跳可达性发生变化对路由和流量的影响，即路由敏感度和流量敏感率，但并未定义可用路由发生变化对网络的影响。由于 IGP 变化可能会造成 IBGP 会话失败，从而导致可用路由发生变化，因此本节定义可用路由发生变化对网络的影响。

给定流量矩阵 M，M_{ij} 表示路由器 i 到路由器 j 的流量，则定义状态 s 的流量损移率为 T_s，其表达式为

$$T_s = \frac{\sum\limits_{i,j \in V_r} M_{ij} \Pr_s[i \leftarrow\mapsto j]}{\sum\limits_{i,j \in V} M_{ij}} \tag{7.17}$$

$$T = \sum_{s \in S} r_s T_s \tag{7.18}$$

从该定义可以看出，流量损移率为发生故障而导致流量转移的比例。在计算流量损移率 T_s 时，需要计算出在故障状态 s 任意两个路由器逻辑断开的概率，即对任意 i 和 j，需要计算 $\Pr_s[i \leftrightarrow j]$。在已知 IBGP 会话失败概率 q_{se} 的情况下，文献[1]已

经给出了计算 $\Pr_s[i \leftrightarrow j]$ 的方法并给出示例，本节不再赘述，q_{se} 可以根据 7.4.1 节提出的方法来计算。

7.5　冗余路由反射拓扑设计问题

在实际构建 IBGP 拓扑时，首先需要从扩展性角度考虑 IBGP 会话数目的约束，其次在满足 IBGP 会话数目约束的条件下，应该考虑路由反射器的冗余以增加网络的健壮性，因为如果一个簇只有一个路由反射器，那么当这个路由器发生故障时，该簇会和 IBGP 拓扑中的其他簇分割使得 IBGP 网络可能被严重分离。

虽然有文献[1,4]分别面向不同的测度定义了路由反射拓扑设计问题，但其假定路由反射拓扑没有冗余，即每簇内只有一个路由反射器并且同一个簇内的客户之间不建立 IBGP 会话。有研究[9]也定义了一个可靠的 IBGP 网络设计问题，但是其没有考虑 IBGP 会话数目约束。因此，本节对健壮的 IBGP 拓扑设计问题重新定义，使其面向新的流量损移率测度，同时考虑会话约束和路由反射器的冗余性。本节先对每一个簇内都有一个冗余路由反射器的拓扑设计问题(在本节中该种 IBGP 拓扑简称为每簇冗余路由反射拓扑)进行讨论。

7.5.1　问题描述

问题定义：每簇冗余路由反射拓扑设计问题 RRR-TS(redundant robust reflection-TS)。

给定条件：

(1) IP 网络 $G(V,E)$，节点数目 $n \geqslant 3$。

(2) 每个路由器的 IBGP 会话约束 $\{c_i\}$，$i \in V$。

(3) 故障场景的概率 $\{r_s \mid s \in S\}$，$S = V \cup E$。

(4) 每一个故障场景 s 所对应的 IGP 收敛时间的分布 $\Gamma_s(x)$。

(5) 流量矩阵 $\{M_{ij}\}$，$i,j \in V$。

(6) 所有的 IGP 路径。

实现目标：问题的目标是寻找一个具有最小流量损移率的每簇冗余路由反射拓扑。即找到一个每簇冗余路由反射拓扑 $G_{2r}^*(V,E_r)$，使得：① $\forall i \in G_{2r}^* V, h_i \leqslant c_i$；②对于任意的每簇冗余路由反射拓扑 $G_{2r}(V,E_r)$，若 $\forall i \in G_{2r} V, h_i \leqslant c_i$，则 $T(G_{2r}^*) \leqslant T(G_{2r})$。

7.5.2　可解条件

节点度的上界约束限制了可能的路由反射拓扑，对一个给定的 IP 网络，本节给出确保每簇冗余路由反射拓扑存在的 $\{c_i\}$ 范围。

假定节点度约束集合$\{c_i\}$按顺序排列为$c_1' \geqslant c_2' \geqslant \cdots \geqslant c_n'$，则每簇冗余路由反射拓扑存在的可解条件可由下列定理描述。

定理 7.1 该路由反射拓扑设计问题可解的充分必要条件为

$$c_1' \geqslant 2$$

$$\sum_{i=1}^{2j_m}(c_i') \geqslant (4j_m^2 - 6j_m + 2n)$$

式中，$j_m = \max\{k \mid c_{2k-1}'{}' + c_{2k}' \geqslant 8k-10, c_{2k}' \geqslant 2k-1, k=1,2,\cdots,\lfloor n/2 \rfloor\}$。

证明 分两步证明该定理：首先分析有j个簇的每簇冗余路由反射拓扑存在的条件，然后通过检查不同的j推演存在每簇冗余路由反射拓扑的可解条件。给定包含j个簇的每簇冗余路由反射拓扑，度数约束应该足够大以允许$2j$个路由反射器互连以及每簇内客户连接到两个路由反射器。因此，包含j个簇的每簇冗余路由反射拓扑存在，当且仅当下列条件成立：

$$c_n' \geqslant 2 \tag{7.19}$$

$$c_{2j}' \geqslant 2j-1 \tag{7.20}$$

$$\sum_{i=1}^{2j}(c_i' - 2j + 1) \geqslant 2(n-2j) \tag{7.21}$$

式(7.21)等价于$f(j) = \sum_{i=1}^{2j}(c'_i) - (4j^2 - 6j + 2n) \geqslant 0$。$f(j)$在$j_{m1} = \max\{k \mid c_{2k-1}'{}' + c_{2k}' \geqslant 8k-10, k=1,2,\cdots,\lfloor n/2 \rfloor\}$处取得最大值。为保证路由反射器可以全互联，式(7.20)应该被满足，因此令$j_m = \max\{k \mid c_{2k-1}'{}' + c_{2k}' \geqslant 8k-10, c_{2k}' \geqslant 2k-1, k=1,2,\cdots,\lfloor n/2 \rfloor\}$，由此可得定理 7.1 中的两个条件成立。

定理 7.1 给出了一种方法来检查给定的会话约束是否可行。首先检查每个节点度数约束是否大于等于 2，然后将这些节点度数约束按递减顺序排列，找出满足表达式$c_{2k-1}'{}' + c_{2k}' \geqslant 8k-10$和$c_{2k}' \geqslant 2k-1$的最大$k$，再检查条件$\sum_{i=1}^{2j_m}(c_i') \geqslant (4j_m^2 - 6j_m + 2n)$是否满足。一个特别的案例是所有节点都有相同的度数约束c，在这种情况下，根据定理 7.1 可得$j_m = \left\lfloor \frac{c+5}{4} \right\rfloor$，并且$2j_m c \geqslant (4j_m^2 - 6j_m + 2n)$，解该不等式可得下列推论。

推论 7.1 假设所有节点都有相同的会话约束c，那么该路由反射拓扑设计问题可解的充要条件是：若$c+1$除以 4 的余数为r，则有

$$c \geqslant 4\left\lceil \sqrt{\frac{n}{2} + \frac{(r-2)^2}{16}} - \frac{(r-2)}{4} \right\rceil + r - 5 \tag{7.22}$$

7.5.3 复杂性分析

虽然现有研究已经证明寻找每个簇内都只有一个路由反射器的最优 IBGP 拓

扑(面向相应测度)问题是一个 NP 难问题,但寻找每簇均有一个冗余路由反射器的具有最小流量损移率的 IBGP 拓扑问题是不是 NP 难问题则有待进一步分析。本节将证明在 IP 网络是完全图的特殊情况下,该路由反射拓扑设计问题是 NP 难问题。由此证明该问题也是 NP 难问题。

定义 RR-TS 问题的一个特例,称为 sTS 问题。sTS 问题满足下列三个附加条件:①$\Gamma_s(\mathrm{tr}(i^*))=0$;②对于每一个 $i\in V$,$c_i=n$;③路由器之间通过物理链路全互联,并且没有 IGP 路径共享相同的物理链路。如果要求冗余的路由反射拓扑只包括 k 个簇,可得 k-sTS 问题。

引理 7.1　令 $w_{ij}=r_{ij}(M_{ij}+M_{ji})$,$W(G_{2r})=\sum\limits_{\langle i,j\rangle\in E}w_{ij}$,则 sTS 问题的优化目标是最小化 $W(G_{2r})$。

证明　在 sTS 问题中,所有的 IGP 路由相互独立,因此任何两个 IBGP 会话互相独立。由于每一个 IP 连接上最多只有一条 IBGP 会话,并且如果 $\Gamma_s(\mathrm{tr}(i^*))=0$,那么和故障状态 s 关联的 IBGP 会话的失败概率 q_{se} 等于 1,因此有

$$
\begin{aligned}
&\arg\min_{G_{2r}} T\\
&=\arg\min_{G_{2r}}\sum_{s\in S}r_s\Big(\sum_{i,j\in V}M_{ij}Pr_s[i\leftarrow\mapsto j]\Big)\\
&=\arg\min_{G_{2r}}\Big(\sum_{s\in V}r_s\Big(\sum_{i,j\in V_r}M_{ij}Pr_s[i\leftarrow\mapsto j]\Big)\\
&\quad+\sum_{s\in E}r_s\Big(\sum_{i,j\in V_r}M_{ij}\mathrm{Pr}_s[i\leftarrow\mapsto j]\Big)\Big)\\
&=\arg\min_{G_{2r}}\Big(\sum_{i\in V}r_i\Big(\sum_{j\in V}M_{ij}\Big)+\sum_{\langle i,j\rangle\in E_r}r_{(i,j)}(M_{ij}+M_{ji})\Big)\\
&=\arg\min_{G_{2r}}\sum_{\langle i,j\rangle\in E}r_{(i,j)}(M_{ij}+M_{ji})\\
&=\arg\min_{G_{2r}}\sum_{\langle i,j\rangle\in E_r}w_{ij}
\end{aligned}
$$

有研究[10]已经证明 k-UFL 问题(uncapacitated facility location problem)是 NP 难问题,本节通过将 k-UFL 问题归约到 k-sTS 问题来证明 k-sTS 问题是 NP 难问题。

UFL 问题定义如下。

给定:

(1) 有穷的客户集合 D,$D=\{D_i\,|\,i=1,2,\cdots,n_d\}$。

(2) 有穷的设施集合 F,$F=\{F_i\,|\,i=1,2,\cdots,n_d\}$。

(3) 建立每一个设施 i 的代价 f_i,$f_i\in R_+$,$i\in F$。

(4) 对每一个客户 $i\in D$ 和每一个设施 $j\in F$,服务代价为 C_{ij},$C_{ij}\in R_+$。

目标:寻找设施的一个子集 S 和一个指派 $\sigma:D\rightarrow S$,使得设施代价和服务代价

总和$\sum_{i\in S} f_i + \sum_{i\in D} C_{i\sigma(i)}$为最小。

给定k-UFL问题的一个实例，可以构造一个如图7.3所示全互联的网络带权图G。

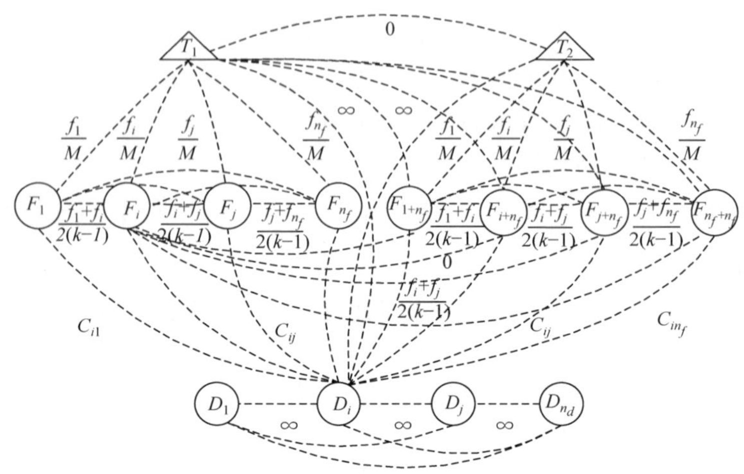

图7.3　从k-UFL规约到k-sTS

构造算法A描述如下：

(1) 将$\{f_i\}$从小到大排序成$f'_1 \leqslant f'_2 \leqslant \cdots \leqslant f'_n$，令$\text{MinSum}_k = \sum_{i=1}^{k} f'_i$，并取一个正整数$M$，使得$M > \dfrac{(k-1)\sum_{i\in F} f_i}{\text{MinSum}_k}$；

(2) 引入n_f+2个辅助节点$T_1, T_2, F_{n_f+1}, F_{n_f+2}, \cdots, F_{2n_f}$，对每一个$i=1,2,\cdots,n_f$，令$F_{n_f+i}$节点的代价$f_{n_f+i}=f_i$，节点之间的权值按下列方式设置：

① T_1和T_2：0。

② $T_i(i=1,2)$和$F_j(j=1,2,\cdots,2n_f)$：$\dfrac{f_i}{M}$。

③ $T_i(i=1,2)$和$D_j(j=1,2,\cdots,n_d)$：∞。

④ F_i和$F_{n_f+i}(i=1,2,\cdots,n_f)$：0。

⑤ F_i和$F_j(i,j=1,2,\cdots,2n_f, j\neq i+n_f)$：$\dfrac{f_i+f_j}{2(k-1)}$。

⑥ $D_i(i=1,2,\cdots,n_d)$和$F_j(i,j=1,2,\cdots,n_f)$：C_{ij}。

⑦ $D_i(i=1,2,\cdots,n_d)$和$F_{n_f+j}(i,j=1,2,\cdots,n_f)$：$C_{ij}$。

⑧ D中的任意两个节点：∞。

构造算法A是一个多项式时间算法。假设k-sTS问题的一个最优解为：设施子

集 F_{best} 及指派 $\sigma: D \to F_{\text{best}}$，即 $\sum_{i \in F_{\text{best}}} f_i + \sum_{i \in D} C_{i\sigma(i)} = \min_{\substack{F' \subseteq F \\ |F'|=k}} \left(\sum_{i \in F'} f_i + \sum_{i \in D} \min_{j \in F'} C_{ij} \right)$。定义集合 $F' = \{F_{i+n_f} \mid F_i \in F\}$、$F'_{\text{best}} = \{F_{i+n_f} \mid F_i \in F_{\text{best}}\}$ 及对每一个 $F_i \in F_{\text{best}}$，定义 $D_{F_i} = \{D_j \mid \sigma(D_j) = F_i, j = 1, 2, \cdots, n_d\}$。将 T_1 和 T_2 作为一个簇的路由反射器及 $(F - F_{\text{best}}) \cup (F' - F'_{\text{best}})$ 中的节点作为该簇的客户，并且对每一个 $F_i \in F_{\text{best}}$，将 F_i、F_{i+n_f} 及 D_{F_i} 中的节点构成一个簇，F_i 和 F_{i+n_f} 作为该簇的路由反射器，D_{F_i} 中的节点作为该簇的客户，可得一个包含 $k+1$ 个簇的路由反射拓扑 G_{2r}^*，并且 $W(G_{2r}^*) = \sum_{i \in F_{\text{best}}} f_i + \sum_{i \in F'_{\text{best}}} f_i + \sum_{i \in D} \min_{j \in F_{\text{best}}} C_{ij} + \sum_{i \in D} \min_{j \in F'_{\text{best}}} C_{ij} + 2\sum_{i \in F} \frac{f_i}{M}$。此时可以证明如下引理。

引理 7.2　G_{2r}^* 是基于图 G 的 $(k+1)$-sTS 问题的一个解。

如果存在一个冗余的路由反射拓扑 $G_{2r}^{*\prime}$，其是基于图 G 的 $(k+1)$-sTS 问题的一个解，那么可得 k-UFL 问题的一个解(证明略)，因此得到定理 7.2。

定理 7.2　k-UFL 问题可以规约到 k-sTS 问题。

定理 7.3　RRR-TS 问题是 NP 难问题。

证明　k-sTS 问题是 NP 难问题，故 sTS 问题也是 NP 难问题。由于 sTS 问题是 RRR-TS 问题的特例，因此 RRR-TS 是 NP 难问题。

7.6　路由反射器可冗余及会话约束的 IBGP 拓扑设计问题

保持 RRR-TS 问题的给定条件不变，将其目标改为寻找具有最小流量损移率的路由反射拓扑(即找到一个路由反射拓扑 $G_r^*(V, E_r)$，使得：① $\forall i \in G_r^*.V, h_i \leqslant c_i$；②对于任意的路由反射拓扑 $G_r(V, E_r)$，若 $\forall i \in G_r.V$，则有 $h_i \leqslant c_i$，那么 $T(G_r^*) \leqslant T(G_r)$，因此可得到一个一般性问题 RR-TS。由于 RRR-TS 问题是 NP 难问题，因此 RR-TS 问题也是 NP 难问题。

7.6.1　路由反射器冗余度和流量损移率关系

RR-TS 问题的优化目标是最小化流量损移率，在计算流量损移率时，需要先计算任意两个路由器逻辑断开的概率。只有在这两个路由器的所有信令路径都断开时，这两个路由器才逻辑断开。因此，适度增加路由反射器的冗余度可增加信令路径，从而可减少流量损移率。由此可得定理 7.4。

定理 7.4　给定一个满足 IBGP 会话约束 $\{c_i\}$ 的簇数目不少于 2 的路由反射拓扑 G_r，在该拓扑中任选两个簇 C_1 和 C_2，合并这两个簇后可得一新拓扑 G'_r，若 $G'_r(V, E_r)$ 仍满足会话约束，则 $T(G_r) \leqslant T(G'_r)$。

定理 7.4 描述了一种根据已知的路由反射拓扑寻找更优的路由反射拓扑的方

法。但由于 IBGP 会话约束的限制,一个簇内的冗余路由反射器的数目不可能太多。根据推论 7.1,假定每一个路由器都有相同的会话约束,那么对于一个有 200 个节点的自治系统,若要构建一个每簇冗余路由反射拓扑,则每个路由器至少要支持 37 条 IBGP 会话。因此,根据已知的路由反射拓扑寻找更优的路由反射拓扑时,簇的合并会在有限步后终止。受 IBGP 会话约束的限制,最优的路由反射拓扑中有些簇仍只有一个路由反射器。

7.6.2 RR-TS 优化的下界

将$\{r_s q_s \mid s \in E\}$的大小进行排序,记$\tilde{r}_i$为第 i 个最小值。令 $M_i = \sum_{j\in V} M_{ij} + \sum_{j\in V} M_{ji}$。将$\{M_{ij} + M_{ji}\}$排序,记 m_i 为第 i 个最小值。因 IBGP 会话的数目不小于 $2n-3$,故令 $I=\{i \mid 1 \leqslant i \leqslant 2n-3\}$,$J=\{j \mid 1 \leqslant j \leqslant 2n-3\}$,记 I 到 J 的一一映射集合为 $\Omega = \{\sigma \mid \sigma: I \to J, \text{if } i_1 \neq i_2 \text{ then } \sigma(i_1) \neq \sigma(i_2)\}$。那么,采用类似文献[9]中引理 9 的推导,可得定理 7.5。

定理 7.5 RR-TS 问题的最优解下界为

$$T_l = \frac{\sum_{i\in V} r_i M_i + \min_{\sigma\in\Omega}\left(\sum_{i\in I} \tilde{r}_i m_{\sigma(i)}\right)}{\sum_{i,j\in V} M_{ij}} \tag{7.23}$$

由于 RR-TS 问题是 NP 难问题,因此当网络规模较大时,需要使用近似算法来寻找近最优解。在求解 RR-TS 时可采用类似文献[4]和[9]讨论的寻找面向相应测度的近最优解的贪心法和 Tabu 搜索方法,再根据定理 7.4 可以进一步利用启发式信息搜索更优解,本节不再赘述可采用的近似算法。

7.7 实验分析

基于不同测度求解的最优的 IBGP 拓扑可能并不相同。通过实验分析不同的 IBGP 拓扑在同样的 IGP 网络拓扑、同样的流量模式及同样的故障模式下对网络的影响可以评价 IBGP 拓扑的优劣。

7.7.1 数据来源

本章的实验数据来源于一个真实网络:美国教育科研网 Abilene。Abilene 核心网络拓扑由 11 个节点和 14 条双向链路组成,如图 7.4 所示。

为了方便讨论,对每一个路由器都进行了编号,如表 7.2 所示。通过使用 TOTEM工具,获得 Abilene 在 2005 年 1 月的实际流量矩阵,如表 7.3 所示。同样

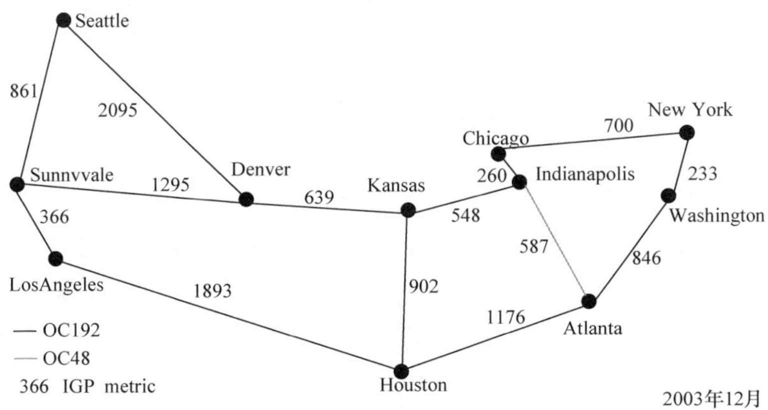

图 7.4　Abilene 核心网络拓扑

通过使用 TOTEM，可计算出一个路由器从它的所有 EBGP 对等体学习到并注入 IBGP 网络中的路由，如表 7.4 所示。

表 7.2　节点编号

名称	Atlanta	Chicago	Denver	Houston	Indianapolis	Kansas
编号	1	2	3	4	5	6
名称	LosAngeles	NewYork	Sunnvvale	Washington	Seattle	—
编号	7	8	9	10	11	—

表 7.3　Abilene 在 2005 年 1 月的流量矩阵(1×10^5)

节点	1	2	3	4	5	6	7	8	9	10	11
1	1.5846	0	0.1608	0.3951	0.0797	0.0040	0.5547	0.1114	0.0517	0.9311	0.0830
2	0	0	0	0	0	0	0	0	0	0	0
3	0.1623	0	1.4019	0.0141	0.5193	0.2168	0.6956	0.4206	0.3682	0.4434	0.6773
4	0.1902	0	0.0101	0.9248	0.0276	0.0038	0.6015	0.0756	0.0042	0.5217	0.0286
5	0.3760	0	0.5882	0.1830	1.7195	0.2649	0.5782	0.4606	0.3441	0.5684	0.5748
6	0.2865	0	0.8018	0.2031	0.5778	0.5889	0.5971	0.4404	0.3510	0.4961	0.6326
7	0.0838	0	0.3975	0.2112	0.0984	0.0369	2.2807	0.2161	0.2185	0.6459	0.1956
8	0.1059	0	0.1901	0.0990	0.5236	0.1667	0.2208	2.7338	0.2585	1.1444	0.2928
9	0.0263	0	0.3909	0.1282	0.2834	0.0549	1.5142	0.3187	0.6224	0.3074	0.7405
10	0.6995	0	0.1540	0.3591	0.3692	0.1144	0.4228	1.4475	0.0776	3.4071	0.2018
11	0.1230	0	0.0579	0.0310	0.1079	0.0542	0.2296	0.0622	0.0150	0.1124	1.5705

表 7.4 路由器从 EBGP 对等体学习到并注入 IBGP 网络中的路由数目

节点	1	2	3	4	5	6	7	8	9	10	11
前缀数目	633	0	144	183	466	222	1891	3335	589	2991	1376

7.7.2 搜寻最优的 IBGP 拓扑

理论上,可能有多层 IBGP 网络,即一个路由反射器可能是一个高层的路由反射器的客户。然而在实践中,最常使用的是两层路由反射拓扑。因此在本节实验中,聚焦于两层反射拓扑,并进一步假设反射图中没有冗余,即每个簇中只有一个反射器,并且客户之间没有可选的 IBGP 会话。

在实验中,假设所有的路由器都不会失败,所有链路的失败概率都相同,并且链路故障所导致的 IBGP 会话失败的条件概率也相同(非 0)。在该拓扑图中,假定路由器 IBGP 会话的数目约束为 6。使用超过 1000 行的 MATLAB 代码,找到基于不同测度的最优 IBGP 拓扑,如图 7.5～图 7.9 所示。其中,线条较粗的圆圈代表路由反射器,线条较细的圆圈代表客户。从这些图中可以看出,针对同样的 IGP 图,在同样的故障模式下基于不同测度所产生的最优 IBGP 图有可能是相同的。

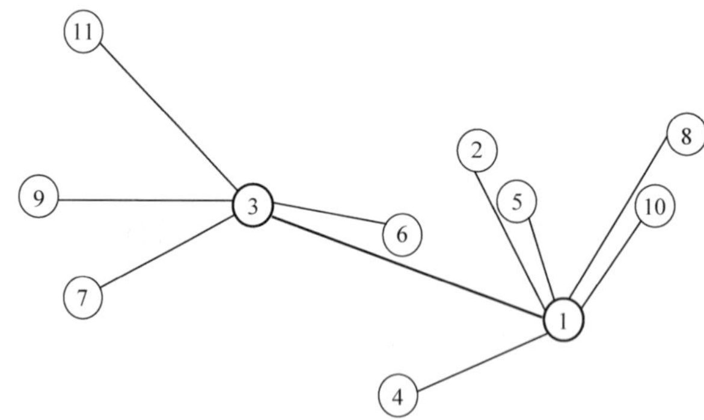

图 7.5 基于跳数总和、可靠性乘积、IBGP 失败概率测度的最优 IBGP 拓扑(拓扑 1)

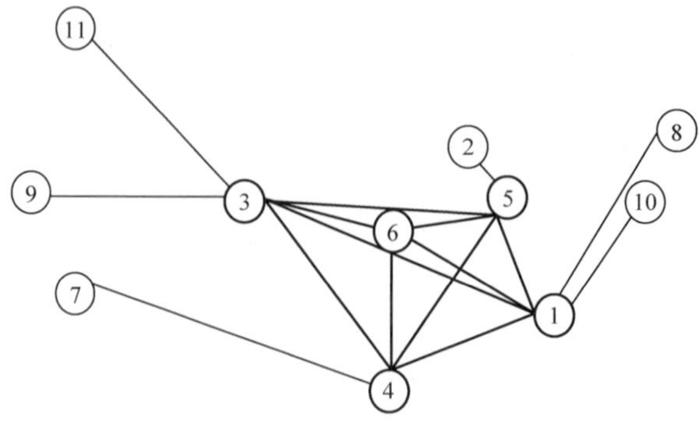

图 7.6 基于会话失败期望间隔测度的最优 IBGP 拓扑(拓扑 2)

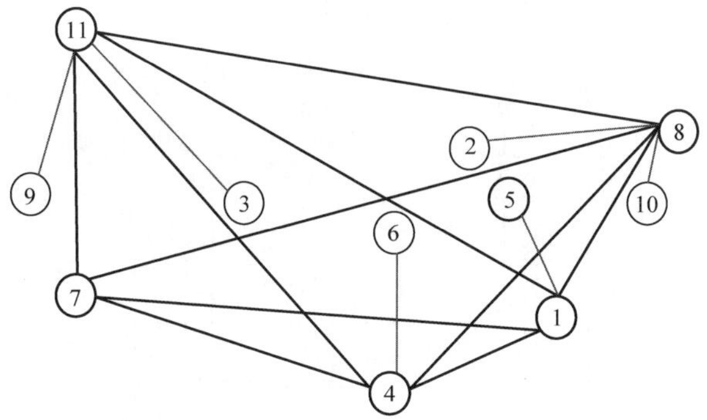

图 7.7　基于期望会话损失测度的最优 IBGP 拓扑(拓扑 3)

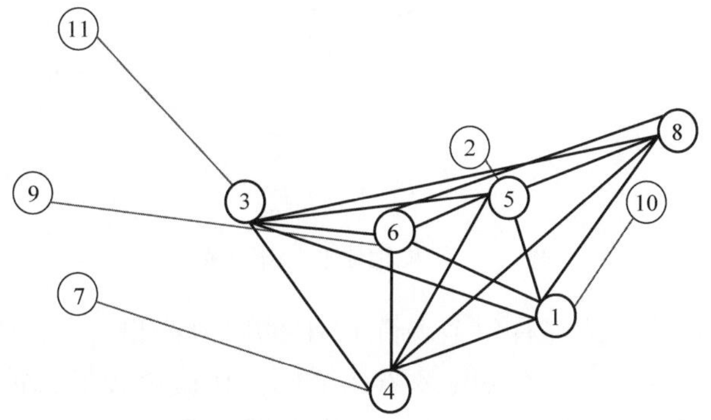

图 7.8　基于网络弹性、期望连接损失测度的最优 IBGP 拓扑(拓扑 4)

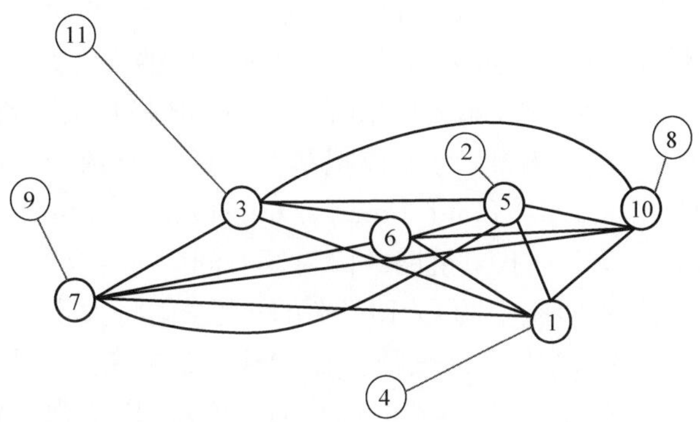

图 7.9　基于流量损移率测度的最优 IBGP 拓扑(拓扑 5)

7.7.3　模拟实验

使用 SSFNet 研究不同的 IBGP 网络对数据平面的影响。模拟网络由 11 个末端自治系统和一个转发自治系统组成，如图 7.10 所示。

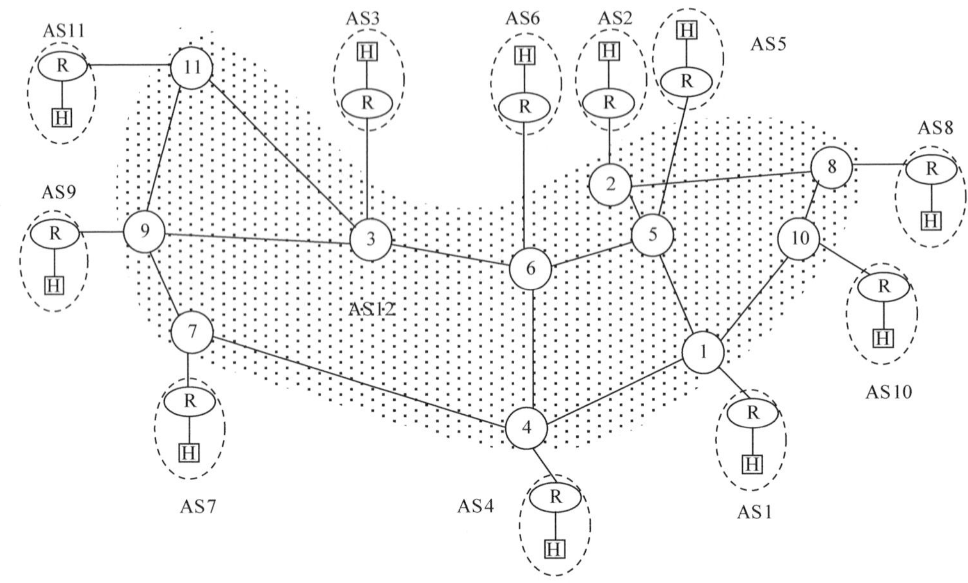

图 7.10　模拟实验使用的拓扑

每一个末端自治系统都有一个运行 BGP 的路由器和一个主机，转发自治系统的拓扑结构就是 Abilene 的核心网络拓扑结构。在这个转发自治系统中，BGP 在所有的路由器上都运行。除了物理接口，每个路由器还有一个虚拟的环回接口。所有内部 BGP 会话中的对端目的地址为对等体的环回地址。在该自治系统内的每一个路由器都运行 OSPFv2。末端自治系统的每一个主机都运行一个应用程序发送报文给网络中的其他主机或者接收来自其他主机的报文。

如果 IBGP 会话不会失败，那么采用哪一种 IBGP 拓扑关系都不大(只要其是正确的 IBGP 配置就可)。因此，为了模拟链路故障会导致 IBGP 会话失败的情况，设置实验参数如下：BGP Hold Time 为 60s；OSPF Router Dead Interval 为 80s；OSPF Hello Interval 为 10s；链路故障持续时间为 90s。

在这些参数设置下，实验中的 OSPF 路由恢复时间将大于 70s，因此链路故障会导致通过这条链路的 IBGP 会话失败。在 OSPF 路由恢复后 IBGP 会话有可能要花费 165s 才得以重建，因此将模拟时间设置为 500s 以使得在模拟结束前失败的 IBGP 会话得以重建。在模拟的第 200s 时(此时网络已经完全收敛到一个稳定状态)，每个主机的应用程序开始向其他主机发送报文，自治系统 i 中的主机向自治系统 j 中的主机发送的报文速率为 $M(i,j)/100$。在第 210s 时，断开传输系统中的一条链路来注入网络故障，然后在第 300s 时恢复该链路。由于 IBGP 拓扑有 5 个，核心网络有 14 条链路，因此进行 70 次模拟，记录在传输过程中损失的报文数目。图 7.11 给出了在不同的 IBGP 拓扑下不同链路的故障导致的损失报文数目。从图中可以看出，在同样的 IBGP 拓扑下，不同链路的故障导致的损失报文数目可能相差很大。而在不同的 IBGP 拓扑结构下，同样的故障导致的损失报文数目也可能相差很大。

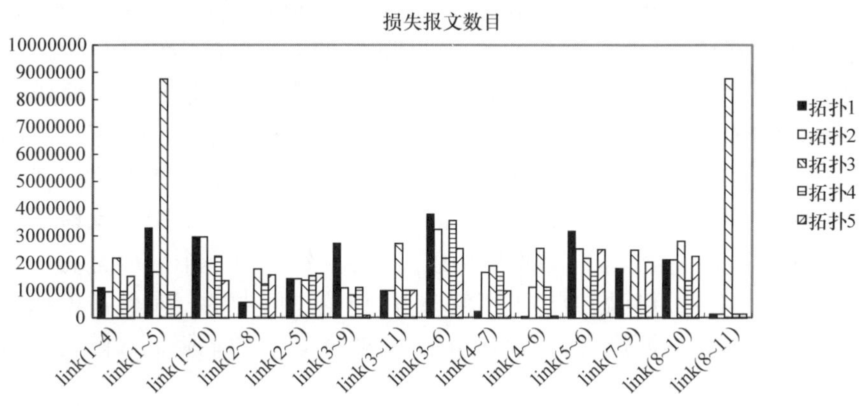

图 7.11　在不同 IBGP 拓扑下，不同链路的故障所导致的损失报文数目

每条链路的故障所导致的平均损失报文数目如图 7.12 所示。从图中可以看出，在基于流量损移率测度所得的最优 IBGP 拓扑下，损失的报文数目是最少的。

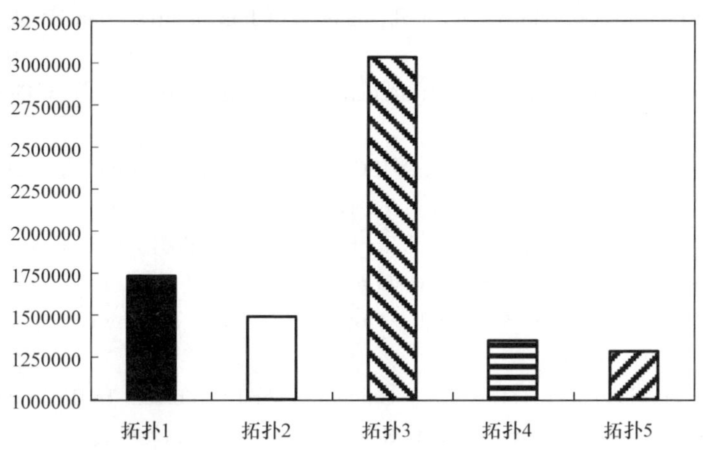

图 7.12　在不同 IBGP 拓扑下损失的报文数目

尽管只对一种流量模式和一种故障模式进行了实验，但由于流量损移率测度是直接从数据平面得出的，因此有理由相信在其他的流量模式和故障模式下，基于流量损移率测度所得的最优 IBGP 拓扑将使网络损失或转移的报文数目最少，从而使网络具有更好的性能。

7.8 本章小结

IBGP 拓扑设计涉及几个重要问题:一是在网络发生故障时,IBGP 会话失败概率的计算;二是网络设计测度问题,即如何度量网络拓扑设计的好坏;三是网络设计问题的复杂性,即在给定测度和给定约束下寻找最优路由反射拓扑的复杂性。

本章分析了 IGP 路由恢复时间对 IBGP 会话的影响,提出了一种新的基于 IGP 路由恢复时间概率分布的 IBGP 会话故障概率计算方法。分析了已有的各种 IBGP 拓扑设计测度,提出了一种新的测度——流量损移率。基于该测度定义了路由反射器可冗余及会话约束的 IBGP 拓扑设计问题,讨论了路由反射器冗余度和流量损移率的关系,给出了该问题的优化下界。针对每一个簇内都有一个冗余路由反射器的拓扑设计问题给出了可解条件,讨论了问题的复杂性。模拟实验表明,基于本章所提出的测度进行 IBGP 拓扑规划,可以有效地降低故障对网络流量的影响。

参考文献

[1] Li X,Nahrstedt K. Reliability models and evaluation of internal BGP networks//IEEE INFOCOM,Hong Kong,2004:1593-1604.

[2] Iannaccone G,Chuah C,Mortier R,et al. Analysis of link failures in an IP backbone//ACM IMW,New York,2002:237-242.

[3] Iannaccone G,Chuah C,Mortier R,et al. Feasibility of IP restoration in a Tier-1 backbone. IEEE Network,2004,18(2):13-19.

[4] Li X,Wang J,Nahrstedt K. Optimizing IBGP route reflection network//IEEE International Conference on Communications,2003:1765-1769.

[5] Teixeira R,Duffield N,Rexford J,et al. Traffic matrix reloaded:impact of routing changes//Passive and Active Measurement Workshop,Boston,2005:251-264.

[6] Quoitin B,Tandel S. A BGP solver for Hot-Potato routing sensitivity analysis//EUNICE,Colmenarejo,2005:75-90.

[7] Feamster N,Borkenhagen J,Rexford J. Guidelines for interdomain traffic engineering. ACM SIGCOMM Computer Communications Review,2003, 33(5):19-30.

[8] Agarwal S,Chuah C N,Bhattacharyya S,et al. The impact of BGP dynamics on intradomain traffic//ACM SIGMETRICS,New York,2004:319-330.

[9] Li X,Nahrstedt K. Reliability of Internal BGP Networks:Models and Optimizations. University of Illinois at Urbana-Champaign, Technical Reropt: UIUCDCS-R-2005-2608/UILU-ENG-2005-1800,2005.

[10] Vygen J. Approximation Algorithms for Facility Location Problems. University of Bonn, 05950-OR,2005.

第 8 章　域间路由系统动态演化模型研究*

对域间路由系统的研究，不能再当做思维的产物，而应该像考察其他自然现象一样探索这一人造自然的演化规律。在准确把握域间路由系统结构特征和行为模式的基础上，了解域间路由系统的演化过程和规律是利用自组织特性解决域间路由系统问题的先决条件。

本章研究 Internet 域间路由系统中各个自治系统在成长消亡过程中需要考虑的各种影响因素，系统地阐述自治系统之间商业关系的产生和变化，基于复杂系统理论建立 Internet 域间路由系统的动态演化模型——基于特征的多变量 HOT (characteristic multi-variables HOT，CMV-HOT)模型。模型通过对域间路由系统的内部规律和外在表现的分析，考虑自治系统(AS)间商业关系、不同 AS 的类型、连接约束等多种条件，从复杂系统的角度对域间路由系统的演化过程进行模拟。通过与真实 BGP 路由表数据的比较来说明 CMV-HOT 具有很高的准确性和实用价值。在此基础上，以域间路由系统中的多宿主现象和 AS 之间的商业关系问题为例，阐述如何利用 CMV-HOT 来研究域间路由系统中各种因素对演化过程的影响。

8.1　相关研究

对 Internet 的模型研究就是探求在这个看似混乱的网络之中蕴含着哪些不为人知的规律。发现 Internet 的内在机制是认识 Internet 的必经过程，是在更高层次上开发和利用 Internet 的基础。然而，Internet 与生俱来的异构性、动态性、发展的非集中性以及如今庞大的规模都给建模带来巨大挑战。Internet 建模至今仍然是一个开放性问题，在计算机网络研究中占有重要地位。

Internet 的模型研究经历了从经验假设到客观分析，从单纯的计算机网络研究到复杂系统特征化研究的过程。根据目标和生成方式不同，模型可分为拓扑生成模型和动态演化模型两类。拓扑生成模型的目标有三点：①如何获得一份完整而准确的 Internet 拓扑数据；②如何对 Internet 网络拓扑特征进行描述；③如何构

---

* 本书由赵金晶撰写。赵金晶，2007 年 6 月获博士学位，导师为卢锡城院士，研究方向为计算机网络路由技术和网络安全。博士论文题目为“域间路由系统自组织特性及关键问题研究”。攻读博士期间发表学术论文 15 篇，获光华奖学金 1 次。

造一幅类似于 Internet 的拓扑图。因此,其在拓扑生成过程中不需要精确模拟,只需要保证产生的拓扑图符合 Internet 关键的外在特征,模型主要基于图论的思想建立。动态演化模型的目的不仅包括拓扑生成模型的三个目标,还力求逼真地再现 Internet 的成长过程,在复杂中把握内在规律,从内到外,从微观到宏观地展现出真实的 Internet 成长过程。由于 Internet 是高度分布、边界模糊、层次欠清、动态演化的复杂巨型系统,因此模型需要基于复杂系统和自组织理论生成。

8.1.1 拓扑生成模型

在研究初期,由于缺乏真实测量数据支持,拓扑模型都是研究人员基于经验假设建立的。最早的 Internet 拓扑模型是 1988 年 Waxman 提出的 Waxman 模型[1],它是一种类似于 Erdös-Rényi 模型的随机模型,出度频率呈泊松分布。该模型具有两个版本:①先将节点随机布置在直角坐标网格中,节点间的距离就是其欧几里得距离;②依据$(0,L)$均匀随机分布为节点对指定距离。两个版本中,节点间相接的概率 $P(u,v)$与其距离相关,服从泊松分布,距离越近,概率越大,即

$$P(u,v)=\beta\exp\frac{-d(u,v)}{L\alpha}$$

式中,$d(u,v)$表示节点 u 与 v 之间的距离;L 为节点间的最长距离;α 与 β 的取值范围为$[0,1]$。Waxman 模型刻画的 Internet 拓扑图处于一个完全无序的状态,其在大尺度上是均一的。

这种随机模型沿用了多年,直到 20 世纪 90 年代中期,Internet 的规模迅速扩大,并且体现出了层次性的特征,于是这一期间提出的 Internet 的拓扑模型都具有层次性的特征,包括 1996 年 Doar 提出的 Tiers(等级)模型和 1997 年 Zegura 等[2]提出的另一种层次模型——Transit-Stub 模型。Tiers 模型将 Internet 划分为局域网(LAN)、城域网(MAN)和广域网(WAN)三个层次。在该模型中,WAN 只有一个,通过指定 LAN 和 MAN 的数量以及各自内部所包含节点的数量来构造拓扑图。Transit-Stub 模型将自治域划分为 Transit 和 Stub 两类,在该模型中,Transit 节点彼此互连构成一个节点群,一个或多个 Transit 节点群构成拓扑图的核心,Stub 节点分布在 Transit 节点群四周与 Transit 节点相连,Transit 节点具有路由转发功能,而 Stub 节点只能接收和发送数据。

从 1995 年开始,大规模 Internet 拓扑测量工作已经逐步展开,采集到了大量拓扑数据。这些数据对科研机构都是免费开放的,极大地推动了拓扑研究的发展。Internet 拓扑研究也进入了一个成果不断累加的阶段,发现多于改进,新旧成果共同描绘了 Internet 拓扑图景。在所有研究成果中,最重要的是 1998 年 Watts 和 Strogatz[3]发现的 Internet 拓扑具有小世界特性和 1999 年 Faloutsos 等发现的 Internet 拓扑结构中存在幂律(power-law)。

Watts 和 Strogatz 提出的单参数模型称为 WS 模型。该模型分两步构建:起始有序和概率 p 的随机连接。刻画模型的参数有以下几个。

(1) 平均路径长度。其表达式为

$$l = \frac{2}{n(n+1)} \sum_{i \geqslant j} d_{ij}$$

(2) 顶点的聚集系数。其表达式为

$$C_i = \frac{\text{连接到顶点 } i \text{ 的三角形的个数}}{\text{连接到顶点 } i \text{ 的三元组的个数}}$$

(3) 整个网络的聚集系数。其表达式为

$$C^* = \frac{1}{n} \sum_{i=1}^{n} C_i$$

小世界模型的突出特点是具有较小的平均路径长度和较大的聚集系数。

幂律的发现将 Internet 拓扑与一些生物学、社会学中的复杂网络联系起来,使其成为无尺度网络的一个实例,在 Internet 拓扑研究与系统学研究之间架起了一座桥梁。Faloutsos 等对 NLANR(National Lab for Applied Network Research)[4]在 1997～1998 年的三份 BGP 数据[5]及 1995 年的一份 traceroute 测量数据[6]进行分析,发现 Internet 拓扑中存在着三条幂律。幂律是指形如 $Y \propto X^C$ 的方程,对于两个变量 X 和 Y,存在一个常数 C,使得 Y 与 X 的 C 次幂成比例。

定义 8.1　r_v 为节点 v 的等级,v 是在按出度降序排列序列中的索引值。

定义 8.2　λ_i 为邻接矩阵特征值按降序排列的第 i 个特征值。

幂律 1(等级指数 R)　节点度 d_v 与该节点等级 r_v 的 R 次幂成比例。

幂律 2(度指数 O)　度频率 f_d 与该度 d 的 O 次幂成比例。

近似幂律(hop-plot 指数 H)　h 跳内节点对的数量与 h 的 H 次幂成比例。

幂律 3(特征指数 E)　特征值 λ_i 与其次序 i 的 E 次幂成比例。

幂律 1 表明,在 Internet 中既不存在 Waxman 模型中那样的平等,也不像 Tiers 和 Transit-Stub 模型那样"等级森严",而是具有一种松散性的层次性。幂律 1 和幂律 2 反映出这些系统具有高度非均一性,即少数节点具有很大的出度,而大量节点具有较小的出度,直接否定了 Waxman 模型中的节点分布规律。近似幂律中的 hop-plot 指数 H 可以用来对拓扑图进行分类。例如,对于环,$H=1$;对于二维网格,$H=2$;对于 Internet,在 AS 级上,$H\approx 4.7$;在路由器级上,$H\approx 2.8$。幂律 3 可以用来进一步对相似的同类图形进行区分。

从 20 世纪 90 年代末期至今的大部分研究都是围绕幂律特性展开的,人们提出了一系列拓扑生产算法。目前共有五种遵循幂律的拓扑图生成算法以及一种图取样(map sampling)算法[7,8]。这五种幂律拓扑生成算法都是针对幂律 2 的,而其他幂律参数的度量都是通过在拓扑生成器中进行优化来保证的。五种幂律算法可分为两类:一类是直接按照幂律来为节点分配出度,包括 PLOD(power-law out degree)和 PLRG(power-law random graphs);另一类则通过模拟 Internet 进化过程来满足幂律,包括 BA(Barabási-Albert)、ESF(extended scafe free)和 GPL。

PLOD 是 Palmer 等于 2000 年提出的。该算法首先确定图中节点数量,根据幂律中的指数分布为每个节点分配一个出度贷款(credit)。然后循环从图中随机选取一对节点,若这对节点不同且尚未连接,并且各自的出度贷款还有剩余,则将它们相连,各自的出度贷款减 1,直到再也找不到满足上述条件的节点对。

PLRG[9]是 2000 年由 Aiello 等提出的,也被称为 Model A。该算法首先按照幂律为每个节点分配出度,然后构造一个包含每个节点的出度个数复制的集合,最后对该集合进行随机匹配,匹配的节点间相连。

1999 年,美国圣玛丽亚大学物理系自组织系统研究组的 Barabási 与 Albert 在对无尺度网络进行研究时提出了幂律产生的两个系统根源[10]:增长(growth)和优先附着(preferential attachment)(如新加入节点优先依附于出度高的节点)。前一个特点表明无尺度网络可以不断地扩张,后一个特点则意味着两个节点连接能力的差异可以随着网络的扩张而增大,即“富者越富”。BA、ESF 和 GLP(generalized linear preference)都根据这一理论通过模拟网络发展过程来构造拓扑图。在实现优先附着时,三个模型都采用线性优先,即一个新加入节点与图中已存在节点 v 相连接的概率 L 与该节点出度 d_v 的大小线性相关,即

$$L(v) = \frac{(d_v - c)}{\sum_j (d_j - c)}, \quad c \leqslant 1$$

式中,j 属于图中已存在的节点集合;c 为常数,其值越小,优先附着性越弱。

BA 模型[10]是 Barabási 和 Albert 在提出幂律产生的两个原因的同时提出的一种生成算法。在该算法中 $c=0$,先从少量的 m_0 个节点开始,每隔一段时间增加一个出度为 $m(\leqslant m_0)$的新节点。模型的平均路径长度和聚集系数分别为

$$l = A\ln(N-B)+C$$

$$C \sim N^{-0.75}$$

BA 模型的聚集系数随着 N 的增大而递减。由此可以看出,BA 模型不能很好地表现小世界特性。

ESF 模型是 BA 模型的扩展版本。模型中加入了新的 Internet 发展特征:在网络发展过程中,已有连接会发生变化,即重新连接(rewiring)。算法中 $c=1$,设 4 个常数:$P(0<P<1)$、$Q(0<Q<1-P)$、正整数 m 和初始的 m_0 个节点。过程分为 3 步循环执行:第 1 步,以概率 P 增加 m 条边;第 2 步,以概率 Q 对 m 条边重新连接;第 3 步,以概率 $1-P-Q$ 增加一个有 m 条边的新节点。

2002 年，Tian Bu 与 Towsley 针对 PLRG、BA 和 ESF 生成的拓扑图与真实 Internet 拓扑图在小世界理论中的平均路径长度和聚类系数上存在的差异，提出了一种新的拓扑生成算法——GLP。在该算法中，c 为参数，从由 m_0-1 条边相连的 m_0 个节点开始，每一步执行下面两个操作之一：①以概率 p 增加 $m(\leqslant m_0)$ 条边；②以概率 $1-p$ 添加一个出度为 m 的新节点。

IG(interactive growth)[11]模型由 Zhou 和 Mondragon 于 2003 年提出。该模型的主要特点是在每一个时间步执行两个独立的操作：①新节点连接到已存在的节点上；②在已存在的两个节点间按优先附着理论加入新的边。作者已证明该算法也具有小世界特性，并且节点连接度分布也比 BA 模型更加符合 Internet 的实际数据。

图取样(map sampling)算法[7]是 Magoni 和 Pansiot 在 2002 年提出的。图取样算法生成的拓扑图不是凭空制造的，而是以真实的 Internet 拓扑图加上指定的节点数量和平均出度作为输入参数，再从 Internet 拓扑图中随机选取一幅子图，按照算法从子图中随机抽取部分节点，最后输出一幅符合 Internet 拓扑特征的路由器级拓扑图。

8.1.2　动态演化模型

随着研究的不断深入，人们发现 Internet 不只是硬件加上软件，而是在一定意义上进行“新陈代谢”的自组织系统。Internet 拓扑与万维网(通过 URL 连接)、细胞网络(通过化学反应连接)、人际关系网、科学文献引用网络等具有共同的内在特征——自相似性，并且认识到对 Internet 拓扑缺乏了解并不只是一个计算机科学问题，而是源于缺少一个对复杂网络进行特征化的科学框架。Internet 是一个自组织复杂系统的典型代表，并且幂律是 Internet 上一个普遍存在的统计特性。在 Internet 中新用户、应用、工作站、个人计算机、服务器、路由器以及整个子网都能够随意加入，整个系统自然地组织成一个新的稳定的状态。并且，用户一旦在线就是一个独立的 Agent，根据它们需要接收和发送的消息，不需要中心的控制，独立的终端能够根据拥塞自动调整传输速率，不需要用户的参与甚至感知就能从网络错误中恢复过来。这一切都归功于复杂的多层网络协议给人们建立了一个健壮的自组织网络。然而重要的是，这种复杂性能够被隐藏起来。

“robustness-yet-fragile”是从工程学到生物学各种复杂系统的通性。大部分真实的复杂系统都是高度组织的、对细节敏感的、被设计所控制的。换句话说，复杂系统都具有一些共同特性，而并不仅仅是幂律，人们希望能够提炼出这些共同的特征，并且用一种简单的模型来表现它。1999 年，Carlson 和 Doyle 提出了 HOT (highly optimized tolerance)模型[12]，该模型受到了很多研究者的广泛关注[2,9,13]。HOT 模型具有四大特性：①高效、高性能、对不确定事件的健壮性；②对一些不期望的扰动的敏感性；③特性化、非普遍化的结构化配置；④遵循幂律规律。从现有的研究可以看出，HOT 模型具有高度确定的组织结构，注重提高产出和容错性，关注区域特性，能够把握系统发展的内部规律，所以具有很好的可预测性。

David Alderson 等开始尝试应用 HOT 模型对 Internet 的 AS 级拓扑结构进行建模。模型和以前建模方法的不同之处在于使用一种优化框架来模拟机制驱动的增量式产生，而不是仅仅关注一些统计特性的显式表现，如节点的层次性、节点度分布等。在模型中考虑了网络设计中单个 ISP 需要面对的经济因素，如代价、性能以及一些技术约束等。这种方式是按照网络发展的内部诱因来建模的，而不仅仅是特征的描述性建模。在网络朝最优化方向发展的过程中，一些外部表现，如幂律等会自然地表现出来。在这种模型上进行网络发展预测以及解决其他 Internet 出现的重要问题，如价格机制、商业关系、路由协议的动态性等，都会更具有准确性和可信性。

HOT 模型能够提供一个通用的框架，工程设计时在产量、资源消耗和系统对风险的容错能力等方面取得均衡，得到高优化的系统。另外，HOT 框架强调设计、结构和优化在复杂系统研究中的重要作用。Internet 作为一种复杂系统，应用 HOT 模型对其建模，是一组多目标的优化问题，需要反映出 AS 之间商业关系的多种变化因素和准则。

下面是基于 HOT 理论提出的三种 Internet 演化模型。

1. Fabrikant-HOT 模型

每个新节点通过解决一个本地优化问题来寻找一个目标节点进行连接。新节点 i 连接到一个已存在的节点 j 的选择依据是使得两个目标和的权重最小：$\min(\alpha d_{ij}+h_j)$，其中 d_{ij} 是从 i 到 j 的欧几里得距离，h_j 是从 j 到其他所有节点的平均跳步数。

2. 单变量 HOT 模型

模型考虑的唯一标准是 AS 的地理位置。对每个新节点找到一个节点 j 使得 $\alpha[\min\limits_{l\in \text{loc_set}(i)}(d_{ij})]$最小，将 i 连接到 j 后，对每一个存在的节点 u，将 u 的连接能力以概率 $K\,\text{rank}(u)^{-\beta}$增长，rank($u$)代表 u 的度分布等级，K 与 β 为常数。

3. 双变量 HOT 模型

模型需要考虑两个因素：①AS 的地理位置；②AS 之间的商业关系。模型包含一个全局标准集 $\Sigma=${可靠性，代价，服务提供}，每个客户 i 有一个本地标准集 $\Sigma(i)=${可靠性，代价}。生成方法如下：

(1) 对一个新节点 i,初始化其邻居集 nbr-set(i),使其包含所有距离 i 最近的 PoP 所在的节点。

(2) 将所有在 nbr-set(i)中 $\Sigma(i)$非 Pareto 最优的项去掉;每一个已经存在的节点 u 都有一个质量矢量 $Q(u)=(x_1,\cdots,x_N)$。

(3) 在 nbr-set(i)中随机选择一个连接 i。

这些 Internet 动态演化模型在运用 HOT 理论进行建模方面进行了初步的尝试,它们在不同程度上考虑了 AS 的连接能力、商业关系、连接代价等直观因素,生成的拓扑在某些特性上与真实拓扑相吻合,但是还存在着诸多问题,需要进一步研究:

(1) 域间路由系统中各个 AS 作为一个可以独立决策的个体,其本身是自组织的独立单元,不同的 AS 具有不同的功能、目标,所以在决策时需要考虑的因素也各不相同。现有模型对此没有进行区分和处理,使得所有 AS 的成长决策遵循相同的规律,不符合实际情况。

(2) 域间路由系统是由各个 AS 互连所组成的复杂系统,所以 AS 之间存在着各种联系,从域间路由的角度来看,数据的流向符合一定的规则,这是由 AS 间的商业关系决定的。在以往的模型中没有对此进行研究,使得无法在生成的模型上对域间路由应用进行深入真实的研究。

(3) 生成的拓扑无法同时满足幂律和小世界这两个 Internet 最基本的特性,这说明在模型建立过程中还存在着某些偏差,需要进行矫正。

(4) 模型缺乏灵活性,例如,针对新生节点很快成为高度数节点的情况无法模拟,而这在真实网络中是确实存在并屡见不鲜的。

域间路由系统所依附的 Internet 是高度分布、边界模糊、层次欠清、动态演化的复杂巨型系统。域间路由系统的复杂性来源于 ISP 互连关系的丰富性、路由策略交互的动态性和 BGP 配置的多样性。域间路由系统规模的巨大体现在 AS 数目、路由表容量、IBGP 连接的数量等多个方面。域间路由系统作为一个复杂巨型系统,其演化过程中不断涌现出新的整体特性,需要人们去把握和利用。HOT 理论的出现使得分析和预测 Internet 的发展变化成为可能。

8.2 域间路由系统动态演化模型

本节基于 HOT 理论的思想,充分利用域间路由系统中各类 AS 的特点,提出基于特征的多变量 HOT(characteristic multi-variables HOT,CMV-HOT)模型。

HOT 理论的概念强调设计、结构化以及优化的重要性,它提供了一种通过工业设计来优化幂律事件在系统中规模分布的框架,目的是使最终的结果在吞吐量、资源代价及对风险的容忍程度等方面取得折中。

CMV-HOT 模型基于 HOT 理论,考虑了单个 AS 在产生、成长和消亡过程中的各种因素，在设计过程中通过多变量的优化方法来描述域间路由系统的成长过程和内部规律，并使最终生成的拓扑满足真实的外在特征。为了把握模型中的各个因素的成长细节，需要对域间路由系统不同层次 AS 之间的特性进行分析。

8.2.1 域间路由系统层次分析

Internet 域间路由系统具有很明显的分层结构(图 8.1)，按照直观的方式来看，AS 按照功能上的以及商业关系上的划分可以分为三种类型：Hub AS、Transit AS 以及 Stub AS。Hub AS 是指位于 Internet 中心具有高连接度和转发能力的 AS。它们可以是其他 AS 的提供商(Provider)，但不会成为客户(Customer)。换句话说，它们处于商业关系链的上层，称为核心层。Transit AS 是指除 Hub AS 之外具有转发能力的 AS 集合，其组成了域间路由系统复杂的转发层。Stub AS 是指位于网络边缘层中不具有转发能力的 AS，它们只能作为其他 AS 的 Customer。

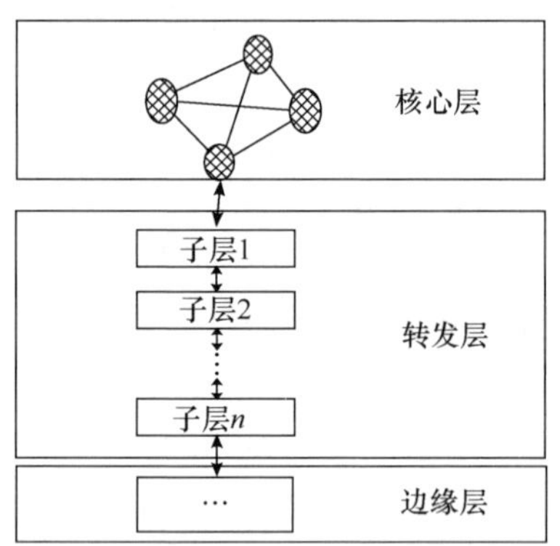

图 8.1 域间路由系统简化三层结构

表 8.1 详细列举了三类 AS 在连接能力和范围、商业关系、影响和适应能力以及节点度数等方面的差异。这些因素对域间路由系统的演化过程有非常重要的影响，在 CMV-HOT 中它们需要通过定量或者定性的方式得以体现。

表 8.1 三类 AS 的特征比较

参数	Hub AS	Transit AS	Stub AS
转发能力	强	较强	无
节点度数	高	较高	低
商业关系(外部)	Provider	Provider 或 Customer	Customer
商业关系(内部)	Peer	所有类型	Peer
影响能力	大	较大	小
适应能力	大	较大	小
连接范围	大	较大	小

对各个层中 AS 的数目和连接数目进行了统计，其中核心层包含 13 个 AS，转发层和边缘层比例基本稳定，转发层占 16%以上，而边缘层占 80%以上。

8.2.2　CMV-HOT 定义

在 CMV-HOT 中每一个 AS 被表示为一个七元组(AS_i，T_i，Fc_i，If_i，Ft_i，Cr_i，(x_i, y_i))。其中：

(1) T_i 为 AS_i 的类型，定义为

$$T_i=\begin{cases}0, & \mathrm{AS}_i\in\{\text{Hub AS}\}\\ 1, & \mathrm{AS}_i\in\{\text{Transit AS}\}\\ 2, & \mathrm{AS}_i\in\{\text{Stub AS}\}\end{cases}$$

(2) Fc_i 为 AS_i 的连接能力，从网络基础设施的角度对 AS 连接数进行约束，即 AS 的最大连接数目。在 CMV-HOT 中 Fc_i 满足规则 8.1，即 Hub AS 的连接能力高于 Transit AS，而 Transit AS 的连接能力高于 Stub AS。

规则 8.1　$\forall i,j,t,(T_i=0\wedge T_j=1\wedge T_t=2)\rightarrow \mathrm{Fc}_i\geqslant \mathrm{Fc}_j\geqslant \mathrm{Fc}_t$。

(3) If_i 为 AS_i 的影响因子，即 If_i 用来衡量 AS_i 在网络中的影响能力。域间路由系统中各个 AS 之间通过各种商业关系组织在一起，其中服务提供商为自己的客户提供流量的转发和传输，并从中赢取利润。同时服务提供商又是其上层服务提供商的客户，它们之间形成网络流量的传输链。AS 在域间路由系统中的影响能力取决于通过其传输和接收流量的 AS 的范围。If_i 可以定义为在这个流量传输链中 AS_i 下的节点总和，即以 AS_i 为根的转发树中的节点数目。

$$\mathrm{If}_i=1+|\{\mathrm{Customer}(\mathrm{AS}_i)\}|+\cdots+|\{\mathrm{Customer}(\cdots(\mathrm{Customer}(\mathrm{AS}_i)))\}|+\cdots$$

由于域间路由系统商业关系所建立的层次特性，If_i 满足规则 8.2。

规则 8.2　$\forall i,j,t,(T_i=0\wedge T_j=1\wedge T_t=2)\rightarrow \mathrm{If}_i\geqslant \mathrm{If}_j\geqslant \mathrm{If}_t$。

(4) Ft_i 为 AS_i 的适应因子，用来衡量 AS 在网络中的生命力。在域间路由系统中，各个 ISP 互连的主要动力是减少转发代价。因此，AS 之间连接时选择连附的上层 AS 的概率正比于其 ISP 能够到达的网络或提供商互连的规模以及其连接能力。在 CMV-HOT 中 Ft_i 定量定义为

$$\mathrm{Ft}_i=\alpha\cdot \mathrm{If}_i+\mathrm{Fc}_i$$

式中，α 为影响因子 If_i 和连接能力 Fc_i 之间的调节参数。

(5) Cr_i 为 AS_i 的连接范围，AS 连接时选择连附的 AS 需要考虑 AS 之间的连接可行性，过长的连接需要极高的连接代价，在现实中不具有实际意义，所以在 CMV-HOT 中需要约束 AS 之间的连接范围。

(6) (x_i, y_i)为 AS_i 在模拟范围内的坐标值，模拟范围抽象为一个 $N\times N$ 的矩形，由 AS 的坐标值可以确定其在模拟区域内的位置。

8.2.3 模型建立

域间路由系统中各个 AS 从产生到消亡的生命周期中会有多种可能的变化，如连接关系的变化、商业关系的变化、连接能力的变化、适应能力以及影响能力的变化等。CMV-HOT 中包含的操作包括以下几种：

(1) 加入新的 AS 节点。

(2) 在已有 AS 节点中加入边。

(3) 在已有 AS 节点中删除边。

(4) 删除已有 AS 节点。

(5) 调整 AS 节点连接能力。

1. 加入新的 AS 节点

加入新 AS 节点的操作包含三步，首先配置新 AS 的信息，再从已有 AS 中选择合适的节点作为新节点的 Provider 进行连接，最后将所涉及的 AS 的信息进行更新。

1) 构造一个新节点 AS_i

Hub 节点的数目为固定值，在初始时已经指定。新加入的 AS 只能为 Transit AS类型或者 Stub AS类型。其中成为 Transit AS 的概率为 20%，成立 Stub AS 的概率为 80%。若节点为 Transit AS，则连接能力 Fc_i 满足区间[1，800]的随机分布，连接范围 Cr_i 满足区间[100，200]的随机分布。如果节点为 Stub AS，那么连接能力为 $Fc_i=0$，连接范围 Cr_i 满足区间[10，100]的随机分布。初始的影响因子 If_i 为 0，由影响因子 If_i 和连接能力 Fc_i 可以计算出节点的初始适应因子 $Ft_i=\alpha\cdot If_i+Fc_i$，$\alpha$ 为调节参数。

2) 以 Customer-Provider 边连接

在以自身坐标(x_i，y_i)为圆点、半径为连接范围 Cr_i 的圆内存在的所有 AS 中选择一个合适的 AS 以 Customer-Provider 有向边进行连接。

当新节点 AS_i 为 Transit AS 时，可以选择连接的 AS_j 的类型为 Hub AS 和其他 Transit AS，它们具有增加新边的能力($|degree(AS_j)+1\leqslant Fc_j|$)，并且它们的适应因子满足 $Ft_j\geqslant Ft_i$，即 AS_i 不会选择比自己弱的 AS_j 作为其 Provider。在这些备选 AS 中选择 AS_j 的连接概率为 $Pn_j=T_j/\sum_t T_t$，其中连接参数 $T_j=\beta\cdot\min_{t<j} d_{jt}+Ft_j$，$\beta$ 为 AS_i 与 AS_j 之间的连接距离与 AS_j 的适应因子 Ft_j 之间的调节参数。

当新节点为 Stub AS 时，可以选择任何一个在连接范围内并且具有连接能力的 Hub AS 或者 Transit AS 作为其 Provider，连接概率同上。

3）更新信息

在以 Customer-Provider 边 $AS_i \rightarrow AS_j$ 进行连接之后，需要更新相关 AS 的影响因子和适应因子。其中，AS_i、AS_j 影响因子 If_i 加 1，若 AS_j 还有 Provider，则将其 Provider 的影响因子 If 也都加 1，直到其商业链的最高层，影响因子发生改变的所有 AS 节点的适应因子 Ft 的数值也要进行相应的更新。

2. 加入新的连接边

以 Customer-Provider 边进行连接的概率为 80%，以 Peer-Peer 边进行连接的概率为 20%。

若以 Customer-Provider 边进行连接，则随机选择一个 AS_i，使其满足 $|\mathrm{degree}(AS_i)+1 \leqslant Fc_i|$。当 AS_i 为 Hub AS 时，不能选择任何一个 AS 作为自己的 Provider，操作取消。当 AS_i 为 Transit AS 或者 Stub AS 时可以执行加入新节点中相应的第 2 步和第 3 步操作。

若以 Peer-Peer 边进行连接，则随机选择一个 AS_i，使其满足 $|\mathrm{degree}(AS_i)+1 \leqslant Fc_i|$。在以自身坐标$(x_i, y_i)$为圆点、半径为连接范围 Cr_i 的圆内存在的所有 AS 中选择与自己适应因子 Ft_i 最接近的 AS_j 进行连接，即连接概率为 $Pl_j = 1-(|Ft_j - Ft_i|)\Big/\sum_t(|Ft_t - Ft_i|)$。

3. 删除节点 AS_i

适应因子 Ft_i 越小的 AS 节点被选中的概率越大，选择概率为 $Pd_j = \left(\sum_t Ft_t - Ft_j\right)\Big/\sum_t Ft_t$。执行删除节点操作时，先将其所有连接边都删除，如果其 Customer 节点中发生断连，即没有其他的 Provider 节点，那么就会引发它们执行新的加入 Customer-Provider 边的过程。删除节点之后，需要更新所有相关 AS 的影响因子和适应因子的值。

4. 删除连接边

随机选择一个 AS_i，在其所有连接边中，选择一个从自身出发的连接边 $AS_i \rightarrow AS_j$，删除概率与选择的 AS_j 的适应因子成反比，即 $Pd_j = \left(\sum_t Ft_t - Ft_j\right)\Big/\sum_t Ft_t$，同时保证删除后节点 AS_i 还有其他的 Provider，如果 AS_i 只有一个 Provider，那么尽量从其 Peer 边中进行选择。如果选择的 AS_i 只有一个 Provider 节点，没有 Peer 节点，那么这时的删除边操作就转化为一个边的重连过程，会引发 AS_i 重新选择 AS,进行 Customer-Provider 边的连接过程。

5. 调整 AS_i 节点连接能力

AS 的连接能力限制了可以连接的 AS 的数目,也会直接影响 AS 适应因子的值。每个 AS 在初始化时根据其类型的不同,随机产生一个数值作为其连接能力,在模型演化过程中 AS 的连接能力需要进行更新。连接能力的调节操作主要针对 Hub AS 和 Transit AS 进行。随机选择一个 Hub AS 或者 Transit AS,将其连接能力增加或者减少一个常数值 C,并且重新计算 AS 的适应因子属性 Ft_i。

8.3 CMV-HOT 分析

在 CMV-HOT 中调节参数 α 和 β 分别用来调节影响因子 If 与连接能力 Fc 之间以及适应因子 Ft 与连接距离 d 之间的比例,对生成的域间路由演化模型的影响是非常大的。图 8.2 为调节参数 α 和 β 取不同值时得到的 500 个 AS 节点的拓扑图,可以看出,它们存在很大差异。如何调节变量以及参数的值才能够得到期望的、符合实际的域间路由演化模型,本节将从理论上进行分析。

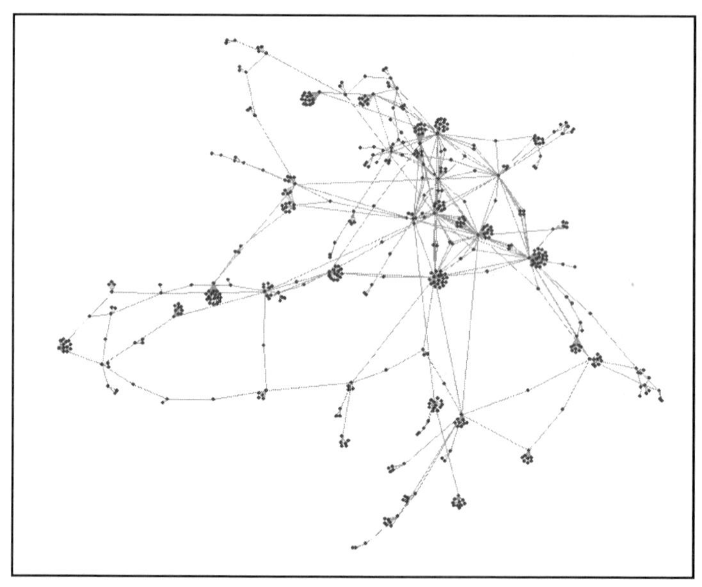

(a) $\alpha=10, \beta=0$

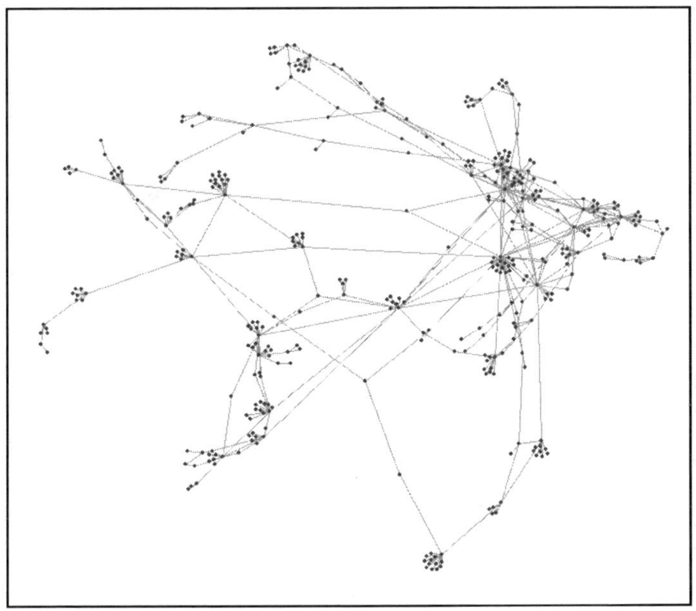

(b) α=10, β=10

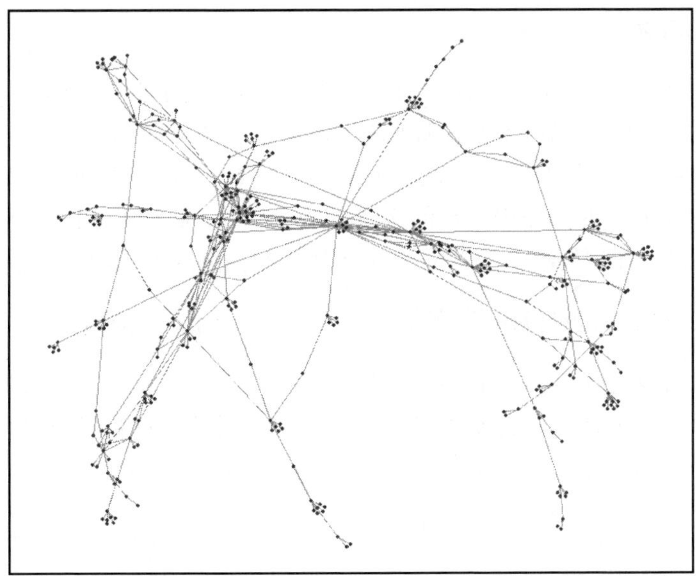

(c) α=10, β=100

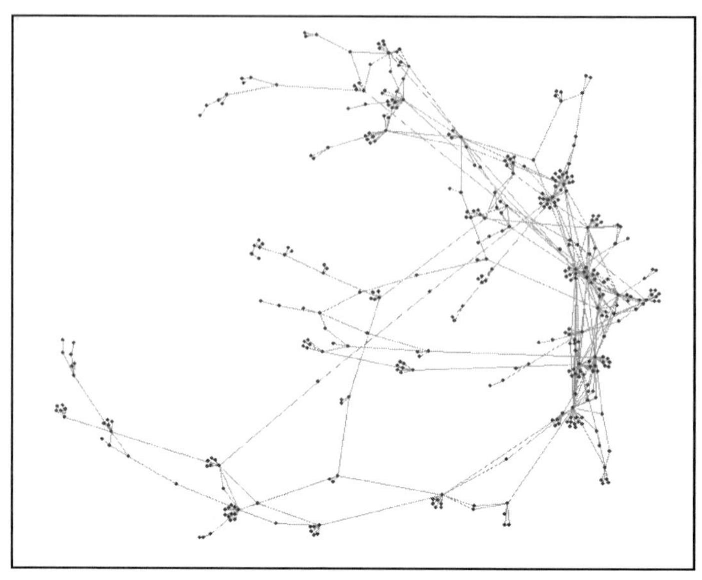

(d) α=100, β=10

图 8.2 不同调节参数 α 和 β 得到的 500 个 AS 节点的拓扑图

8.3.1 一般情况

在 CMV-HOT 中,执行过程中每一步有五种可能的操作,即加入新的 AS、在已有节点中加入边、在已有节点中删除边、删除已有节点及调整节点连接能力。

假设这种操作执行的概率分别为 P_1、P_2、P_3、P_4 和 P_5。根据 CMV-HOT 的定义,其中加入新节点的操作中 AS 的选择概率为 P_{nj},加入新连接边中 AS 的选择概率为 P_{lj},删除 AS 特定连接边的概率为 P_{dj},而在删除节点时某条连接边被删除的概率为 $P_{dj}\dfrac{1}{x}$,x 为所有被删除的边的数目。选择调节连接能力的 AS 节点选择概率为 $1/N$,N 为所有 AS 的数目。函数 $p(k,t_i,t)$ 表示 AS 节点 i 在 t_i 时刻加入域间路由系统、在 t 时刻节点度数变为 k 的概率。对演化过程进行分析可知

$$
\begin{aligned}
p(k,t_i,t)=&P_1P_{nj}p(k-1,t_i,t)+P_2P_{lj}p(k-1,t_i,t)+P_3P_{dj}\\
&\cdot p(k+1,t_i,t)+P_4P_{dj}\frac{1}{x}p(k+1,t_i,t)+P_5\frac{1}{n}p(k,t_i,t) \qquad (8.1)
\end{aligned}
$$

即 AS 节点 i 在 t 时刻节点度数变为 k 的可能概率为度数 $k-1$ 通过加入新边或者新节点操作变为 k 的概率、度数 $k+1$ 通过删除边或者节点操作变为 k 的概率及本身执行调整连接能力的概率之和。

由连续演化定理,节点度数分布概率为

$$P(k)=\frac{\lim\limits_{t\to\infty}\left(\sum\limits_{t_i}p(k,t_i,t)\right)}{t} \tag{8.2}$$

由式(8.1)和式(8.2)可得

$$P(k)=P_1P_{nj}P(k-1)+P_2P_{lj}P(k-1)+P_3P_{dj}P(k+1)+P_4P_{dj}\frac{1}{x}P(k+1)+P_5\frac{1}{n}P(k) \tag{8.3}$$

则

$$P(k+1)=\frac{\left(1-\frac{1}{N}\right)P(k)-(P_1P_{nj}+P_2P_{lj})P(k-1)}{P_{dj}\left(P_3+\frac{P_4}{x}\right)} \tag{8.4}$$

在 CMV-HOT 中，只有在执行了删除节点的操作之后，节点的度数才可能变为 0，即

$$P(0)=P_3P_{dj} \tag{8.5}$$

$$\sum_{k=1}^{N}P(k)=1 \tag{8.6}$$

在 $P_{lj}=P_{nj}$ 的情况下，即加入的边在绝大多数情况下为 Customer-Provider 边时，由式(8.4)～式(8.6)可以计算出 CMV-HOT 中节点度数分布概率函数 $P(k)$ 的递归表达式

$$P(k)=\begin{cases}\dfrac{C_1}{p_{dj}}P(k-1)+\dfrac{C_2p_{nj}}{p_{dj}}P(k-2), & k\geqslant 2\\ \dfrac{1-P_3}{\dfrac{C_1^{N-1}}{p_{dj}^{N-1}}+\dfrac{C_1^{N-2}C_2^{N-2}p_{nj}^{N-2}}{p_{dj}^{N-2}}+\cdots+\dfrac{C_2p_{nj}}{p_{dj}}}, & k=1\\ P_3p_{dj}, & k=0\end{cases} \tag{8.7}$$

式中，$C_1=\left(1-\frac{1}{N}\right)\Big/\left(P_3+\frac{P_4}{x}\right)$和$C_2=-(P_1+P_2)\Big/\left(P_3+\frac{P_4}{x}\right)$都为常数，则

$$P(k)=\frac{(1-P_3)\left(\frac{C_1^{k-1}}{p_{dj}^{k-1}}+\frac{C_1^{k-2}C_2^{k-2}p_{nj}^{k-2}}{p_{dj}^{k-2}}+\cdots+\frac{C_2p_{nj}}{p_{dj}}\right)}{\frac{C_1^{N-1}}{p_{dj}^{N-1}}+\frac{C_1^{N-2}C_2^{N-2}p_{nj}^{N-2}}{p_{dj}^{N-2}}+\cdots+\frac{C_2p_{nj}}{p_{dj}}}+\left(\frac{C_1^{k-2}}{p_{dj}^{k-2}}+\frac{C_1^{k-3}C_2^{k-3}P_3p_{nj}^{k-3}}{p_{dj}^{k-3}}+\cdots+\frac{C_2P_3p_{nj}}{p_{dj}}\right) \tag{8.8}$$

由此可见，通过调节 P_{dj} 和 P_{nj} 的数值可以建立多种多样的域间路由演化模型。

8.3.2 幂律特性的产生分析

在第2章中，用CMV-HOT产生了幂律特性，那么在满足什么样的条件下，CMV-HOT产生的域间路由演化模型能够具有幂律的外在表现呢？本节将对此进行理论分析。

在CMV-HOT中，节点连接概率 $p_i = T_i \Big/ \sum_j T_j$，其中 $T_i = \beta \cdot \min_{t<i} d_{it} + \mathrm{Ft}_i$，而 $\mathrm{Ft}_i = \alpha \cdot \mathrm{If}_i + \mathrm{Fc}_i$，由此可知

$$p_i = \frac{\beta \cdot \min_{t<i} d_{it} + \alpha \cdot \mathrm{If}_i + \mathrm{Fc}_i}{\sum_j (\beta \cdot \min_{t<j} d_{jt} + \alpha \cdot \mathrm{If}_j + \mathrm{Fc}_j)}$$

当 $\alpha \cdot \mathrm{If}_i \gg \mathrm{Fc}_i$ 时，$\mathrm{Ft}_i \approx \alpha \cdot \mathrm{If}_i$，则 $p_i = \dfrac{\beta \cdot \min_{t<i} d_{it} + \alpha \cdot \mathrm{If}_i}{\sum_j (\beta \cdot \min_{t<j} d_{jt} + \alpha \cdot \mathrm{If}_j)}$。进一步，当 $\beta \cdot \min_{t<i} d_{it} \ll \mathrm{Ft}_i$ 时，$T_i \approx \mathrm{Ft}_i \approx \alpha \cdot \mathrm{If}_i$，则

$$p_{ni} = \frac{\alpha \cdot \mathrm{If}_i}{\sum_j \alpha \cdot \mathrm{If}_j} = \frac{\mathrm{If}_i}{\sum_j \mathrm{If}_j} \tag{8.9}$$

式中，If_i 为节点的影响因子，即以节点为根的转发树中的所有节点的数目。

同理，删除节点和连接边的选择概率 $P_{di} = \left(\sum_j \mathrm{Ft}_j - \mathrm{Ft}_i\right) \Big/ \sum_j \mathrm{Ft}_j$。在满足 $\alpha \cdot \mathrm{If}_i \gg \mathrm{Fc}_i$ 的条件时，有

$$P_{dj} \approx \frac{\sum_j \mathrm{If}_j - \mathrm{If}_i}{\sum_j \mathrm{If}_j} \tag{8.10}$$

则根据式(8.8)～式(8.10)可以推导出在满足条件 $\alpha \cdot \mathrm{If}_i \gg \mathrm{Fc}_i$ 与 $\beta \cdot \min_{t<i} d_{it} \ll \mathrm{Ft}_i$ 时，节点的度分布函数为

$$P(k) \sim \frac{C_1^2 C_2 P_3}{\mathrm{If}_i \cdot (\mathrm{If}_i + C_1) \cdot (\mathrm{If}_i + C_2 P_3)} \tag{8.11}$$

即 $P(k) \sim \mathrm{If}_i^{-3}$，由 If_i 的定义以及域间路由系统中AS连接关系的特点，可以认为CMV-HOT在满足条件 $\alpha \cdot \mathrm{If}_i \gg \mathrm{Fc}_i$ 与 $\beta \cdot \min_{t<i} d_{it} \ll \mathrm{Ft}_i$ 时可以得到具有幂律特性的域间路由系统演化模型。

8.4 模拟比较

本节通过将CMV-HOT的结果与真实BGP数据得到的结果在很多方面进行比较，进而对CMV-HOT的正确性进行验证。

8.4.1　评价参数定义

1. 节点度分布

节点度分布包括 AS 的出度和入度分布。AS 的出度代表 AS 的 Provider 和 Peer 的数目，入度代表 AS 的 Customer 和 Peer 的数目。AS 的总的节点度数为所有 AS 连接的 AS 数目。在域间路由系统中，AS 的总节点度数分布满足幂律定律，根据幂律第一定律，节点度 d_i 与该节点等级 r_i 的 R 次幂成比例，即 $d_i \propto r_i^R$，其中 $R \approx -0.687$。

2. 域间路由系统的平均路径长度 L

在网络中，两点间的距离被定义为连接两点的最短路径所包含的边的数目，把所有节点对的距离求平均就得到了网络的平均路径长度。域间路由系统的平均路径长度是衡量转发能力的重要参数，具有较小的平均路径长度可以使得传输延迟降低，代价减少。但是，域间路由系统中的路径与传统网络中一般意义的路径存在着很大的不同。域间路由系统中合法路径要求必须是无谷底(valley-free)的，这是由域间路由协议 BGP 的策略所决定的。

路径是 valley-free 的，是指 BGP 路由的输出策略符合以下规则。

(1) 输出到提供商(Provider)：在与一个提供商交换路由信息时，一个 AS 可以输出自己的和其客户的路由，但是不能输出从其他提供商或对等体学到的路由。

(2) 输出到客户(Customer)：在与一个客户交换路由信息时，一个 AS 可以输出自己的和其客户的路由，还可以输出从其提供商和对等体学到的路由。

(3) 输出到对等体(Peer)：在与一个对等体交换路由信息时，一个 AS 可以输出自己的和其客户的路由，但是不能输出从其他提供商或对等体学到的路由。

在对 CMV-HOT 产生的路径进行统计分析也必须要遵从 valley-free 路径的要求，这样才能够与真实数据进行比较。

3. 域间路由系统的平均聚集系数 C

聚集系数来自小世界网络中的概念，用来衡量节点的连接等级。每一个节点 AS_i 的聚集系数 C_i 定义为 AS_i 的邻居之间的所有连接边数与其可能的最大值的比值。域间路由系统的平均聚集系数 C 是所有 C_i 的平均值，用来衡量系统中 AS 的聚集程度。

4. AS 节点的影响范围分布 If

根据 CMV-HOT 中对 AS 影响因子 If 的定义可知，它就是 AS 节点直接或者间接服务的 Customer 的总数，这衡量了 AS 作为服务提供商的能力。

5. AS 节点的 BC 值分布

节点的 BC(betweenness centrality)值是图论中的重要概念。网络中节点的 BC 定义为 $g(v)=\sum_{s\neq t}\frac{\sigma_{st}(v)}{\sigma_{st}}$，其中 σ_{st} 为所有从 s 到 t 的最短路径数，$\sigma_{st}(v)$ 为所有从 s 经过点 v 到达 t 的最短路径数，节点的 BC 值可以用来衡量节点在网络中进行流量转发的重要性，是一个重要的网络属性参数。

6. 各种 AS 类型和商业关系统计

由 8.2.1 节中的真实数据得到的结果可知：

(1) 在 Stub AS 中多宿主的情况已经相当普及，超过了 60%。

(2) 从 Internet 的商业关系来看，Customer-Provider 关系占 90%，而 Peer-Peer 关系只有不到 10%。

(3) Transit AS 和 Stub AS 比例基本稳定，Transit AS 占 16%以上，而 Stub AS 占 80%以上。

下面需要检验 CMV-HOT 产生的结果是否满足以上规律。

8.4.2　结果比较

为了对 CMV-HOT 的正确性进行验证，本节采集 CIADA 上公布的 2006 年 3 月 2 日的 BGP 路由表[30]，对其节点度分布、节点 BC 值、聚集系数 C 等参数进行分析。CMV-HOT 中各个参数定义如表 8.2 所示。

表 8.2　CMV-HOT 的参数值

加入新 AS 的概率 P_1	65%	模拟区域大小	1000×1000
加入新连接边的概率 P_2	10%	调节参数 α	1000
删除已有连接边的概率 P_3	10%	调节参数 β	0.1
删除已有 AS 的概率 P_4	10%	模拟步数	41673
调整 AS 连接能力的概率 P_5	5%	—	—

以下是 CMV-HOT 在各种统计参数中与真实数据的比较分析。

1. 节点度分布 $d(v)$

图 8.3 为 CMV-HOT 与 BGP 路由表推断产生的节点度与节点秩之间关系的 log-log 图。从图中可以看出，CMV-HOT 的节点度分布满足幂律特性，并且与 BGP 路由表真实数据的曲线逼近。对两条曲线进行拟合，可以得到它们的秩指数 R 的值。其中，BGP 路由表中推断的节点秩指数 R 为 −0.61228，CMV-HOT 的

节点秩指数 R 为－0.72597。

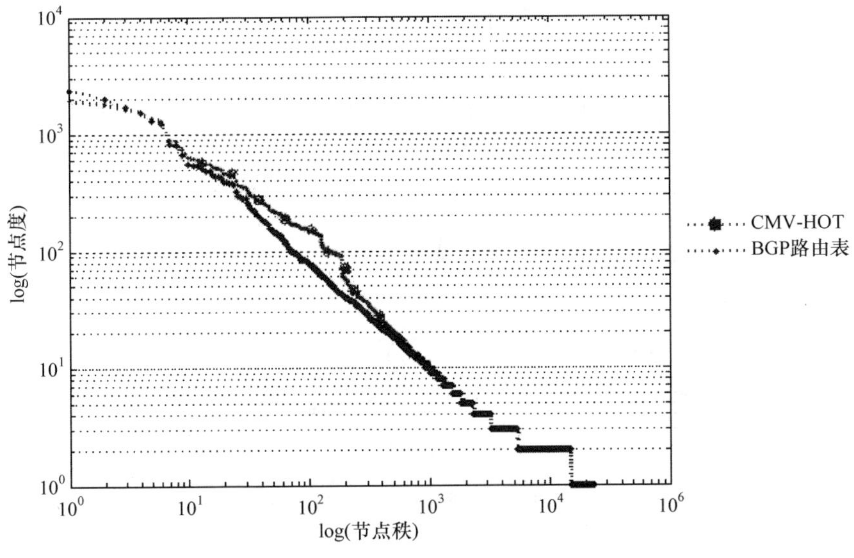

图 8.3　节点度分布比较

表 8.3 中列举出两者在其他节点度参数中的比较。

表 8.3　AS 节点度比较

参数	CMV-HOT	BGP 路由表
节点度最大值	1955	2347
节点度平均值	4.479	3.898
节点度标准值	33.04	32.05

对 CMV-HOT 的节点度分布结果的分析可以确认，CMV-HOT 产生的域间路由系统演化结果满足幂律特性，且与真实数据相近似。

2. 平均路径长度 L

BGP 路由表中 AS_PATH 属性记录了 AS 到目的 AS 所经过的所有 AS 的列表，由此可以计算出 AS 之间的路径长度，也就是跳步数。根据 BGP 的策略约束，AS_PATH 中的路径都是 valley-free 的。CMV-HOT 中对合法路径的定义，也需要满足 valley-free 路径的特征。由此在 24614 个节点的最终生成拓扑中，共存在 213840 条合法路径，路径长度的范围为[1，10]，整个网络的平均路径长度为 3.3247，而根据 BGP 路由表得到的域间路由系统平均路径长度为 3.6856。图 8.4 中比较了两者在 AS 节点间连接跳步数的概率分布。

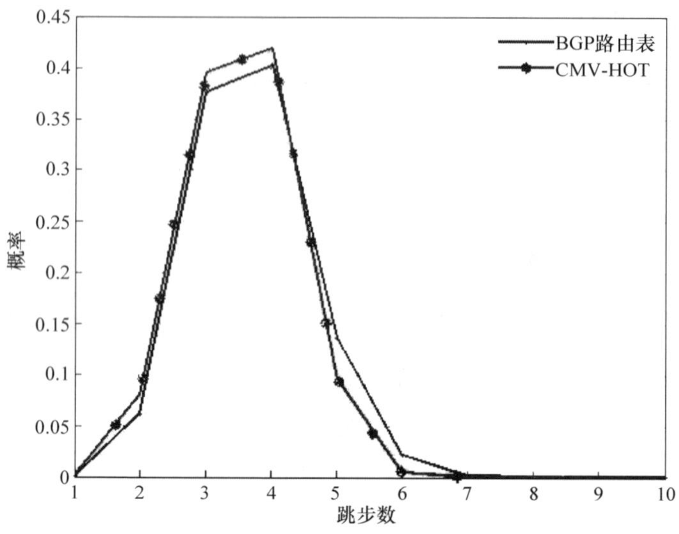

图 8.4 节点间跳步数分布概率

3. 聚集系数 C

网络的聚集系数 C 为网络中所有节点聚集系数的平均值。首先需要计算 CMV-HOT 中各个 AS 的聚集系数，图 8.5 中比较了 CMV-HOT 和 BGP 路由表数据中聚集系数条件累积分布(CCDF)曲线，两者存在较大的差异。由此计算出 CMV-HOT 的网络平均聚集系数 $C\approx 0.5114$，而 BGP 路由表数据中计算出的 $C\approx$

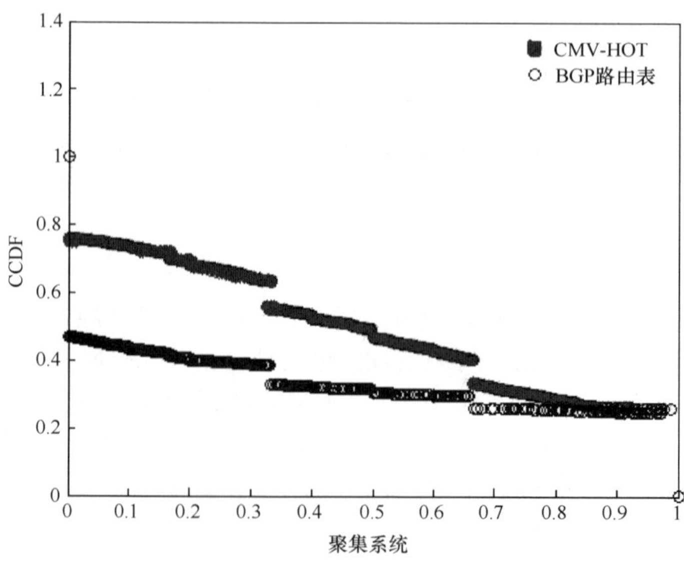

图 8.5 节点聚集系数累计分布比较

0.2918。根据域间路由系统中其他数据计算出网络平均聚集系数的平均标准值约为 0.4524。

表 8.4 中列出了从 Skitter、BGP 路由表、WHOIS、BGP 路由表等数据源计算出的域间路由系统聚集系数 C 的值，可以看出它们得到的 C 的范围为[0.2918，0.4487]，相对于 0.4524 的标准值，误差为[0.0095，0.335]，而 CMV-HOT 中聚集系数 C 相对于理论值的误差为 0.1304。

表 8.4　几组数据源中聚集系数 C 值的比较

数据源	Skitter	BGP 路由表	BGP 更新	WHOIS	CMV-HOT
聚集系数 C	0.4567	0.2918	0.3280	0.4887	0.5114
相对误差 ε'	0.0095	0.3350	0.2750	0.0802	0.1304

根据对 CMV-HOT 平均路径长度 L 的聚集系数 C 的分析，可以认为 CMV-HOT 生成的域间路由演化模型具有较小的平均路径长度和较大的网络平均聚集系数，所以符合小世界特性的要求。

4. AS 的影响范围

AS 节点的影响范围 If 是 CMV-HOT 中统计的重要参数，它也是检验域间路由系统是否满足幂律特性的重要参数，并且可以很直观地衡量出 AS 在网络中的重要程度。AS 节点的影响范围 If 在 CMV-HOT 中第一次进行了统计，人们还无法将其与其他数据源中的结果进行比较。图 8.6 中显示了 AS 的影响范围 If 与其秩 R 的对数图，可以看出，其近似为一条斜率为−0.074 的直线。

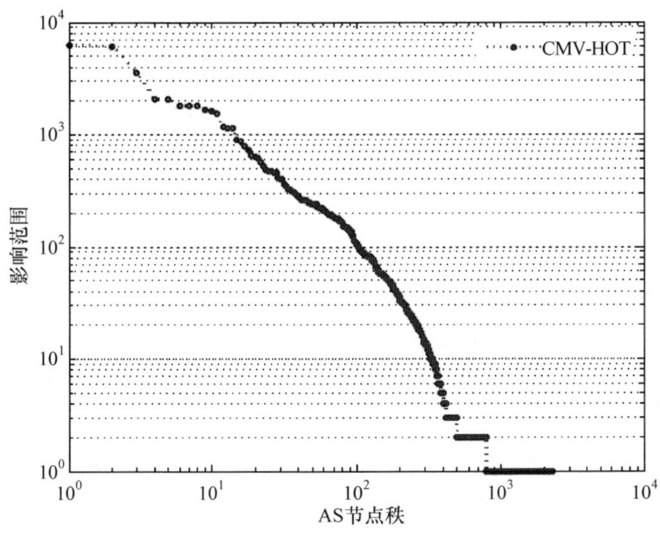

图 8.6　AS 的影响范围分布

这样就可以在幂律 1～幂律 3(参见 8.1.1 节)的基础上得到幂律 4。

幂律 4(影响指数 F)　节点 i 在网络中的影响范围 If_i 与其秩 R 的 F 次幂成比例，即 $\mathrm{If}_i \propto R^F$。在域间路由系统中，$F \approx -0.074$。

5. AS 节点的 BC 值分布

节点的 BC 值是所有经过该节点的合法路径与域间路由系统中所有合法路径的比值。在幂律网络中，节点的 BC 值与节点度存在幂律关系。节点度越大，具有的 BC 值也就越大。图 8.7 中，BGP 路由表得到的节点 BC 值曲线抖动比较大，其对数曲线的斜率为 0.1688，其中节点的最大 BC 值为 0.0991，平均值为 7.69×10^{-5}。CMV-HOT 中节点的最大 BC 值为 0.1254，平均值为 1.06×10^{-4}，其对数曲线的斜率为 0.1469，即满足 $\mathrm{BC}_i \propto d_i^{\vartheta}$，其中 $\vartheta \approx 0.1469$。

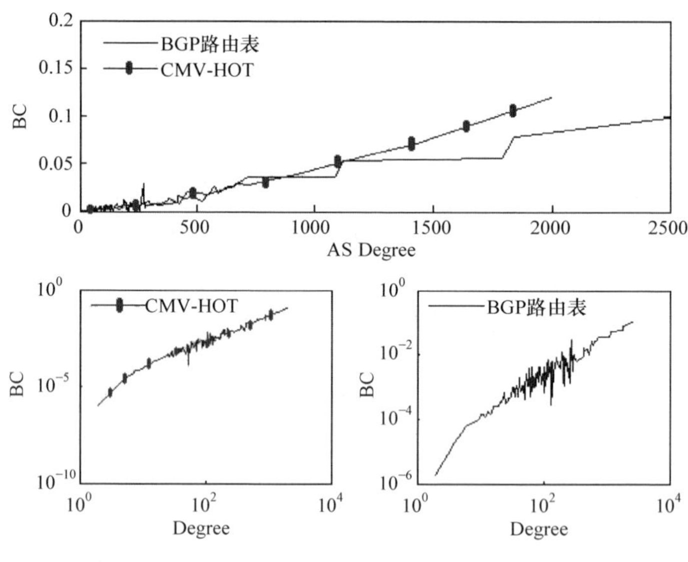

图 8.7　节点 BC 值与与节点度的关系

6. 商业因素分析

当 CMV-HOT 得到的网络规模为 2416 个 AS 节点，连接数为 41034 条时，Hub AS 节点为 13 个，Transit AS 节点为 3864 个，而 Stub AS 节点为 20737 个，占总节点数的 84%。在连接关系中，Provider 与 Customer 之间的连接边达到 197802 条，占总连接边的 93%；而 Peer 之间的连接边只有 16038 条，只占 8%左右。图 8.8 以饼图的形式显示了各种 AS 类型和商业关系所占的比例，可以看出其与相同规模的域间路由系统的真实情况基本吻合。

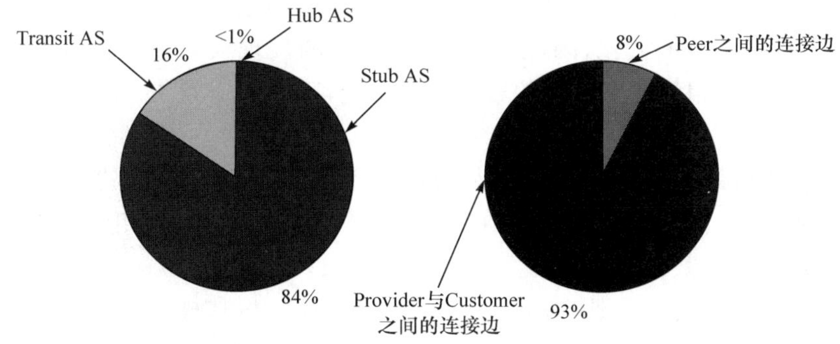

图 8.8　CMV-HOT 中的商业关系统计

8.4.3　模型总结

CMV-HOT 基于复杂系统的 HOT 理论，通过对域间路由系统的内部规律和外在表现的分析，在以下几方面进行了创新：

(1) 考虑到 Internet 中不同类型 AS 的特点，它们在侧重功能、转发能力、连接能力、商业关系等方面都具有不同的特点，所以其成长过程也会有所区别。

(2) 演化模型考虑了 AS 之间的商业关系，生成的模型为有向连通图，在衡量指标上也对商业关系的各种因素进行了考虑。

(3) 从 Internet 成长过程中探讨产生幂律和小世界的原因，而不是为了得到这些特性来人为地设计模型。

(4) 每个 AS 中加入了适应因子和影响因子的作用，而不仅仅用节点度数来调节连接的概率，使得一些健壮的 AS 能够很快成长起来，更符合 Internet 的特点。

CMV-HOT 将域间路由系统看做一个自组织的复杂系统，从系统论的角度成功地建立了一个能够反映域间路由系统特征的演化模型，它不仅优于传统图论建模的方法，也比先前将 HOT 理论应用于域间路由系统建模的各种模型更具有真实性。人们在利用内在规律研究域间路由系统外在表现的过程中，得出了以下结论：

(1) 幂律特性是域间路由系统作为自组织复杂系统的外在表现。先前对 BA 模型的研究认为幂律特性是系统在临界点上所表现出来的特性，这是基于连通性动力学对 Internet 发展所做的假设。但 CMV-HOT 证明可以通过多变量的最优化方法在复杂系统中得到幂律特性，所以临界特性并不是幂律特性的根源。

(2) 域间路由系统中各个 AS 作为独立的 Agent，自主决策，并在所辖 AS 内实施各自的 BGP 策略，随着系统规模的增加，各个 AS 的独立行为使得整个域间路由系统表现出复杂的系统特性。但是由于AS在域间路由系统中具有相同的目标,即获得自身利益最大化,因此在宏观上,它们的表现具有一致性和可预测性。也就是说,作为自组织复杂系统的域间路由系统,其变化趋势在一段时间内是可预测的。

(3) 对域间路由系统进行研究,如协议设计、流量控制、安全部署等,都需要了解域间路由系统乃至独立AS的内在规律,这样才能利用好其自组织特性,使结果更具有实用性和高效性。

(4) 域间路由系统的外在表现是可以调节的,这与其自组织特性并不矛盾。可以通过激励措施来引导AS个体进行决策,从而使域间路由系统在整体上表现出人们所期望的特征。目前的域间路由系统还具有脆弱性、对扰动的灵敏性及不安全和无法信任等诸多问题,如果能较好地引导域间路由系统的演化规律,那么这些问题才会从根本上得到解决。

图8.9为CMV-HOT生成的20000个节点的域间路由系统拓扑图。

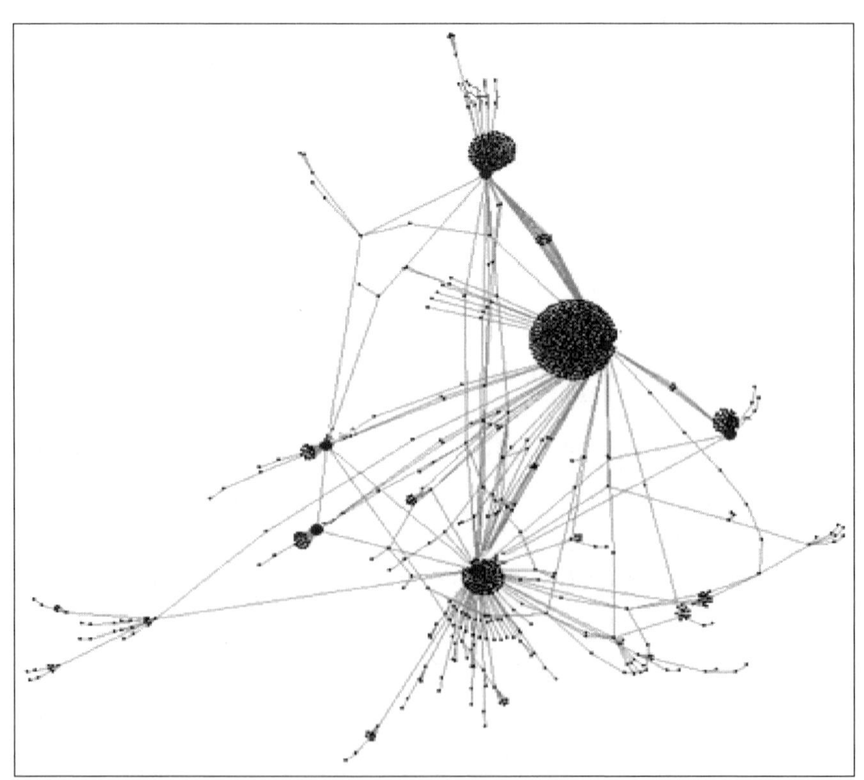

图8.9　CMV-HOT生成的20000个节点的域间路由系统拓扑图

8.5　利用 CMV-HOT 分析域间路由系统

域间路由系统规模庞大，结构错综复杂，应用多种多样，还存在着不可预知的扰动和意外事件，掌握其全面信息和数据或者统计其某些属性是很难做到的。建立域间路由系统演化模型的最终目的就是了解域间路由系统外在表现的内在原因，进而对其上的应用和操作提供指导。下面将以域间路由系统中的几种属性为例对其进行分析。

8.5.1　多宿主

AS 之间连接关系的一个突出表现就是多宿主现象。多宿主现象是指 Customer 通过多条链路与一个或者多个 Provider 建立连接，目的是提高 AS 连接的稳定性和性能。多宿主是网络演化基本过程的结果，选择另外一个提供商的概率是指数递减的。有两个 Provider 的 AS 占整个多宿主节点的 90%以上，连接三个以上 Provider 的 AS 几乎没有。据统计，如果将域间路由系统中多宿主的多余连接边去除，那么连接边的数目减少将近 50%，边缘层 AS 中多宿主的情况已经相当普及，超过了 60%。

在 CMV-HOT 中对多宿主提供了支持，Customer AS 可以连接多个 Provider。据统计，多宿主节点有 12034 个，占总节点数的 49%；连接数为 13547 条，占总连接边数的 33%。在多宿主节点中，有两条连接边的占 88.84%，有三条连接边的占 11.06%，有四条连接边的只占 0.1%。由此可以看出，多宿主现象在 CMV-HOT 生成的域间路由系统模型中是非常普遍的。下面将 CMV-HOT 结果中多宿主节点的多余边删除，抑制多宿主现象的存在，进而对两种结果进行比较，分析出多宿主现象会给域间路由系统带来怎样的不同。

首先分析多宿主现象是否会随域间路由系统的幂律特性产生变化。图 8.10 中比较了含有多宿主的 CMV-HOT 原始数据与删除多宿主节点多余边的修改数据中计算出的 AS 节点度随节点秩变化的对数图。可以看出在非多宿主情况下，节点度与节点秩之间依然满足幂律定义，秩指数 $R \approx -0.517$，比多宿主情况下秩指数 −0.726 增加 0.209。

图 8.11 中比较了两种情况下 valley-free 路径的各种跳步数的概率分布，可以看出，在跳步数小于 4 时，非多宿主情况下概率分布要小于正常情况，而在跳步数大于 4 的情况下，非多宿主情况下概率分布要大于正常情况。这说明多宿主可以有效地减少域间路由系统的平均路径长度。根据计算可知，非多宿主情况下，域间路由系统的平均路径长度为 3.514。

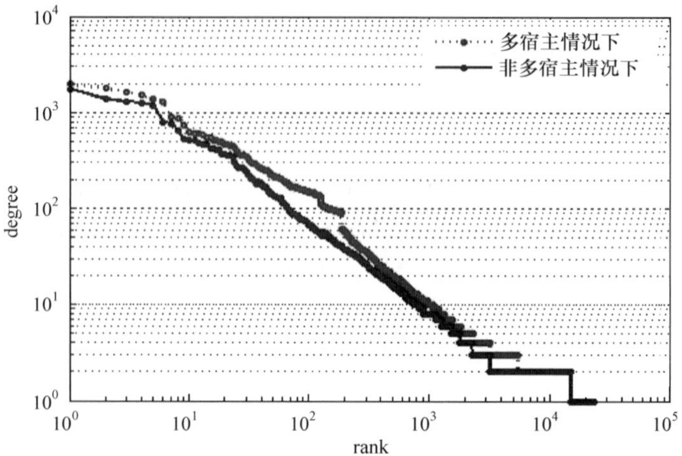

图 8.10　多宿主对秩系数的影响

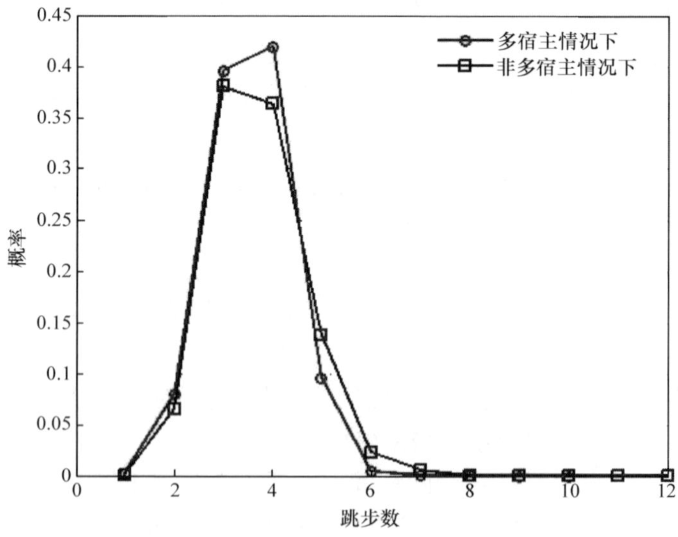

图 8.11　多宿主对跳步数概率分布的影响

图 8.12 为两者在聚集系数 C 的条件累积概率分布，在非多宿主情况下聚集系数为 0.4344，明显小于多宿主情况下的 0.5114。

通过对非多宿主情况和多宿主情况的比较，可以得出以下结论：

（1）多宿主不是导致域间路由系统具有幂律特性和小世界特性的根源和动力。

（2）多宿主现象使得幂律特性更加明显。

（3）多宿主现象可以减小域间路由系统的平均路径长度以及聚集系数。

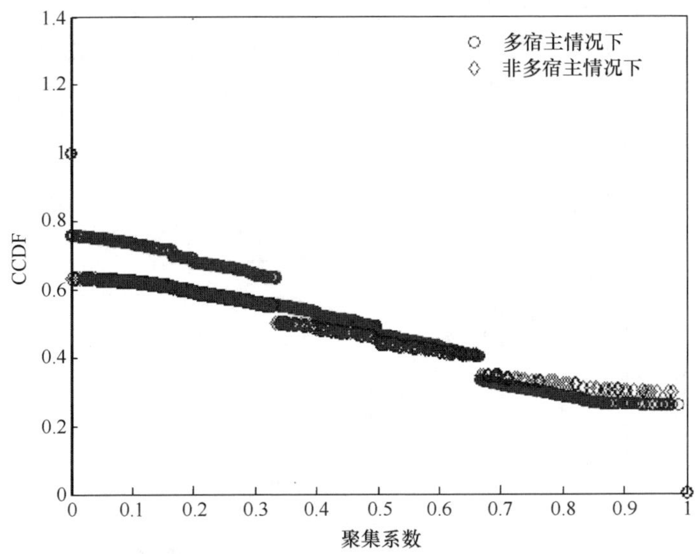

图 8.12　多宿主对聚集系数概率分布的影响

8.5.2　AS 间的商业关系

域间路由系统是一个庞大的商业化体系。商业化使得各个 AS 各尽其责，尽心尽力地完成各项网络服务，也使得整个域间路由系统具有了前进的动力。如果域间路由系统中没有商业因素的影响，那么情况会变成如何呢？这不仅是一个网络技术问题，也是一个经济学、社会学问题。作者将从 AS 间的商业关系入手，从模型的角度进行简单的分析，试图对问题进行有意义的探讨。

AS 间的商业关系是域间路由系统商业化的具体体现。CMV-HOT 充分考虑了 AS 之间的商业关系，AS 进行连接选择时，会根据 AS 的类型和角色选择合适的 Provider，最终生成有向的域间路由系统演化图，在统计合法路径时，也充分考虑了商业关系对路径的约束。CMV-HOT 很好地体现了商业化对域间路由系统的影响。这里，为了得到没有商业关系的域间路由系统模型，需要对 CMV-HOT 进行修改。

在新模型中，AS 之间建立连接时不需要考虑是何种类型的连接，删除边时也不需要考虑是 Provider-Customer 边，还是 Peer-Peer 边。这样的模型中需要考虑的约束只包括节点的连接能力、连接范围、适应因子及影响因子。这样可以保证其与 CMV-HOT 之间只存在商业关系之间的区别，有助于在相同条件下进行比较。在保证两种演化模型规模相同的情况下，对生成网络的秩指数分布、路径的平均长度以及聚集系数进行比较，研究 AS 商业关系在域间路由系统的演化过程中对外在表现特征所起的作用。图 8.13 为两种模型中节点秩与节点度的分布对数图，可以看出在没有商业关系约束的情况下，具有大节点度数的 AS 数目及其度数要明显小于正常情况。网络的秩系数也由－0.726 增加为－0.507。这说明商业关系可以使域间路由系统的幂律特性更加明显。

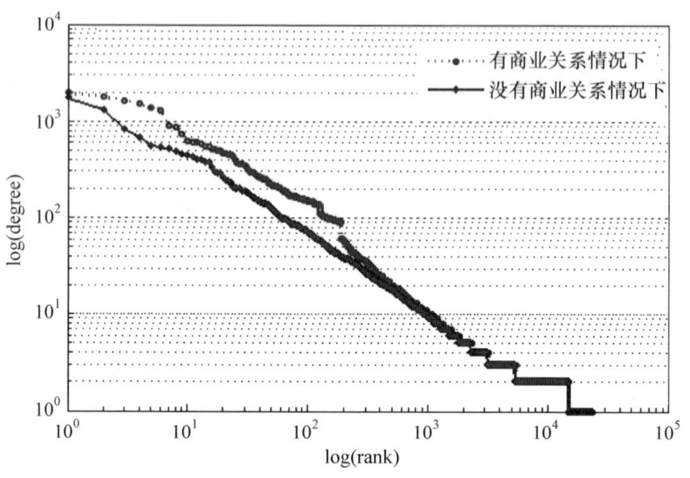

图 8.13　商业关系对秩系数的影响

图 8.14 为两者在聚集系数 C 下的条件累积概率分布，在没有商业关系约束的情况下聚集系数为 0.3486，明显小于有商业关系情况下的聚集系数 0.5114。这说明 AS 间的商业关系明显降低了域间路由系统的平均聚集系数。

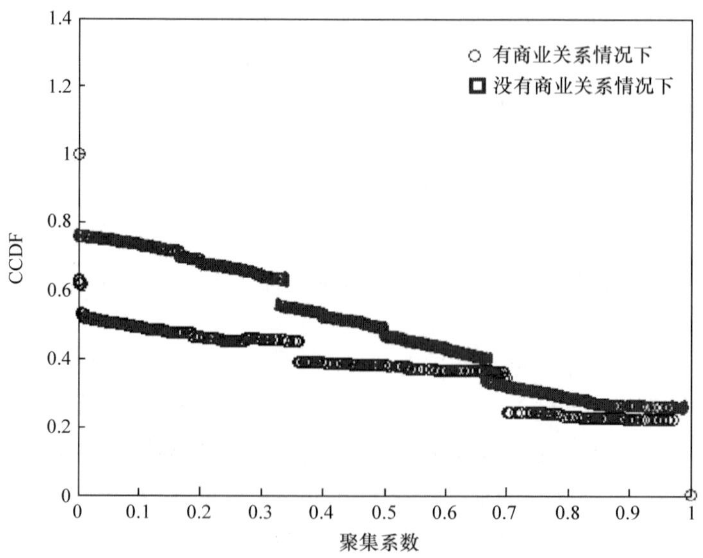

图 8.14　商业关系对聚集系数的影响

通过对以上三个因素的分析可以认为，AS 之间的商业关系不是导致域间路由系统产生幂律特性和小世界特性的根本原因，但是它的存在会导致域间路由系统的幂律特性更加明显，而小世界特性会有所减弱。

8.6 本章小结

域间路由系统的基本问题能否找到有效的解决方法，在很大程度上取决于对域间路由系统行为模型的准确刻画。本章研究了 Internet 域间路由系统中各个 AS 在其成长消亡过程中需要考虑的各种影响因素，基于 HOT 理论建立了域间路由系统的动态演化模型——CMV-HOT。CMV-HOT 将域间路由系统看做一个自组织的复杂系统，从系统论的角度成功地建立了一个能够反映域间路由系统特征的演化模型，它不仅优于传统图论建模的方法，也比先前将 HOT 理论应用于域间路由系统建模的各种模型更具有真实性。CMV-HOT 通过对域间路由系统的内部规律和外在表现的分析，考虑了 AS 间商业关系、不同 AS 的类型、连接约束等多种条件，从复杂系统的角度对域间路由系统的演化过程进行模拟。通过与真实 BGP 路由表数据的比较，证明了 CMV-HOT 具有很高的准确性和实用价值。

在利用内在规律研究域间路由系统外在表现的过程中，可以认为幂律特性和小世界特性是域间路由系统作为自组织复杂系统的外在表现。作为自组织复杂系统的域间路由系统，其变化趋势在一段时间内是可预测的。因此，以域间路由系统中的多宿主现象和 AS 间的商业关系问题为例，分析了如何利用 CMV-HOT 来研究域间路由系统中各种因素对演化过程的影响。通过分析认为，多宿主以及 AS 之间的商业关系都不是导致域间路由系统产生幂律特性和小世界特性的根本原因，但是它们的存在会使某些参数产生变化。

通过 CMV-HOT 可以探索域间路由系统各种特性产生的根本原因，进而可以通过激励措施来引导 AS 个体进行决策，目标是促使域间路由系统在整体上表现出人们所期望的特征。目前的域间路由系统还具有脆弱性、对扰动的灵敏性及不安全和无法信任等诸多问题，如果能够较好地引导域间路由系统的演化规律，那么这些问题才会从根本上得到解决。

参考文献

[1] Waxman B. Routing of multipoint connections. IEEE Journal on Selected Areas in Communications, 1988, 6(9): 1617-1622.

[2] Zegura E, Calvert K, Donahoo M. A quantitative comparison of graph-based models for Internet topology. IEEE/ACM Transaction on Networking, 1997, 5(6): 770-783.

[3] Watts D J Strogatz. Small world:The dynamic of networks between order and randomness. Nature,1999,393:440.

[4] The National Laboratory for Applied Network Research (NLANR) Project. http://www. nlanr. net[2016-02-11].

[5] University of Oregon Route Views Project. http://www. routeviews. org[2016-05-11].

[6] TraceRoute Project. http://www. traceroute. org[2015-03-02].

[7] Magoni D, Pansiot J. Internet topology modeler based on map sampling//ISCC, Taormina, 2002:1021-1027.

[8] Lakhina A, Byers J, Crovella M, et al. Sampling biases in IP topology measurements//INFOCOM, San Francisco, 2003:332-341.

[9] Aiello W, Chung F, Lu L. A random graph model for massive graphs//STOC, Portland, 2000:171-180.

[10] Barabási A, Albert R. Emergence of scaling in random networks. Science, 1999, 286(5439): 509-512.

[11] Zhou S, Mondragon R J. Towards modelling the Internet topology—The interactive growth model//The 18th International Teletraffic Congress, 2003.

[12] Carlson J M, Doyle J. Highly optimized tolerance: A mechanism for power laws in designed systems. Physical Review E, 1999, 60(2):1412.

[13] Doyle J, Carlson J M. Power law, high optimized tolerance, and generalized source coding. Physical Review Letters, 2000, 84(24):5656.

[14] Farrar J. C&W Routing Instability. NANOG mail archives, 2001.

[15] Rcc: Routing Configuration Checker. http://nms. csail. mit. edu/bgp/rcc[2004-10-01].

[16] Griffin T G, Shepherd F B, Wilfong G. The stable paths problem and inter-domain routing. ACM/IEEE Transaction on Networking, 2002, 10(2):232-243.

[17] Osborne M J, Rubinstein A. A Course in Game Theory. Cambridge: MIT Press, 1994.

[18] Hsiao M T, Lazar A. A game theoretic approach to decentralized flow control of markovian queueing networks //Performance, Amsterdam, 1988.

[19] 张宇,张宏莉,方滨兴. Internet 拓扑建模综述. 软件学报,2004,15(8):1220-1226.

[20] Doar M. A better model for generating test networks//GLOBECOM, London, 1996:86-93.

第 9 章 虚拟计算环境的内存资源共享技术*

本章提出基于虚拟计算环境的内存资源共享系统 iVCE/M，把传统的网络内存技术扩展到基于公共网络的松耦合计算环境中，适用于具有大量小粒度、随机性的磁盘访问的应用，并针对 iVCE/M 的聚合和协同机制展开研究。iVCE/M 是虚拟计算环境的重要实例之一，不仅对于释放空闲内存资源、实现其共享与协同工作具有重要意义，对于虚拟计算环境的实施也起到了示范作用。

9.1 概 述

虚拟计算环境是一种新型网络计算技术，它以互联网资源的自主化为基础，以按需聚合和自主协同为核心机制，在开放的网络基础设施之上，实现多种资源的共享与协同工作[1]。互联网资源的成长性、自治性和多样性是虚拟计算环境所要面临的主要问题。

内存资源的共享是虚拟计算环境中一个特殊的问题。虽然传统的网络内存技术能够共享集群中的内存资源，提高内存密集型或 I/O 密集型应用的性能，却不能适应松耦合的网络计算环境的特点；另外，虽然对数据、存储等资源的共享问题已有很成熟的研究，但内存资源又具有完全不同的特殊性质。本章借助虚拟计算环境的思想，把传统的网络内存技术扩展到基于公共网络的松耦合计算环境中，并分别针对内存资源的自主化方法、按需聚合与自主协同机制展开研究。

传统的网络内存技术通常面向紧耦合的集群环境，受可用内存容量限制较大，本章将内存资源共享的思想引入松耦合的网络计算环境中，提出基于虚拟计算环境的内存资源共享系统 iVCE/M，适用于具有大量小粒度、随机性的磁盘访问的应用。通过对真实的气象应用程序运行状态的模拟，说明 iVCE/M 在校园网等条件较好的网络环境下，能够有效提高内存密集型应用或 I/O 密集型应用的性能。

传统的集中式、非结构化分布式和结构化分布式资源信息管理方法都很难适用于内存资源共享。本章提出基于网络延迟的资源聚类机制，把 iVCE/M 中的节点划分为若干个组，确保在大概率情况下，只有同一组内的节点才需要进行内存资

---

* 本章由褚瑞撰写。褚瑞，2008 年获博士学位，导师为卢锡城院士。研究方向为网格计算和云计算、虚拟计算环境中的系统软件技术等。曾被评为第五届全军十大学习成才标兵、优秀学员、校级学习成才标兵等，多次受嘉奖。

源的共享，从而有效降低资源信息管理的问题规模。通过定义节点的冲突集和对网络延迟的概率估计，建立内存资源聚类的力场-势能模型，以考虑网络与磁盘延迟的多样性、动态性等多种因素。

iVCE/M 的性能主要取决于内存页存取过程中的网络通信开销。预取技术在计算机系统中常用于隐藏通信开销，但受资源的限制，难以对数据访问模式进行有效预测，对空间局部性较弱的应用预取效果有限。本章提出一种基于"推"模式的 iVCE/M 预取技术：内存节点不仅需要响应用户节点的存取操作，还能自动分析用户节点在存取过程中的模式，预测其后续操作，并主动把可能需要的内存页推向用户节点。借助数据挖掘领域中的序列模式挖掘技术，提出相应的 I/O 模式预测算法。

9.2　相关工作

9.2.1　网络内存

网络内存试图有效利用集群范围内的空闲内存，构造一种性能、容量均处于本地内存和磁盘之间的存储设备，以填补本地内存和磁盘之间的巨大差异。

网络内存产生于 20 世纪 90 年代，并在其后取得重大发展[2]，其原因主要在于当时的计算机系统在两个方面取得了重要突破：高性能网络和高性能集群计算。前者使现代高性能局域网可随工作站数量增加带宽，同时新的低延迟通信和消息协议也提供了高效通信的手段；后者使得采用廉价的高性能工作站构成高性能计算平台的应用日趋广泛，且集群内部存在大量空闲内存，如果充分利用这些空闲内存，不仅对系统性能有明显的提高，且几乎不产生任何额外的成本[3]。

因此，网络内存既能够以其大容量的特性，弥补内存容量的不足，且效果优于使用磁盘；又能以其高性能的特性，与内存一起弥补磁盘性能上的不足，且效果优于单纯使用内存。目前常见的网络内存系统主要应用于两个方面，即网络内存换页[2]和文件系统缓存[4]，这两方面应用又分别是以网络内存相对于本地内存的大容量和相对于磁盘的高性能为基础的。

1. 网络内存换页

由于网络内存的容量优于本地物理内存，而性能介于磁盘和本地内存之间，因此在系统存储层次关系中，可以把网络内存看成一种特殊的高速换页设备，把换出的内存页优先保存在网络内存中，并在需要时以高于磁盘的速度换入本地内存。只有当网络内存的容量不足时，才继续使用本地磁盘进行换页。这个附加的存储层次能为内存密集型应用程序带来性能上的直接提升。

用于网络内存换页的网络内存系统层次如图 9.1 所示。

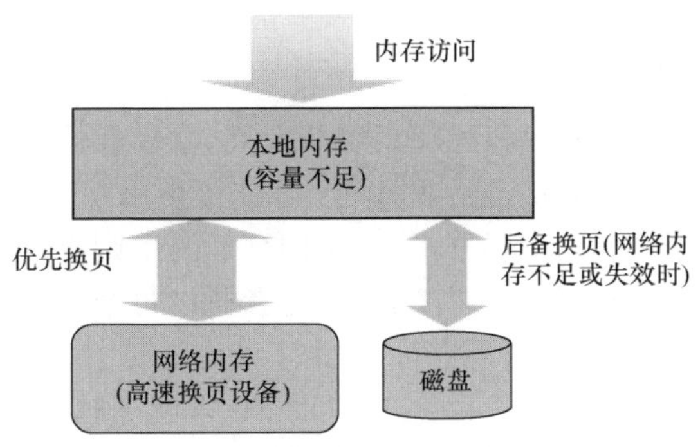

图 9.1　网络内存系统层次(用于网络内存换页)

2. 文件系统缓存

由于网络内存具有高性能、大容量的特点，因此可以对本地文件系统或网络文件系统进行缓存。在系统存储层次关系中，可以看成在传统的磁盘缓存或文件系统缓存之外，又构建了第二级缓存。此外，网络内存还可以用于大型数据库的缓存，以存储一些数据库中经常访问的数据。和作用于文件系统的网络内存相似，网络内存在数据库中的应用也着重在本地缓存不足的情况下提高数据库系统的事务处理性能，但对数据库的事务处理有较高的可靠性要求。

用于文件系统缓存的网络内存系统层次如图 9.2 所示。

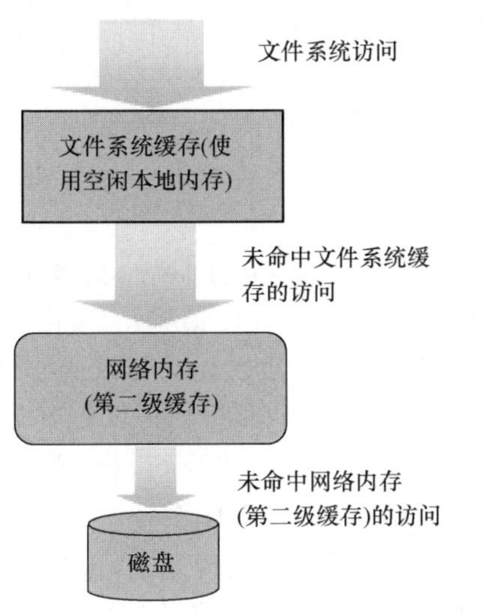

图 9.2　网络内存系统层次(用于文件系统缓存)

上述两种网络内存系统面向的应用完全不同，但本质上都是利用网络内存的性能和容量处于本地内存和磁盘之间这一特点，填补两者之间的巨大差异。

9.2.2 分布式共享主存

随着高性能计算技术和并行处理系统的发展，共享存储系统得到了大量的研究和应用。传统的并行计算机通常在紧耦合系统中使用基于硬件实现的集中式共享存储系统作为数据交换的主要方式，在松耦合系统中则更多地使用消息传递进行数据交换。前者不具有很好的可扩展性，后者假设每个处理机都具有独立的地址空间，通信需要通过显式的消息进行，增加了编程的负担。

在这种情况下，分布式共享主存技术(DSM)得到了越来越多的应用，不仅是紧耦合的并行处理系统逐渐从集中式共享存储发展到DSM，甚至很多松耦合系统也开始使用基于软件实现的DSM。因为在DSM中，数据错误、定位和移动都由DSM系统来处理，并行程序设计的过程中不必太关注这些细节问题；DSM实现了进程到进程的透明通信，与消息传递相比更易于理解，而且在传输比较复杂的数据结构时，不需要特别的打包与解包操作，易用性较好。虽然用于松耦合系统的DSM通常比消息传递的性能稍低，但这一劣势可以被高开发效率所弥补，而且随着DSM系统的发展，DSM的性能甚至已经开始超过了消息传递系统。

DSM通常采用的内存组织方式包括NUMA(非一致访存结构)和COMA(唯缓存存储结构)。在NUMA结构中，共享内存静态地分布在各个节点上，每个内存单元都有全局唯一的地址以及对应的宿主节点。每个节点都需要根据一致性协议的要求，把修改过的共享页的内容传回其宿主节点。在COMA结构中，每个共享的内存单元都没有固定地址和宿主节点，所有者是动态的，可以在不同的节点之间进行切换。每个节点的本地内存都被视为大容量的缓存。在数据定位方式的选择上，有集中式结构和分布式结构。前者由一个管理节点记录所有的数据定位信息；后者把所有者的信息分布到不同的节点上。分布式结构中还包括基于广播和基于线索的算法。

数据一致性问题是DSM中最核心的问题。具体来说，又包括内存一致性模型和缓存一致性协议等问题。内存一致性模型决定了应用程序的编写规范，在很大程度上制约了系统的性能；缓存一致性协议则关系到DSM内部的实现方式和性能，其本质是某个节点如何把本地的写操作传递到其他节点。

DSM的实现方式比较多，不仅包括传统的硬件实现，还包括软件方面通过修改和提供编程语言、编译器、系统调用、操作系统等多种方式。通过修改操作系统来实现DSM，对开发人员完全透明，但实现复杂，部署困难；通过修改编译来实现DSM，几乎不需要开发人员的参与，但性能较差；通过系统调用的方式来实现DSM，需要开发人员调用少量的接口，且兼顾了部署的便利和系统性能，属于比较均衡的方式；通过修改编程语言来实现DSM，通常性能最高，但需要开发人员频繁地调用其接口或函数，增加开发成本。

9.2.3 异同点分析

总体来说,松散耦合环境中的软件 DSM 与前面提到的网络内存技术有一定的相似之处,但又存在本质上的差别。其差别的关键在于基本目标的不同:DSM 的目标是令多个节点通过共享内存实现并行程序中的通信和数据交换;网络内存则是利用某些节点上的空闲内存,为繁忙节点提供更大容量、更高性能的虚拟内存[5]。两者之间最根本的差别在于:DSM 是令一个节点把其他节点的内存当做一种低速的内存来使用,而网络内存则是令一个节点把其他节点的内存当做一种高速的磁盘来使用。前者通常允许多个节点修改共享的内存页(虽然有的 DSM 系统不允许多个节点同时修改),而后者是用网络内存代替较慢的磁盘,提供内存的节点也像磁盘一样,不可能对数据进行主动的修改(通常使用的磁盘只有读出和写入的功能,所有的修改都必须先读出,在内存中修改后再写入,磁盘本身不具备修改的功能)。

正是这点本质性差别,导致了 DSM 和网络内存的研究方法和研究重点完全不同。例如,DSM 中核心的问题就是数据的一致性,因为多个节点都可能修改同一块共享内存,一致性问题是无法回避的。网络内存中,只有数据的所有者才会去修改数据,提供内存的节点根本不具备修改的功能,数据一致性问题相对比较简单。

研究重点的不同又导致了 DSM 和网络内存的实现方式和编程方式完全不同。多数 DSM 都需要为应用开发人员提供或多或少的接口,以及关于内存一致性的约定。多数网络内存都对应用开发人员完全透明,也不需要进行内存一致性的约定。

总而言之,DSM 和网络内存技术虽然都在研究共享内存,但各自有不同的需求和应用范围。本书所研究的 iVCE/M 系统和网络内存的目标更为接近,和 DSM 则具有较大的区别。

9.3 系统结构和基本机制

9.3.1 研究动机

网络内存能够有效组织集群内部的空闲内存资源,并为内存密集型应用或 I/O 密集型应用提供不同类型的支持。然而,几乎所有关于网络内存的工作都是基于局域网范围,特别是集群内部的。有研究结果表明,网络内存的性能对整个集群的负载和内部网络状况非常敏感,在整个集群都处于重负载的情况下,或者是出现内部网络拥塞时,网络内存的性能会急剧下降。在这种情况下,由于公共网络上的资源总量丰富,同时繁忙的概率较小,考虑在多个集群之间,甚至更大的基于公共网络的松耦合计算环境中实施内存资源共享。

然而，与集群网络相比，公共网络的带宽小、延迟大，特别是网络延迟通常有很大的差异，只有对某个需要内存的节点选择恰当的空闲节点，使其延迟处于硬盘和内存之间，这样的内存共享才是有意义的。目前人们经常使用的校园网、园区网或城域网往往都具有较低的延迟，根据实际测试，校园网内部节点间的网络延迟均低于 1ms，而在同一城市的节点间，网络延迟也大多不超过 3ms。因此，在松耦合的网络计算环境中进行内存资源共享是可行的，关键是需要找到网络条件好的空闲资源。

以典型的局域网和校园网为例，对网络条件和内存资源共享的关系进行分析。采取式(9.1)评估网络传输的开销：

$$O_n = T_U + \frac{T_{\mathrm{RTT}}}{2} + n\frac{S_P}{B_N} \tag{9.1}$$

式中，n 和 S_P 分别代表传输的页数和页大小，通常 S_P 取为 4KB；T_U 为启动传输操作的时间，通常 T_U 取为 5μs；T_{RTT} 为网络传输的双向延迟时间，在局域网内部，取千兆以太网的参数，令 T_{RTT} 为 150μs，对于典型的校园网，令 T_{RTT} 的平均值为 3ms（即单向延迟平均为 1.5ms）；B_N 为网络带宽，在局域网内部，B_N 取为 125MB/s，在校园网中，令 B_N 的平均值为 4MB/s。

磁盘传输的开销由式(9.2)评估：

$$O_d = T_S + T_L + (n-1)T_W + n\frac{S_p}{B_d} \tag{9.2}$$

式中，T_S 为寻道时间；T_L 为磁盘旋转的等待时间；T_S 和 T_L 的和代表一次磁盘访问的延迟；T_W 为访问两个连续的磁盘块时需要额外等待的时间；B_d 为磁盘的外部传输带宽。本节采用 Seagate 公司企业级硬盘产品捷豹系列的典型参数，令 T_S 为 4.9ms，T_L 为 3.0ms，T_W 为 0.2ms，B_d 为 80MB/s。

根据上述公式，能够计算出理想情况下局域网、校园网和磁盘的传输开销，如图 9.3 所示。

由图 9.3 可见，局域网的开销总是远远小于校园网和磁盘，且一次连续传输的数据块越多，差距越明显。而人们更关心的校园网的传输开销，在一次传输小于 9 个连续块时优于磁盘，在 9 个以上的连续块的情况下则比磁盘更差。

I/O 特性满足小粒度和随机性的典型应用包括大型数据库、多用户的 Web 服务器等。以大型数据库为例，一个 SELECT 语句可能需要从多个数据表中取出数据并进行运算，这些数据表的存储位置不具有连续性，而基于数据库的应用开发者并不关心这一因素。根据本课题组调研，IBM DB2 数据库在中国工商银行某系统的实际应用过程中，一个 SELECT 语句可能会涉及超过 20 个甚至上百个数据表，这使得整个系统每时每刻都有大量密集的小粒度随机访问，平均每秒钟的随机

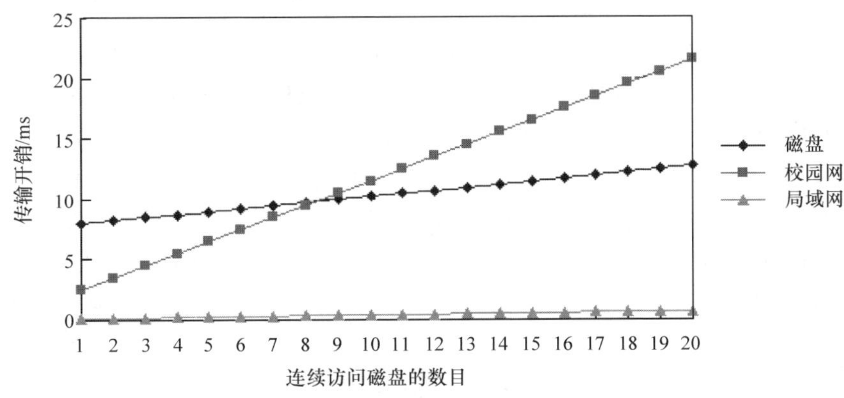

图 9.3　连续访问不同数目数据块的开销比较

I/O操作超过两万次。

为了进一步对实际情况进行分析，从两台在互联网上实际运行的 Web 服务器上采集相关数据，这两台服务器都有大量的用户访问，I/O 负载较重。在两台服务器上采集了超过一千万个磁盘访问记录，由于很多访问都命中了本地的磁盘缓存，还模拟了一个基于 LRU 算法的本地缓存，然后统计实际磁盘操作中连续块的个数，结果如图 9.4 所示。

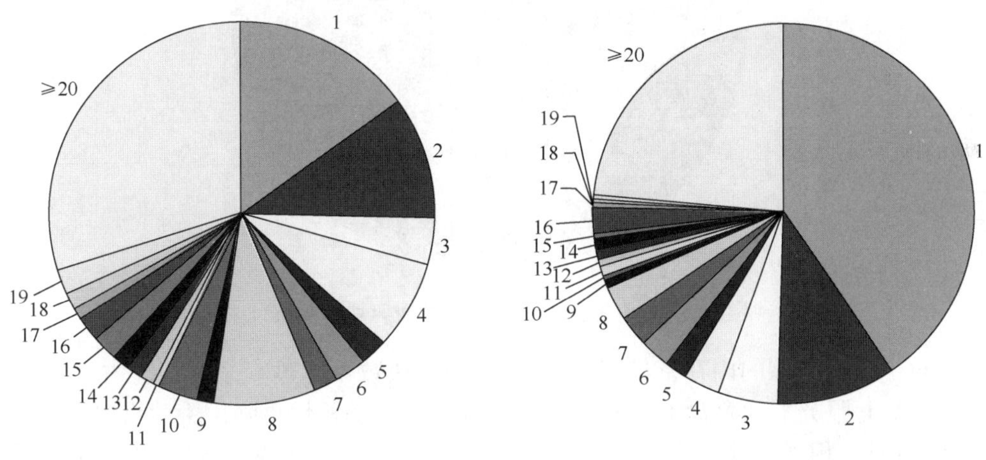

图 9.4　两台 Web 服务器的连续磁盘块数量统计

由图 9.4 可见，对于上述两台 Web 服务器，都具有大量非连续的磁盘访问。尤其是右边的 Linux BBS 服务器(采用 MySQL 数据库)，有多达 41%的磁盘访问都只有一个磁盘块，而每次访问连续磁盘块数不超过 9 个的情况则约有 68%。这意味着半数以上的情况下，磁盘性能都不及通过校园网连接的内存资源。

作为对比，本书还获取到了实际应用中的气象模拟程序，并以此研究内存密集型应用的磁盘换页的I/O特性。记录了该气象模拟程序在运行过程中，由操作系统进行的内存页换入和换出信息。这些信息具体包括每次换页的时间(精确到μs)、换入还是换出、对应的磁盘块号。本书使用的硬件配置是具有两个Xeon 3.6GHz CPU、2GB物理内存的Linux工作站。首先把气象模拟程序成功地移植到Linux操作系统上，然后通过修改Linux 2.4.22版本内核，把程序运行过程中每次换页信息记录下来，再统计实际磁盘操作中连续块的个数，结果如图9.5所示。

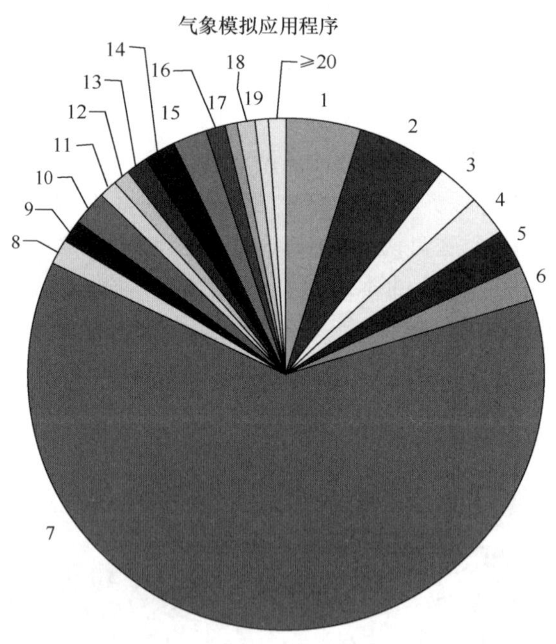

图9.5 内存密集型应用的连续磁盘块数量统计

对于这样典型的内存密集型应用，连续磁盘块数不超过9个的情况占70%以上，与Web服务器的磁盘I/O特性相比，粒度更小，随机性更强。由此可以得出以下结论：对于相当一部分内存密集型和I/O密集型应用，研究基于松耦合网络计算环境的内存资源共享都是有意义的。

9.3.2 系统结构

与网络内存技术相比，iVCE/M的内存资源比较丰富，但网络条件较差。需要尽量减少网络操作，而允许浪费少量的内存资源。为此，提出下面几条基本设计原则。

1. 单一服务

任何一个空闲节点提供的共享内存，在同一时刻只能被一个节点所使用。假如一个节点 A 正在使用 S 所提供的共享内存，那么只要 A 没有用完 S 所共享的内存，S 就不能在 A 结束使用前给另一个节点 B 继续共享。单一服务原则可能会造成一部分共享内存的浪费，但也有两个明显的优点：其一是简化了资源信息管理，由于 S 只给 A 提供内存，因此 A 可以随时了解 S 共享的内存被使用了多少，还剩余多少，而不需要进行额外的查询，减少了网络操作的次数；其二是由于网络内存资源共享的应用背景使其对性能非常敏感，单一服务原则不会出现多个节点排队使用同一个节点的共享内存的情况，从而最大限度地保证了性能。

2. 单一身份

如果节点 A 正在使用 S 所提供的共享内存，那么节点 A 不应该同时为其他节点提供共享内存。反之，如果 A 同时为另一个节点 B 提供共享内存，不妨设 S 为 A 提供的内存容量为 m，A 为 B 提供的内存容量为 n，那么存在以下两种情况。

① $m<n$：这时，A 可以不为 B 提供内存，也不使用 S 提供的内存，而由 B 使用 S 提供的内存。

② $m\geqslant n$：这时，A 可以不为 B 提供内存，同时减少使用 S 提供的内存，B 使用其他空闲节点提供的内存。

无论哪种情况，A 不为 B 提供内存，都比较符合 A 的利益，因为本地内存的性能大大优于网络内存，如果 A 撤销为 B 提供的内存，同时减少甚至完全取消使用 S 提供的内存，那么将对 A 的性能有所提高。对于 B，可能由于网络条件的限制，无法使用除 A 之外的任何其他节点提供的内存，而可能损害 B 的利益。但考虑到 A 是公共网络中的自治节点，完全有理由为了自身利益最大化而撤销对 B 提供的共享内存。

3. 指数探测

当节点 A 需要使用空闲节点的共享内存时，由于 A 难以提前预知需要多少空闲内存，因此只能先尝试着申请一部分共享内存，如果发现不能满足要求，再继续申请更多的内存。这种探测的方法存在一个问题：如果每次申请的内存太少，那么可能需要申请多次才能满足要求，而每次申请内存都需要若干次的网络操作，时间开销较大；如果每次申请的内存太多，不能充分使用，那么又会造成整个系统的资源浪费。

因此，做出如下规定：设 A 的物理内存容量为 M，则 A 第一次申请的共享内存容量也为 M，如果不能满足要求，第二次申请的共享内存容量为 $2M$，第三次申请

4M,依此类推,第 n 次申请 $2^{n-1}M$。设 A 最终需要使用的共享内存容量为 P,则上述方法(也称为指数探测原则)需要申请的次数 R 可用如下公式表示:

$$R=\left\lceil \log_2^{\frac{P+M}{M}} \right\rceil \tag{9.3}$$

设每次申请的时间开销为 t,则总时间开销 T 为

$$T=Rt \tag{9.4}$$

由于最后一次申请的共享内存没有用完而造成的浪费(记作 W)为

$$W=(2^R-1)M-P \tag{9.5}$$

在 P 无法预知的情况下,指数探测原则能够令 T 快速收敛;另外,考虑到申请的次数 R 通常不会太大,且 iVCE/M 的内存资源较为丰富,造成的浪费是可以接受的。因此,指数探测原则可以看成在时间和空间开销方面取得了较好的折中。

根据以上原则,iVCE/M 中包含五种节点和两种服务,如图 9.6 所示。

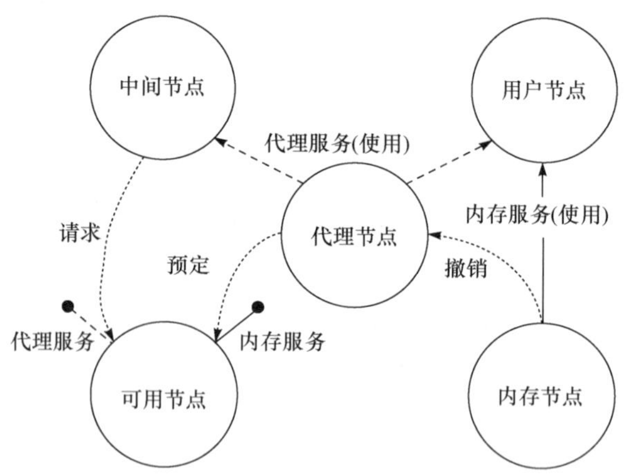

图 9.6　iVCE/M 中的节点和服务

上述五种节点和两种服务之间是有一定关系的。可用节点、内存节点和代理节点都可以看成不同类型的服务提供者,中间节点和用户节点可以看成服务的使用者。它们的关系如表 9.1 所示。

表 9.1　五种节点和两种服务之间的关系

节点类型	内存服务	代理服务
可用节点	可用	部分可用
内存节点	正在提供	不提供
中间节点	不提供,不使用	正在使用
用户节点	正在使用	正在使用
代理节点	不提供	正在提供

节点之间通过两种服务来进行交互。

4. 内存服务

允许使用者发送内存页,也允许使用者在任何时刻取回已发送的页,服务提供者承诺将此内存页保存在其本地物理内存中,且不会被换出。

5. 代理服务

代理服务在内存服务的使用者和提供者之间起到引导的作用。由于内存服务的使用者,尤其是在运行内存密集型应用时,大多处于系统繁忙的状态,这时只需要找到一个代理服务,在其执行繁重任务的同时,由代理服务进一步查找内存服务。代理服务将维护一个可用的内存服务的列表,在需要使用内存服务时能随时提供,从而实现了时间的重叠,提高了效率。

9.3.3 基本机制

1. 服务释放和撤销

内存服务在使用过程中,可能被用户节点显式地释放,也可能由于所在的内存节点的资源占用率上升,不适合继续提供服务等引起服务的撤销。当内存服务需要撤销时,必须把所有已经保存的内存页移交给另外一个内存服务,以免造成用户数据的丢失。

内存服务撤销过程可以描述如下:

(1) 把用户节点的内存页解除锁定并暂时换入本地磁盘,释放所有已共享的内存所占用的空间,从而保证本地的内存需求能够优先得到满足。

(2) 为用户查找若干个备用的内存服务。

(3) 根据找到的备用内存服务能够提供的共享内存大小、到用户节点的网络延迟和带宽等参数,选择合适的备用内存服务。

(4) 把用户节点的内存页移交到备用的内存服务。

(5) 通知用户节点,内存服务已经转移,由用户节点更新相应的管理结构。

2. 服务调整

每个内存服务所能共享的内存大小,是与其所在的内存节点的资源及占用率等情况相关的,准确地说,取决于提供内存服务的节点本身的空闲内存容量和一部分历史信息。令 M_{total} 为内存节点所拥有的全部物理内存页数,M_{local} 为该节点被本地系统和应用所占用的页数,M_{share} 为可由内存服务进行共享的空闲内存页数。那么,M_{share} 可以用下列方法计算。

(1) 当某个节点第一次提供内存服务时，M_{share}按照式(9.6)取值：

$$M_{share}=M_{total}-M_{local}\cdot r \tag{9.6}$$

式(9.6)的含义是：由于是该节点第一次提供服务，因此先尝试着把当前空闲内存的一部分通过内存服务进行共享。其中，$r(r\geqslant 1)$称为松弛因子，通常取 $r=2$。r 的作用是保留适当的空闲内存，以备本地应用以后使用。其取值需要系统管理员根据本地应用的实际情况进行设置，r 取值越大，保留的空闲内存越多。当 $r=2$ 时，保留的空闲内存和目前已使用的内存容量相同。

(2) 如果内存服务在使用过程中发生了服务撤销，那么说明被共享的网络内存页太多，造成了剩余的物理内存不足以供应本地应用的情况，这时需要按照式(9.7)减少 M_{share}：

$$M_{share}=\frac{M_{share}}{2} \tag{9.7}$$

(3) 如果内存服务被用户节点显式地释放，那么说明本地剩余物理内存尚且充足，可用于共享的内存页还可以增加，这时通过式(9.8)尝试增加 M_{share}：

$$M_{share}=\begin{cases} M_{share}+\dfrac{(M_{total}-M_{locar}r)-M_{share}}{2}, & (M_{total}-M_{locar}r)>M_{share} \\ M_{share}, & \text{否则} \end{cases} \tag{9.8}$$

总体来说，对 M_{share}的调整，类似于很多网络协议在进行拥塞控制时所采取的“慢增快减”(additive increase/multiplicative decrease，AIMD)的方法。与网络协议的设计不同的是，M_{share}存在上界 $M_{total}-M_{local}$，也就是说，当$(M_{total}-M_{local})<M_{share}$时，内存服务将会被撤销。因此，为了避免服务撤销的发生，规定 M_{share}的减少速度较快，每次减半；而增加速度则随着逐渐逼近 M_{share}的上界而逐步减小。

3. 代理服务

代理服务的主要功能是帮助用户节点查找适当的内存服务，一旦用户节点需要，立即发送可用的内存服务列表。如果用户对网络内存的需求一再增加，那么还有可能需要多次发送内存服务列表。提供代理服务的代理节点和用户节点之间是一对一的关系，也就是说，当用户节点需要使用内存服务时，有且仅有一个代理服务为其查找，直到用户节点不再需要使用更多的共享内存。

当一个节点成为中间节点并且准备使用内存服务时，系统的工作流程如下：

(1) 中间节点找到若干个可用的代理节点，并从中选择网络延迟最小的一个。

(2) 中间节点申请使用代理服务，并得到回应。

(3) 中间节点的资源占用继续上升，成为用户节点。

(4) 用户节点把当前需要存储在内存服务中的页全部发送到代理服务，由后者暂存，并释放这些页占用的内存空间。之所以由代理服务临时暂存，而不是等待找到内存服务后再保存，是为了优先保证用户节点的性能。

(5) 代理节点开始查找能够提供内存服务的可用节点，并要求每个找到的可用节点测试其对用户节点的网络延迟，按照延迟从小到大的顺序排序，假设排序后的可用节点集合为$\langle P_n \rangle$，$n=0,1,2,3\cdots$。

(6) 代理节点选择最小的正整数 S，令式(9.9)成立：

$$\sum_{n=0}^{S} M_{\text{share},n} \geqslant M_u \tag{9.9}$$

式中，$M_{\text{share},n}$为可用节点 P_n 可以共享的内存页数；M_u 为用户节点的内存总量。

(7) 代理节点对可用节点 $P_0, P_1, P_2, \cdots, P_S$ 发出内存服务的预约请求。

(8) 代理节点把第(4)步中暂存的用户节点的内存页全部发送给可用节点 P_0(若 P_0 可共享的内存不够，则继续使用 $P_1, P_2, \cdots$，上述可用节点均变为内存节点)。把 $P_0, P_1, P_2, \cdots, P_S$ 的列表全部发送给用户节点并清空该列表。告知用户节点，其内存页已转移到上述内存节点。

(9) 代理节点继续查找更多的可用节点，并按照对用户的网络延迟排序后选择最小的 S，令再次找到的可用节点 $P_0, P_1, P_2, \cdots, P_S$ 满足式(9.10)：

$$\sum_{n=0}^{S} M_{\text{share},n} \geqslant (M_P + M_U) b \tag{9.10}$$

式中，M_P 为置入列表准备使用的内存节点及可用节点所能提供的共享内存的总和，为用户节点所使用；b 为备份因子，设置备份因子的原因是可用节点 $P_0, P_1, P_2, \cdots, P_S$ 可能会被其他用户节点抢先使用，从而取消预约，导致剩余的可共享内存不够。b 也需要根据实际情况进行设置，通常取 $b=1.5$。

(10) 代理节点把 $P_0, P_1, P_2, \cdots, P_S$ 加入当前维护的可用节点列表，并发出预约内存服务的请求。

(11) 若用户节点耗尽了所有的内存服务所共享的内存，则依次执行步骤(4)、步骤(8)～步骤(10)。

(12) 若代理节点发现出现了式(9.11)的情况，则依次执行步骤(9)和步骤(10)，找到更多的可用节点：

$$\sum_{n=0}^{S} M_{\text{share},n} < M_P + M_U \tag{9.11}$$

这是因为如果一个内存服务被多个代理节点所预约，那么当该内存服务开始使用时，需要向所有预约过的代理节点发出取消预约的消息，表示以前的预约已经失效。对于代理节点，可能随着时间的推移，失效的预约越来越多，在必要时需要重新查找一些可用节点备用。

在理想情况下，每次选择的可用节点都恰好满足式(9.10)，若忽略备份因子的影响，即令 $b=1$，则第 n 次选择的可用节点所能够共享的内存总量为 $2^{n-1}M_u$。这符合前面提出的指数探测原则。

9.4 内存资源的按需聚合

9.4.1 研究思路

iVCE/M 的本质是实现基于公共网络的松耦合内存资源共享，并为内存密集型应用或 I/O 密集型应用提供支持。虽然目标与传统的网络内存系统是一致的，但所面临的环境完全不同。网络内存通常应用于集群内部，其网络性能可能比磁盘性能高出若干个数量级，而且可以近似认为各个节点之间的通信延迟和带宽都是常数；iVCE/M 面向的是公共网络环境，不仅网络性能受到很大限制，不同链路的性能差别也非常大，而且还常常受路由器排队等影响，导致网络状况有较大波动。因此，并不是所有网络都适合进行内存资源的共享。

本节进行一个简单的实验：采用 PingPlus 工具，测试从香港科技大学计算机系的一台个人计算机到国内外若干大学主页所在服务器的网络传输双向延迟时间(round tip time，RTT)，并记录发送数据包的个数、没有回应的数据包个数以及 RTT 的最大值、最小值、平均值和标准差，其中 RTT 的单位均为 ms。受 Windows 的时间精度限制，小于 1ms 的时间已无法准确判断，因此记为 0ms。测试结果如表 9.2 所示。

表 9.2 香港科技大学到其他各大学的网络双向延迟 (单位：ms)

学校名称	发送(#)	丢失(#)	最大 RTT	最小 RTT	平均 RTT	标准差
香港科技大学	1005	0	1	0	0	0.157
香港中文大学	1086	0	31	1	2	0.606
香港城市大学	1293	2	56	3	4	1.331
国防科学技术大学	1108	2	105	85	86	3.281
清华大学	1173	40	289	195	245	20.293
华中科技大学	1148	0	105	59	60	3.236
哈佛大学	1175	7	361	332	339	5.351
麻省理工学院	1175	2	291	243	245	3.935

由表 9.2 可见，对于测试的节点，与香港科技大学、香港中文大学的节点之间进行内存资源共享是有很大意义的；与香港城市大学的节点之间进行内存资源共享也基本可行；但到其他各大学的网络延迟太大，内存共享没有意义。也就是说，假如在上述大学之间部署 iVCE/M，则对于测试的节点，可以进行内存共享的远程节点仅仅是 iVCE/M 中所有内存资源的一个较小的子集，而其他内存资源与该节点的网络通信性能会慢于本地磁盘，对该节点并不适用。这也进一步提醒人们，在

对这一节点进行资源聚合时，得到其他全部节点的全局视图是完全没有必要的(事实上也是很困难的)，只需要根据内存共享的任务，建立仅包含香港科技大学、香港中文大学和香港城市大学的局部视图，即可满足要求。

因此，虽然传统的集中式资源信息管理由于扩展性和可靠性等问题而不适用于虚拟计算环境，结构化和非结构化 P2P 中的资源信息管理方法对于 iVCE/M 也不完全适用，但如果能按照网络条件对节点进行聚类，从而把 iVCE/M 中的所有节点分为若干组，令一个节点在需要查找可用节点时，只需要在所处的组内进行查找，即可得到大多数可用节点的信息，而其他各组的资源对其适用的概率很低，那么该聚类方法能够有效降低问题的规模，使传统方法能够得以应用。特别是当限制了聚类形成的每个组中所包含的节点的最大数量时，即使是简单的集中式方法也能够实现资源信息的有效管理，这一点体现了虚拟计算环境按需聚合的思想。

本节所述的聚类算法是一种分布式的算法，它能够在各个节点上分别执行，并在节点依次加入系统的情况下，引导该节点归入某一个组中。当足够多的节点都加入系统后，可以看到系统已经被划分为多个组，在大概率情况下，每个节点所能够使用的内存资源都被局限于其所在的组内，也就是说，本节的聚类算法需要尽量确保以下两点：

(1) 组内任意两个节点之间的网络延迟需要满足内存共享的基本条件，即至少需要有其中一个节点，能够使用另一个节点提供的内存资源。

(2) 若 A 能使用 B 提供的内存资源，则降低 A 与 B 被划分到不同组内的概率。

在建模之前，进行如下假设：

(1) 任意两个节点都能通过底层的物理网络互相通信，即两节点之间的网络延迟不是无穷大。这条假设忽略了由于网络地址转换(network address translation，NAT)或防火墙导致的无法建立网络连接的问题。

(2) 任意两个节点之间的网络延迟都具有对称性。用 ND(A,B)代表节点 A 和 B 之间的网络延迟，则有 ND(A,B)＝ND(B,A)。

(3) 两个节点之间的网络延迟是其网络传输双向延迟时间[RTT(A,B)]的一半，即 ND(A,B)＝ND(B,A)＝RTT(A,B)/2。由于网络传输双向延迟时间通常易于测量，因此这条假设使得网络延迟成为可测量的。

9.4.2 聚合模型

为了对此问题进行建模，首先分析两个节点之间的关系。如前所述，当 ND(A,B)＜DL(A)时，A 能使用 B 提供的内存服务，或者说此时 DL(A)－ND(A,B)＞0。这时，DL(A)和 ND(A,B)之间的差值决定了它们在聚类过程中的关系，当 DL(A)－ND(A,B)＞0 时，应该把它们归入一个组中，而 DL(A)－ND(A,B)越大，则把它们归入一个组的可行性也越大。

这可以类比为物理学中通过弹簧连接的两个质点。根据胡克定律，弹性固体材料受力之后，材料中的应力与单位变形量之间呈线性关系，也就是说，弹簧被拉得越长，就产生越大的向两节点之间的拉力；若弹簧被压缩，则产生相反方向的推力。从这个类比开始建模。对于 iVCE/M 中的两个节点，它们的关系可以用两个对应的质点之间的弹力来表示。若 A 和 B 之间互相能使用对方提供的内存服务，则它们的质点之间产生拉力，否则产生推力。为阐述方便，后面将不严格区分节点和相应的物理系统中的质点。

对于 A 和 B，假设它们已经被固定在网络坐标系统的空间中，之间通过两根弹簧连接，如图 9.7 所示。A 连接的弹簧称为 S_{AB}，用于描述 A 是否能使用 B 提供的内存服务；B 连接的弹簧称为 S_{BA}，描述 B 是否能使用 A 提供的内存服务。每根弹簧都有同样的弹性系数 s，弹簧的自然长度即为两个节点的磁盘访问延迟 DL(A)和 DL(B)。

图 9.7　两个节点(质点)和它们之间的弹簧

从 A 来看，两根弹簧都会对它产生弹力，记作 F_{AB}，它是两个弹簧分别产生的弹力的总和，可以根据胡克定律，按照式(9.12)进行计算：

$$\begin{aligned} F_{AB} &= s(\mathrm{DL}(B)-\mathrm{ND}(A,B))+s(\mathrm{DL}(A)-\mathrm{ND}(A,B)) \\ &= s(\mathrm{DL}(A)+\mathrm{DL}(B)-2\times\mathrm{ND}(A,B)) \end{aligned} \tag{9.12}$$

下面需要考虑 A 和 B 的内存容量可能带来的影响。为此，借鉴了物理学中万有引力的概念，采用质点的质量对节点的内存容量进行建模，并用两个质点之间的万有引力描述内存容量对聚类的影响程度。当节点 A 和 B 足够接近时，它们之间将会产生万有引力 U_{AB}，其质量越大，万有引力也越大。这里“足够接近”的含义是指 A 和 B 之间的网络延迟满足式(9.13)：

$$\mathrm{ND}(A,B)<\min(\mathrm{DL}(A),\mathrm{DL}(B)) \tag{9.13}$$

在实际的物理系统中，即使两个质点之间的距离较远，仍然存在万有引力。而对于 iVCE/M 的聚类问题，如果节点 A 和 B 之间的网络延迟太大，那么即使其内存容量再大，也不具有内存共享的意义。因此，规定只有当两个节点足够接近时，才适用物理学中的万有引力定律，即按式(9.14)计算 U_{AB}：

$$U_{AB}=\begin{cases} g\dfrac{M(\mathrm{A})M(B)}{(\mathrm{ND}(A,B))^2}, & \mathrm{ND}(A,B)<\min(\mathrm{DL}(A),\mathrm{DL}(B)) \\ 0, & \text{否则} \end{cases} \tag{9.14}$$

式中，在物理学中 M(A)是指质点 A 的质量，而在本书的模型中是指节点 A 的内存容量。在物理学中 g 为万有引力常数，而在本书的模型中 g 是一个调节弹力和万有引力之间比例的经验值。

下面考虑由多个节点组成的系统。在这样的系统中，每两个节点之间都存在作用力，多个节点之间构成了一个力场。由于力是用矢量表示的，多个力可能会相互抵消，如在图 9.8 中，A、B、C 三个节点构成了一个系统，$|F_{AB}|=|F_{AC}|$，且两个弹力方向相反，那么它们的和为 0，这无法体现本书考虑的实际情况。鉴于此，可以引入物理学中势能的概念，因为势能是标量，可以进行叠加。在图 9.8 中，虽然两个弹力相互抵消，但势能仍然存在。

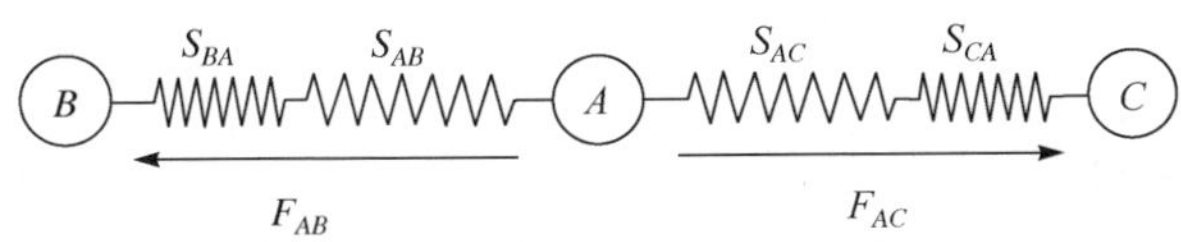

图 9.8 相互抵消的弹力

质点 A 和 B 之间具有的势能用 $E(A,B)$ 表示，该势能是由 A 和 B 之间的弹性势能和万有引力势能组成的，分别用 $E_S(A,B)$ 和 $E_U(A,B)$ 表示。类似于物理学中的相应概念，这两种势能的计算方法分别如下述公式所示：

$$\begin{aligned}E_S(A,B) &= \int_0^{|\mathrm{DL}(A)-\mathrm{ND}(A,B)|} s(\mathrm{DL}(A)-\mathrm{ND}(A,B))\,\mathrm{d}x \\ &\quad + \int_0^{|\mathrm{DL}(B)-\mathrm{ND}(A,B)|} s(\mathrm{DL}(B)-\mathrm{ND}(A,B))\,\mathrm{d}x \\ &= \frac{s}{2}\{|\mathrm{DL}(A)-\mathrm{ND}(A,B)|\cdot(\mathrm{DL}(A)-\mathrm{ND}(A,B)) \\ &\quad + |\mathrm{DL}(B)-\mathrm{ND}(A,B)|\cdot(\mathrm{DL}(B)-\mathrm{ND}(A,B))\}\end{aligned} \tag{9.15}$$

$$\begin{aligned}E_U(A,B) &= U_{AB}\cdot\mathrm{ND}(A,B) \\ &= \begin{cases} g\dfrac{M(A)\cdot M(B)}{\mathrm{ND}(A,B)}, & \mathrm{ND}(A,B)<\min(\mathrm{DL}(A),\mathrm{DL}(B)) \\ 0, & \text{否则}\end{cases}\end{aligned} \tag{9.16}$$

还需要考虑一个组 G 内部的势能，用 $E(G)$ 表示，代表组 G 内部的所有节点对之间的势能的叠加，其计算方法为

$$E(G) = \sum_{\forall A,B\in G} E(A,B) = \sum_{\forall A,B\in G} (E_S(A,B)+E_U(A,B)) \tag{9.17}$$

显然，对于势能 $E(A,B)$，有 $E(A,B)=E(B,A)$。另外，对于一个单独的节点，势能是不存在的，因此有 $E(A,A)=0$。上述势能的计算方法和物理学中基本类似，但有一点差别：物理学中的势能总是正值，而本书的模型中，弹性势能 $E_S(A,B)$ 可能是负值，因此 $E(A,B)$ 也有可能取负值。$E(A,B)$ 的符号代表两者之间的聚类关系，$E(A,B)$ 为正，则 A 和 B 应该被分入同一组，反之代表 A 和 B 不

应该被分入同一组。

基于势能的概念,对聚类中的假阴性错误和假阳性错误定义如下。

定义 9.1(假阳性错误) 满足式(9.18)的情况称为假阳性错误,记为 FP(A,B)。

$$(A \in G_j) \wedge (B \in G_j) \wedge E(A,B) \leqslant 0 \tag{9.18}$$

定义 9.2(假阴性错误) 满足式(9.19)的情况称为假阴性错误,记为 FN(A,B)。

$$(A \in G_j) \wedge (B \in G_k) \wedge (j \neq k) \wedge E(A,B) > 0 \tag{9.19}$$

在此基础上,可以重新对聚类问题进行描述:

目标 1 减小 FP(A,B)的概率。

目标 2 减小 FN(A,B)的概率。

目标 3 令 $\sum_{j=1}^{m} E(G_j)$ 最小化。

约束 $\forall j \in [1,m], S(G_j) \leqslant M$,$M$ 是组大小的上限。

与基本模型相比,上述力场-势能模型更精确地反映了实际系统的情况。事实上,虽然力场-势能模型是针对内存资源共享的问题而建立的,但也同样适用于对传输延迟较为敏感的分布式系统,如基于对等模式的视频流服务系统中,为了保证服务质量,可以把相互之间具有较低延迟的节点进行聚类,并在此基础上对传输开销进行优化等。

9.4.3 聚合算法

由于力场-势能模型具有三个优化目标,考虑到实际情况,在进行求解时,仍然按照先优化目标 1,再依次优化目标 2 和目标 3 的顺序。

下面具体分析和改进节点加入的过程。假设节点 A 希望加入组 G,而在 G 中存在节点 B,符合 $E(A,B) \leqslant 0$,考虑到目标 1 的影响,不能把节点 A 和节点 B 分入同一个组内。称 B 这样的节点构成了 A 在 G 中的冲突集,用 Col(A,G)表示。由于 A 和 A 的冲突集之间无法相容,因此需要把 A 加入 G 之后,再把 G 分裂成两个组 G_1 和 G_2,其算法描述如下。

算法 9.1 加入新节点时的组分裂算法

输入: 组 $G=\langle N_j \rangle$,需要加入的节点 A。

输出: 分裂后的组 G_1 和 G_2,$G_1 \cap G_2 = \varnothing$ 且 $G_1 \cup G_2 = G \cup \{A\}$。

过程:

```
G1=A,G2=Col(A,G);
对每个 j
    if Nj ∉ Col(A,G)
        if Σ(∀X∈G1) E(X,Nj) < Σ(∀Y∈G2) E(Y,Nj)
            Nj 加入 G2;
```

```
        else
            Nj 加入 G1;
        end if
    end if
```

在算法 9.1 中，初始情况下 G_1 包含 A，G_2 则包含 $\mathrm{Col}(A,G)$。所有其他在 G 中却不在 $\mathrm{Col}(A,G)$ 中的节点，需要判断应加入 G_1 还是 G_2，总体原则是使势能最大化。算法 9.1 的特例之一是 $\mathrm{Col}(A,G)=\varnothing$ 的情况，这时只要满足 $S(G)<M$，A 都能够成功加入 G。另一个特例是当 G 被分为 G_1 和 G_2 后，出现 $G_1=\{A\}$ 且 $G_2=G$ 的情况，这时称 A 无法被组 G 接受。

显然，若 A 被 G 接受，则必有 $G_2\subset G$。这时，由于 G 被分裂，可用看成一部分节点离开的原有的组 G，在满足目标 1 的前提下，可以根据目标 2 和 3，尝试把 G_1 或 G_2 与其他组进行合并。事实上，当节点离开某个组时，例如，当某个节点主动退出 iVCE/M 时，都需要尝试把该组与其他组进行合并。前面假设系统已经具备一定的基础设施，并能维护已有的分组信息，因此，各组之间是能够互相感知、互相判断是否可以合并的。

还要考虑网络延迟的估计误差和波动问题。为了使用较准确的网络延迟计算力场和势能，需要尽可能地对实际网络延迟进行测试，但测试又不能过多地影响网络的正常通信。因此，设定两个节点在下面几种情况下需要进行实际延迟测试：

(1) 当一个节点加入 iVCE/M 系统时，它需要在资源聚合的基础设施帮助下找到 k 个邻近节点。这时，需要对 k 个邻近节点分别进行延迟测试。

(2) 当一个节点准备加入一个组时，它需要向该组的管理节点发出一个加入请求，由后者进行势能和冲突集的计算后，响应其加入请求。这个加入请求及其应答的过程可以看成一次网络延迟测试。

(3) 当一个节点需要使用同组内的内存资源时，根据在第 3 章中设计的策略，用户节点需要通过代理节点，事先向可用节点提出预约。预约消息及其应答也可以看成在实际使用资源前对网络延迟的测试和确认。

当两个节点之间的网络延迟还没有经过实际测试时，需要根据网络距离估计的方法，采用估计值(记作 ND_E)计算势能；否则，可以针对多次测试的结果，对网络延迟进行预测。预测的方法如下所述。

研究表明，网络延迟可以大致用对数正态分布来描述，即 $\ln(\mathrm{ND})\sim N(\mu,\sigma^2)$，假设节点 A 和 B 之间通过网络延迟测试，得到一组实际测试的延迟，记作 ND_P，根据正态分布的性质可知：

$$\frac{\overline{X}-\mu}{s-\sqrt{n}}\sim t(n-1) \tag{9.20}$$

式中，$\overline{X}$ 为 $\ln(\mathrm{ND}_P)$ 的多次平均值；s 为 $\ln(\mathrm{ND}_P)$ 的方差；n 为 $\ln(\mathrm{ND}_P)$ 中样本的个

数。采用区间估计的方式,按照式(9.21)和式(9.22)计算 $\ln(ND_P)$ 在置信度 $1-\alpha$ 下的置信区间 $(-\infty,\ln(ND_{upper}))$:

$$\ln(ND_{upper})=\overline{X}+\frac{s}{\sqrt{n}}t_{\alpha}(n-1) \tag{9.21}$$

$$ND_{upper}=e^{\overline{X}+\frac{s}{\sqrt{n}}t_{\alpha}(n-1)} \tag{9.22}$$

由于 $\overline{X}$、s 和 n 都可以由测试到的 ND_P 得到,通过查 t 分布表,可以容易地计算出 ND_{upper},其含义为

$$P(ND>ND_{upper})\leqslant\alpha \tag{9.23}$$

令 $\alpha=5\%$,当 $ND_{upper}(A,B)<DL(A)$时,可以认为在超过 95%的情况下,都有 $ND(A,B)<DL(A)$。因此,可以用 ND_{upper}代替 ND,对节点间的力场和势能进行计算。

根据上面的具体方法,可以得到基于力场-势能模型的聚类算法,如下所述。

算法 9.2　力场-势能聚类算法

输入: 有序的节点集 $\langle N_i\rangle$ 和每个节点的网络坐标 COORD(A)A∈ $\langle N_i\rangle$。各节点的磁盘访问延迟 $DL(N_i)$,各组大小上限 M,网络延迟预测的置信度 $1-\alpha$。

输出: 节点子集的集合 $\{G_i\}i\in[1,m]$,满足力场-势能模型的条件。

过程:

对于每个 i
　　执行循环
　　　　节点 N_i 找到第 j 个最邻近的节点 P_j,记录它和 P_j 之间网络延迟的估计值 $ND_E(N_i,P_j)$和实际测试值 $ND_P(N_i,P_j)$。
　　　　节点 N_i 根据多次积累的 $ND_P(N_i,P_j)$预测 $ND(N_i,P_j)$的概率分布,并计算置信度 $1-\alpha$ 下的置信区间 $(0,ND_{upper})$。
　　　　节点 N_i 计算 N_i 和 P_j 之间的势能 $E(N_i,P_j)$。
　　当 $E(N_i,P_j)>0$ 时保持循环。
　　对所有的邻近节点 P_j 按势能由高到低排序。
　　对与满足 $P_j\in G_j$ 的每个组 G_j
　　　　节点 N_i 向 G_j 的管理节点发送一个加入请求,后者计算组内各节点到 N_i 的势能。
　　　　如果节点 N_i 能够被组 G_j 所接受
　　　　　　根据组分裂算法把组 G_j 分为组 G_{j1} 和 G_{j2}。
　　　　　　跳出当前循环。
　　如果节点 N_i 无法加入任何一个组内
　　新建一个组,仅包含一个节点 N_i。
如果在测试网络延迟的过程中发现组 G_L 中有节点离开
　　如果离开的节点是 G_L 的管理节点
　　　　重新选择 G_L 的管理节点。
　　如果发现满足情况 $\exists G_S(\forall A,B\in G_L\cup G_S)(E(A,B)>0)\wedge(S(G_L)+S(G_S)\leqslant M))$
　　　　合并组 G_L 和 G_S。

上述算法是分布式的。事实上,算法的第 1 步～第 14 步是在各个节点上分别执行的,而第 15 步～第 19 步是由资源聚合的基础设施负责执行的。因此,算法支持多个节点先后加入系统,并一步步进行聚类的计算。与前面所述的贪婪算法相比,除了对问题的描述更全面,也能够通过组分裂和组合并,对已经进行的聚类结果进行适当的“回退”,使结果更优。

9.5　内存资源的自主协同预取

9.5.1　研究思路

iVCE/M 主要应用于需要使用内存、却对容量有较高要求的内存密集型应用;或需要使用外存(磁盘)、却对性能有较高要求的 I/O 密集型应用。为了提高 I/O 密集型应用的性能,需要提供足够多的缓存,但在本地物理内存容量不足时,缓存的效果会受到很大限制。iVCE/M 的作用就是利用通过公共网络连接的内存资源,增加另外一级更大容量的缓存,提高 I/O 密集型应用的缓存命中率。表 9.3 列举了通过本地磁盘、局域网连接的网络文件系统和校园网连接的内存资源访问一个 4KB 的数据块的时间开销。

表 9.3　通过三种方式访问一个数据块的时间开销　(单位:ms)

时间开销＼访问方式	校园网内存资源	本地磁盘	局域网文件系统
内存访问	<0.01		
网络延迟	1.5		0.68
网络传输	1		0.06
磁盘延迟		7.9	7.9
磁盘传输		0.05	0.05
合计	≈2.5	7.95	9.69

从表 9.3 中可以看出,访问通过校园网连接的内存资源,其主要开销来自于网络延迟和网络传输,如果能减少或隐藏这部分通信开销,iVCE/M 的应用效果会有效增加。计算机系统中最常用的隐藏通信开销的方法之一是数据的预取。传统计算机系统中,在各个层面上都常见数据预取的例子,如片内预取隐藏较慢的访存指令、I/O 预取隐藏较慢的磁盘访问、Internet 预取隐藏较慢的网页访问等。

但是,传统的数据预取都有一个共同的特点,即由数据的实际需求者进行预取[6]。以磁盘访问为例,当发生磁盘读取时,操作系统会使用某种算法确定一个预读量,并按照预读量将后续的 n 个数据块读入,从而在连续读取时提高系统效率。

称这种由数据需求者进行预取的方法为“拉”模式的数据预取，这种方法往往存在如下两个问题：

(1) 为了不过多增加系统的 CPU 负载，一般都假设应用具有较强的空间局部性，所以只读后续的 n 个数据块，尽量避免复杂的 I/O 模式分析。当应用的 I/O 访问具有较小的粒度和较强的随机性时，这种预取方法的有效性则难以保证。

(2) 当应用的随机性较强时，很有可能预读的磁盘块在后续操作中暂时没有使用到，这时预读不仅占用了 I/O 总线，也占用了用户节点的内存作为缓冲区，造成不必要的浪费，这种现象通常称为缓存污染(cache pollution)。

与传统的数据预取不同，本节提出了一种基于“推”模式的数据预取技术：在 iVCE/M 中，提供内存服务的内存节点是具有自主性的，因此可以由内存节点自动分析用户节点的存取模式和相关参数，并在合适时主动把可能需要的页推送到用户节点。这使得用户节点能够集中于具体的应用，不必耗用 CPU 和内存进行预取的分析和计算。同时，由于内存节点具有一定的计算能力，能够执行粒度更细、分析更深入的预取算法，因此在面向小粒度、随机性的 I/O 访问时，其效果也会比传统的预取算法更好。

预取的关键在于采取合适的算法，对用户存取页的 I/O 模式进行分析和预测，预测往往是基于历史数据的，主要基于 I/O 模式可能出现重复这一基本假设。在前面，对 Web 服务器的磁盘 I/O 访问进行了采集和分析，从采集的数据中可以看出明显的规律。如前面所述的具有每天 200 万个网页访问量的 Microsoft IIS 6.0 Web 服务器，其磁盘 I/O 访问记录中，对编号为 76120651 的磁盘块读取了 1295 次，而发现几乎每次读取 76120651 号磁盘块后，都会很快读取 76120707 号和 76120735 号磁盘块。虽然 76120651、76120707 和 76120735 在编号上是不连续的，而且在它们之间还插入了对其他无关磁盘块的读取，也就是说它们的访问也是不连续的，但仍然可以推断出 76120651…76120707…76120735 形成了一个访问模式。也就是说，一旦读取了 76120651 号磁盘块，很可能还会读取 76120707 和 76120735。这是一个很普遍的例子，在采集的磁盘 I/O 访问记录中，类似的情况还有很多。

因此，需要设计合理的 I/O 模式预测算法，由内存节点记录用户进行 I/O 操作的访问序列，并从中找出诸如 76120651…76120707…76120735 这样的模式，以便当用户节点从内存节点读取 76120651 号磁盘块时，后者能够把 76120707 号和 76120735 号磁盘块的内容也主动送出，从而形成如图 9.9 阴影部分所示的时间重叠，提高系统效率。

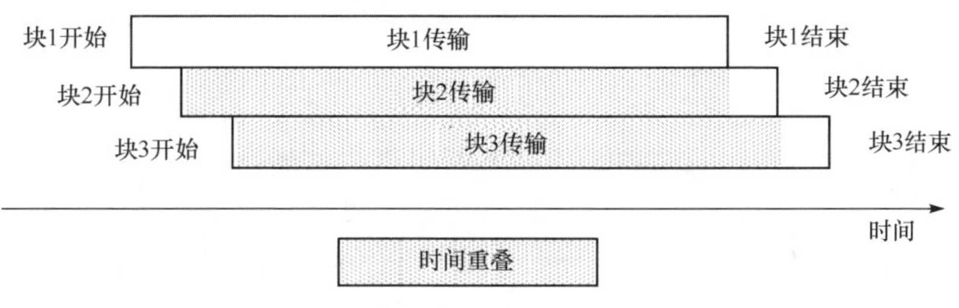

图 9.9　预取中的时间重叠示意图

9.5.2　预取机制

如前面所述，不同于传统的预取机制，iVCE/M 中的预取是基于推模式的，由数据的服务者，也就是提供内存服务的内存节点发起。iVCE/M 的预取机制的基本过程如下：

(1) 用户节点发起一个读操作请求。

(2) 内存节点接收到这一请求后，把用户节点要读的页发回。

(3) 内存节点根据用户节点的请求，判断用户节点可能会后续读取的页，称为预取页。由于内存节点具有一定的计算能力，因此判断预取页的算法相对比较复杂，以提高准确率。

(4) 内存节点把预取页发送到用户节点，这是一种基于“推”数据的预取策略。

(5) 用户节点收到预取页后，需要决定是否接收。若接收，则使用本地物理内存保存这些预取页；否则，丢弃这些预取页。

(6) 若预取页被接收，且用户节点在后续读取中包含了这些页，则网络传输开销将被隐藏，性能大大提高。

在上述过程中，用户节点需要以一定策略决定是否接收预取页，这一策略直接影响了整个预取机制的性能。若无限制地接收，则需要耗费大量本地内存，令物理内存不足的现象更加恶化，或者造成缓存污染的情况；而若丢弃的页过多，则预取机制将失去效果，还存在浪费网络带宽的负面作用。为此，本书提出预取队列的概念：预取队列是由一定的本地空闲内存页组成的队列，其最大长度为某个预先定义的阈值 k，k 不超过系统当前空闲的物理内存页数。预取队列与操作系统维护的I/O缓存共享空闲的物理内存空间，但逻辑上是相互独立的。用户节点按照以下策略对预取队列进行更新：

(1) 当用户节点收到一个预取页且预取队列长度小于 k 时，申请一个空闲内存页存放该预取页，并将其置入预取队列尾部。

(2) 当用户节点收到一个预取页且预取队列长度等于 k 时，把预取队列头部的内存页置入预取队列尾部，并丢弃这块内存页的原有内容，以存放当前的预取页。

(3) 当用户节点访问到一个预取页时,该页将进入操作系统的 I/O 缓存,因此,把它从预取队列中删除。

在 iVCE/M 中,内存节点需要根据用户节点的 I/O 访问模式,选取合理的预取页进行推送。因此,内存节点首先需要对用户节点的访问序列进行记录。用户节点从内存节点中读取每个数据块时,需要给出该块在本地磁盘上的编号,因此,看起来可以把每次读取的磁盘块编号记录下来作为 I/O 访问序列,但这种做法存在一定问题:在多数文件系统中,一个文件可能被放置在多个磁盘块上,但文件和磁盘块的关系并不是一成不变的,例如,进行磁盘碎片整理、删除文件等操作,都可能改变文件和磁盘块的关系,导致一个磁盘块在不同的时刻可能属于不同的文件,这样,记录和分析每次访问的磁盘块的序列是不合理的,因为它不能有效反映出上层应用的 I/O 模式。在这种情况下,把访问的文件编号(由文件系统提供,如类 Unix 操作系统中的 inode 即包含编号信息)和该文件内的偏移合并起来,作为 I/O 访问的序列。这需要用户节点在每发出一个读数据块请求时,还要告知内存节点该数据块所对应的文件编号和文件内偏移,由后者保存。

对访问序列的记录还存在另外一个潜在的问题:由于多个应用程序、进程或者用户可能并发地访问同一个文件系统,因此会导致一个应用程序的 I/O 访问模式会被其他应用程序所干扰。例如,应用程序 A 在读取数据块 B_{A1}、B_{A2}、B_{A3} 的同时,应用程序 B 在读取数据块 B_{B1}、B_{B2}、B_{B3},这使得访问序列可能有多种表现形式,如 B_{A1}、B_{A2}、B_{A3}、B_{B1}、B_{B2}、B_{B3} 或 B_{A1}、B_{B1}、B_{A2}、B_{B2}、B_{A3}、B_{B3}。在前面所述的 Web 服务器的访问序列中即可看到这一现象,如磁盘块 76120651、76120707 和 76120735 可以看成一个访问模式,但每次总有数量不等的对其他磁盘块的访问穿插在它们之间,这是因为 Web 服务器在同一时刻要响应大量用户浏览网页的请求,导致多个用户各自的访问序列相互穿插。因此,需要在进行 I/O 访问模式预测时,把多个混合的模式一一识别出来,下面所述的预取算法能够满足这一要求。

随着用户节点向内存节点发出多次读取数据块的请求,后者也将记录一个访问的序列,用 $S=\langle o_1,o_2,o_3,\cdots,o_n\rangle$ 表示这个序列,其中每个 $o_i(i\in[1,n])$ 代表一个文件编号和相应的文件内偏移的组合。假设每个 o_i 被记录下来的时间依次是 $\langle t_1,t_2,t_3,\cdots,t_n\rangle$。设定如下规则:若两个相邻的时间点 t_i 和 t_{i+1} 满足 $t_{i+1}-t_i\geqslant t_s$,其中 t_s 是一个预先定义的阈值,则可以把序列 $\langle o_1,o_2,o_3,\cdots,o_n\rangle$ 分为两个子序列 $\langle o_1,o_2,\cdots,o_i\rangle$ 和 $\langle o_{i+1},o_{i+2},\cdots,o_n\rangle$。这样划分的原因在于:由于读取 o_i 和 o_{i+1} 的时间相差较远,因此认为 o_{i+1} 已经不是 o_i 的后续数据块;否则,如果在用户节点读取 o_i 时把 o_{i+1} 作为预取页,则 o_{i+1} 可能会在预取队列中保留太长时间,从而减弱预取的意义。

内存节点一方面需要采集用户节点的访问序列,另一方面还需要从以往的访问序列中预测用户节点当前的 I/O 访问模式。上述采集和预测的过程是相互独立的,也就是说,本次采集的访问序列不作为预测的依据,而用以前积累的序列进行预测。由于内存节点和用户节点的服务关系是动态的，因此需要内存节点在停止提供服务时，把已记录的访问序列发送到用户节点，由后者进行归档，成为历史序列。随着归档的历史序列越来越多，在用户节点中将形成一个用户模式库。当用户节点每次开始使用内存节点提供的服务时，还需要把当前积累的用户模式库发送到内存节点，以便后者进行预取页的判断。

9.5.3　预取算法

预测算法是内存节点在已有用户模式库的基础上，对用户节点可能会后续访问的数据块进行预测的过程。本节基于序列模式挖掘中的 PrefixSpan 算法提出相应的用户模式预测算法，其主要思想是把用户模式库看成序列数据库，利用目前正在进行的 I/O 访问，挖掘其在序列数据库中具有最大支持度的历史记录，并以此作为预取的依据。

对预测算法进行形式化描述如下。

设 $I=\{o_1,o_2,o_3,\cdots,o_m\}$，$I$ 是所有项的集合，I 中每个项 $o_i(i\in[1,m])$ 的含义是用户节点中的磁盘块号对应的文件编号和文件内偏移的组合；$S=\langle o_1,o_2,o_3,\cdots,o_n\rangle$，$S$ 称为一个序列，定义函数 length(S) 为 S 中项的个数，也称为 S 的长度；定义函数 first(S,a) 为 a 在 S 中首次出现的位置，例如，first(β,b_n) $=n(b_1\neq b_n,b_2\neq b_n,\cdots,b_{n-1}\neq b_n)$。

对于两个序列 $\alpha=\langle a_1,a_2,\cdots,a_r\rangle$ 和 $\beta=\langle b_1,b_2,\cdots,b_s\rangle$，定义包容符号 $\alpha\subseteq\beta$，其含义为存在 r 个整数 $i_1,i_2,\cdots,i_r$，有 $1\leqslant i_1<i_2<\cdots<i_r\leqslant s$ 且 $a_1=b_{i_1},a_2=b_{i_2},\cdots,a_r=b_{i_r}$；定义序列连接符号 $\alpha+\beta$，其结果是 $\alpha+\beta=\langle a_1,a_2,\cdots,a_r,b_1,b_2,\cdots,b_s\rangle$。

用户模式库是指由多个序列构成的序列，记为 $L=\langle S_1,S_2,\cdots,S_n\rangle$，其中 $S_1,S_2,\cdots,S_n$ 都是由项构成的序列；若对于序列 S，存在 $S_i\in L$ 且 $S\subseteq S_i$，则称用户模式库 L 支持序列 S；若用户模式库 L 中有多个互不相同的序列 S_i 都满足 $S\subseteq S_i$，则称这些序列的个数为用户模式库 L 对序列 S 的支持度。

预取算法要解决的问题是：给定一个当前的 I/O 读取操作，假设其读取的数据块对应的文件编号和偏移是 o_c，需要找到一个序列 $S_p=\langle o_c,o_1,o_2,o_3,\cdots,o_n\rangle$，满足 length($S_p$) $\geqslant 2$，且 S_p 在当前用户模式库 L 中的支持度为最大。若存在这样的 S_p，则称 S_p 为预取序列 $o_1,o_2,o_3,\cdots,o_n$ 所对应的内存页即求得的预取页。

事实上，上述问题的背景与序列模式挖掘非常类似，但仍然存在以下两点关键区别：

(1) 在序列模式挖掘中，序列中的元素不仅可能是一个简单的数字，还有可能是若干个数字构成的集合。在本节所述的预取问题中，序列中的元素总是由单一的项 o_i 组成的。

(2) 在序列模式挖掘中，要解决的问题是给定一个阈值 H，找出所有支持度大

于 H 的序列。在预取问题中，则只要找出满足一定条件的序列中支持度最大者。

以上两条区别在搜索空间中都是很强的剪枝条件，使得解决预取问题的算法和原始的序列模式挖掘算法相比，其时空开销更小、实用性更高。为了令预取算法执行效果更高，也更贴近实际，再补充以下两个条件：

(1) 令 $\text{length}(S)\leqslant k+1$，其中 k 为用户节点的预取队列最大长度。显然，如果一次预取的页数量超过了预取队列最大长度，必然会有一部分预取页被立刻抛弃，这就失去了预取的意义。

(2) 已经对 $\alpha\subseteq\beta$ 进行了定义：$\alpha\subseteq\beta$ 的含义为存在 r 个整数 $i_1,i_2,\cdots,i_r$，有 $1\leqslant i_1<i_2<\cdots<i_r\leqslant s$，令 $a_1=b_{i_1},a_2=b_{i_2},\cdots,a_r=b_{i_r}$。现在对原始的定义增加一个新的条件：对于任意 x 满足 $1\leqslant x\leqslant r-1$，都必须有 $i_{x+1}-i_x\leqslant d$，其中 d 是一个给定的阈值。这一条件的意义是，如果相邻的两个预取页在用户模式库中相距较远，则两者被实际读取的时间也可能相差太远，从而使后者在预取队列中停留时间过长，失去预取的意义。

在上面这些限制条件的基础上，借鉴面向超长序列的 PrefixSpan 算法，提出了 iVCE/M 的 I/O 访问模式预测算法，简称 PSP(PrefixSpan predicting)算法，算法流程如下。

算法 9.3 PSP 算法

输入：用户模式库 L，预取队列最大长度 k，相邻项阈值 d，当前 I/O 访问 o_c。

输出：预取序列 $S=\langle o_c,o_1,o_2,o_3,\cdots,o_n\rangle$，满足 $2\leqslant \text{length}(S)\leqslant k+1$。

过程：

1. 设置预取序列 S 的初始值，$S=\langle o_c\rangle$。
2. 令 L'= L，L'的作用是把 L 复制一份，所有后续修改都在这个副本上进行，避免破坏原有的用户模式库。
3. 令 last= $\{o_c\}$，集合 last 的作用是记录预取序列 S 所有可能的后缀项。
4. 若有 length(S)> k+1，则中止当前算法。
5. 对于每个 $S_i\in L'$，循环
6. 　　若 $\forall P(P\in \text{last}\Rightarrow P\in S_i)$，选择 $P_x\in \text{last}$ 使得 $\text{first}(S_i,P_x)$ 最小，不妨设 $\text{first}(S_i,P_x)=n$，则从 S_i 中删掉前 n 个项。此时，P 和 P_x 分别代表预取序列中可能的后缀项；
7. 　　否则，从 L'中删除 S_i。
8. 若有 $S=\langle o_c\rangle$，则扫描一遍 L'，找到所有可能的项 P，满足 $(P\in S_i)\wedge(S_i\in L')\wedge \text{first}(S_i,P)\leqslant d$，且 $\langle P\rangle$ 在 L'中的支持度最大。
9. 否则，扫描一遍 L'，找到所有可能的项 P，满足 $\forall S_i(S_i\in L'\Rightarrow\exists P(P\in S_i\wedge \text{first}(S_i,P)\leqslant d))$。
10. 令 last= $\varnothing$。
11. 对于第 8 步和第 9 步产生的所有可能的项 P，循环
12. 　　令 $S=S+\langle P\rangle$。
13. 　　令 last= last $\cup\{P\}$。
14. 若 last= $\varnothing$，则终止当前算法。
15. 转第 4 步。

上述 PSP 算法远比传统的 PrefixSpan 算法高效，因为它具有很强的约束条件，避免了 PrefixSpan 算法中的递归。PSP 算法的时间开销主要来自于第 4 步～第 15 步，算法终止的条件是发现 length(S)>k+1，或者在第 9 步中无法找到能够对 S 进行扩展的项 P。这样，在最坏的情况下，从第 4 步～第 15 步的循环将运行 k 次，因为预取队列的最大长度是 k。在每次循环中，从第 5 步～第 9 步将会扫描一遍用户模式库，其中包含的历史序列的最大数量为 L_m，设历史序列的最大长度为 l_m。为了对用户模式库进行折半查找，可以提前对每个序列的所有项第一次出现的位置建立一个有序的索引。这样，对于预取队列中的每个元素，PSP 算法的时间开销在最坏的情况下是 $O(L_m \log_2 l_m)$，而建立索引带来的空间开销在最坏的情况下是 $O(l_m)$。

PSP 算法的正确性如下所述：

引理 9.1　序列 $\alpha+\beta$ 的支持度总是小于序列 α 的支持度和序列 β 的支持度。

证明　对于任意序列 $S_i \in L$，若有 $\alpha+\beta \subseteq S_i$，则根据包容符号的定义，必然有 $\alpha \subseteq S_i$，$\beta \subseteq S_i$。反之，若 $\alpha \subseteq S_i$，但未必有 $\alpha+\beta \subseteq S_i$。故根据支持度的定义，原命题得证。

由上述引理显然能得到如下推论。

推论 9.1　若序列 α 的支持度不是最大的，则序列 $\alpha+\beta$ 的支持度也不是最大的。

至此，定理 9.1 说明了 PSP 算法的正确性。

定理 9.1　当 PSP 算法结束时，得到的预取序列 S 具有当前最大的支持度，且满足 2≤length(S)≤k+1。

证明　PSP 算法中的第 4 步确保了 length(S)≤k+1，第 8 步仅在第一次循环时才得到执行，它可以得到一个序列 $S=\langle o_c, P\rangle$，具有当前最大的支持度，同时也确保了 2≤length(S)。第 9 步在第二次及以后的循环中执行，它只接受能够令 $S+\langle P\rangle$ 的支持度等于 S 的项 P。在第 11 步之前，若存在另外一个序列 T，其支持度小于 S，则根据上述推论，以 T 为前缀的任何序列，其支持度都不会大于 S。因此，在第 11 步中不会对序列 T 进行扩展，从而保证了序列 S 的支持度在每次循环中都是最大的。

9.6　模 拟 评 估

本节采用离散事件模拟的方式，编写 iVCE/M 的基础模拟器，下面分别针对内存密集型应用和 I/O 密集型应用进行性能验证。

9.6.1　内存密集型应用

为反映实际系统的特点，本节使用前面所述的实际应用中的气象模拟程序的运行状态作为模拟的参数。该应用程序充分反映了内存密集型应用的特点。

本节模拟了一个具有 1000 个节点的环境,包括 890 个 PC、100 个工作站和 10 个集群,每个集群包含 32 个子节点。每个节点或子节点的物理内存从 128MB 到 4GB 不等,根据节点类型随机生成。设定工作站和集群都会定期运行气象模拟程序,为了体现集群中应用性能受到同步操作的影响,在集群中每隔 1s 模拟一次障碍同步,每次参与同步的子节点数为 4 个。

网络拓扑主要采用拓扑生成器 BRITE 生成。BRITE 支持单层和双层等多种网络模型,本书主要采取 BRITE 中的自顶向下的生成方法,产生了一个双层的网络拓扑,该拓扑中包含 10 个自治系统,其中各包含 100 个节点。为了贴近 Internet 的实际情况,选用厚尾(heavy-tailed)分布的方式,并采用 Waxman 模型。若两个节点在网络中没有直接相连,则采用 Dijkstra 算法模拟一个最短路由。

主要评估目标是气象模拟程序的平均响应时间。由于 iVCE/M 受网络状况的影响比较大,因此首先评估其性能随网络条件变差而变化的情况。由图 9.10 可见,iVCE/M 的性能总体上随着网络带宽的减少和延迟的增加而下降。但是,即使平均带宽下降到 2MB,延迟增加到 4 倍(平均 6ms),应用程序的平均响应时间也未超过 200s;而如果没有任何内存共享机制,那么受磁盘换页的影响,平均响应时间约为 291s,可见 iVCE/M 对系统性能有显著的提升。另外,由图 9.10 可以看出,在带宽不同的网络环境中,几条折线之间的距离差别不大,而每一条折线都随着延迟的增加有明显的增长,这说明 iVCE/M 的性能受延迟的影响比带宽更大,这是因为每个内存页只有 4KB,即使每次传输的内存页不止一个,传输时间也主要消耗在网络延迟上。

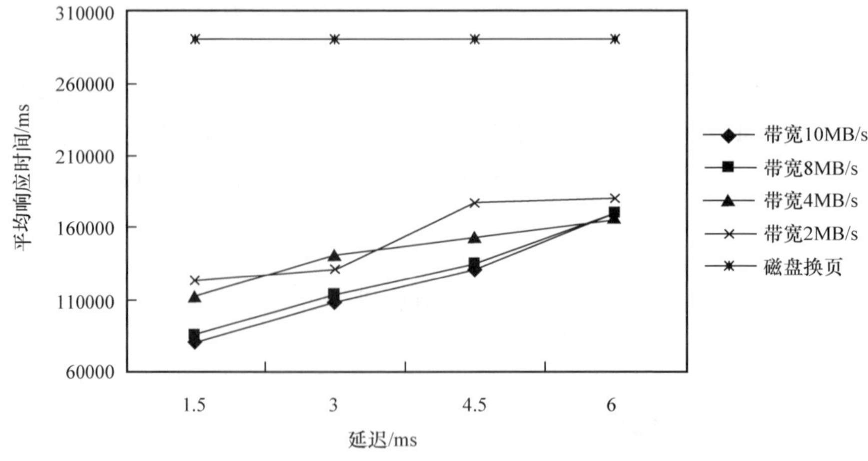

图 9.10　iVCE/M 的性能和网络延迟、带宽的关系

下面评估 iVCE/M 的性能受系统负载影响的情况。作为对比，本节还模拟了传统的网络内存[7]的性能，网络内存的作用范围局限于集群内部；此外还包括既不使用网络内存，也不使用 iVCE/M 时的情况，此时的系统性能受低速的磁盘换页影响非常严重。

在基本模拟条件下，假设工作站和集群都会隔 10～120min 运行一次内存密集型应用。如果改变运行应用的时间间隔，就相当于系统负载发生了变化，间隔越短，平均负载越重，结果如图 9.11 所示。如果不使用 iVCE/M 和网络内存，则每个节点的运行相对独立，也就不受应用程序运行间隔的影响，在图中表现出一条直线。而 iVCE/M 和网络内存都需要利用空闲节点存储内存页，所以当应用程序的运行间隔增大时，在同一时间内出现的空闲节点增多，可以看到，此时两者的平均响应时间曲线都大体呈下降趋势，且 iVCE/M 全面优于传统的网络内存。

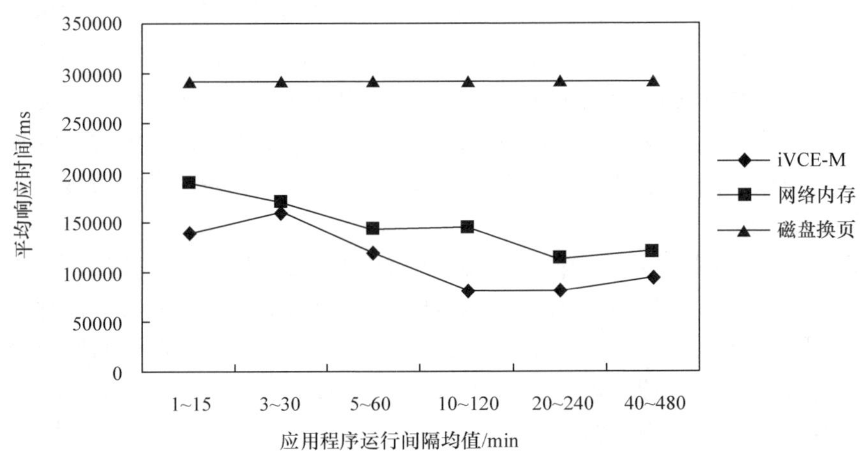

图 9.11　应用程序运行间隔时间变化对性能的影响

9.6.2　I/O 密集型应用

设想一个应用场景：在一个通过高速公共网络松散耦合的系统中，存在大量的 PC 节点和少量的服务器节点，其中一部分 PC 是空闲的，可以共享其内存资源，服务器则正在运行具有大量小粒度、随机性 I/O 访问的应用，如 Web 服务器或数据库服务器都满足这样的特性。为了对服务器的 I/O 访问进行模拟，本节根据前面采集的两种大负载 Web 服务器的磁盘 I/O 情况，假设该场景中的服务器都是这两种 Web 服务器之一。

本节模拟了 1000 个不同类型的节点，其中包括用户节点、内存节点、代理节点和可用节点。用户节点都是前面所述的 Web 服务器，其比例是常数 $c(0\leqslant c\leqslant 1)$，下面的模拟中将对用户节点的比例进行调整，以评估其对整个系统的影响。内存节点、代理节点和可用节点均由 PC 担任，每台 PC 的物理内存容量从 128MB 到 1GB 不等。

在 2.4.x 内核版本的 Linux 操作系统中，提供了对文件系统的缓存机制，缓存的最大容量为系统剩余的内存容量。在模拟过程中，也对操作系统提供的缓存机制进行了模拟，系统缓存的替换策略采用 LRU 方法。

下面评估整个系统中用户节点所占的比例 $c(0 \leqslant c \leqslant 1)$。由于系统中共有 1000 个节点，因此需要消耗内存资源的用户节点越多，可以提供内存资源的节点就越少。图 9.12(a)评估了以下三种情况：①仅使用操作系统提供的本地 I/O 缓存；②使用无预取机制的 iVCE/M 作为二级缓存；③使用有预取机制的 iVCE/M 作为二级缓存，评价标准是平均每读取一个磁盘块所需要花费的时间。由图 9.12(a)可见，当用户节点的比例从 20%变到 30%时，无论是否有预取机制，使用 iVCE/M 作为二级缓存的平均读取开销都有很大变化；而当用户节点的比例在这一区间之外时，变化曲线平缓很多。可以认为造成这一现象的原因是：当用户节点的比例小于 20%时，系统中的内存资源总是很充足，对用户节点的性能影响不大；而当用户节点的比例大于 30%时，能够获取足够的内存资源作为二级缓存的用户节点也越来越少，I/O 开销变化也不大。因此，20%～30%可以看成用户节点的临界比例。

在图 9.12(b)中，仍然改变用户节点所占比例，主要观察三种情况下的缓存命中率：①命中了本地缓存、iVCE/M 构成的二级缓存以及预取队列中任意一者的读取操作，即除了没有命中任何缓存、必须进行实际 I/O 操作之外的所有读取操作；②命中了本地缓存或预取队列中任意一者的读取操作，由于此时既不进行磁盘 I/O，也不进行网络传输，因此读取速度最快；③仅命中了预取队列的读取操作。可以看出，随着用户节点的比例逐步增加，第一种情况的命中率下降较快，而后两者的命中率没有太大变化。这说明随着整个系统中可共享的内存逐渐减少，iVCE/M 能够缓存的数据也越来越少，直接导致了命中率的下降，但预取机制受可共享内存的影响不大。

下面对预取队列的最大长度进行评估，如前面所述，预取队列与系统的本地 I/O 缓存共享空闲的本地物理内存，它的最大长度 k 描述了预取队列与系统 I/O 缓存的比例关系。因此，依次把 k 的值定为空闲物理内存容量的 1/2 到 1/128，评价标准仍然是平均读取开销和缓存命中率。由于无预取机制的 iVCE/M 也没有预取队列，因此不再对其进行模拟。从图 9.13(a)中可以明显看出，预取队列也有一个临界比例，当预取队列的最大比例从 1/4 到 1/16 变化时，平均读取开销很快增加；而预取队列的比例为 1/2 和 1/3 时，由于预取队列中已经能容纳足够多的预取页，因此读取开销差距不大；预取队列的比例小于 1/32 之后，由于预取页很快会被丢弃，因此预取机制在大多数情况下都失去作用，读取开销保持在一个比较高的

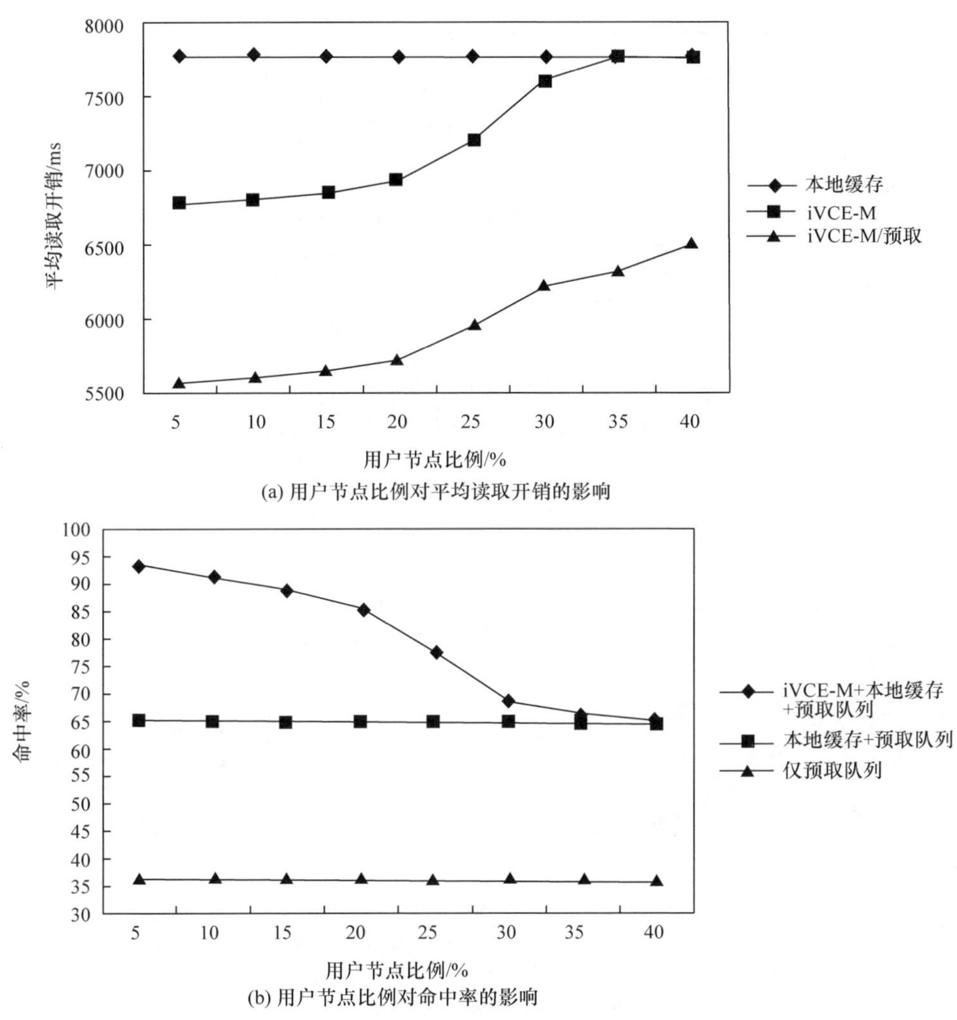

(a) 用户节点比例对平均读取开销的影响

(b) 用户节点比例对命中率的影响

图 9.12　用户节点比例对平均读取开销和命中率的影响

水平。从图 9.13(b)中可以看出,随着预取队列所占比例的减少,两条曲线的差异越来越大,这意味着本地 I/O 缓存的命中率增加,但本地 I/O 缓存和预取队列共同的命中率反而减少,这说明预取队列需要维持在 1/3 以上的比例,虽然这样的比例减少了本地 I/O 缓存,但对系统总体性能是有益的。

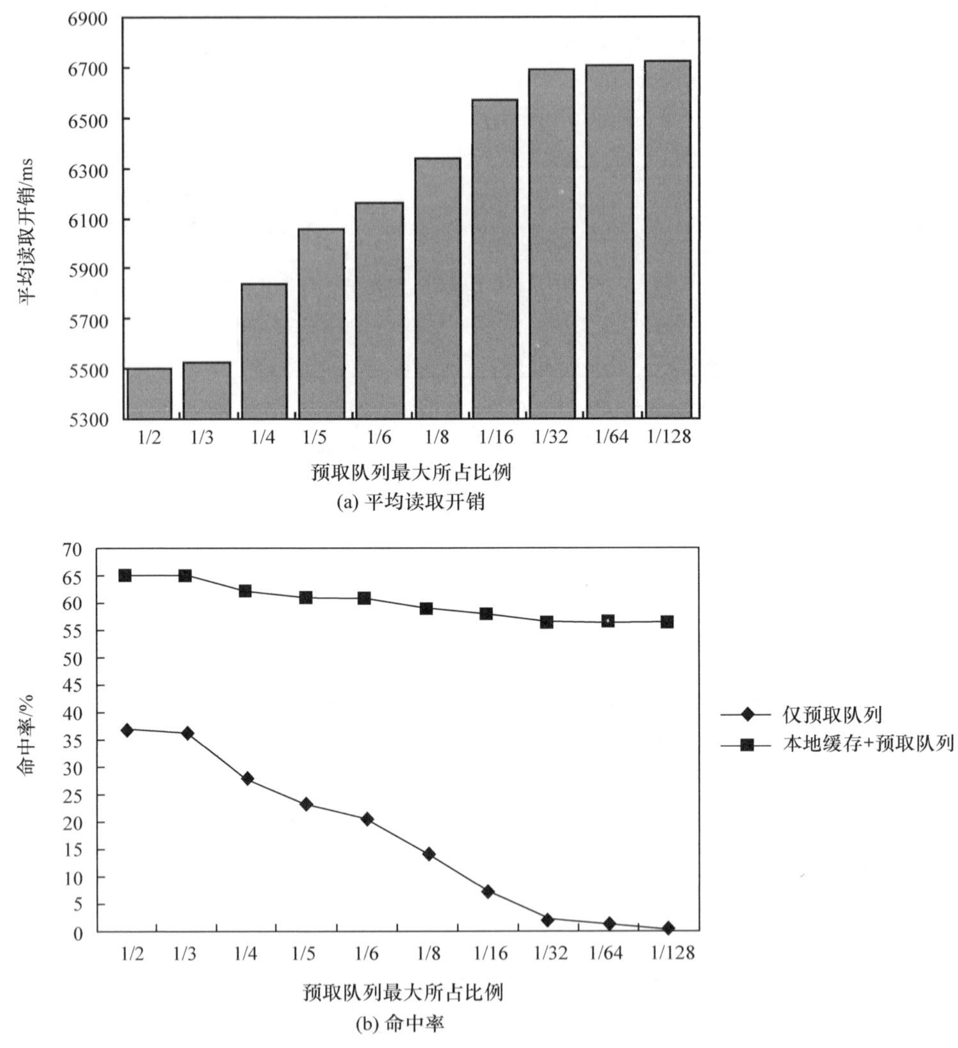

图 9.13　预取队列最大比例对平均读取开销和命中率的影响

9.7　本章小结

本章将内存资源共享的思想引入基于公共网络的松耦合计算环境中，提出了 iVCE/M 的基本概念，弥补了传统网络内存技术的不足。但鉴于资源的成长性、自治性和多样性，以及内存资源的易失性等特殊性质，构造 iVCE/M 还存在很多挑战。本章主要基于虚拟计算环境的思想和关键机制，分别针对 iVCE/M 中的资源自主化方法、按需聚合与自主协同机制展开了研究。模拟评估说明 iVCE/M 具有很强的和实用价值。

参考文献

[1] 卢锡城,王怀民,王戟,虚拟计算环境 iVCE:概念与体系结构. 中国科学 E 辑(信息科学),2006,36(10):1081-1099.

[2] Feeley M, Morgan W, Pighin F H, et al. Implementing global memory management in a workstation cluster//Proceedings of Symposium on Operating Systems Principles, Copper Mountain Resort, 1995.

[3] AcharyaA, Setia S. The Utility of Exploiting Idle Memory for Data-Intensive Computations. Technical Report, TRCS98-02, 1998.

[4] Dahlin M, Wang R, Anderson T, et al. Cooperative caching: Using remote client memory to improve file system performance//Proceedings of the First Symposium on Operating Systems Design and Implementation, Monterey, 1994:19.

[5] Xiao L, Chen S, Zhang X. Adaptive memory allocations in clusters to handle unexpectedly large data-intensive jobs. IEEE Transactions on Parallel and Distributed Systems, 2004, 15(7):577-592.

[6] Voelker G, Anderson E, Kimbrel T, et al. Implementing cooperative prefetching and caching in a globally-managed memory system//Joint International Conference on Measurement and Modeling of Computer Systems. New York, 1998:26(1):33-43.

[7] Hines M, Lewandowski M, Wang J, et al. Anemone: Transparently harnessing cluster-wide memory//International Symposium on Performance Evaluation of Computer and Telecommunication Systems (SPECTS'06), Calgary, 2006, 38(3):80.

第 10 章　基于服务质量感知的副本放置*

数据网格为用户提供了一个数据管理与处理的基础设施，其进一步发展需要深入研究服务质量感知的副本放置技术。本章从保障数据网格服务质量的角度出发，首次将个体服务质量约束引入副本放置问题中，提出一种支持个体服务质量约束的数据网格体系结构，并分别针对两类应用提出两种副本放置算法：针对只读数据资源矩阵加速的算法 MAPA 及其扩展算法 CPI-MAPA，可获得满足个体服务质量约束且创建开销得到优化的副本策略；针对更新数据资源提出基于副本环机制的启发式算法 qGREP，提供基于时间戳的选票协商算法和双向传播机制以解决副本的多点更新冲突和一致性维护问题，允许多个副本同时执行读写访问操作。

10.1　个体服务质量约束

数据网格[1]是网格计算[2]的一个重要分支领域，它将高端计算技术与高性能网络技术、分布式存储技术和数据管理技术结合起来，为大规模应用提供广域环境下海量数据的管理功能。与计算资源、存储资源、网络资源相比，数据资源具有数据量庞大、异构性与分布性强、共享机制复杂等特征。因此，在广域环境中有效管理和访问海量、异构的数据资源是一个挑战性问题。

如何保障数据网格环境下的服务质量，目前仍然是一个具有挑战性的问题。副本是数据网格提高服务质量的常用技术之一，副本放置[3]直接决定引入副本所带来的效果。副本放置技术负责选择足够多的副本数量并选择合理的部署位置，目标是满足系统或者用户的某项指标或者性能要求。副本放置技术根据不同的目标挑选合理的节点保存副本，直接决定副本策略的优劣。副本策略的优劣直接影响整个系统提供数据访问的服务质量，因此研究数据网格的服务质量保障技术就必须研究副本放置技术[4]。

传统副本放置技术以系统的全局服务质量指标为优化目标，忽视了不同用户之间服务质量需求的差异，不能满足应用对个体服务质量约束的需求，本章将其称为总体服务质量约束。随着网格应用领域的不断扩展，各种应用对于服务质量的要求正在提高，出现一类对特定用户的服务质量需求更为严格的应用，它们要求每

---

* 本章由付伟撰写。付伟，2009 年 3 月获博士学位，导师为卢锡城院士，研究方向为分布式计算和网格计算。博士论文题目为“数据网格环境下基于服务质量感知的副本放置关键技术研究”。

个用户请求的服务质量需求必须无一例外地得到满足，本章将其称为个体服务质量约束。例如，在股票市场上，股东需要实时获得股票信息。当股票信息发生变化时，每个股东都必须在第一时间内获取到最新的股票价格。如果因为股票信息系统的原因导致某个股东在一段时间之后才获得所需数据，这将使其错过股票交易的最佳时机，从而可能蒙受重大经济损失。又如，在大规模联合作战中，分布在战场各地的指挥员都必须在允许的时间范围之内获得最新的战场情报。情报分发系统必须将战场的实时信息按照每个指挥员对的时间要求传送到位，无论哪个指挥员的要求达不到指标都将影响作战效果，甚至因为协同作战的失败而导致整个战局的溃败。在金融、实时通信、数据分发和多媒体在线游戏[5,6]等领域中可以找到同样的应用需求。

个体服务质量约束与总体服务质量约束有一定的联系，但是两者有本质上的区别。实际上，总体服务质量约束将所有用户的 QoS 需求实施了平板化(flatten)处理，关注的是总体或者平均 QoS 指标，不能区分各个用户特定 QoS 需求之间的差异。从概率论的角度来看，总体服务质量也只是一种大概率事件的保证。下面用一个例子来说明总体服务质量约束和个体服务质量约束之间的区别，如图 10.1 所示。

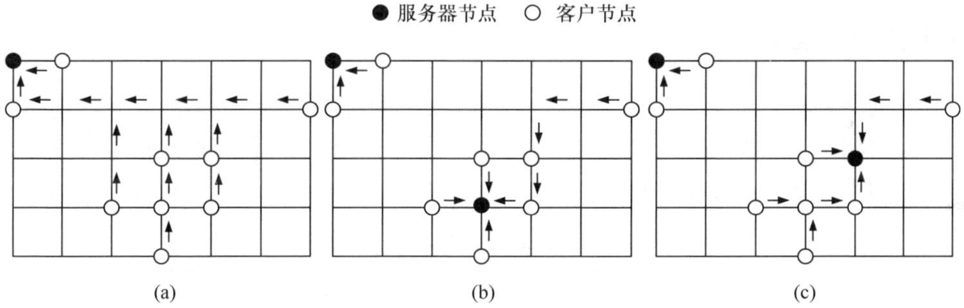

● 服务器节点　○ 客户节点

(a)　(b)　(c)

图 10.1　总体服务质量约束与个体服务质量约束的区别示意图

图 10.1(a)是初始状态，包括格状网络链路、1 个源服务器节点和 9 个客户节点。考虑在节点集合中挑选一个作为副本服务器并部署数据服务，以减少节点访问所需的通信开销。不失一般性，令单元方格的通信开销为 1，服务器节点访问本身的开销为 0。在图 10.1(a)中，由于只有一个服务器节点，因此所有客户节点均访问该节点。显然，总体通信开销为 45，平均每个节点为 10.5。其中，最右侧节点和最下侧节点所需的通信开销最大，均为 7。

在基于总体服务质量约束的副本放置中，目标是尽可能减少总体通信开销。通过逐一检查可以得到图 10.1(b)所示的优化副本策略。由于增加了一个副本节点，因此在副本节点附近的客户节点不再需要访问较远的源服务器节点。此时总体通信开销降为13,平均每个节点为1.3。其中,最右侧节点所需的通信开销最大,为5。在这种约束条件下,通信开销总量得到了最大限度的优化。

然而,图10.1(b)中的副本策略并不能获得最低的个体访问通信开销。虽然图10.1(b)能获得最小的总体通信开销13,但最右侧节点所需的通信开销为5。如果规定每个节点的通信开销均不能超过3,那么图10.1(b)不符合要求。实际上所需的副本策略如图10.1(c)所示。可以验证,每个节点的通信开销均小于3。虽然此时总体通信开销为15,比图10.1(b)中的副本策略高,但是它却是符合"每个节点的通信开销均不能超过3"个体服务质量约束的最佳解。

10.2 基于服务质量感知的副本放置问题

10.2.1 副本放置基本概念

副本放置技术负责选择足够多的副本数量并选择合理的部署位置,目标是满足系统或者用户的某项指标或者性能要求。保存了副本的服务器称为副本节点,而其他服务器则称为非副本节点;所有副本节点的集合称为副本策略(replica policy),而该节点集合的长度 $|R| = \sum_{\forall m \in M} F(m)$ 称为副本规模。

10.2.2 符号与基本定义

数据网格为用户提供数据服务,用户可以访问源数据所在服务器或者副本集合中任何副本所在的服务器获得数据。为了便于描述,先给出建立个体服务质量感知的副本放置模型所需的符号(表10.1)和基本定义,如表10.1所示。

表10.1 本章符号表

符号	说明
S	数据服务,可访问任意副本节点获得
s	源数据所在节点的标号
Q	QoS属性集合,属性个数$\|Q\|=m$
q	某一种QoS属性,$q \in Q$
λ_q	QoS属性q所对应的加权值
b_q	q的取值约束范围(bound)
op	属性约束操作,op$\in\{=,<,>,\leqslant,\geqslant\}$
C	客户端请求集合
c	某一次客户端请求,$c \in C$
q_c	客户端请求所获得QoS属性值
N	节点集合,节点个数$\|N\|=n$
R	副本节点集合,副本个数$\|R\|=w$
r	副本节点,$r \in R$

对于某个用户请求 c 获得的服务质量 q_c，若某个 QoS 属性 q 满足用户的 QoS 约束 b_q，则称 c 获得 QoS 属性的 q 满足。其定义如下。

定义 10.1　QoS 属性满足。

$\forall c \in C$，q 的 QoS 属性满足（QoS satisfaction）定义为

$$\mathrm{Sat}(c,q)=\begin{cases}\mathrm{True}, & q_c \ \mathrm{op}\ b_q \\ \mathrm{False}, & \text{否则}\end{cases} \tag{10.1}$$

QoS 属性满足若为 True，则表示 QoS 属性 q 符合其取值约束范围 b_q；反之，对于未获得 b_q 满足的 c，给出 QoS 请求差额的定义。

定义 10.2　QoS 请求差额。

QoS 请求差额（QoS gap）定义为

$$\mathrm{Gap}(c,q)=\begin{cases}0, & \mathrm{Sat}(c,q)=\mathrm{True} \\ |b_q-q_c|, & \mathrm{Sat}(c,q)=\mathrm{False}\end{cases} \tag{10.2}$$

将一个服务 S 的所有 QoS 请求差额按照对应的权重求和，得到 S 的加权差额。

定义 10.3　QoS 加权差额。

$\forall c \in C$，服务 S 的 QoS 加权差额（QoS certainty）定义为

$$\mathrm{Cer}(S) = \sum_{q\in Q}\sum_{c\in C}\mathrm{Gap}(c,q)\cdot\lambda_q \tag{10.3}$$

定义 10.4　个体 QoS 约束满足。

对于数据服务 S，若 $\mathrm{Cer}(S)=0$，则称服务 S 是个体 QoS 约束满足的。

如果一个服务 S 是个体 QoS 约束满足的，那么对于任意一个请求 c，c 的每一个 QoS 属性 q 都是被满足的。

10.2.3　Griden-CM 简化模型

为了研究个体服务质量约束的副本放置，可以将数据网格的部署图进行简化和抽象。方法是：屏蔽元数据查询过程，忽略客户端和 MDIS 服务器，只抽取其中的 DRB 服务器，以及 DRB 服务器之间的连接关系，并将数据请求看做直接由 DRB 服务器节点发出。通过这种操作可以得到一个无向连通图 $G=(V,E)$。其中，V 为 DRB 服务器节点集合；E 为节点之间的链路集合。E 中边 (u,v) 的长度表示某种服务质量属性的度量，可以是应用要求的单个服务质量属性，也可以是某些服务质量属性的集合，本书将其称为服务质量距离。为了描述方便，每个节点被赋予一个全局唯一的标识号。包含原始数据的节点 s 称为源节点，用双圆圈灰色节点表示；副本节点用灰色节点表示；非副本节点用白色节点表示。于是可以得到如图 10.2 所示的 Griden 简化模型（Griden compact model，Griden-CM）。

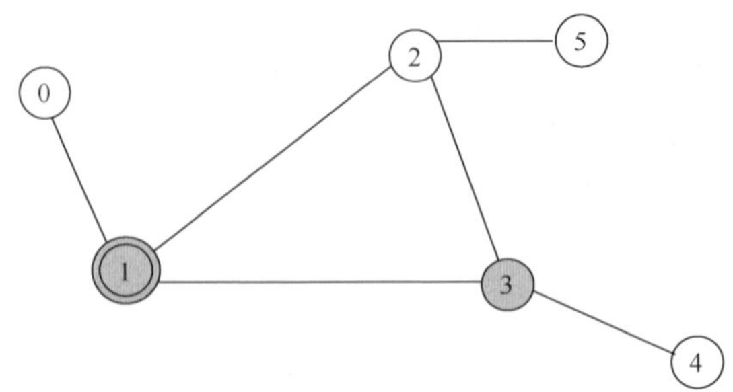

图 10.2 针对副本放置问题的 Griden-CM

在此基础上给出服务质量感知的副本放置问题(QoS-aware replica placement problem,QRPP)的定义。

定义 10.5 服务质量感知的副本放置问题。

给定 Griden-CM 上的无向连接网络 $G=(V,E)$,源节点 $r\in V$;对于 V 中每个节点 v 给定其服务质量约束函数 $q(v)$;已知 E 中任意连接(u,v)的服务质量距离为 $d(u,v)$。服务质量感知的副本放置问题是指从 V 中寻找一个节点子集 R,当 R 中的节点被升级为副本节点后,集合 $R\cup\{s\}$使得 V 中所有节点获得的服务质量是个体 QoS 约束满足的,即

$$\mathrm{Cer}(c,q)=0 \tag{10.4}$$

10.3 优化创建开销的服务质量感知副本放置方法

10.3.1 研究动机

创建开销对于副本的创建和维护具有非常重要的意义。现有副本放置算法不支持个体服务质量约束,只能保障单一的服务质量属性,并且在大规模环境下缺乏可扩展性。

只读型数据网格系统提供原始数据的分发、存储和管理,通过副本管理技术将某些数据复制到需要对其分析的站点,以提高数据访问效率、减少远程数据传输和避免网络资源消耗,客观上提高了系统的服务质量。对于某些服务质量需求严格的应用,只读型数据网格系统还必须满足每个用户的个体服务质量约束。系统必须通过副本放置技术在特定的位置上部署副本,保证每个用户在自己的服务质量约束范围之内可以访问到一个副本,从而获得数据内容。

副本管理必然引入一定的开销,包括副本的存储开销、副本的传输开销、副本的更新开销和一致性维护开销等。数据网格每新增一个副本节点都意味着更多的一致性维护开销、更多的存储资源消耗和更多对有限网络资源的占用。因此,在进行副本放置以满足个体服务质量约束时,必须优化副本管理的开销。

在只读型数据网格系统中，由于数据没有更新操作，因此不存在更新开销和一致性维护开销。副本管理开销主要由两部分组成：其一是在副本站点上保存大尺寸的副本内容所带来的存储开销；其二是将数据内容传输到选定副本节点所带来的网络开销。这两项开销都是在副本创建之初产生的，因此本书将其称为创建开销。优化副本管理开销实际上就是优化创建开销，其表达式为

$$\begin{aligned}\text{cost}(R) &= \lambda \cdot s \cdot \text{cost}(R) + (1-\lambda)t\text{cost}(R) \\ &= \lambda \sum_{v\in R} s(v) + (1-\lambda)\frac{\sum_{v\in R} w(v,s)}{\text{size}} \\ &= \sum_{v\in R}\left(\lambda \cdot s(v) + (1-\lambda)\frac{w(v,s)}{\text{size}}\right) \end{aligned} \tag{10.5}$$

可以看到，更多副本在带来服务质量提升的同时，必然引入更多的创建开销。服务质量感知副本放置算法的主要任务就是寻找既满足所有用户的个体服务质量约束，又引入较少创建开销的副本策略 R。下面给出创建开销最优的服务质量感知副本放置问题(QoS-aware replica placement problem for creating cost optimization，QRPP-CO)的定义。

定义 10.6　创建开销最优的 QRPP-CO 问题。

给定 Griden-CM 上的无向连接网络 $G=(V,E)$，源节点 $r\in V$。对于 V 中任意节点 v，给定存储开销函数 $s(v)$ 和服务质量约束函数 $q(v)$，给定 E 中任意连接 (u,v) 的服务质量距离 $d(u,v)$ 和带宽 $w(u,v)$。创建开销最优的服务质量感知副本放置问题是指寻找一个副本策略 R，使得任何节点 v 访问数据获得的服务质量满足其约束函数 $q(v)$，且创建开销使得 $\text{cost}(R)$ 最小。

10.3.2　矩阵操作

首先给出三种矩阵操作，并讨论其性质。

操作 10.1　矩阵最小并。

对于相同规模的矩阵 $\boldsymbol{X}=(x_{i,j})_{n\times m}$，$\boldsymbol{Y}=(y_{i,j})_{n\times m}$，$\boldsymbol{X}$ 和 $\boldsymbol{Y}$ 的矩阵最小并记为 $\boldsymbol{Z}=\boldsymbol{X}\Delta\boldsymbol{Y}=(z_{i,j})_{n\times m}$，其中，$z_{i,j}$ 为 $x_{i,j}$ 和 $y_{i,j}$ 中的较小值。

矩阵最小并选择两个矩阵对应位置上元素的较小者组成新的矩阵。显然，该操作具有以下三个性质。

(1) 对称性：$\boldsymbol{X}\Delta\boldsymbol{Y}=\boldsymbol{Y}\Delta\boldsymbol{X}$。

(2) 结合性：$(\boldsymbol{X}\Delta\boldsymbol{Y})\Delta\boldsymbol{Z}=\boldsymbol{X}\Delta(\boldsymbol{Y}\Delta\boldsymbol{Z})$。

(3) 趋小性：若 $\boldsymbol{X}=\boldsymbol{A}\Delta\boldsymbol{B}$，$\boldsymbol{Z}=\boldsymbol{X}\Delta\boldsymbol{Y}$，则 $z_{i,j}\leqslant x_{i,j}\leqslant a_{i,j}$。

操作 10.2　矩阵正向差。

对于相同规模的矩阵 $\boldsymbol{X}=(x_{i,j})_{n\times m}$，$\boldsymbol{Y}=(y_{i,j})_{n\times m}$，则 $\boldsymbol{X}$ 和 $\boldsymbol{Y}$ 的矩阵正向差记为 $\boldsymbol{Z}=\boldsymbol{X}\ \triangledown\ \boldsymbol{Y}=(z_{i,j})_{n\times m}$，其中，$z_{i,j}=\begin{cases}0, & x_{i,j}\leqslant y_{i,j}\\ x_{i,j}-y_{i,j}, & \text{其他}\end{cases}$。

矩阵正向差求取两个矩阵对应位置上的元素之差，并将负值清为零值，保留正值不变。

操作 10.3 矩阵元素和。

对于矩阵 $\boldsymbol{X}=(x_{i,j})_{n\times m}$，其矩阵元素和记为 $\sum(X)=\sum\limits_{\forall i}\sum\limits_{\forall j}x_{i,j}$。

特别地，一个 n 维向量可以看做一个 $n\times 1$ 的矩阵，因此对于向量也可以实施上述三种矩阵操作。

10.3.3 矩阵表示

假设数据网格系统中包含 n 个节点，每个节点的服务质量需求均包括 m 个不同的方面，每个方面称为一个 QoS 属性，记为 $\text{name}^0,\text{name}^1,\cdots,\text{name}^{m-1}$。针对个体服务质量约束下的副本放置问题给出如下矩阵表示和矩阵操作。

每一个节点在提出数据请求时对 m 个 QoS 属性均有一定的要求，这些要求组成了一个 $n\times m$ 的矩阵，称为质量约束矩阵(bound matrix)，可形式化描述如下。

矩阵表示 10.1 质量约束矩阵。

$$\text{BM}=(b_i^k)_{n\times m} \tag{10.6}$$

式中，元素 b_i^k 表示节点 i 对数据服务的第 k 个 QoS 属性的约束。

数据网格系统中的每个节点 j 都可能成为副本节点，提供对另一个节点 i 的数据服务。对于特定节点 i，获得的 m 个方面的服务质量组成一个 $n\times m$ 的矩阵。

矩阵表示 10.2 节点 i 的服务质量矩阵(QoS matrix of i)。

$$\text{QM}_i=(q_{i,j}^k)_{n\times m} \tag{10.7}$$

式中，元素 $q_{i,j}^k$ 表示节点 j 单独提供数据服务时，节点 i 可获得的第 k 个服务质量元素的数值。

在矩阵表示 10.1 和 10.2 的基础上，可以获得特定节点 i 在接受节点 j 服务时，每一个 QoS 属性所对应的 QoS 请求差额，这时节点 i 获得的所有节点的 QoS 请求差额可组成一个 $n\times m$ 矩阵。

矩阵表示 10.3 节点 i 的请求差额矩阵(gap matrix of i)

$$\text{GM}_i=(g_{i,j}^k)_{n\times m} \tag{10.8}$$

式中，$g_{i,j}^k$ 的值根据服务质量感知副本放置模型下对于 QoS 请求差额的定义获得。其中，取值范围 b_q 为 b_i^k，QoS 属性值 q_c 为 $q_{i,j}^k$。

此外，每个 QoS 属性对用户的重要性有所不同。按照服务质量信息描述框架对 QoS 优先级的规定，可获得一个优先级作为权值，从而形成一个 $m\times 1$ 的矩阵，其定义如下。

矩阵表示 10.4　加权向量(weight vector)。

$$WV=[\lambda_0,\lambda_1,\cdots,\lambda_{m-1}]^{T} \tag{10.9}$$

式中,λ_k 根据表 10.1 给出的 priority 规则获得。

在数据网格中,每个节点都拥有各自的服务质量矩阵和匹配值矩阵,而不同方面的服务质量对用户的重要性不同。在前面四个矩阵表示的基础上,为了综合衡量某个节点是否适合为另一个节点提供数据服务,结合 QoS 加权差额的定义给出服务质量距离(QoS distance)的概念。

定义 10.7　服务质量距离。

服务质量距离定义为一个节点 i 接受另一个节点 j 提供的数据服务时,所获得的 QoS 加权差额,即

$$d_{i,j}=\sum_{k=0}^{m-1}(g_{i,j}^{k}\lambda_k) \tag{10.10}$$

式中,$g_{i,j}^{k}$ 为第 i 个节点接受第 j 个节点提供的数据服务时,第 k 个 QoS 属性的请求差额;λ_k 为第 k 个 QoS 属性的优先级。

服务质量距离定量地表示任意节点对 i 和 j 之间互相单独提供服务时服务质量的好坏程度。所有节点对之间的服务质量距离可以构成一个 $n\times n$ 的矩阵,称为服务质量距离矩阵(QoS distance matrix),如下所述。

矩阵表示 10.5　服务质量距离矩阵。

$$DM=(d_{i,j})_{n\times n} \tag{10.11}$$

式中,$d_{i,j}$ 表示第 i 个节点接受第 j 个节点提供的数据服务时,获得的服务质量距离。

在获取数据时,节点 i 从副本策略 R 中挑选最能满足其个体 QoS 约束的副本提供的数据服务。所有节点的最优服务质量组成一个 $n\times m$ 的矩阵,用访问矩阵(access matrix)表示。

矩阵表示 10.6　访问矩阵。

$$AM=(a_{i,j})_{n\times m} \tag{10.12}$$

式中,$a_{i,j}=q_{i,\mathrm{rep}}^{j}$,其中 rep$\in R$,且 $\forall r\in R, q_{i,\mathrm{rep}}\leqslant d_{i,r}$。

10.3.4　基于矩阵操作的副本放置算法 MAPA

传统副本放置算法一般只提供单一的服务质量约束。为此,在矩阵表示和矩阵操作定义的基础上,本节给出一种集中式启发算法 MAPA。该算法的主要思想是:综合考虑 QoS 加权差额和副本的创建开销,并将其比值作为启发信息值;在每次循环中选择获得最大启发信息值的节点加入副本策略中,直至个体 QoS 约束得

到满足。MAPA 算法以副本的创建开销为优化目标,寻找满足每个节点个体服务质量约束的副本策略。在计算过程中,算法采用矩阵记录输入数据、中间数据和结果数据,并利用矩阵运算加速计算过程。算法描述见算法 10.1。

算法 10.1　基于矩阵操作的 QRPP-CO 问题算法 MAPA

输入: $BM, QM_1, QM_2, \cdots, QM_n$ 及 s。
输出: 符合个体 QoS 约束满足的副本节点集合 R。
过程:

```
1.  初始化副本集合:R={s};
2.  构建加权向量 WV;
3.  构建服务质量距离矩阵 DM,方法如下:
4.  for 每一个节点 i,执行下列循环
5.      计算每个节点 i 的 QoS 差额矩阵:
        GMi= BM ∇ QMi
6.      for 每一个节点 j,根据下列公式计算节点 i 与 j 之间的服务质量距离:
7.          di,j= GMi[j]×MV;
8.  初始化访问向量:AM= QMs;
9.  初始化 QoS 加权差额:Cer(S)= Σ((BM ∇AM)×WV);
10. while Cer(S)> 0,循环
11.     for 每一个非副本节点 i,执行下列循环
12.         计算对于节点 i 的访问矩阵:AMi= AM△QMi;
13.         计算对于节点 i 的 QoS 加权差额:
            Cer(S)i= Σ((BM ∇AMi)×WV);
14.         根据式(10.5)计算当前副本策略 R∪{i}的创建开销
            stcost(R∪{i});
15.         计算节点 i 成为副本节点所获得的性能提升,记为 PVi:
            PVi= Cer(S)i- Cer(S);
16.         计算启发式信息 HV:HV= PVi/stcost(R∪{i})
17.     记获得最大 HV 值的节点标号为 cand,
        将 cand 加入副本集合,即:R= R∪{cand};
18.     更新 AM= AM△QMcand;
19.     更新 Cer(S)= Σ((BM ∇AM)×WV);
20. 返回 R
```

在当前副本策略 R 确定之后,每个节点都将选择访问与其服务质量距离最小的副本。利用矩阵最小并的对称性和结合性,很容易得到如下结论。

定理 10.1　设副本节点集合为 $R=\{r_k \mid k=0,2,\cdots,w-1\}$,则各个节点所获得的数据服务 S 的访问矩阵为

$$AM=QM_{r_0}\Delta QM_{r_1}\Delta\cdots\Delta QM_{r_{w-1}} \tag{10.13}$$

MAPA 在当前副本策略基础上逐个添加获得最大启发信息值 HV 的非副本

节点作为新的副本节点，因此访问矩阵 AM 也是逐步变化的。利用矩阵最小并可以方便地在当前访问矩阵的基础上计算增加新副本节点后产生的新访问矩阵。

10.3.5　分布式三阶段算法 CPI-MAPA

为了增强 MAPA 算法的可扩展性，本节进一步提出一种基于分簇方法的半分布算法 CPI-MAPA。该算法的主要思路是利用“分而治之”的思想，将大规模的 QRPP-CO 问题分解为可独立执行的相同子问题分别加以解决，最后汇总所有局部放置策略以获得原有完整问题的放置策略。算法的流程可以用图 10.3 说明。

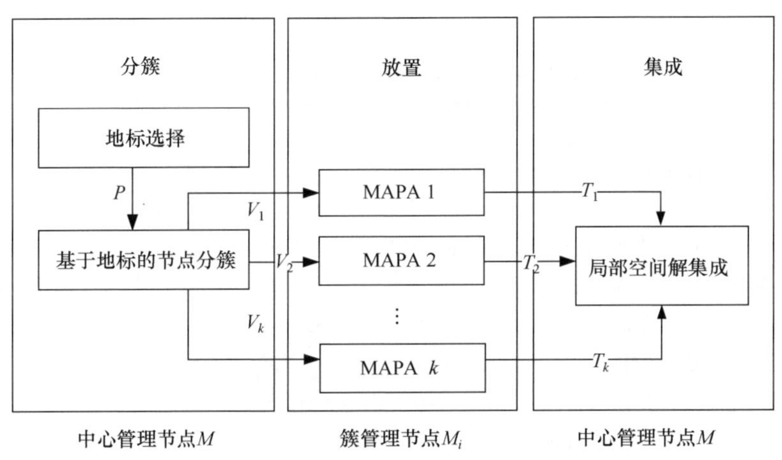

图 10.3　CPI-MAPA 算法流程图

(1) 中心管理节点 M 将较大规模的问题划分为互不重叠的若干个中等规模的子问题 $V_1, V_2, \cdots, V_k$。

(2) 在各个子问题的局部空间中选择簇管理节点 M_i 接收子问题 V_i，并行地运行 MAPA 获得局部结果 T_i。

(3) M 综合所有子问题的结果 $T_1, T_2, \cdots, T_k$，形成最终结果 T。

1. 基于地标的节点聚类方法

为了降低 QRPP-CO 问题的规模，采用聚类算法将问题空间划分为互不重叠的若干个子问题空间。本书提出一种基于地标的聚类算法(land-based clustering algorithm，LabCA)，其主要思想借鉴于 GPS[7]，其原理可以用图 10.4 来说明。

地标的选择必须遵循一个基本原则，即三点不能位于同一条直线上。另外，考虑测量学的原理：由于参考点相隔越远则策略结果越精确，因此希望三个地标之间相隔较远。算法 10.2 给出了地标选择算法的实现步骤。

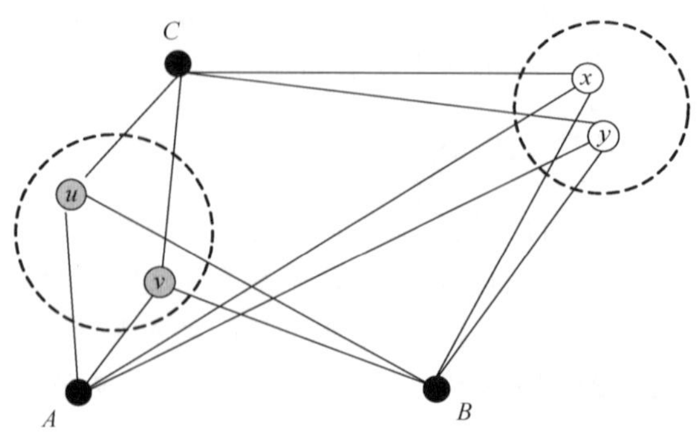

图 10.4　基于三个地标的位置定位系统

算法 10.2　地标选择算法 Lankmark_Select

输入:DM。

输出:包含三个符合条件的地标组成的节点集合 P。

过程:

1. 从 DM 中寻找服务质量距离最大的元素,即网络直径,记为 Diameter;
   直径的两端点记为 a,b;
2. 寻找与 a 之间服务质量距离大于 Diameter/2 的节点集合:
   $Far(a)=\{m \mid d_{a,m}> Diameter/2\}$;
3. 寻找与 b 之间服务质量距离大于 Diameter/2 的节点集合:
   $Far(b)=\{n \mid d_{b,n}> Diameter/2\}$;
4. for 每一个节点 $f \in Far(a) \cap Far(b)$,循环
5. 　　求距离之和 $Sum(f)= d_{a,f}+ d_{b,f}$;
6. 记产生最大距离和的节点为 c;
7. 返回地标集合 P={a,b,c}

2. 局部问题求解

经过聚类划分后,所有节点被分割为互不相交的 k 个类。对应地,原来的大规模问题空间被分解为 k 个较小规模的子问题空间。由于各个子问题空间完全不重叠,因此它们的求解过程是相互独立的。每个子问题空间中指定一个计算能力较强的节点充当局部管理节点 M_k,并行地执行 MAPA 算法,得到各自的副本策略。通过这种方式,CPI-MAPA 算法将计算负载分开承担,并且重叠不同分类的执行时间,大大提高了计算效率并缩短了计算时间。各个分类的规模不同,但是基本属于同一个数量级;它们分别执行 MAPA 所需的开销也不相同,总的时间开销由规模最大的分类决定。

3. 基于树嫁接的局部解集成方法

各局部子问题空间中的局部管理节点 M_k 分别执行 MAPA 算法，算法结束后，将各自的副本集合 R_k 和相应的副本传播树 T_k 信息发送给中心管理节点，由中心管理节点完成副本策略的集成过程。该过程包括如下两个步骤。

1）副本集合集成

需要将各个分簇的副本策略汇总以获得完整的副本策略 R，显然 R 是所有局部副本集合的并集，即

$$R=R_1\cup R_2\cup\cdots\cup R_k \tag{10.14}$$

2）副本传播树集成

在获得完整的副本集合后，还需要生成完整的副本传播树 T。理论上可以由管理节点 M 根据得到的完整副本集合 R，采用某种算法生成 T。但这样会带来额外的计算开销，另外在 R 规模较大时也容易造成性能瓶颈和可扩展性问题。

本节采用一种简单的树嫁接方法处理副本传播树的集成问题。方法是：以源节点 s 所在传播树 T_s 为主干；针对所有其他传播树 T_k，计算 t_k 到 T_s 上所有节点的服务质量距离。假设 t_k 与 T_s 上某节点 g 距离最小，则将 T_k 整体嫁接到 T_s 中的 g 节点上，如图 10.5 所示。其中，黑色节点表示副本节点，白色节点表示非副本节点，而虚线表明副本传播树之间的嫁接方式。

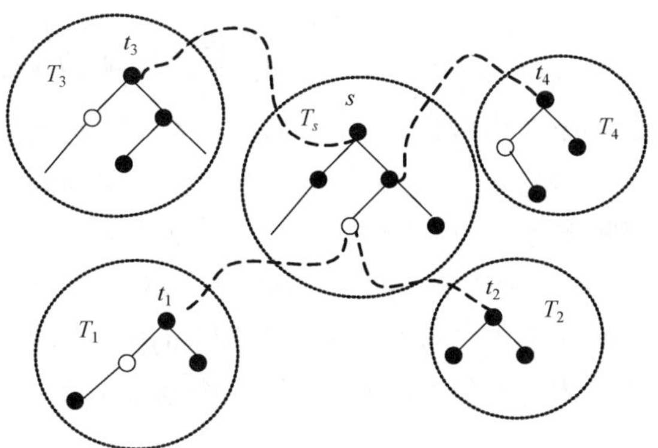

图 10.5　基于副本传播树嫁接的副本策略集成

10.3.6　模拟评估

为了更好地研究副本放置问题并说明本节算法的优势，这里设计并实现了一个基于 Java 的副本放置模拟仿真平台，称为服务质量感知副本模拟（QoS-aware replica simulation，QARS）系统。

1. 中等规模条件下 MAPA 算法模拟实验与分析

本节在中等问题规模下分别进行三组实验，每组实验固定其中一个因素，通过记录另外两个因素之间的变化关系来分析 MAPA 算法本身的性质和特点。每组实验在不同的节点规模下产生 100 个不同的网络拓扑作为输入条件；对于每一个网络拓扑，相同的模拟实验将重复 10 次，最后将副本策略和副本开销的平均值作为最终模拟计算结果。

实验 1　在保持 $q/D=0.2$ 不变的情况下，研究权重 λ 对副本节点数目占节点总数 n 百分比的影响，测试结果见图 10.6。

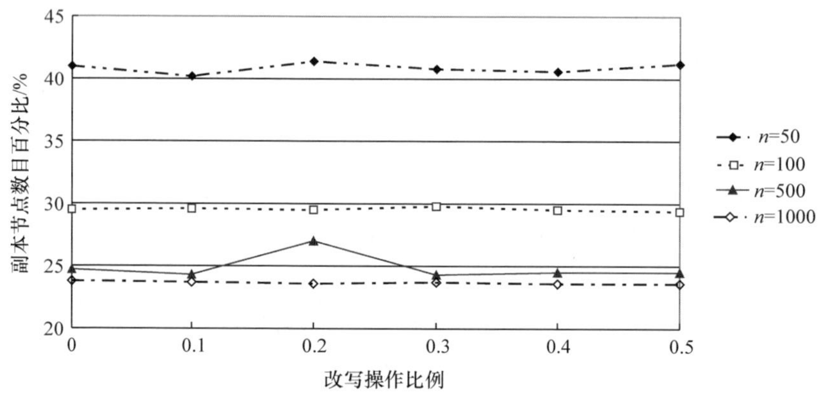

图 10.6　$q/D=0.2$，λ 与副本节点百分比之间的关系

由图 10.8 可知，如果节点规模保持不变，那么在 λ 变化的情况下，副本节点占所有节点的比例基本保持稳定，增加 λ 并不需要增加更多的副本节点。图 10.6 说明 λ 对副本策略的规模基本没有影响。

另外可以看到，在 q/D 和 λ 保持不变的情况下，随着节点规模 n 的增加和网络规模的扩大，MAPA 算法选取的副本策略中包含的副本节点占所有节点的比例数反而逐渐减小。这是因为网络规模扩大后，每个副本节点将有机会服务更多的非副本节点。

实验 2　在保持 $\lambda=0.2$ 不变的情况下，研究 q/D 对副本节点数目 n、创建开销的影响，测试结果见图 10.7。

可以看到，q/D 对副本节点的数目影响非常大。随着 q/D 的增加，保障个体服务质量所需的副本节点数目迅速减小。当 $q/D=0.5$ 时，只需要少数几个节点即可满足个体服务质量。图 10.7 说明用户的个体服务质量约束对于副本策略的选择具有直接影响。

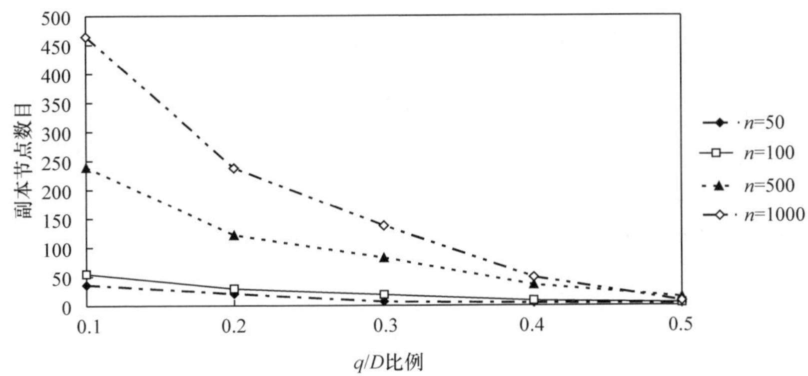

图 10.7　$\lambda=0.2$,q/D 与副本节点数目之间的关系

实验 3　在 λ 和 q/D 均保持不变的情况下,研究节点数目 n 对算法性能的影响。实验中,固定 $\lambda=0.1$,节点数目从 50 逐渐增加到 1000。为了公平起见,只记录了 MAPA 算法的纯计算时间,即去掉了拓扑生成、拓扑文件读取、距离矩阵生成和放置策略写入文件等开销,只记录 MAPA 算法用于副本策略的选择所需的时间开销,实验结果见图 10.8。

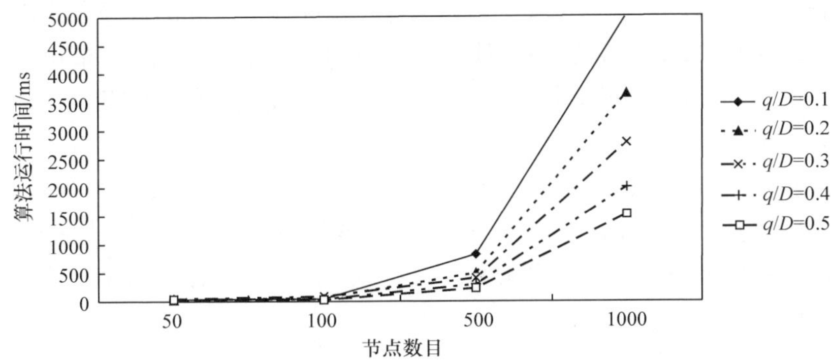

图 10.8　算法运行速度与节点数目的变化关系

因为 MAPA 算法的计算复杂度是 $O(|V|^3)$,所以 MAPA 算法的运行时间随着节点数目的增长而迅速增长,图 10.8 中的性能曲线很好地说明了这一点。另外注意到,在相同节点数目的情况下,q/D 比值越大,则所需的副本节点数目越少,因此运行所需的时间开销反而越短。

通过这三组实验可知,三个不同的因素对 MAPA 算法的影响程度也不相同:个体 QoS 约束 q 的大小对 MAPA 算法的求解非常重要,直接关系到副本策略的规模;而节点的数量 n 决定着 MAPA 算法的计算开销;但是,存储开销相对传输开销的权重 λ 对 MAPA 算法的影响比较小。

2. 中等规模条件下 CPI-MAPA 算法模拟实验与分析

在本实验中，QARS 采用 BRITE 生成网络规模为 200、400、800、1600 和 3200 个节点的拓扑结构各 100 个。在进行节点分簇算法时，必须给定分簇的数目 k。一般情况下，k 越大，则分解的子问题越多，通信开销量和解空间集成的开销将越大。本节根据管理节点的能力和问题的总规模决定 k 的确定标准。考虑 k 与节点总数 n 的比值 n/k（即平均簇大小）对算法效率的影响，在不同的节点规模下运行 CPI-MAPA 算法，得到的结果如表 10.2 所示。

表 10.2　对于不同 k 的 CPI-MAPA 算法时间开销　　（单位：s）

n/k \ n	200	400	800	1600	3200
100	2.86	23.16	63.03	241.37	328.73
200	23.86	24.67	41.93	125.42	245.32
400	3.86	11.12	34.17	63.25	183.25
800	5.97	33.67	242.27	445.13	456.31

由表 10.2 可以看到，当 n/k 为 400 左右，即将每个分簇的规模限定在 400 个节点左右时，CPI-MAPA 算法的总体运行时间开销较低。当然，如果单个节点的处理能力更强，或者问题的规模更大，那么有可能需要更大的平均簇大小才能获得最优效果。

为了验证 CPI-MAPA 的可扩展性，在算法核心库中另外实现了 Greedy MSC 算法，将其作为实验评估的参照，在相同实验条件下与 MAPA 算法、CPI-MAPA 算法进行了对比实验。采用的参数是：$q/D=0.2$，$\lambda=0.2$；对于 MAPA 算法，取 $n/k=400$。实验结果如表 10.3 所示。

表 10.3　计算开销对照表　　（单位：s）

节点规模 \ 算法名称	Greedy MSC	MAPA	CPI-MAPA
100	0.11	1.03	1.98
200	0.38	3.96	3.86
400	3.16	37.85	11.12
800	59.50	42.72	34.17
1600	559.91	192.65	63.25
3200	超过 24h	472.23	183.25
6400	超过 24h	超过 24h	253.82

可见,Greedy MSC 算法的可扩展性最差,随着节点数目的增加,其计算开销呈指数级急剧上升。当节点数上升到 3200 时,Greedy MSC 经过一天的运算仍然无法得出结果。相比较而言,MAPA 能解决节点规模为 3200 的副本放置问题,但是当节点数目达到 6400 时,MAPA 的计算时间超过 24h;而 CPI-MAPA 甚至能解决 6400 个节点的副本放置问题。

与 MAPA 算法相比,当节点数目小于 400 时,CPI-MAPA 算法不需要分簇,直接退化为 MAPA 算法,因此它们的计算开销相当。但是当节点规模超过 400 甚至更高时,各个分簇的规模仍然维持在 400 左右,因此 CPI-MAPA 在第二阶段局部求解时所需的计算开销基本维持不变,只是在第一阶段分簇操作和第三阶段集成操作需要更多的计算开销,使得总的计算开销增长比较缓慢。总体来看,CPI-MAPA 算法的可扩展性是最好的。

10.4 访问代价优化的副本环方法

10.4.1 概述

更新型数据网格系统不仅为应用提供了基本的原始数据存储、管理和只读访问功能,而且可以对数据执行写操作,并通过副本一致性维护机制保证各个副本的内容都是相同的,并且是尽可能新的。由于副本在整个生命周期中都有可能执行数据的写操作,因此不断地引发副本的一致性维护操作,并引入一致性维护开销和副本更新开销。在这种应用中,一次性的副本创建开销已经不再是首要考虑的因素,贯穿副本整个生命周期的一致性维护开销和更新开销成为制约应用性能的关键因素。

在更新型数据网格应用中,用户对副本的访问操作分为读操作和写操作两种类型:前者获取数据内容,不对数据内容进行任何改动;后者需要修改数据源的内容,并需要及时将这种修改传播给所有其他副本。两种访问都会产生一定的时间开销,分别称为读访问代价和写访问代价。

定义 10.8 读访问代价。

对于 Griden-CM 下的副本策略 R,数据服务 S 的读访问开销(read cost)是所有节点访问到该数据所需时间的算术和,记为

$$T_{\text{Read}}(R)=\sum_{v\in V}\operatorname*{Min}_{r\in R}(d(v,r)) \tag{10.15}$$

与此同时,在数据内容发生变化的情况下,更多的副本数量必然带来更大的一致性维护与更新开销,从而导致从写入新数据到数据更新得到最后确认的时间周期更长。本节将这一段时间开销称为写访问代价,定义如下。

定义 10.9 写访问代价。

对于 Griden-CM 下的访问策略 R，数据服务 S 的写访问代价(write cost)是副本发生更新到所有副本内容保持一致所需的时间开销，记为 $T_{\text{Write}}(R)$。

定义 10.10　访问代价。

对于 Griden-CM 下的访问策略 R，数据服务 S 的访问代价是用户完成读与写访问操作所需代价的加权算术和，记为

$$T_{\text{Access}}(R)=(1-\mu)T_{\text{Read}}(R)+\mu T_{\text{Write}}(R) \tag{10.16}$$

式中，μ 称为更新频率，为写操作相对于所有操作的百分比。

本节提出访问代价优化的服务质量感知副本放置问题(QoS-aware replica placement problem for access optimizing，QRPP-AO)，从优化用户请求的读写代价入手，寻找满足个体服务质量约束的副本策略。

定义 10.11　访问代价最优的 QRPP-AO 问题。

给定 Griden-CM 下的无向连接网络 $G=(V,E)$，源节点 $r\in V$，μ 为更新频率；对于 V 中每个节点 v 给定 QoS 约束 $q(v)$；已知 E 中任意连接(u,v)的访问延迟为 $d(u,v)$。访问代价最优的服务质量感知副本放置问题是指寻找一个副本策略 R，使得任何节点 v 访问数据获得的服务质量满足其约束函数 $q(v)$，且访问代价 $T_{\text{Access}}(R)$最小。

10.4.2　副本环结构

1. 副本环基本概念

为了提高副本的更新能力，取消数据更新瓶颈，对副本节点进行有效管理和一致性维护，提出副本环(replica ring，RR)的概念。

定义 10.12　副本环。

在数据网格简化模型 Griden-CM 中，数据服务 S 的副本策略 R 中的副本节点按照一定顺序组成一个无向环状拓扑结构，称为副本环。为了具体说明副本环，本节给出一个实例，如图 10.9 所示。

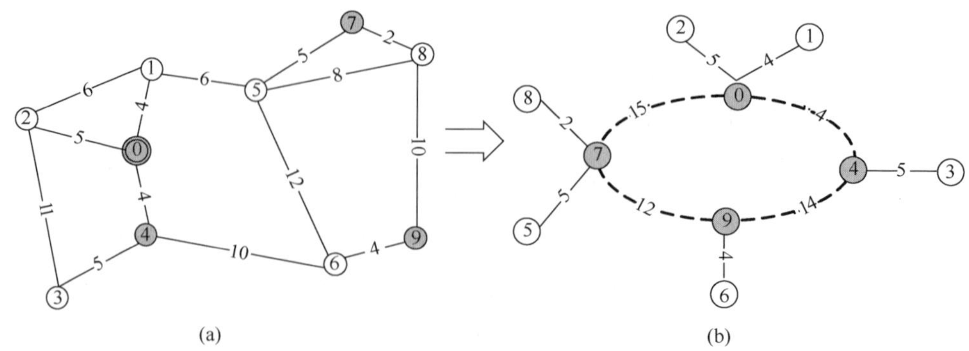

图 10.9　从 Griden-CM 到副本环的变换图

2. 副本环的更新冲突消解机制

本节提出基于时间戳的选票协商算法来消解副本环中的更新冲突问题，其主要思想来源于社会学中的竞选活动。算法将服务时间划分为相等的时间间隔，每个时间间隔称为一个时间窗口，记为 T_{Window}。T_{Window}进一步被划分为三个固定的部分，即选期、投票期和任期，分别记为 T_{Elect}、T_{Vote}和 T_{Tour}。整个时间轴被 T_{Elect}、T_{Vote}和 T_{Tour}交替分割。需更新的节点称为更新发起者(elector)；其他节点称为选民(voter)。主要思想是：每个节点维护一个执行写操作的节点信息列表 $List_p$，记录需要执行写操作的节点 ID 及写操作发生的时间。在 T_{Elect}期间，elector 向其他节点传播一种称为选票(ticket)的消息；每张 ticket 记录 elector 的身份 ID、更新时间戳 timestamp 和 QoS 信息。在 T_{Vote}期间，选民根据时间戳和其他信息进行投票，最终确定获得数据内容修改权的副本节点。最后，在 T_{Tour}期内，竞选获胜的elector执行数据写操作，并将数据内容的改动传播给副本环上的所有副本节点。

算法根据节点是否需要执行写操作分为两个执行部分，详细描述见算法 10.3。

算法 10.3　基于时间戳的选票协商算法 VoteOnRing

输入：副本环 RR；发生在各个节点的写操作集合 W。

输出：更新之后的副本环 RR。

过程 1：elector

1.　∀u∈elector 集合，if u 发生写操作，记录 timestamp 和写操作内容
2.　t∈T_{Elect}期间，u 向左右两个方向传播 ticket；
3.　if u 接收到 ticket 消息，比较收到的 timestamp1 和自己的 timestamp0
4.　　　if timestamp1>timestamp0，Then
　　　　　向同一方向传播 ticket，并将 elector ID 加入 $List_p$；
5.　t∈T_{Vote}期间，u 比较收到的 timestamp1 和 $List_p$ 中的最新 timestamp2；
6.　　　If timestamp1>timestamp2，then
　　　　　将 elector ID 加入 $List_p$，并向后传播 elector ID 和 timestamp
7.　t∈T_{Tour}期间，if u 的 ID 等于 $List_p$ 中的最新 ID，then
　　　u 向左右两个方向传播更新后的副本内容；

过程 2：voter

1.　∀u∈voter 集合，t∈T_{Elect}期间，if u 接收到 Ticket 消息，then
　　　u 比较收到的 timestamp1 和 $List_p$ 中的最新 timestamp2；
2.　　　if timestamp1>timestamp2，then
　　　　　将 Elector ID 加入 $List_p$，并向后传播 Elector ID 和 timestamp1
3.　t∈T_{Vote}期间，u 比较收到的 timestamp1 和 $List_p$ 中的最新 timestamp2；
4.　　　if timestamp1>timestamp2，then

```
    将 elector ID 加入 List_p,并向后传播 elector ID 和 timestamp
5.  t∈T_Tour 期间,if u 未更新,then
    等待来自 RR 上的更新
6.  else,丢弃到来的更新消息
```

本节提出的基于时间戳的选票协商算法 VoteOnRing,实际上采取了一种类似于两阶段提交协议的机制:数据写操作先在本地执行;然后根据写操作发生的时间戳参加竞选,在规定时间窗口内最新发生的写操作获胜;最后使获胜的写操作生效,将其传播给所有其他节点以保持副本一致性,而其他节点的写操作则作废。由于只有竞选获胜的唯一的节点才能发起更新,因此可以解决多点同时写引发的更新冲突问题。

3. 双向消息传播机制

在 T_{Elect}、T_{Vote} 和 T_{Tour} 的不同时期内,消息发送者将向副本环 RR 的左右两个方向同时发送消息。副本环上的每个节点在接收消息后将检查消息的时间戳信息,若消息是陈旧的就丢弃;否则就沿着消息到来的方向继续向下一邻居传播。在环状拓扑结构上,这种方式的消息传播必然在某处相遇,表明消息传播过程结束。如图 10.10 所示,节点 n 同时向左右两个方向传播消息。

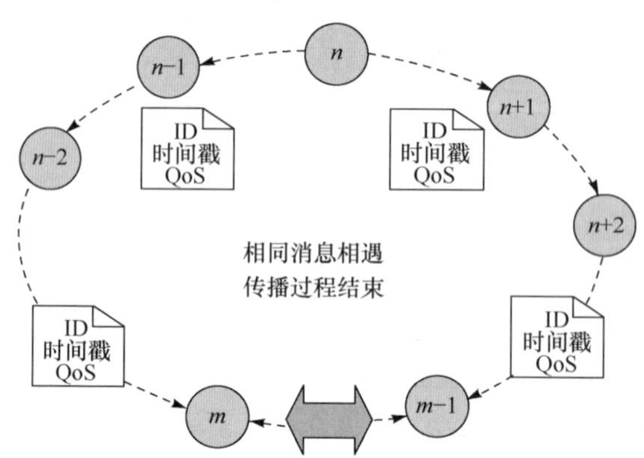

图 10.10　沿副本环的双向消息传播

节点 m 向右邻居 $m-1$ 传播了消息后又收到 $m-1$ 传播的相同消息,则 m 不再继续向左传播该消息;同理,若 $m-1$ 向 m 传播了消息后又收到 m 传播的相同消息,则 $m-1$ 不再继续向右传播该消息;若节点 m 刚好同时收到左右邻居发送的相同消息,则它不再向左或者向右继续传播该消息。

记消息沿 RR 传递一周所需时间开销为 T_{Length}。T_{Elect}、T_{Vote} 和 T_{Tour} 的长度需要根据应用的特征和用户访问模式进行设定和调整。由于 RR 上的所有消息采用双向传播的机制,因此在 T_{Length} 的一半长度内,所有消息可以传播到 RR 上的所有

副本节点，因此这些期限可取为 T_{Length} 的一半，即

$$T_{\text{Elect}}=T_{\text{Vote}}=T_{\text{Tour}}=\frac{T_{\text{Length}}}{2} \tag{10.17}$$

这个时间窗口长度能保证任意消息有足够的时间传递到 RR 上的每一个节点。此外，在 T_{Elect} 期间发生的写操作可以马上发送 ticket 消息参加竞选；而在其他时间窗口内发生的写操作将被记录下来，并等到下一个 T_{Elect} 期间参加竞选，这样所有的写操作都不会被遗漏。

4. 副本环访问代价的计算

在副本环 RR 作为维护副本一致性的拓扑结构后，写访问开销可以通过基于 RR 的更新开销表示。回顾访问代价 $T_{\text{Access}}(R)$ 的表达式(10.16)，实际上由于所有副本节点访问自身的数据，其读访问开销为 0，因此 $T_{\text{Write}}(R)$ 为所有非副本节点与其距离最近的副本节点之间访问延迟的总和。此时 $T_{\text{Read}}(R)$ 可以变换为

$$T_{\text{Read}}(R)=\sum_{v\in(V-R)}\underset{r\in R}{\text{Min}}(d(v,r)) \tag{10.18}$$

记副本策略规模 $|R|=n$，记 RR 上的各副本节点为 $r_1,r_2,\cdots,r_{n-1}$，则副本 RR 环路的总长度 T_{Length} 可以表示为

$$T_{\text{Length}}=\sum_{i=0}^{n-1}d(r_i,r_{i+1})+d(r_0,r_{n-1}) \tag{10.19}$$

在完成一次写操作及相应的副本一致性维护后，副本环将依次经历 T_{Elect}、T_{Vote} 和 T_{Tour} 三个阶段，因此副本环的写代价是这三个阶段所需的时间开销总和，即

$$\begin{aligned}T_{\text{Write}}(R)&=T_{\text{Elect}}+T_{\text{Vote}}+T_{\text{Tour}}=3\times\frac{T_{\text{Length}}}{2}\\&=\left(\sum_{i=0}^{n-1}d(r_i,r_{i+1})+d(r_0,r_{n-1})\right)\times\frac{3}{2}\end{aligned} \tag{10.20}$$

将式(10.18)和式(10.20)代入式(10.16)得到副本环的访问代价 $T_{\text{Access}}(R)$ 的表达式为

$$\begin{aligned}T_{\text{Access}}(R)&=(1-\mu)T_{\text{Read}}(R)+\mu T_{\text{Write}}(R)\\&=(1-\mu)\sum_{v\in(V-R)}\underset{r\in R}{\text{Min}}(d(v,r))+\left(\sum_{i=0}^{n-1}d(r_i,r_{i+1})+d(r_0,r_{n-1})\right)\frac{3\mu}{2}\end{aligned} \tag{10.21}$$

10.4.3　基于副本环的 qGREP 算法

针对更新型数据网格应用，在副本环概念的基础上，提出一种服务质量受保障的副本放置算法。该算法的主要思想是：考察所有非副本节点 u，获得将其升级为

副本节点所获得的利益 PV(u)；从中选择使得 PV(u)最大的节点，将其作为新的副本节点加入副本环 RR，利用副本环进行副本的一致性维护。反复执行上述过程，直到所有节点均已满足个体服务质量约束。算法描述见算法 10.4。

算法 10.4　基于副本环的 QRPP-AO 算法 qGREP

输入：距离矩阵 DM；各个节点的个体服务质量约束 q；更新频率 μ；源节点 s。

输出：R，RR。

过程：

```
初始化循环控制标志：bound=q+1；
∀u∉R∪{s}，计算节点 u 目前所获得的服务质量，记为 q(u)；
While bound>q，循环：
    计算当前 R 能够满足的节点数，记为 n_1；计算 T_Access(R)；
    ∀u∉R∪{s}∧q(u)>q：
        设临时副本策略 TR=R∪{u}；
        计算 TR 能够满足的节点数，记为 n_2，计算 T_ACCESS(TR)；
        计算节点 u 的利益值：PV(u)=(n_2-n_1)/(T_Access(R)-T_Access(TR))；
    从所有节点中选择获得最大 PV(u)的节点 u，令 R=R∪{u}；
    将节点 u 添加到副本环 RR 中；
    ∀u∉R∪{s}，重新计算节点 u 目前所获得的服务质量；
    bound= max_{∀u∉R∪{s}} q(u)；
 调整 RR 中节点的顺序；
 返回 R 和 RR；
```

qGREP 算法从个体服务质量约束满足出发，选择使得访问代价接近最优的副本策略，同时构造副本环结构解决副本冲突消解与一致性维护问题。

随着副本节点数目的增加，读代价和写代价的变化趋势正好相反。如何保证它们的总和，即访问代价随着节点数目的增加而逐步优化，是一个需要解决的关键问题。因为如果只要增加副本数量就能够减少访问代价，那么 qGREP 算法将最终导致所有节点都加入副本集合中。为了避免这种情况，模型的拓扑结构、个体服务质量约束 q 和更新频率 μ 之间必须满足一定的关系。

定理 10.2　小更新概率定理。

如果 Griden-CM 中访问延迟的个体服务质量约束 q、网络直径 D 和 μ 满足下列关系式：

$$\mu \leqslant \frac{q}{3D+q} \tag{10.22}$$

则增加副本数目将总是减少访问代价 $T_{\text{Access}}(R)$。

与 MAPA 算法类似，qGREP 算法也是一种集中式算法，也存在对于大规模问题缺乏可扩展性的问题。为了解决这类问题，仍然可以采用“分而治之”的思想，使用半分布式算法 CPI-qGREP。其主要思想是：将节点分簇，将一个大规模问题域切割为 k 个平行的中等规模的子问题域；在各个子问题域分别解决后，再将各个子问题域获得的局部副本策略进行集成。

10.4.4　qGREP 算法模拟评估

1. 中等问题规模模拟与分析

依据 QARS 模拟评价体系，实验中使用三组指标来衡量算法质量。第一组是副本策略中包含副本节点的数目及该数目占节点的百分比，反映副本策略的存储开销：副本策略的规模越大，所占百分比越高，则需要越多的存储开销。第二组是副本策略对应的副本环访问代价，可通过式(10.21)计算获得。好的副本算法可以获得访问代价较低的副本策略。第三组是算法本身的开销，即在各种模拟条件下副本放置算法运行所需的时间开销和空间开销。本节分别用三组实验对 Insert0、Delete0、Insert1、Delete1[8,9]、Cover[10]和本章的 qGREP 六种算法进行实验模拟，以确定各个实验在模拟评价体系中的位置。

实验 1　副本策略大小的比较。

图 10.11 描述了在节点规模从 50 增加到 800 时，六种算法各自所需的副本数目。由于 Insert1 和 Delete1 计算开销过大，在节点规模大于 200 的情况下超过 24h 没有得到计算结果，因此并没有相应的数据显示。

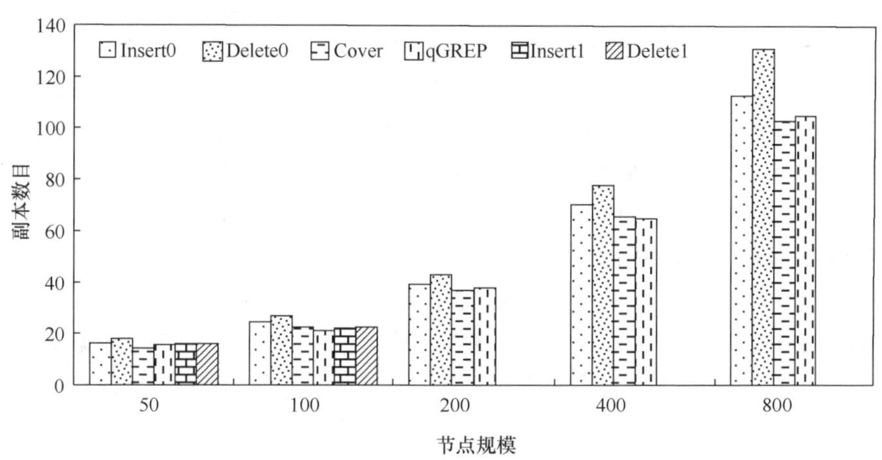

图 10.11　问题规模增长与副本节点数目的对应关系

六种算法获得的副本策略在相同节点规模条件下所包含的副本节点数目差别不大。综合来看，Cover 算法和 qGREP 算法获得的副本策略的规模最小，因为它们的启发信息中都包含通过减少副本节点数目来获得较小启发利益值的机制；Delete0 获得的副本策略的规模最大，因为它是以逐渐减少的方式获得副本策略的,任何一个节点不满足个体服务质量约束都将导致算法的终止,这种方式使得副本策略的规模比其他方式获得的规模稍大。

对于每一个算法,副本节点在所有节点中所占的比例随着节点规模的增加而减少,如图 10.12 所示。这是因为在 BRITE 生成的网络拓扑中,随着节点数目的增加,节点之间的连线也相应增加;节点度数越大,则一个副本节点越有更多的机会服务位于其临近的非副本节点,因此所需要的副本数目反而减小。

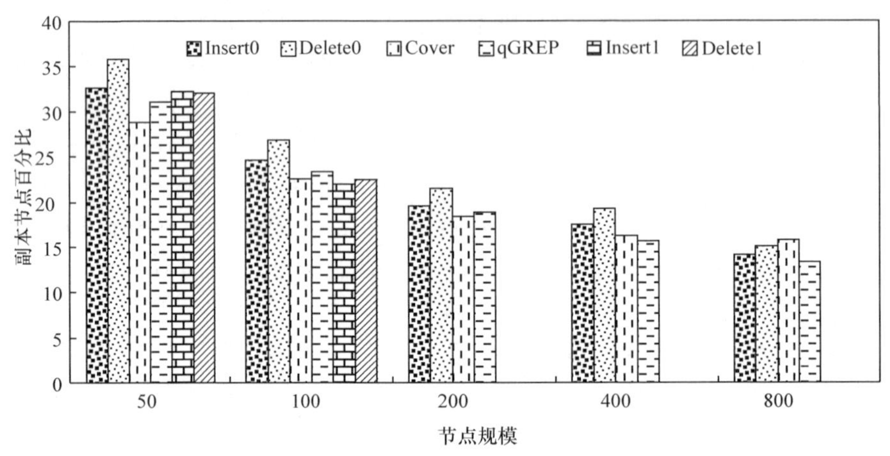

图 10.12 问题规模增长与副本节点所占比例的对应关系

对比在 50 和 100 个节点规模下 Insert0 和 Insert1、Delete0 和 Delete1 所产生的副本规模大小可以看到,具有一级回溯的算法比不具有回溯的对应算法获得的副本策略的规模要小。这是因为增加一级回溯后,在选择最有利的副本时会考虑更多的可能性,因此获得更好效果的副本策略的可能性更大。但是这种效果的提升是以巨大的计算开销为代价的,可以通过算法所需的时间开销反映。

实验 2 访问代价的比较。

另一组衡量副本策略优劣的重要指标是副本策略的副本环访问代价。一般来说,副本数目越多,则副本环路的延迟越长,那么副本放置引入的副本策略就有可能越高。但是这两者之间也不是确定性的关系,也可能会出现副本数目较少但是访问代价较大的情况。

实际的测试结果如图 10.13 所示。在节点规模较低(少于 200 个节点)的情况下,qGREP 算法获得的访问代价与其他算法相差不多。但是在节点规模较大时,qGREP 算法获得的访问代价稍稍超过其他算法所需的访问代价。这是因为节点数量越多,则发生同时更新冲突的概率就越高,因此处理多副本的更新冲突机制需要的额外开销越大。但是考虑到 qGREP 算法允许多个副本节点同时更新,因此这种性能上的有限损失是值得的。

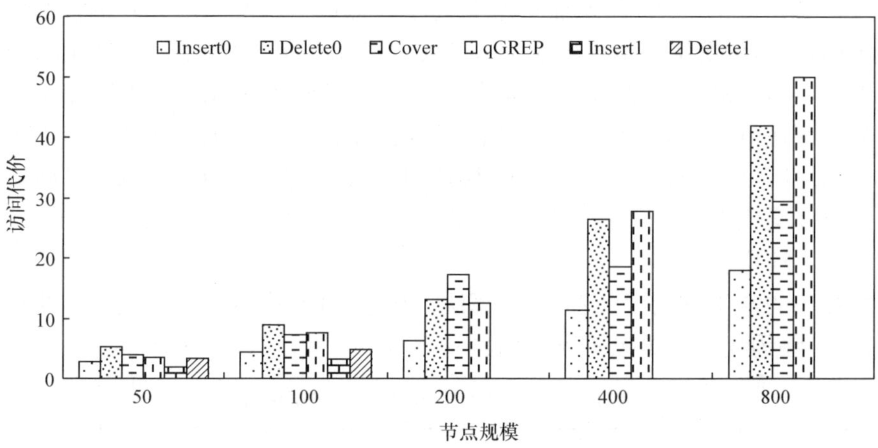

图 10.13　访问代价随节点规模的变化情况

Insert1 算法和 Delete1 算法通过一级回溯来降低访问代价，因此它们得到的副本策略的访问代价最低。但是同时，它们的算法时间复杂度也最高，当节点规模超过 200 个节点时，这两个算法的运行时间都将超过 24h。这种情况对数据网格系统而言是不可接受的。

实验 3　算法开销的比较。

为了公平起见，只记录了各种算法的纯计算时间，即只记录各种算法用于副本策略的选择所需的时间开销。表 10.4 中记录了问题规模对于六种不同算法的算法空间复杂度，其中每个数值为 100 个同等规模拓扑结构处理后的结果平均值。

表 10.4　不同算法的时间复杂度开销　（单位：s）

算法名称＼节点规模	50	100	200	400	800
Insert0	0.03	0.23	2.98	41.14	578.10
Delete0	0.11	2.16	39.67	649.18	3681.82
Cover	0.02	0.06	0.41	3.19	22.76
qGREP	0	0.01	0.08	0.66	5.34
Insert1	11.50	357.42	超过 24h	超过 24h	超过 24h
Delete1	16.20	1366.76	超过 24h	超过 24h	超过 24h

可以看到，当节点规模增加 1 倍时，各个算法的时间复杂度几乎都将增加一个数量级以上，这说明问题规模对于 QRPP 的求解复杂度影响非常大。在同等节点规模下，Insert1 和 Delete1 的计算开销最大，比 Insert0 和 Delete0 都要高两个数量级以上。在节点规模超过 200 时模拟器运行一天仍然无法得到结果。而 Insert0 和 Delete0 又要比 Cover 和 qGREP 高出 1～2 个数量级；这其中 Delete0 的算法复杂度又比 Insert0 高，当节点数目超过 800 时，模拟器运行超过 24h 仍然不能得到副本策略。

从算法的空间复杂度来看，各个算法占用的空间开销都不高，且只与节点规模有关，与算法的复杂度关系不大，见表 10.5。

表 10.5 不同算法的空间复杂度开销 (单位：MB)

算法名称 \ 节点规模	50	100	200	400	800
Insert0	17	21	26	35	79
Delete0	18	19	25	34	81
Cover	18	19	22	36	78
qGREP	19	19	23	39	80
Insert1	18	19	—	—	—
Delete1	19	20	—	—	—

当节点规模为 50 时占用不到 20MB 的内存；当节点规模扩大到 800 时，也只占用 80MB 左右的内存。这说明 QRPP 本质上是一个时间密集型问题，并不需要太多空间开销。因此，在比较这些算法时，算法本身的开销将只是副本算法的计算开销。

2. 算法比较

本节对 Insertl、Deletel、Cover 和 qGREP 四种算法进行了对照比较，分析各个算法的优劣程度。方法是：在获得各个算法在三个不同衡量标准上的测试数据后，针对不同的节点规模，对每一个衡量标准的结果取平均值，然后为每种算法在模拟评价体系中定位，最后根据定位判断算法的优劣。

由于 Insert1 和 Delete1 在节点规模大于 200 时已经无法在 24h 之内得到计算结果，其算法开销与 qGREP 相比相当于无穷大，因此仅依据此标准即可认为 qGREP 优于 Insertl 和 Deletel 算法。下面比较 Insert0、Delete0、Cover 和 qGREP 四种算法的性能。具体方法是：计算这四种算法在不同节点规模下副本数目、访问代价和算法开销的平均值，如表 10.6 所示。

表 10.6 不同算法的衡量标准平均值

衡量标准 / 算法名称	副本数目/个	访问代价/s	算法开销/s
Insert0	52.56	80.59	124.50
Delete0	59.14	138.60	2708.39
Cover	48.70	186.24	5.28
qGREP	48.38	147.71	1.22

这四种算法对应的点在包括副本比例、算法开销和访问代价三个指标的三维模拟评价体系中的大概位置如图 10.14 所示。

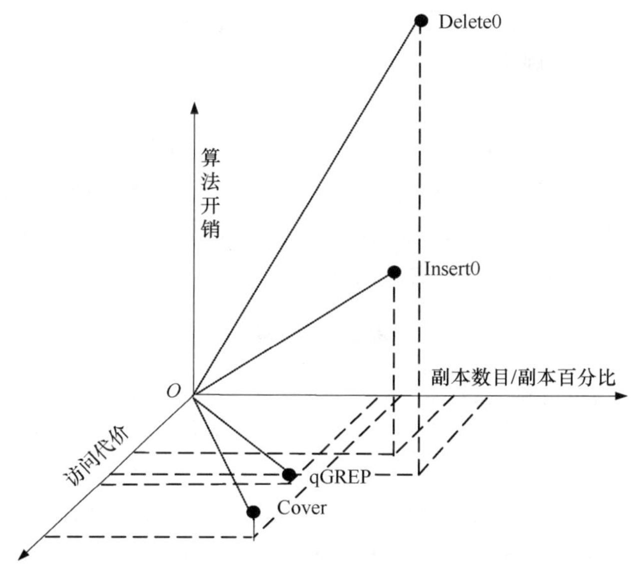

图 10.14 各个算法在模拟评价体系中的位置

可以看到，对于 Cover 和 qGREP 两种算法，Cover 算法的副本数目和访问代价均要高于 qGREP 算法，而 qGREP 算法的计算开销反而小于 Cover，因此可以认为 qGREP 算法优于 Cover 算法；对于 qGREP 和 Insert0/Delete0 两种算法，虽然 Insert0/Delete0 两种算法获得的访问代价分别比 qGREP 低 83.3%和 6.6%，但是它们的副本数目要比 qGREP 高 8.6%和 22.2%。更重要的是在算法开销维度上，Insert0 和 Delete0 需要的算法开销比 qGREP 高出 100 多倍和 2000 多倍。根据模拟评价体系的评估方法，可以认为 qGREP 算法优于 Insert0 和 Delete0 两种算法。

综上所述，与目前相关研究中提出的几种较为著名的副本放置算法相比，本节提出的 qGREP 算法在算法开销、访问代价和所需副本数量方面具有一定的优势。

10.5　本章小结

本章在基本数据网格体系结构 Griden 的基础上，提出了一种支持服务质量约束的数据网格体系结构 Griden-Q。该体系结构将个体服务质量引入数据网格中，建立了基于服务质量保障的数据服务注册、发布与监视模型，制定了服务质量信息描述框架，并通过支持服务质量约束的服务过滤和服务选择机制保证用户获得服务质量保障的数据服务。

在只读型数据网格应用中，副本的创建开销对系统性能影响很大，因此在执行副本放置时必须对创建开销进行优化。结合矩阵理论，本章提出了基于矩阵表示和矩阵操作的 MAPA 算法和 CPI-MAPA 算法，扩展了副本放置中的服务质量属性约束，解决了大问题规模的 QRPP-CO 问题。

在更新型数据网格应用中，在满足用户的个体服务质量约束的同时，还需要重点优化用户的访问代价。在允许多副本同时更新的前提下，提出了副本环的概念，并提出了基于时间戳的副本环冲突消解机制和双向消息传播机制；在此基础上，提出了一种基于副本环的 qGREP 算法，综合考虑副本升级过程中带来的服务质量满足利益和访问代价的变化，有效解决了 QRPP-AO 问题。

参考文献

[1] Chervenak A, Foster I, Kesselman C, et al. The data grid: Towards an architecture for the distributed management and analysis of large scientific datasets. Journal of Network and Computer Applications, 2001, 23: 187-200.

[2] Foster I, Kesselman C, Tuecke S. The anatomy of the grid: Enabling scalable virtual organizations. International Journal of High Performance Computing Applications, 2001, 15(3): 200-222.

[3] Foster I, Kesselman C, Jeffrey M, et al. The physiology of the grid: An open grid services architecture for distributed systems integration. http://www.globus.org/ogsa[2002-02-17].

[4] 杨胜文，史美林．一种支持 QoS 约束的 Web 服务发现模型．计算机学报，28(4): 589-594.

[5] Butterfly Net. http://www.butterfly.net[2014-05-17].

[6] Knutsson B, et al. Peer-to-peer support for massively multiplayer games//INFOCOM, 2004: 107.

[7] http://en.wikipedia.org/wiki/Global_Positioning_System[2015-08-11].

[8] Tang X, Xu J. On replica placement for QoS-aware content distribution//Proceedings of the 23rd Conference of IEEE Communications Society (INFOCOM), Hong Kong, 2004, 806-815.

[9] Tang X, Xu J. QoS-aware replica placement for content distribution. IEEE Transaction on Parallel and Distributed Systems, 2005, 16(10): 921-932.

[10] Wang H, Liu P, Wu J. A QoS-aware heuristic algorithm for replica placement//Proceeding of the 7th IEEE/ACM International Conference on Grid Computing, Barcelona, 2006: 96-103.

第 11 章　基于动态测试用例生成的二进制软件缺陷自动发掘*

尽管软件在设计、编码时期都经过严格的测试，但统计表明，仍有一半以上的缺陷是在开发阶段的后半段或发布后发现的。所以，处于软件系统测试末期的预发布测试阶段成为软件发布前拦截这些缺陷发掘的最佳机会。而且，只有在软件预发布测试阶段，才能面向二进制软件全系统，跨语言边界、跨第三方组件进行深度缺陷发掘，甚至发掘其他测试阶段无法发掘的优化编译器、代码混淆器引入的软件缺陷。由于软件预发布阶段已临近软件发布，测试时间十分有限，因此对缺陷发掘技术的高效性、全面性和易辅助缺陷修复性提出了更高的要求。本章面向大规模系统级预发布软件，针对测试用例生成的有效性和全面性、平台无关性以及性能需求，研究基于动态测试用例生成的二进制软件缺陷自动发掘技术。提出支持测试系统可重定向的元指令集体系结构设计；构建面向真实执行的路径可达完备性理论与模型；基于该理论的算法结合动态执行信息、元指令精确解释及路径约束收集与求解，达到对任意二进制程序的自动、精确、无冗余的路径覆盖，以此在覆盖过程中发掘二进制软件的各种缺陷。实际测试表明，基于该理论的原型系统 Hunter，可以高效自动发掘 Benchmark 中的所有已知软件缺陷。同时，在实际软件系统测试中，Hunter 系统先后自动发现了最新发布的大型商业软件的缺陷 27 个，其中发现的高危软件安全缺陷，分配了国际权威漏洞认证编号：CVE-2008-6444 (Baidu Hi)、CVE-2009-1923(Windows 2000 Server WINS)和 CVE-2009-1924 (Windows 2003 Server WINS)等。测试表明，该理论的原型系统也能够对定位出错代码和出错原因提供有效指导。

11.1　概　　述

预发布大型软件系统，具有规模庞大、多语言实现、含大量第三方二进制组件等特点，现有的测试方法和技术无法有效实现高效、全面、无误报、跨语言和跨平台

---

* 本章由李根撰写。李根，2010 年 6 月获博士学位，导师为卢锡城院士，研究方向为计算机系统软件。博士论文题目为“基于动态测试用例生成的二进制软件缺陷自动发掘技术研究”，论文研究的原型系统先后无人工干预地自动发现了包括 Windows 2003 Server 系统服务在内的大型软件的多处高危缺陷，分配了国际权威漏洞认证编号：CVE-2009-1923(Windows 2000 Server WINS)和 CVE-2009-1924(Windows 2003 Server WINS)、CVE-2008-6444(Baidu Hi)等，并获得微软官方网站致谢。

的测试目标。

本章重点研究如何将动态测试用例方法应用于预发布二进制软件测试。以构建高效、精确、全面且具有重定向性的高性能动态测试用例生成系统为目的，从系统的体系结构及操作系统的无关性、完备路径可达约束的判定与收集以及缺陷发掘的性能优化等方面进行深入研究。

首先，提出和设计支持测试系统可重定向的高效元指令集体系结构 MetaISA。MetaISA 可以精确描述二进制语义，简化动态测试用例生成过程中的约束收集和构建，并提升其性能。

其次，针对已有动态测试用例生成技术因收集的路径可达约束不完备，导致生成大量偏离目标路径的测试用例，测试效率低等问题。提出基于动态测试用例生成的精确可达路径覆盖方法 DBAPC，该方法是针对大规模二进制程序进行精确全路径覆盖的缺陷发掘方法。该方法通过构建完备的二进制分支可达判定理论，提出了完备分支可达判定条件的动态收集与构建方法、精确约束求解方法等，设计测试规模可伸缩的缺陷发掘框架；通过单赋值污点指令变换技术，将 DBAPC 方法稳定在线性空间复杂度内；在此基础上定义并构建可有效描述污点间定值引用关系的单赋值污点传播有向无环图 TSADAG 和相关算法；最后基于提出的目标分支条件相干性理论，设计最简分支可达约束的线性复杂度收集算法，保证对大型二进制软件的深度缺陷发掘的高效性。

最后，基于 DBAPC 方法，设计和实现 Hunter 系统，该系统是面向大规模二进制软件缺陷发掘的精确动态测试用例生成系统。Hunter 系统具有广泛的平台兼容性，可以针对任意操作系统的多种指令集的二进制软件进行缺陷发掘。Hunter 系统通过采用基于虚拟化平台支持的符号化与具体化混合执行的加速技术和操作系统无关的基于虚拟机事件监控的进程/线程识别等技术，有效提高了发掘性能，增强了多系统平台支持能力。测试表明，Hunter 系统可以高效自动地发掘 Benchmark 中的所有已知软件缺陷。同时，实际软件系统测试中，Hunter 系统先后发现了 Word 2007 等大型商业应用软件的 27 个获得厂商承认的致命缺陷，并对定位出错代码和出错原因提供了有效指导。

11.2　相关工作

11.2.1　动态测试用例生成技术

动态测试用例生成技术是一个从 2005 年开始兴起的研究方向。该技术通过分析程序动态执行信息来获取可达路径对输入数据的约束，并在遇到受输入数据控制的分支跳转时将收集到的约束输出至可满足模求解器(SMT solver)，用以判定另一分支路径是否可达。若可达，求解器则给出覆盖目标分支路径的测试用例，并利用生成的测试用例发掘目标分支路径中的软件缺陷。典型系统包括微软研究院的 DART[1]、伊利诺伊大学厄巴纳－尚佩恩分校的 CUTE[2]、斯坦福大学的 EXE[3]和 KLEE[4]、微软研究院的 SAGE[5]、美国加州大学伯克利分校的 SmartFuzz[6]等。

2005 年末，微软研究院的 Godefroid 等学者提出的 DART 系统，是最早的动态测试用例生成系统。DART 系统最初用于软件的单元测试，只能支持函数级测试。该系统通过追踪真实执行的代码对输入数据的处理，联合符号化推理，动态调整并产生新的测试用例，以尽可能覆盖测试单元中的可达路径。DART 系统使用线性约束求解器，对无法求解的非线性约束，采用随机扰动的方法产生测试用例。此外，DART 系统不处理指针语义，无法分析 C 语言中常见的指针操作。由于 DART 收集约束不完备、求解器精度不高，因此限制了其生成的测试用例指导路径覆盖的有效性，测试性能低。

CUTE 系统也是单元测试系统。与 DART 系统类似，但着重处理程序中存在的指针等价性引用，并基于该等价性给出了指针操作的约束描述，部分地处理了指针语义。它收集到的路径可达约束比 DART 系统精确，但仍不完备。

斯坦福大学的 Engler 等学者提出的 EXE 系统用于组件测试，在动态收集路径可达约束信息方面和约束路径精确求解方面的贡献较为突出。EXE 系统是一个源到源的编译器，该编译器将目标应用源码中的每一个赋值和运算前都插入对 EXE 系统符号化执行组件的函数调用，并在程序的分支语句前插入一段调用求解器代码，对当前分支条件进行求解并产生测试用例。这样，当被 EXE 编译后的程序真正执行时，真实的程序执行和符号化执行交替进行，并且符号化执行从程序的具体执行中获取所需运行时信息，以收集路径可达约束。此外，EXE 系统实现了一个 SMT 求解器 STP[1]，该求解器包含 BV 理论、ARRAY 理论和整数理论。由于路径可达约束的收集和约束求解都较为精确，因此 EXE 系统生成的测试用例软件缺陷的发掘效率较高。

然而，EXE 系统仍存在下述不足：

(1) 需要完整源码支持。EXE 系统的源到源编译特性，使得该系统要求被测应用必须提供完整的源码以进行分析和编译。如果被测试软件中含有不具有源码的第三方组件，则该类技术将无法使用。然而，实际大规模软件中的大多数第三方组件均不向使用者提供源码。

(2) 测试规模受限。该类技术将所有的输入数据(包括系统环境变量、程序启动参数等)都视为恶意输入，并都作为符号化变量进行符号化执行。这对符号化执行和约束求解产生巨大的压力。因此，EXE 系统只能针对小规模应用程序或软件组件进行缺陷发掘。

(3) EXE 系统的应用面较窄。EXE 源到源编译器只能支持 C 语言程序，并且无法处理包含复杂数据结构的程序。EXE 对于 C 语言程序中较复杂的数据结构赋值和运算，无法准确翻译成对符号化执行模块的调用。此外，EXE 系统必须模拟程序中系统调用等没有源码的函数。如果使用 EXE 系统进行测试，那么可能需要被迫改动待测应用程序。

KLEE 系统是 EXE 系统的升级，该系统将 EXE 系统的源到源编译器变为 LLVM 编译器。KLEE 系统纯符号化执行 LLVM 编译出的低级指令。这些改进使得 KLEE 系统可以更为普遍地应用于各类 LLVM 支持的语言程序。KLEE 同样需要完整源码支持，并且由于 KLEE 系统采用完全符号化解释执行每一条 LLVM 指令，测试性能低。

SAGE 系统是微软研究院研发的动态测试用例生成系统。与之前的系统不同，SAGE 系统直接对二进制程序进行动态追踪并生成测试用例。该系统采用动态二进制指令追踪工具 Nirvana，监控程序执行，追踪指令执行获得程序的执行流日志。然后再离线地对日志文件进行符号化分析执行，构建路径可达约束，以便为输入可控分支生成测试用例。与 EXE 系统不同，SAGE 系统为了能够对大规模程序进行分析，采取了一系列的简化措施：

首先，SAGE 系统为了简化约束收集和求解的复杂性，忽略对非线性约束的收集与求解。

其次，SAGE 系统不对程序中的指针进行分析。相对于 EXE 系统，以上简化措施一定程度上加快了 SAGE 系统对大型目标软件的测试用例生成速度，然而这却以损失测试用例对路径覆盖指导的精度为代价。根据文献，SAGE 系统生成的测试用例中有接近 60%的测试用例无法准确指导程序覆盖目标路径。此外，SAGE 系统对日志中的所有指令流都采用完全符号化解释执行，导致符号化执行时间占全系统工作时间的 25%。这就抵消了部分由前面所述简化操作带来的性能提升。

最后，由于 SAGE 系统基于动态二进制指令追踪工具 Nirvana 构建，与操作系统环境相关性密切，导致 SAGE 系统只能测试 Windows 操作系统的软件（Nirvana 是 Windows 平台下的指令追踪工具）。

美国加州大学伯克利分校的 SmartFuzz 系统与 SAGE 系统类似，采用了基于 Linux 下的二进制指令追踪工具 Valgrind 追踪程序执行和在线约束收集方式。SmartFuzz 系统仅支持整数溢出缺陷的发掘。

11.2.2　其他软件预发布阶段的相关测试技术

除基于 Fuzz 随机测试的缺陷发掘技术，专门针对预发布软件测试的系统和技术较少。下面对相关研究工作的讨论，除阐述 Fuzz 随机测试技术，主要集中阐述那些可以被延展并应用于软件预发布测试阶段的测试技术，包括静态和动态测试技术两大类。静态测试技术主要包括模型验证、错误模板匹配，以及面向路径的静态测试用例生成技术等。动态测试技术主要包括基于动态强行修改分支跳转方向的分支路径覆盖技术等。

1. 基于 Fuzz 随机测试的缺陷发掘技术

Fuzz 随机测试技术是一种软件黑盒随机测试，通过随机修改输入数据中的部分数据域，生成新的测试用例以发掘软件缺陷。这等价于对被测程序的输入数据空间进行随机采样，以产生一个较小的输入数据空间对程序进行测试。合理分布的随机采样产生的输入数据空间可以增加软件缺陷的发现概率。典型的随机测试系统包括 BuzzFuzz、SPIKE、Peach Fuzzing Platform 及 Evolutionary Fuzzing System 等。

然而，Fuzz 随机测试无法保证对程序可达路径的完全覆盖，测试不全面且效率低。对于如“if($x==10$) ERROR”这样的程序，Fuzz 随机测试技术生成测试用例只有 $1/2^{32}$ 的概率命中缺陷。这导致 Fuzz 工具经常需要产生数十万甚至数百万个测试用例来发掘软件缺陷，测试效率较低。

2. 模型验证、模板匹配等静态代码分析技术

模型验证、模板匹配等静态代码分析技术一般需要对源码进行模型提取或模板提取以发现软件中的缺陷。典型系统包括 MOPS、UNO、PREFix、FlawFinder、Lint 等。其中，MOPS、UNO 和 PREFix 系统是典型的基于模型验证的系统，通过对程序的分析提取程序模型，将程序转换为搜索不满足逻辑公式的状态系统，进而发掘软件缺陷。模型验证静态分析技术存在适用性受限的缺点，因为并不是每一个程序都能被准确地抽取验证所需的程序模型。此外，无论是基于模型验证还是基于模板匹配类的静态代码分析技术，通常都针对某一类已知错误类型构建模型或模板。因此，此类技术无法对超出预先定义的错误类型进行缺陷发掘，因而更适合于软件设计与编码的前期测试。

3. 面向路径的静态测试用例生成技术

面向路径的静态测试用例生成技术首先将程序输入数据视为符号化变量，分析程序路径上的所有语句，然后通过对程序静态符号化执行来建立约束系统，并将这些语句转变成约束条件，最后求解而产生用于遍历各个分支的测试用例。由于这种面向路径的静态测试用例生成方法以路径约束为指导来生成测试用例，因此相对于随机测试技术更加准确。

面向路径的静态测试用例生成技术建立约束系统的方法主要有两种：从前向后替换和从后向前替换。第一种方法的基本思想是把符号值作为程序输入，将执行路径上各分支谓词用逻辑与操作连接起来，生成所需约束系统。第二种方法是在每次遇到分支谓词时就记录下来，每次遇到赋值语句则更新已记录下来的所有

分支谓词中的变量。无论采用哪一种方法，由于无法知道数据在内存中的布局、对系统 API 进行模拟处理等，面向路径的静态测试用例生成技术都无法准确反映程序真实执行的具体情况，所以无法收集到完备的路径约束。此外，限于符号化执行的速度，面向路径的静态测试用例生成技术很难适用于大规模程序。

静态符号化执行得到的路径约束，通常采用区间分析、迭代松弛法、线性规划方法等进行求解。这些求解方法只能求解线性程序约束，而真实应用中存在大量非线性路径约束，不精确的求解会导致生成的测试用例无法达到目标路径。

4. 基于动态强行修改分支跳转方向的分支路径覆盖技术

基于动态方法的路径覆盖技术，根据程序的真实执行过程中的信息来指导路径覆盖，所以相对于静态分析技术，能够获得更好的指导。

典型的基于强行修改分支跳转方向的分支路径覆盖技术研究有谷歌研究院的 Flayer 工具和伊利诺伊州立大学的 PathExpander 系统等。这类系统通过污点传播技术动态地确定程序中哪些分支路径可能受到输入数据控制，然后通过软件或硬件手段，动态强行修改寄存器跳转标志位，使得程序向不同的指令路径执行。尽管这类技术可以成功地迫使程序本身进行路径覆盖测试，但是由于跳转是强制进行的，可能导致程序执行违背程序员设计意图，产生大量误报。为了降低误报，Flayer 工具对可控跳转点是否需要跳转交由人工判定，所以不适用于大规模自动化缺陷发掘。

11.3　支持测试系统可重定向的元指令集体系结构

对于预发布软件的测试，只有针对二进制形式的代码进行测试，才能保证测试的完整性和真实性。由于二进制软件与具体指令集体系结构(instruction set architecture，ISA)密切相关，因此为了能够有效地测试各种体系结构指令集的预发布软件，要求测试系统具有良好的可重定向性，才能灵活地支持各平台上的二进制软件测试。

针对测试系统的指令集可重定向性需求，本节提出和设计支持测试系统可重定向的元指令集体系结构 MetaISA。MetaISA 中的指令描述源于对各种已有 ISA 中指令语义的共同抽象，并采用了仅有赋值操作和算术运算组成的表达形式，统一、准确、灵活地描述各种指令语义，使得任何 ISA 中的指令可以位精确地、语义对等地映射到 MetaISA 中。此外，MetaISA 中的指令表示，利于简化和加速基于 MetaISA 的动态测试用例生成系统。通过 MetaISA 技术的支持，可以快速、低开销地将整个测试系统重定向到多种 ISA 平台上，并对 Windows x86、PPC 等不同平台上的应用进行测试。

二进制指令是具体 CPU 执行的最终程序表示方式。与高级语言相比，面向具体 ISA 的二进制指令语义蕴含了访存位宽、操作数位宽等体系结构细节信息。不同体系结构的指令定义又各不相同，通用且精确的二进制指令表示可增强后续分析的平台无关性。记 ISA 的访存地址位宽为常数 ad-bits（如 32 位 x86 指令集体系结构的访存位宽为 32 位），图 11.1 给出了支持二进制程序位精确分析的指令程序语义的一般抽象模型。

```
Program
        P::=C⁺
Instruction
        C::=υ=E|halt|abort
Exp
        E::=υ|□uυ|
            E □bυ|υ □b E □bE|
            □t (E1,E2,E3)
            exact(E,υimm1,υimm2),zext(E,υimm),sext(E,υimm)
Operation
        □u=-(unary minus),~(bit-wise not),!(bool not);
        □b=+,-,*,/,%,≪,≫,&,|,<,≤,>,≥,==,and,or;
        □t=(E1)?(E2):(E3)
        □w=exact,zext,sext
Operation
        υ::υimm|υreg|υmem
        υimm::=〈imm,bits〉(imm^bits)
        υreg::=〈ℛ,bits〉(ℛ^bits)
        υmem::=〈ℳ,E,ad-bits,ac-bits〉 (ℳ[E^ad-bits]^ac-bits)
```

图 11.1 位精确的二进制程序语义抽象

其中，位宽抽取/扩展（exact，zext，sext）运算用于抽取或补足表达式位宽或变量位宽。其中，exact($\boldsymbol{E}$，υ_{imm1}，υ_{imm2}) 操作表示将 $\boldsymbol{E}$ 形成的位向量 $\boldsymbol{b}_{n-1}\cdots\boldsymbol{b}_1\boldsymbol{b}_0$ 从第 υ_{imm1} 位开始抽取至第 υ_{imm2} 位（$0\leqslant\upsilon_{\mathrm{imm1}}\leqslant\upsilon_{\mathrm{imm2}}<n$），生成新的位向量 $\boldsymbol{b}_{\upsilon_{\mathrm{imm2}}}\cdots\boldsymbol{b}_{\upsilon_{\mathrm{imm1}}}$；zext($\boldsymbol{E}$，$\upsilon_{\mathrm{imm}}$)操作表示将 $\boldsymbol{E}$ 形成的位向量 $\boldsymbol{b}_{n-1}\cdots\boldsymbol{b}_1\boldsymbol{b}_0$ 零扩展到 υ_{imm}（$n\leqslant\upsilon_{\mathrm{imm}}$）位宽，生成新位向量$\underbrace{\mathbf{00000}}_{\upsilon_{\mathrm{imm}}-n}\boldsymbol{b}_{n-1}\cdots\boldsymbol{b}_1\boldsymbol{b}_0$；sext($\boldsymbol{E}$，$\upsilon_{\mathrm{imm}}$) 操作表示将 $\boldsymbol{E}$ 形成的位向量 $\boldsymbol{b}_{n-1}\cdots\boldsymbol{b}_1\boldsymbol{b}_0$ 按照符号位 b_{n-1} 符号化扩展到 υ_{imm} 位宽（$n\leqslant\upsilon_{\mathrm{imm}}$），生成新的位向量$\underbrace{\boldsymbol{b}_{n-1}\boldsymbol{b}_{n-1}\boldsymbol{b}_{n-1}}_{\upsilon_{\mathrm{imm}}-n}\boldsymbol{b}_{n-1}\cdots\boldsymbol{b}_1\boldsymbol{b}_0$。

为了便于描述，后面将 exact($\boldsymbol{E}, \upsilon_{\text{imm1}}, \upsilon_{\text{imm2}}$) 简写为($\boldsymbol{E}$)[$\upsilon_{\text{imm1}} : \upsilon_{\text{imm2}}$]；将 zext($\boldsymbol{E}, \upsilon_{\text{imm}}$)简写为$[E]_z^{\upsilon_{\text{imm}}}$；将 sext($\boldsymbol{E}, \upsilon_{\text{imm}}$)简写为$[E]_s^{\upsilon_{\text{imm}}}$。

下面给出表达式 $\boldsymbol{E}$ 的位宽函数定义。

定义 11.1 表达式 $\boldsymbol{E}$ 的位宽函数 $\mathcal{S}(\boldsymbol{E})$ 定义为

$$\mathcal{S}(\boldsymbol{E})=\begin{cases}\text{bits}, & \boldsymbol{E}\text{ 为 imm}^{\text{bits}}\text{、}\mathcal{R}^{\text{bits}}\text{ 或 }\mathcal{M}[\boldsymbol{E}^{\text{ad-bits}}]^{\text{bits}}\\ \mathcal{S}(\boldsymbol{E}_1), & \boldsymbol{E}\text{ 为}\square_u(\boldsymbol{E}_1)\\ \mathcal{S}(\boldsymbol{E}_1), & \boldsymbol{E}\text{ 为}\square_b(\boldsymbol{E}_1,\boldsymbol{E}_2)\\ \mathcal{S}(\boldsymbol{E}_2), & \boldsymbol{E}\text{ 为}(\boldsymbol{E}_1)?(\boldsymbol{E}_2):(\boldsymbol{E}_3)\\ \upsilon_{\text{imm2}}-\upsilon_{\text{imm1}}+1, & \boldsymbol{E}\text{ 为 exact}(\boldsymbol{E},\upsilon_{\text{imm1}},\upsilon_{\text{imm2}})\\ \upsilon_{\text{imm}}, & \boldsymbol{E}\text{ 为 zext}(\boldsymbol{E}_1,\upsilon_{\text{imm}})\text{ 或 sext}(\boldsymbol{E}_1,\upsilon_{\text{imm}})\end{cases}$$

为了保证赋值指令表达式中各个操作的正确性与位精确性，赋值指令及其表达式必须满足如下位宽性质。

性质 11.1 对于指令 $\upsilon := \boldsymbol{E}$，有 $\mathcal{S}(\upsilon) == \mathcal{S}(\boldsymbol{E}_1)$；对于变量 $\mathcal{M}[\boldsymbol{E}^{\text{ad-bits}}]^{\text{ac-bits}}$，有 ad-bits $== \mathcal{S}(\boldsymbol{E})$；对于形式为$\square_b(\boldsymbol{E}_1,\boldsymbol{E}_2)$的表达式，有 $\mathcal{S}(\boldsymbol{E}_1) == \mathcal{S}(\boldsymbol{E}_2)$；对于形式为$(\boldsymbol{E}_1)?(\boldsymbol{E}_2):(\boldsymbol{E}_3)$的表达式，有 $\mathcal{S}(\boldsymbol{E}_1) == 1$ 且 $\mathcal{S}(\boldsymbol{E}_2) == \mathcal{S}(\boldsymbol{E}_3)$。

若操作中的操作数不满足上述性质，则可以通过位宽抽取/扩展运算进行调整。

按照上述二进制指令抽象原则，以 32 位 x86 指令集为例，常见的赋值操作 mov eax,0x100 可以抽象成 $\text{eax}^{32}=0\text{x}100^{32}$（上标表示位宽）；常见的算术操作 add eax,ebx 可以抽象为 $\text{eax}^{32}=\text{eax}^{32}+\text{ebx}^{32}$；常见的跳转指令 jz 0x100（等于 0 跳转）可以抽象为 $\text{EIP}^{32}=(\text{ZF}^1==0^1)?\ 0\text{x}100^{32}:\text{NextPC}^{32}$（其中，$\text{EIP}^{32}$是程序指令指针寄存器；$\text{ZF}^1$ 是 1 位算术标识位，如果前一条指令的算术运算产生了值 0^1，则 $\text{ZF}^1=1$，否则 $\text{ZF}^1=0^1$；NextPC^{32}表示当前 jz 跳转指令的下一条指令地址）。

11.4 基于动态测试用例生成的精确可达路径覆盖方法

原本面向单元测试或组件测试而开发的动态测试用例生成技术，通过分析程序动态执行信息，获取可达路径对输入数据的约束，并在遇到受输入数据控制的分支跳转时，将收集到的约束输出至求解器以判定另一分支路径是否可达；若可达，求解器则给出覆盖目标分支路径的测试用例，并利用生成的测试用例发掘目标分支路径中的软件缺陷。动态测试用例生成技术的自动化、无假警报、生成测试用例的指向性，使得该方法成为面向大规模预发布二进制软件缺陷发掘的最佳选择之一。

然而，已有的该类技术在测试全面性、测试效率、测试规模和测试性能方面，无法满足预发布软件缺陷发掘的需求：基于源码的动态测试用例生成技术由于依赖于源码、符号化执行所有指令、离线分析、忽略非线性运算等，导致生成偏离目标路径的失效测试用例，测试效率低；进程级二进制级动态测试用例生成技术为了能够对大规模程序进行分析，通过避开非线性约束的收集、求解和忽略指针处理的方法来改进系统性能，然而这却以测试用例对路径覆盖指导的精度损失为代价。

本节提出基于动态测试用例生成的精确可达路径覆盖(dynamic binary accurate path covering，DBAPC)方法，该方法是对二进制程序进行精确全路径覆盖的缺陷发掘的动态测试用例生成方法。首先，给出二进制程序的路径可达性判定理论。然后，基于该理论，提出对二进制程序全路径精确覆盖的动态测试用例生成方法 DBAPC-F，该方法包括目标分支可达的完备判定理论、完备目标分支可达约束的动态收集与构建方法、生成测试用例的精确约束求解技术等。为了适应对大规模二进制程序进行深度缺陷发掘的需求，提出 DBAPC 方法。该方法扩展自 DBAPC-F 方法，在不失精确性的情况下，灵活地根据来自软件可攻击面的数据选择测试规模，最终实现对大规模二进制软件的高效全面的缺陷发掘。可以证明，基于完备分支可达约束的 DBAPC 方法能够以最少的测试用例覆盖所有的受软件攻击面输入数据控制的可达分支路径。

11.4.1 路径可达性的完备判定理论

在讨论对二进制程序的各个分支路径进行全面覆盖前，首先需要回答两个问题：什么是可达路径(feasible path)、如何判定一条给定的路径(指令序列)是否可达。只有解决了上述两个问题，才能进一步讨论如何准确地预测程序路径上哪些分支是可达的，以及如何为这些可达分支生成能够精确指导程序执行并抵达它们的测试用例。进而研究如何全面地覆盖可达分支路径，最终全面发掘软件缺陷。

本节将解决关于路径可达性的两个问题，提出针对二进制程序的路径可达判定理论。首先对二进制指令进行动态建模；然后通过引入 Hoare 逻辑给出普适的路径可达性判定理论，同时引入能够确保有限指令序列正常执行的路径可终止保护条件理论；最后根据这两个理论，给出完备的路径可达性判定方法。

1. 二进制指令动态执行建模

为了描述二进制指令的动态执行对程序状态的影响，先给出程序执行状态的定义。

定义 11.2(程序执行状态)　程序执行状态是程序执行到某一时刻的全部变量及其取值的集合，记为 $\mathcal{S}$。对于二进制程序，程序执行状态可表示为 $\mathcal{S}=\mathcal{R}\cup\mathcal{M}$，其中 $\mathcal{R}$ 是该时刻 CPU 所有寄存器及其取值对的集合，$\mathcal{M}$ 是该时刻程序全部内存地址及其数据对的集合。

基于程序控制流图对静态程序模型的定义，将二进制指令的动态执行过程定义为标记迁移系统(labeled transition system，LTS) BDE$=\langle C,c_0,T,\Delta\rangle$，其中 C 是二进制指令集合，$c_0 \in C$ 是程序的入口指令，T 是迁移集合，$\Delta \subseteq C \cdot T \cdot C$ 表示迁移关系。在程序动态执行过程中，存在迁移关系 $\langle c_i, t_i, c_{i+1} \rangle \in \Delta$，其中迁移指令 t_i 定义如下：

若 c_i 是赋值指令(assignment)，则 $t_i = c_i$。

若 c_i 是分支指令"if(b)c;else c_B;"，则 $t_i = \begin{cases} \text{assume}(b), & c_{i+1} = c_A \\ \text{assume}(\neg b), & c_{i+1} = c_B \end{cases}$。

在描述二进制指令动态执行的迁移系统 BDE=$\langle C, c_0, T, \Delta \rangle$中，迁移集合 T 中的迁移指令只可能是两种语句：赋值语句和 assume 语句。其中，assume 迁移指令描述了迁移系统 BDE 从当前执行状态 S 迁移到下一程序执行状态 S' 必须满足的条件。若当前变量的取值不能满足 assume 迁移指令给出的条件，则程序无法迁移至下一程序执行状态。

下面，基于二进制指令动态执行模型 BDE，给出二进制指令执行路径的定义。

定义 11.3(二进制指令执行路径)　二进制指令执行路径是一个由迁移指令构成的序列，记为 $\mathcal{P} = t_1, \cdots, t_k, \cdots$，对于 $\mathcal{P}$ 中的每一个 $t_k \in T(k > 0)$，都有 $\langle c_{k-1}, t_k, c_k \rangle \in \Delta$。其中，从第 1 时刻开始执行到第 n 时刻的指令执行路径为序列 $t_1, \cdots, t_n$，记为 $\mathcal{P}_{t_n} = t_1, \cdots, t_n$。

2. 路径可达性判定理论

Hoare 逻辑采用 Hoare 三元组$\{P\}c\{Q\}$来描述代码的执行对程序执行状态的改变，其中 P 和 Q 为谓词条件，分别表示前置条件和后置条件，而 c 是执行的命令或程序指令，在本节中为二进制迁移指令。Hoare 逻辑三元组$\{P\}c\{Q\}$的意思是：假设程序在执行指令 c 之前的状态 S 满足前置谓词条件 P，若执行完 c 后程序将终止在状态 S'，那么状态 S' 一定满足由 P 和 c 根据 Hoare 逻辑规则(表 11.1)推导得到的后置谓词条件 Q。

表 11.1　Hoare 逻辑规则

规则名称	推理规则
空语句规则(SKIP)	$\{P\}\text{skip}\{P\}$
赋值规则(ASSN)	$\overline{\{P[x/E]\}x:=E\{P\}}$
顺序规则(COMP)	$\dfrac{\{P\}S\{Q\},\{Q\}T\{R\}}{\{P\}S:=T\{R\}}$
条件规则(COND)	$\dfrac{\{b \land P\}S_1\{Q\},\{\neg b \land P\}S_2\{Q\}}{\{P\}\text{if}(b)\ S_1\ \text{else}\ S_2\{Q\}}$
while 规则(WHILE)	$\dfrac{\{P \land B\}S\{P\}}{\{P\}\text{while}\ B\ \text{do}\ S\ \text{done}\{\neg B \land P\}}$
推论规则(CONS)	$\dfrac{P' \Rightarrow P,\{P\}S\{Q\},Q \Rightarrow Q'}{\{P'\}S\{Q'\}}$

由于程序执行的本质是通过迁移指令推动执行状态 $\mathcal{S}$ 不断转换，因此程序的执行可表示为从一个满足前置条件的状态 $\mathcal{S}$ 转换到一个满足后置条件的状态 $\mathcal{S}'$。

定义 11.4(路径可达)　对于路径 $\mathcal{P}_{t_n}=t_1,\cdots,t_n$，$\mathcal{P}_{t_n}$ 可达是指对于有限迁移指令序列 $t_1,\cdots,t_n$，在前置条件为真(True)的情况下，存在一个有限的顺序状态迁移过程，从指令 t_1 开始执行到 t_n 结束。相应地，路径 $\mathcal{P}_{t_n}$ 不可达则是指在前置条件为真的情况下，不存在任何顺序状态迁移过程可以从指令 t_1 开始执行到 t_n。

定理 11.1　若路径初始时刻的程序执行状态 $\mathcal{S}$ 满足条件 P 且 $\mathcal{P}_{t_n}=t_1,\cdots,t_n$ 可达，则一定存在谓词条件 Q 使得 $\{P\}t_1;\cdots;t_n\{Q\}$ 成立。

下面给出二进制程序路径的可达性判定理论。

定理 11.2　设在执行初始时刻的程序执行状态 $\mathcal{S}$ 的前置条件为 True，若迁移指令序列 $t_1,\cdots,t_n$ 满足以下条件：

(1) $t_1,\cdots,t_n$ 中每一条迁移指令 t_i 都不存在执行过程异常终止的情况，如除零错误、内存访问违例等。

(2) 存在谓词条件 Q 使得在 Hoare 逻辑推理系统中 $\{\text{True}\}t_1;\cdots;t_n\{Q\}$ 成立，

则路径 $\mathcal{P}_{t_n}=t_1,\cdots,t_n$ 是可达的。

3. 路径可达性判定约束的构造方法

定理 11.2 给出了判定路径可达性的最普适的判定方法。但在实际计算中，在不知道路径是否可达前，从所有可能的程序初始状态出发，构造使 $\{\text{True}\}t_1;\cdots;t_n\{Q\}$ 在 Hoare 逻辑推理系统中成立的后置谓词条件 Q 是非常困难的，也无法通过计算机自动处理实现。因此，为了能够高效自动地判定路径可达性，需要一种能够便于计算机处理的、规则的且机械的方法来判断路径可达性，构造后置谓词条件 Q。

定义 11.5(迁移指令的最强后置条件)　设在执行指令 t_i 之前，程序执行状态 $\mathcal{S}$ 满足谓词条件 P，迁移指令 t_i 的最强后置条件 sp 是指迁移指令 t_i 所有后置条件中最强的一个条件，即对任意使得 $\{P\}t_i\{Q\}$ 成立的后置谓词条件 Q，都有 $\text{sp}\Rightarrow Q$。

定义 11.6(路径的最强后置条件)　对于程序初始状态为 $\mathcal{S}$ 且满足谓词条件 $\mathcal{P}$ 的可达路径 $\mathcal{P}_{t_n}=t_1,\cdots,t_n$，其最强后置条件 sp_{path} 是指路径 $\mathcal{P}_{t_n}$ 的所有后置条件中最强的一个条件。

设迁移指令 t_i 执行前，程序状态 $\mathcal{S}$ 满足条件 P，借鉴相关文献给出的最强后置条件谓词变换器，机械地构造便于计算机处理的迁移指令 t_i 的最强后置条件。谓词变换器 $\text{SP}(t_i,P)$ 对迁移指令 t_i 的最强后置条件 sp 的生成如下：

(1) 若 t_i 是赋值语句 $x:=E$，则 $\text{sp}=\text{SP}(x:=E,P)=\exists v.P[x/v]\wedge(x==E[x/v])$。

(2) 若 t_i 是 assume 语句 assume(b)，则 $\text{sp}=\text{SP}(\text{assume}(b),P)=P\wedge b$。

其中，$P[x/v]$ 表示将前置条件中所有 x 的自由出现替换为新变量 v；同样，

$E[x/v]$将表达式 E 中所有 x 的自由出现替换为新变量 v。

定理 11.3　记 $\mathrm{SP}(t_i,\mathrm{SP}(t_{i-1},P'))$为 $\mathrm{SP}(t_i)\circ\mathrm{SP}(t_{i-1})$，则以 P 为前置条件的可达路径 $\mathcal{P}_{t_n}=t_1,\cdots,t_n$ 的最强后置条件 $\mathrm{sp}_{\mathrm{path}}=\mathrm{SP}_{\mathrm{path}}(\mathcal{P}_{t_n},P)=\mathrm{SP}(t_n)\circ\mathrm{SP}(t_{n-1})\circ\cdots\circ\mathrm{SP}(t_1)$，其中函数组合符号“$\circ$”定义为从右向左组合。

这样定理 11.3 中就给出了以 P 为前置条件、生成可达路径 $\mathcal{P}_{t_n}$ 的最强后置条件的谓词变换器，根据定理 11.3 即可构造可达路径 $\mathcal{P}_{t_n}$ 的最强后置条件。

下面说明路径 $\mathcal{P}_{t_n}$ 的最强后置条件与 $\mathcal{P}_{t_n}$ 的可达性之间的关系。

定理 11.4　当路径 $\mathcal{P}_{t_n}=t_1,\cdots,t_n$ 中每一条迁移指令 t_i 都不存在执行过程异常终止的情况时，如果以 True 为前置条件的路径 $\mathcal{P}_{t_n}$ 的最强后置条件 $\mathrm{SP}_{\mathrm{path}}(\mathcal{P}_{t_n},\mathrm{True})$成立，那么由指令序列 $t_1,\cdots,t_n$构成的路径 $\mathcal{P}_{t_n}$ 可达。

由以上定理可知，只要确保路径 $\mathcal{P}_{t_n}$ 中每条迁移指令不会因异常而终止，那么从 True 出发，按照定理 11.3 构造路径 $\mathcal{P}_{t_n}$ 的最强后置条件，判定 $\mathrm{SP}_{\mathrm{path}}(\mathcal{P}_{t_n},\mathrm{True})$是否为真，就可知路径 $\mathcal{P}_{t_n}$ 是否可达。

下面讨论路径 $\mathcal{P}_{t_n}$ 中每条迁移指令不会因异常而终止的条件。

定义 11.7(迁移指令可终止保护条件)　对于迁移关系$\langle c_i,t_i,c_{i+1}\rangle$，迁移指令 t_i 的可终止保护条件 $\mathcal{G}(t_i)$可以保证迁移关系$\langle c_i,t_i,c_{i+1}\rangle$中的迁移 t_i 指令顺利执行完毕，而不会因异常而终止。

当迁移指令的可终止保护条件得到满足时，迁移指令的执行就不会发生异常。对于元指令系统，根据实际情况，将指令可终止保护条件 $\mathcal{G}(t_i)$定义如下(表 11.2)。

表 11.2　元指令体系结构的可终止保护条件

非终止指令条件	$\mathcal{G}_{\mathrm{Abort}}(t_i)=\begin{cases}\mathrm{False}, & t_i=\mathrm{HALT}\text{ 或 }\mathrm{ABORT}\\ \mathrm{True}, & \text{其他}\end{cases}$
除零保护条件	$\mathcal{G}_{\mathrm{DivZ}}(t_i)=\begin{cases}\bigwedge\limits_{1\leqslant i\leqslant n}\exists v.\,E_k[x/v]\neq 0, & t_i\text{ 为赋值语句且存在 }n\text{ 个 }E'_k/E_k\text{ 形式表示}\\ \bigwedge\limits_{1\leqslant k\leqslant n}E_k\neq 0, & t_i=\mathrm{assume}(b)\text{中存在 }n\text{ 个 }E'_k/E_k\text{ 形式表示}\\ \mathrm{Ture}, & \text{其他}\end{cases}$
访存保护条件	$\mathcal{G}_{\mathrm{DivZ}}(t_i)=\begin{cases}\bigwedge\limits_{1<k<n}\exists v.\,E_k^{\text{ad-bits}}[x/v]\in\mathrm{VA}, & t_i\text{ 为赋值语句且存在 }n\text{ 个 }\mathcal{M}_k[E_k^{\text{ad-bits}}]^{\text{ac-bits}}\text{变量}\\ \bigwedge\limits_{1<k<n}E_k^{\text{ac-bits}}\in\mathrm{VA}, & t_i=\mathrm{assume}(b)\text{存在 }n\text{ 个 }\mathcal{M}_k[E_k^{\text{ad-bits}}]^{\text{ac-bits}}\text{变量}\\ \mathrm{Ture}, & \text{其他}\end{cases}$ 其中，VA 是所有合法地址集合
可终止保护条件 $\mathcal{G}(t_i)=\mathcal{G}_{\mathrm{Abort}}(t_i)\wedge\mathcal{G}_{\mathrm{DivZ}}(t_i)\wedge\mathcal{G}_{\mathrm{Memv}}(t_i)$	

对于迁移指令 t_i,非终止指令条件限定只有当 t_i 不是 HALT 或 ABORT 指令时,迁移指令 t_i 才能正常执行终止;除零保护条件限定只有当 t_i 中每个操作数的除数不为零时,迁移指令 t_i 才能正常执行终止;访存保护条件限定只有当 t_i 操作数所访问的地址合法时,迁移指令 t_i 才能正常执行终止。当这些保护条件均满足,即 $\mathcal{G}(t_i)=\text{True}$ 时,迁移指令 t_i 一定可以顺利执行完毕,而不会因异常而终止。

下面定义路径 $\mathcal{P}_{t_n}=t_1,\cdots,t_n$ 的可终止保护条件。

定义 11.8(路径可终止保护条件) 路径 $\mathcal{P}_{t_n}=t_1,\cdots,t_n$ 的可终止保护条件 $\mathcal{G}(\mathcal{P}_{t_n})$是确保该路径上所有迁移指令 t_i 顺利执行完毕而不会因中途异常而终止的条件。因此,$\mathcal{G}(\mathcal{P}_{t_n})$应该为每条迁移指令 t_i 的可终止保护条件 $\mathcal{G}(t_i)$的合取,即

$$\mathcal{G}(\mathcal{P}_{t_n})=\bigwedge_{1\leqslant i\leqslant n}\mathcal{G}(t_i)$$

下面阐述路径 $\mathcal{P}_{t_n}$ 的可终止保护条件 $\mathcal{G}(\mathcal{P}_{t_n})$与路径 $\mathcal{P}_{t_n}$ 的可达性之间的关系。

定理 11.5 若路径 $\mathcal{P}_{t_n}$ 的可终止保护条件 $\mathcal{G}(\mathcal{P}_{t_n})=\text{True}$,那么 $t_1,\cdots,t_n$ 中每一条迁移指令 t_i 都不存在执行过程异常终止情况。

定理 11.6 对于以 True 为前置条件的路径 $\mathcal{P}_{t_n}=t_1,\cdots,t_n$,如果由谓词变换器 SP_{path} 构造的最强后置条件 $\text{SP}_{\text{path}}(\mathcal{P}_{t_n},\text{True})$和路径 $\mathcal{P}_{t_n}$ 的可终止保护条件 $\mathcal{G}(\mathcal{P}_{t_n})$都成立,即 $\text{SP}_{\text{path}}(\mathcal{P}_{t_n},\text{True})\wedge\mathcal{G}(\mathcal{P}_{t_n})=\text{True}$,那么由指令序列 $t_1,\cdots,t_n$构成的路径 $\mathcal{P}_{t_n}$ 可达。

由定理 11.6 可知,对于路径 $\mathcal{P}_{t_n}$,按照定理 11.2 构造可达路径 $\mathcal{P}_{t_n}$ 的最强后置条件 $\text{SP}_{\text{path}}(\mathcal{P}_{t_n},\text{True})$,并且按照表 11.2 构造路径 $\mathcal{P}_{t_n}$ 的可终止保护条件$\mathcal{G}(\mathcal{P}_{t_n})$,通过判断这些谓词条件是否得到满足,即只要找到一组能满足谓词条件 $\text{SP}_{\text{path}}(\mathcal{P}_{t_n},\text{True})\wedge\mathcal{G}(\mathcal{P}_{t_n})$的指派(或称可满足解),就能判定路径 $\mathcal{P}_{t_n}$ 是否可达。与 11.3 节利用 Hoare 逻辑的路径可达判定方法相比,定理 11.6 给出的判定条件都是明确可计算的。

所有满足定理 11.6 中谓词条件的可满足解,就是覆盖路径 $\mathcal{P}_{t_n}$ 的测试用例集合。也就是说,定理 11.6 中判定路径是否可达的谓词条件是该路径对覆盖它的测试用例提出的共同约束条件。因此,定理 11.6 中的谓词条件即为完备路径可达约束。

定理 11.6 可以清晰地解释目前已有的区间分析、线性约束分析等技术无法全面分析出程序中的可达路径的原因。一方面,区间分析和线性约束分析等技术在分析程序时,忽略了路径可达的完备路径约束 $\text{SP}_{\text{path}}(\mathcal{P}_{t_n},P)\wedge\mathcal{G}(\mathcal{P}_{t_n})$中的非线性运算部分,得到的约束条件仅是路径可达完备约束 $\text{SP}_{\text{path}}(\mathcal{P}_{t_n},P)\wedge\mathcal{G}(\mathcal{P}_{t_n})$谓词条件的一部分。另一方面,受计算机算术指令的位宽限制,所有算术运算均为在有限数整数域范围内的操作,精确的位宽限制导致基本算术操作不再是线性运算,至少取模(mod)运算在精确位宽限制下就不再是线性运算。因此,即使路径约束只涉及基本的线性运算,区间分析和线性约束分析等技术也只能近似描述和求解路径

可达的完备路径约束 $SP_{path}(\mathcal{P}_{t_n}, P) \wedge \mathcal{G}(\mathcal{P}_{t_n})$。因此，这些技术无法准确判定路径是否可达，从而无法准确覆盖路径。

11.4.2　DBAPC-F 方法

DBAPC-F 方法将监控程序的所有输入数据，基于此动态分析并产生测试用例，来全面覆盖二进制程序的所有可达路径。

DBAPC-F 方法的基本思路是：首先，给出目标分支路径可达的完备约束的判定理论；然后在种子测试用例动态执行时，构建路径动态符号化执行器 PDSE 来收集路径可达约束，并在遇到输入数据控制的分支跳转时，生成向另一分支跳转的完备分支可达约束；然后，将生成的分支可达输出至支持任意整数运算的位精确约束求解器 HSolver，由该求解器给出符合约束条件的一个可满足解，该可满足解即指向目标分支路径的测试用例；最后，在下次执行时，DBAPC-F 方法将执行指向目标分支路径的测试用例，以发掘该分支路径中的软件缺陷。后面将证明，基于完备分支可达约束的 DBAPC-F 方法能够以最少的测试用例覆盖所有的输入数据控制的可达分支路径。

下面给出分支可达性判定理论，根据该理论 DBAPC-F 方法得到判定分支可达的完备约束条件。

定理 11.7　若以 True 为前置条件的路径 $\mathcal{P}_{t_{n-1}} = t_1, \cdots, t_{n-1}$ 可达，则 t_n 为与分支指令 c_n“if(b) c_A; else c_B;”相对应的迁移指令：若 $SP(\mathcal{P}_{t_{n-1}}, True) \wedge \mathcal{G}(\mathcal{P}_{t_n}) \wedge b = True$，则分支将跳转至 c_A 执行，$t_n = assume(b)$，且分支路径 $\mathcal{P}_{t_n} = t_1, \cdots, t_{n-1}, t_n$ 可达；若 $SP(\mathcal{P}_{t_{n-1}}, True) \wedge \mathcal{G}(\mathcal{P}_{t_n}) \wedge (\neg b) = True$，则分支跳转至 c_B 执行，$t_n = assume(\neg b)$，且分支路径 $\mathcal{P}_{t_n} = t_1, \cdots, t_{n-1}, t_n$ 可达。

定理 11.7 给出了分支可达性判定理论。由前面的讨论可知，定理给出的分支可达性判定条件也是进入该分支的完备条件，每个能够指向该分支的测试用例都必须满足这个条件，所以定理 11.7 给出的条件为完备分支可达约束。

定理 11.7 是 DBAPC-F 方法的基本指导思想：从程序执行状态 $\mathcal{S}$ 出发，执行种子测试用例，并跟踪程序的动态执行轨迹 $\mathcal{P}_{t_{n-1}} = t_1, \cdots, t_{n-1}$；当执行到条件分支指令 c_n 时，设当前程序状态选择向分支某一方向跳转，且记该方向的分支入口条件为 $b = True$；为生成向另一分支方向跳转的测试用例，DBAPC-F 需要构造判定条件 $SP(\mathcal{P}_{t_{n-1}}, True) \wedge \mathcal{G}(\mathcal{P}_{t_n}) \wedge \neg b = True$，若该条件可满足，则另一分支方向可达，否则该分支不可达；对于可达分支一定存在测试用例 δ 使得 $SP(\mathcal{P}_{t_n}, True) \wedge \mathcal{G}(\mathcal{P}_{t_n}) \wedge \neg b = True$ 成立，该测试用例将覆盖路径 $\mathcal{P}_{t_{n-1}} = t_1, \cdots, t_{n-1}$，并且在执行到条件分支 c_n 时，程序状态选择向与之前测试用例相反的方向跳转，进入新的分支路径，以发掘新分支路径上可能存在的软件缺陷。不断重复上述过程，DBAPC-F 方法可以完全覆盖所有受输入数据控制的可达分支路径。基于完备分支可达约束的 DBAPC-F 方法能够以最少的测试用例覆盖所有的受输入数据控制的可达分支路径：一方面，DBAPC 方法生成的测试用例都会指向不同的可达分支路径；另一方面，DBAPC 方法能够生成指向每条受输入控制的分支路径的测试用例。

11.4.3 面向软件可攻击面的 DBAPC 方法

程序的输入数据一般来自环境变量、本地软件配置文件、外部的网络输入等，输入量较大（尤其是对于系统级软件），寻找完全满足所有这些输入数据的可满足指派的时间复杂度非常高。

面向软件缺陷发掘，通常将程序的输入数据接口划分为可攻击面与非可攻击面两部分。软件非可攻击面数据主要是可由软件使用者保证安全的数据，一般包括本地配置文件、环境设置变量和本地数据库等；而其他来自软件外部的数据则看成软件可攻击面数据，通常来自网络输入或文件输入等。

本节将扩展 DBAPC-F 方法，使其不再关注可由软件使用者保证安全的输入数据，利用动态程序分析特性与优势，实时获取包括内存和寄存器在内的实时程序状态，面向可攻击面输入数据等价化简完备分支可达约束 SP $\nexists(\mathcal{P}_{t_n},\text{True})\wedge\mathcal{G}\nexists\mathcal{G}(\mathcal{P}_{t_n})\wedge\neg b=\text{True}$。在不失精确性的情况下，灵活按照从软件可攻击面进入的数据大小伸缩测试规模，最终实现对大规模二进制软件全面高效的缺陷发掘。

定义 11.9（面向可攻击输入的程序分析起点） 当数据从攻击面输入时，记此时的程序执行状态为 S_a，并将 S_a 状态所在的指令作为面向软件可攻击面数据的程序分析起点。

定义 11.10（污点数据） 把软件从可攻击面输入的数据称为污点数据。

定义 11.11（符号化污点字节） 若污点数据共有 n 字节，按地址顺序对污点数据逐字节编号 $\mathcal{T}_1^8,\mathcal{T}_2^8,\cdots,\mathcal{T}_n^8$，称这些代表污点数据每个字节的符号为符号化污点字节，称它们构成的集合$\mathbb{T}=\{\mathcal{T}_2^8,\mathcal{T}_2^8,\cdots,\mathcal{T}_n^8\}$为符号化污点字节集合。假定目标处理器为 32 位体系结构，每个符号化污点字节 $\mathcal{TS}_i^8$ 均有属性对$\langle \text{addr}^{32},\text{rv}^8\rangle$，其中，$\mathcal{T}_i.\text{addr}^{32}$ 为保存与 $\mathcal{T}_i^8$ 对应的污点数据字节的内存地址，$\mathcal{T}_i^8.\text{rv}^8$ 为动态分析时与 $\mathcal{T}_i^8$ 对应的污点数据字节在执行时的具体数值。符号化污点字节及其属性分别简写为 $\mathcal{T}_i$ 和$\langle \text{addr},\text{rv}\rangle$。为了便于以后阐述，此处将符号化污点字节简称为符号化污点或污点。

进行动态路径追踪时，由于指令流是真实的具体执行，因此任何时刻执行的指令所引用的寄存器变量或内存变量都有具体的真实数值。又由于那些不受污点控制的中间变量并不会影响指向目标分支的测试用例的生成，因此在动态约束收集的过程中，将这些中间变量替换为执行时的具体数值，这样路径约束就转换为完全由符号化污点表示，大大化简了路径约束条件，从而极大地改进了方法的时间复杂度，优化了性能。

定义 11.12(输入变量的在线 Skolem 常量表示)　路径 $\mathcal{P}_{t_n}=t_1,\cdots,t_n$ 为从 $\mathcal{S}_a$ 状态起始的可达路径,若迁移指令 t_i 引用从未被定义过的变量 x(寄存器变量或内存变量),则将迁移指令 t_i 执行前变量 x 的在线 Skolem 常量表示 $\theta_{\langle t_i,x\rangle}$ 定义为

$$\theta_{\langle t_i,x\rangle}:=\begin{cases}\mathcal{T}_k, & x \text{ 为 } \mathcal{M}[E] \text{且 } E=\mathcal{T}_k.\mathrm{addr}\\ \mathcal{G}(t_i,x), & \text{其他}\end{cases}$$

式中,变量 x 既可以是寄存器变量 $\mathcal{R}$,也可以是包含具体访问地址的内存变量 $\mathcal{M}_{\mathrm{addr}}$,在线初值获取函数 $\mathcal{G}(t_i,x)$ 将返回迁移指令 t_i 执行前的程序进程空间中变量 x 的实际数值。输入变量的在线 Skolem 常量表示 $\theta_{\langle t_i,x\rangle}$ 的值取决于变量是否引用了污点数据所在的内存区,若内存变量的访存地址正好落在污点 $\mathcal{T}_k$ 上,那么 $\theta_{\langle t_i,x\rangle}:=\mathcal{T}_k$,否则 $\theta_{\langle t_i,x\rangle}:=\mathcal{G}(t_i,x)$,即从 t_i 执行前的机器具体执行状态中获取变量 x 的实际数值。

对于二进制程序,任何变量(寄存器变量、内存变量)的初值或外部输入均来自内存,如果将所有来自内存的外部输入都作为污点 $\mathcal{T}_k$,那么 $\theta_{\langle t_i,x\rangle}$ 就退化成最初的 Skolem 常量 θ 表示。因此,与 11.4.2 节引入的输入变量的 Skolem 常量 θ 表示相比,在线 Skolem 常量 $\theta_{\langle t_i,x\rangle}$ 表示更为普适。

使用输入变量的在线 Skolem 常量 $\theta_{\langle t_i,x\rangle}$ 表示,将路径动态符号化执行器 PDSE 扩展为面向污点的路径动态符号化执行器 T-PDSE。

在构造 T-PDSE 时,为描述污点变量对其他指令或变量的影响,以及面向污点收集完备分支可达约束,给出如下定义。

定义 11.13(污点可控变量)　对于指令 t_i,记路径 $\mathcal{P}_{t_i}=t_1,\cdots,t_i$ 执行后收集得到 T-PDSE 为三元组 $\langle\Psi,\Omega,\Phi\rangle$,对于变量 $x\in\mathrm{Vars}(\mathcal{P}_{t_i})$,若在 $\Omega(x)$ 的映射表达式中符号化污点 $\mathcal{T}_k(\mathcal{T}_k\in\mathbb{T})$ 参与了运算,则称变量 x 为污点可控变量,或称被污染变量。

定义 11.14(污点可控指令)　对于指令 t_i,记路径 $\mathcal{P}_{t_i}=t_1,\cdots,t_i$ 执行后收集得到 T-PDSE 为三元组 $\langle\Psi,\Omega,\Phi\rangle$,若变量 $x\in\mathrm{Vars}(t_i)$ 是污点可控变量,则称 t_i 为污点可控指令,或称被污染指令。

定义 11.15(污点可控路径)　对于 assume 指令 t_i,记路径 $\mathcal{P}_{t_i}=t_1,\cdots,t_i$ 执行后收集得到 T-PDSE 为三元组 $\langle\Psi,\Omega,\Phi\rangle$,若存在变量 $y\in\mathrm{Vars}(t_i)$ 是污点可控变量,则称 $\mathcal{P}_{t_i}=t_1,\cdots,t_i$ 为污点可控路径,或称攻击面输入数据可控路径。

定义 11.16(污点传播)　对于污点可控指令中的表达式 e(即迁移指令 $x:=e$ 中的 e 或 assume(b) 中的 b),用 Ω 操作对 e 中各个变量(寄存器变量或内存变量)进行符号化污点代入(即计算 $\Omega(e)$)的过程称为污点传播。对应地,T-PDSE 三元组 $\langle\Psi,\Omega,\Phi\rangle$ 中的符号化输入变量传播函数 Ω 改称为符号化污点传播函数 Ω。

与 PDSE 动态构造过程相比, T-PDSE 的构造改进如下。

第一步,在首次引用未定义变量 x 的语句前,插入一条将未定义变量赋值为

输入变量的在线 Skolem 常量 $\theta_{\langle t_i,x\rangle}$ 表示的赋值语句：$x:=_{\langle t_i,x\rangle}$。

第二步，当动态执行到迁移指令 t_i 时，对 T-PDSE 三元组更新如下：

首先，更新路径可终止保护条件 Ψ，更新方法与 PDSE 相同。

然后，更新符号化污点传播函数 Ω。更新方法与 PDSE 中符号化输入变量函数的构造基本相同，只是在进行污点传播时，即计算函数 $\Omega(e)$ 时，如果迁移指令 t_i 不是污点可控指令，根据 $\theta_{\langle t_i,x\rangle}$ 的定义，迁移指令 t_i 中的操作数 x 都替换为当前程序执行状态下每个变量的真实值 $\mathcal{G}(t_i,x)$，而不再对其进行污点传播分析；否则，更新方法与 PDSE 的构造相同。

最后，更新 Φ。更新方法与 PDSE 的构造基本相同，只是在进行污点传播时，即计算函数 $\Omega(b)$ 时，处理方法与符号化污点传播函数 Ω 的更新相同。

定理 11.8 记路径 $\mathcal{P}_{t_n}=t_1,\cdots,t_n$ 的动态执行过程中构造的 T-PDSE 三元组为 $\langle\Psi,\Omega,\Phi\rangle$，基于 $\langle\Psi,\Omega,\Phi\rangle$ 计算得到的路径最强后置条件 $\mathrm{SP}'_{\exists}(\mathcal{P}_{t_n},\mathrm{True})$ 和路径可终止保护条件 $\mathcal{G}'_{\exists}(\mathcal{P}_{t_n})$，蕴含基于 PDSE 三元组 $\langle\Psi,\Omega,\Phi\rangle$ 计算得到的 $\mathrm{SP}_{\exists}(\mathcal{P}_{t_n},\mathrm{True})$ 和 $\mathcal{G}_{\exists}(\mathcal{P}_{t_n})$，即 $\mathrm{SP}'_{\exists}(\mathcal{P}_{t_n},\mathrm{True})\Rightarrow\mathrm{SP}_{\exists}(\mathcal{P}_{t_n},\mathrm{True})$ 且 $\mathcal{G}'_{\exists}(\mathcal{P}_{t_n})\Rightarrow\mathcal{G}_{\exists}(\mathcal{P}_{t_n})$。

证明 $\mathrm{SP}'_{\exists}(\mathcal{P}_{t_n},\mathrm{True})$ 与 $\mathrm{SP}_{\exists}(\mathcal{P}_{t_n},\mathrm{True})$ 的唯一区别是：$\mathrm{SP}'_{\exists}(\mathcal{P}_{t_n},\mathrm{True})$ 谓词约束中的变量是函数 $\theta_{\langle t_i,x\rangle}$。根据 $\theta_{\langle t_i,x\rangle}$ 的定义，当程序的符号化输入变量 θ_x 为污点时，有 $\theta_{\langle t_i,x\rangle}=\theta_x=T_k$，其中 T_k 为符号化污点，在此情况下 $\theta_{\langle t_i,x\rangle}$ 就是 θ_x；否则 $\theta_{\langle t_i,x\rangle}=\mathcal{G}(t_i,x)$，即 x 变量在迁移指令 t_i 执行前的实际数值，而在该情况下 θ_x 仍旧是代表任意值的变量。因此，若 $\mathrm{SP}'_{\exists}(\mathcal{P}_{t_n},\mathrm{True})=\mathrm{True}$，则令 $\mathrm{SP}'_{\exists}(\mathcal{P}_{t_n},\mathrm{True})$ 中的每个 T_k 都有指派 $\delta'(T_k)$，那么对 $\mathrm{SP}_{\exists}(\mathcal{P}_{t_n},\mathrm{True})$ 中的所有变量构造指派：

$$\delta(\theta_x)=\begin{cases}\delta'(\mathcal{T}_k), & \theta_x=T_k\\ \mathcal{G}(t_i,x), & \theta_x\text{ 为在 }t_i\text{ 执行时刻前为变量 }x\text{ 引入的 Skolem 常量}\end{cases}$$

该指派下必有 $\mathrm{SP}_{\exists}(\mathcal{P}_{t_n},\mathrm{True})=\mathrm{True}$，即 $\mathrm{SP}'_{\exists}(\mathcal{P}_{t_n},\mathrm{True})\Rightarrow\mathrm{SP}_{\exists}(\mathcal{P}_{t_n},\mathrm{True})$。

同理，有 $\mathcal{G}'_{\exists}(\mathcal{P}_{t_n})\Rightarrow\mathcal{G}_{\exists}(\mathcal{P}_{t_n})$。

由于输入变量的在线 Skolem 常量表示 $\theta_{\langle t_i,x\rangle}$ 的引入，可以看出，动态在线分析时，只有污点可控指令才会产生符号化约束，而所有其他指令中的变量都将在线替换成具体数值。当污点指令在整个程序指令流中所占比例较低时，$\mathrm{SP}'_{\exists}(\mathcal{P}_{t_n},\mathrm{True})$ 和 $\mathcal{G}'_{\exists}(\mathcal{P}_{t_n})$ 条件约束都可以得到大幅度的化简。实验发现，无论软件规模大小，被污染指令的平均数量只占可达路径指令总数的 1%左右。

此外，由于污点仅来自软件受攻击面，而不是软件的所有外部输入，因此污点规模通常并不大。例如，每次从网络接口进入的污点数量通常不超过 1KB(即每次从网络收到的报文大小通常不超过 1KB)。这样，完全由符号化污点构成的约束条件 $\mathrm{SP}'_{\exists}(\mathcal{P}_{t_n},\mathrm{True})$ 和 $\mathcal{G}'_{\exists}(\mathcal{P}_{t_n})$ 的规模也通常在可接受范围内。实验表明，SMT 求解器对各个完备分支可达约束 $\mathrm{SP}'_{\exists}(\mathcal{P}_{t_n},\mathrm{True})\wedge\mathcal{G}'_{\exists}(\mathcal{P}_{t_n})\wedge\neg b$ 的平均求解时间不超过 0.3s。

基于以上两点分析可知，在实际应用中，无论从问题规模还是从问题解决时间考虑，精确地对所有污点可控分支进行可达性分析是真实可达的。

算法 11.1 给出了 DBAPC 算法的实现过程。

算法 11.1　DBAPC 算法

输入：待测程序 $\mathcal{A}$；

数据从攻击面输入时刻的程序执行状态 S_a；

污点集合 $\mathbb{T}=\{\mathcal{T}_1,\mathcal{T}_2,\cdots,\mathcal{T}_n\}$，每个污点 $\mathcal{T}_i$ 在内存中地址已捕捉并标注；

种子测试用例。

输出：能够完全覆盖受污点控制分支路径的最小测试用例集合 I。

说明：c_i:=MetaISA(PC)：从 PC 寄存器所指示位置进行指令译码并映射为元指令 c_i。

st_i:=Translate(c_i)：将当前元指令转换为迁移指令 t_i 定义，将 c_i 翻译为 t_i。

```
𝕀=DBAPC(𝒜,Sa,𝕋,δ1)
    δ1:= ⋃_{1≤k≤n} {⟨𝒯k,𝒯k.rv⟩}
𝕀:=𝕀′:={δ1}
do
    get δ′ from 𝕀′;
    𝕀′:=𝕀′- {δ′};
    i :=1;

  将待测程序 𝒜 的执行状态恢复至 Sa
  //这一步由 DBAPC 方法的实现系统 Hunter 自动完成

  let Ψ:=∅,Ω:=∅,Φ:=∅;//初始化 PDSE 三元组
   for each 𝒯k in T do
   //将污点内存区域修改为 δ′的值
      let 𝒯k.rv:=δ′(𝒯k) and let ℳ[𝒯k.addr]:=𝒯k in real memory
      let Ω:=Ω⋃{Ω(ℳ[𝒯k.addr])=𝒯k}
   //Sa 开始动态分析
  while (𝒜 is not end)
      ci:=MetaISA(PC)and ti:=Translate(ci)
      for each v in Vars(ti) and Ω(v)=NULL do
           Ω:=Ω⋃{ v ↦θ⟨ti,v⟩ }
      Ψ=Ψ⋃{ 𝒢ℬ(Ω(ti)) }
      if (ti is "x :=e ")
           λ⟨Ψ,Ω,Φ⟩.⟨Ψ,Ω[x→Ω(e)],Φ⟩
      else //ti 是 assume(b)
           Φ:=Φ⋃{Ω(b)}
           if(Vars(Ω(b)) ⋂ T)≠∅   //判定为污点可控分支
```

```
        SP𝒜(𝒫_{t_i},True):=( ⋀_{θ∈Φ} θ ) ∧ True and 𝒢𝒜(𝒫_{t_i},True):=( ⋀_{ψ∈Ψ} ψ ) ∧ True
            ⟨sat,δ⟩:=HSolver(SP𝒜(P_{t_i},True) ∧ 𝒢𝒜(P_{t_i},True) ∧ (¬b) )
            if (sat)
                𝕀:=𝕀 ∪{ δ } and 𝕀′:=𝕀′∪{ δ }
        PC :=nextPC and i :=i+ 1
    until 𝕀′ is empty
```

算法 11.1 以待测程序 $\mathcal{A}$、数据从攻击面输入时刻的程序执行状态 $\mathcal{S}_a$ 和污点集合(即种子测试用例)为输入,输出能够完全覆盖程序中所有污点可控可达分支的最小完备测试用例集合。

11.5　线性时空复杂度的 DBAPC 优化方法

11.4 节提出了 DBAPC 方法,该方法动态执行指令并收集路径约束,在遇到受输入污点控制的分支跳转时,基于分支可达性判定理论、已收集的路径约束和分支入口条件,生成指向另一分支路径的测试用例。DBAPC 方法能够以最少的测试用例完全且无重复地覆盖所有污点可控的可达分支路径。

然而,在实际使用中对大型二进制软件进行深度路径分析时,符号化路径约束条件变得庞大且复杂,通常包含十万到百万数量级的算术或逻辑运算。这样就会导致下列问题:一方面,构造路径动态符号化执行器 T-PDSE 的存储空间需求巨大,甚至会因超出内存容量而导致测试失败;另一方面,复杂的约束使得可满足求解器无法在有限的时间和空间内完成求解。随着软件规模的发展,这一问题将越来越严重。

由于已有的动态测试用例生成技术主要面向模块测试或单元测试,它们或通过忽略非线性约束等方法简化路径约束条件,以收集不精确的路径约束来换取问题的缓解;或通过限定测试程序规模避开问题。但这些都不是解决问题的有效办法。

本节针对 DBAPC 方法的时间和空间复杂性优化需求,首先提出单赋值污点变换方法,然后基于该变换,定义一种能够有效描述污点间定值引用与约束关系的高效表示结构:单赋值污点传播有向无环图(TSADAG),并给出 TSADAG 的构建算法,最后提出基于目标分支入口条件相干性的路径约束生成优化方法和基于 TSADAG 的相干约束收集算法,并证明方法的正确性。这一系列的优化既有效降低了完备路径可达约束收集过程中的存储空间需求,又极大地简化了生成的路径约束,使 DBAPC 方法的时空复杂度降至线性。

11.5.1 单赋值污点变换方法

为有效避免构造路径动态符号化执行器 T-PDSE 过程出现的空间需求指数增长的问题，本节提出单赋值污点变换方法，并给出基于变换后指令序列的 T-PDSE 构造方法，最后分析构造 T-PDSE 的空间需求。

为了区别在单赋值污点路径中新引入的污点，给出原始污点的定义。

定义 11.17(原始污点)　将从可攻击面输入的污点数据(即符号化污点字节)称为原始污点，每个原始污点用 $\mathcal{T}_i^o(i=1,2,\cdots)$表示。

所有原始污点构成原始污点集合$\mathbb{T}^o$，即$\mathbb{T}^o:=\bigcup\mathcal{T}_i^o$。

下面给出单赋值污点路径的变换方法，该方法将构造 T-PDSE 过程中分析的路径变换为由单赋值污点迁移指令构成的指令序列。在动态路径分析时，具体做法如下。

(1) 动态分析前，令路径污点集合$\mathbb{T}$的初值为原始污点集合$\mathbb{T}^o$，即$\mathbb{T}:=\mathbb{T}^o$。

(2) 动态构造 T-PDSE 时，对于迁移指令 t_i 在构造 T-PDSE 前做如下处理：

① 若 t_i 是受污点集合$\mathbb{T}$中某个污点控制的赋值迁移指令 $t_i:x:=e$，则引入一个新符号 $\mathcal{T}_{n+1}$，称为单赋值污点，将迁移指令拆分变换成“$\mathcal{T}_{n+1}:=e$; $x:=\mathcal{T}_{n+1}$”，更新路径污点集合$\mathbb{T}=\mathbb{T}\cup\{\mathcal{T}_{n+1}\}$，其中 n 是指令变换前路径污点集合$\mathbb{T}$的大小，即 $n=|\mathbb{T}|$。

② 若 t_i 是 assume 迁移指令，则不进行任何额外的处理。

经过上述变换，整个路径分析过程中，包括原始污点和单赋值污点在内的每个污点作为赋值目标只出现了一次，这也是将这种变换称为单赋值污点变换的原因。这样在所有由污点赋值构成的路径中，每个指令都表现为单赋值形式，将该路径称为单赋值污点路径。单赋值路径中的指令表示每个单赋值污点是如何由原始污点或单赋值污点运算而得到的，而在紧随该单赋值污点赋值后的指令则给出了单赋值污点运算的赋值目标变量。容易证明，单赋值污点变换不会影响真实的程序路径语义。

11.5.2 TSADAG 及其构建

TSADAG 是面向 T-PDSE 设计的一种高效表示结构，用于描述操作与操作数(表示形式为变量的在线 Skolem 常量，包括污点或立即数)之间的引用关系、约束条件与污点或立即数之间的引用关系，以及污点与污点之间的定值引用关系。

TSADAG 基于单赋值污点变换，在种子测试用例的执行过程中动态创建，T-PDSE 三元组中包含路径可终止保护条件的集合 Ψ 和路径分支约束集合 Φ 都在 TSADAG 的动态构建过程中描述于 TSADAG 中；对于污点传播函数 Ω，其中污点之间的运算赋值关系在 TSADAG 的动态构建过程中描述于 TSADAG 中，而保留最简单的污点传播函数 Ω 用于表示单赋值污点变换产生的以单赋值污点为赋值源、以污点可控变量为赋值目的的赋值关系 $x:=\mathcal{T}_{n+1}$。这样，T-PDSE 三元组就描述于 TSADAG 和简化的污点传播函数 Ω 中，其中 TSADAG 描述了单赋值污点路径中包括污点和立即数在内的操作数之间的定值引用关系，以及约束条件与操作数之间的引用关系，而简化的污点传播函数 Ω 则描述了污点可控变量与单赋值污点之间的映射关系，通过查找简化的污点传播函数 Ω 得到表示污点可控变量的单赋值污点，然后在 TSADAG 中找出该单赋值污点的所有定值引用关系，即可找出该污点可控变量如何由原始污点传播计算得来。这样，TSADAG 和简化的污点传播函数 Ω，完整记录了污点间计算与约束的全部信息，完成了污点传播和路径约束的收集。

首先给出 TSADAG 的定义。

定义 11.18(单赋值污点传播有向无环图)　动态执行路径 $\mathcal{P}_{t_n}=t_1,\cdots,t_n$ 的 TSADAG 被定义为二元组$\langle\mathbb{N},\mathbb{E}\rangle$，其中，$\mathbb{N}$ 是节点集合，$\mathbb{E}\subseteq\mathbb{N}\times\mathbb{N}$ 是节点间的有向边集合。

TSADAG 中，节点 N 分为三类：操作数节点 N_{T}、操作节点 N_{op}和谓词约束节点 N_{C}。其中，操作数节点 N_{T} 只能是立即数或是污点；操作节点 N_{op}是指令抽象$\square_{\mathrm{u}}$、$\square_{\mathrm{b}}$、$\square_{\mathrm{t}}$、$\square_{\mathrm{w}}$中的任意一个操作；谓词约束节点 N_{C} 表示由污点和立即数参与的约束条件(来自于 Ψ 或 Φ)。

TSADAG 的边$\mathbb{E}$ 分为三类：①操作边 E_{O}(简称 O 边)，表示操作节点与操作数之间的使用关系，若操作节点 $N_{\mathrm{op}}(N_{\mathrm{op}}\in\mathbb{N})$使用操作数节点 $N_{\mathrm{T}}(N_{\mathrm{T}}\in\mathbb{N})$，则存在一条从操作节点 N_{op}指向操作数节点 N_{T} 的有向操作边(即$\langle N_{\mathrm{op}},N_{\mathrm{T}}\rangle\in E_{\mathrm{O}}$)，若操作节点 N_{op}使用操作节点 N'_{op}的计算结果，则存在一条从操作节点 N_{op}指向操作节点 N'_{op}的有向操作边(即$\langle N'_{\mathrm{op}},N_{\mathrm{op}}\rangle\in E_{\mathrm{O}}$)；②赋值边 E_{A}(简称 A 边)，表示节点之间的赋值计算关系，若操作数节点 N_{T} 是操作节点 N_{op}的赋值目标，即操作数节点 N_{T} 由操作节点 N_{op}计算而来，则存在一条从操作数节点 N_{T} 指向操作节点 N_{op}的有向赋值边(即$\langle N_{\mathrm{T}},N_{\mathrm{op}}\rangle\in E_{\mathrm{A}}$)，若操作数节点 N'_{T}是操作数节点 N_{T} 的赋值目标，即操作数节点 ${N_{\mathrm{T}}}'$ 由操作数节点 N_{T} 赋值而来，则存在一条从操作数节点 N'_{T}指向操作数节点 N_{T} 的有向赋值边(即$\langle N'_{\mathrm{T}},N_{\mathrm{T}}\rangle\in E_{\mathrm{A}}$)；③约束边 E_{C}(简称 C 边)，约束条件与操作数之间的引用关系，若操作数节点 N_{T} 参与了谓词约束节点 N_{C}，则存在一条从操作数节点 N_{T} 指向谓词约束节点 N_{C} 的有向约束边(即$\langle N_{\mathrm{T}},N_{\mathrm{C}}\rangle\in E_{\mathrm{C}}$)。

首先，TSADAG 在种子测试用例的执行过程中动态构建，由算法 building_TSADAG 完成。

构建 TSADAG 时，在种子测试用例的执行过程中，最先求出指令 t_i 的可终止保护条件 $\mathcal{G}'_{\exists}(t_i)$，并将其描述在 TSADAG 中。具体做法如下：对条件表达式中

$\mathcal{G}_{\exists}(t_i)$的每个变量进行污点赋值代入，得到符号化约束 $g=\Omega(\mathcal{G}_{\exists}(t_i))$，在 TSADAG 中为符号化条件约束 g 添加谓词约束节点，并在该节点与参与符号化条件约束 g 的污点之间添加约束边。

然后，将迁移指令 t_i 中非污点可控变量替换为当前实际数值，作为其输入变量的在线 Skolem 常量表示，并根据当前迁移指令 t_i 的类型分别做如下处理：

(1) 若当前执行的是分支迁移指令 assume(b)，则对条件表达式中的每个变量进行污点赋值代入，得到符号化约束表达式 $c=\Omega(b)$，并在 TSADAG 中为符号化条件约束 c 添加谓词约束节点，同时在该节点与参与符号化条件约束 c 的污点之间添加约束边。

(2) 若当前迁移指令 t_i 是赋值指令 $x:=e$，则首先进行单赋值污点变换，生成指令 $\mathcal{T}_{n+1}:=e$ 和 $x:=\mathcal{T}_{n+1}$；然后将表达式 e 进行污点赋值代入得到符号化污点表达式 e_{T}，为表达式 e_{T} 中的每个操作添加操作节点，在已创建的 TSADAG 中查找参与表达式 e_{T} 的污点，为表达式中的立即数创建操作数节点，并在新创建操作节点与其操作数之间添加相应的操作边；最后为单赋值污点 $\mathcal{T}_{n+1}$ 创建操作数节点，并在具有该表达式 e 最终计算结果的节点与新建节点之间添加赋值边。同时将赋值关系 $\Omega(x)=\mathcal{T}_{n+1}$ 添加到污点传播函数 Ω 中。

算法 11.2 在种子测试用例的执行过程中，由污点指令捕捉事件触发并动态调用，即当在动态追踪路径上的迁移指令执行时，如果发现当前迁移指令准备操作污点数据，那么触发事件，并调用 TSADAG 的构造算法 building_TSADAG。在路径起始时，算法 building_TSADAG 首先为所有的原始污点 $\mathcal{T}$ 建立操作数节点 N_{T}，并添加到污点集合$\mathbb{T}$ 中(第 2,3 行)。在处理迁移指令 t_i 前，算法将迁移指令 t_i 中非污点可控变量替换为当前实际数值作为其输入变量的在线 Skolem 常量表示(第 4,5 行)。

算法 11.2　TSADAG 的构造算法 building_TSADAG

输入:⟨N ,E ⟩:指令 t_i 执行之前已构建的 TSADAG 。

Ω:指令 t_i 执行之前,程序变量与污点表示的部分函数。

t_i:当前迁移指令。

T :污点集合,初始时只有原始污点,动态分析过程中会不断加入单赋值污点。

说明:本算法将指令 t_i 进行污点传播,然后根据传播后的表达式构建 TSADAG。

本算法中定义了几个辅助函数:

add_C_Edge(c,⟨N ,E ⟩):为符号化条件 c 创建 N_C 节点和相关的约束边 E_C。

N= add_O_Edge(e_T,⟨N ,E ⟩):为污点表达式 e_T 建立 N_T、N_{op}节点,添加操作边 E_O,并返回表示污点表达式 e_T 计算结果的节点。

```
1.    building_TSADAG (⟨N ,E ⟩,Ω,T,ti)
        //在面向污点的程序分析起点,进行初始化
2.        if N= ∅
```

```
3.      为T中所有原始污点建立 N_T 节点,N = ∪N_T
      //将迁移指令 t_i 中的非污点可控变量使用当前实际数值作为其输入变量的在线 Skolem 常量表
          示,并添加至符号化传播函数集合 Ω
4.      对于 Vars(t_i)中任意一个元素 v,若 v 不是一个原始污点并且 Omega(V)= NULL,则执行
5.          Ω:= Ω∪{ v↦θ⟨t_i,v⟩ }
      // 最先为可终止保护条件添加约束节点 N_C 和约束边 E_C
6.      g:= Ω(G'_∄(t_i))//对指令可终止保护进行污点传播
7.      add_C_Edge(g ,⟨ℕ ,𝔼⟩)
      // 处理分支迁移指令 t_i
8.      if t_i is "assume(b)"
9.          c:=Ω(b)// 对 b 进行污点传播
10.         add_C_Edge(c,⟨ℕ ,𝔼⟩)
11.     else// 处理赋值迁移指令 t_i:x:=e
12.         进行单赋值污点变换,用 𝒯_{n+1}:=e; x:=𝒯_{n+1} 替换 x:=e,其中 n=|𝕋|, 𝕋=𝕋∪{𝒯_{n+1}}
13.         e_T:=Ω(e) //对表达式 e 进行污点传播
14.         N=add_O_Edge(e_T,⟨ℕ ,𝔼⟩)
15.         为 𝒯_{n+1} 建立操作数节点 N'_T,并添加 A 边:E_A:⟨N'_T,N⟩
16.         let Ω(x):=NULL,then Ω=Ω∪{x→𝒯_{n+1}}
17.         𝔼=𝔼∪E_A,ℕ=ℕ∪N'_T
```

由于迁移指令的可终止保护条件必须在该迁移指令执行前计算,因此该算法首先为 t_i 的可终止保护条件 $\mathcal{G}'_{\nexists}(t_i)$进行污点传播,并通过算法 11.3 将传播后的条件 g 添加到 TSADAG 中(第 6,7 行)。约束边的具体添加方法由算法 11.3 给出。

若当前迁移指令是分支迁移指令 assume(b),那么,处理方法与可终止保护条件 $\mathcal{G}_{\nexists}(t_i)$的方法一样,将污点传播后的条件 c 通过算法 add_C_Edge 添加到 TSADAG 中(第 8～10 行)。

若当前迁移指令 t_i 是赋值指令"$x:=e$",算法首先进行单赋值污点变换,在路径中使用 $\mathcal{T}_{n+1}:=e;x:=\mathcal{T}_{n+1}$替换 $x:=e$(第 12 行)。然后,对表达式 e 进行污点传播,通过算法 add_O_Edge 创建连接操作节点与其操作数节点的操作边 E_O,并将其添加到 TSADAG 中(第 13,14 行)。同时,为 $\mathcal{T}_{n+1}$建立操作数节点,并用赋值边连接表示表达式 e 最终计算结果的节点与 $\mathcal{T}_{n+1}$操作数节点(第 15 行)。这样 $\mathcal{T}_{n+1}:=e$ 表达式的操作语义就可以由 TSADAG 精确描述。最后将赋值关系对 $\Omega(x)=\mathcal{T}_{n+1}$添加到污点传播函数 Ω 中(第 16 行)。操作边的具体添加方法由算法 11.4 中的算法 add_O_Edge 给出。

算法 11.3 给出了为符号化条件 c 创建约束节点 N_C 和相关约束边 E_C 的算法 add_C_Edge。该算法在 TSADAG 中为符号化条件约束 c 添加谓词约束节点 E_C(第 2 行),对符号化条件约束 c 中的每个污点 $\mathcal{T}_i$,在已创建 TSADAG 中找出与污

点 $\mathcal{T}_i$ 对应的操作数节点 N_{T_i}（第 4 行），并在新添加的谓词约束节点 E_{C} 与找到的操作数节点 N_{T_i} 之间添加约束边（第 5 行）。

算法 11.3　TSADAG 的约束边构建算法 add_C_Edge

输入：⟨N，E⟩，指令 t_i 执行之前的 TSADAG。
　　c，经过污点传播的条件。

```
1.  add_C_Edge(⟨N,E⟩,c)
2.      为 c 建立条件节点 N_C,N :=N ∪{N_C}
3.      for each T_i in Vars(c)
4.          找出污点 T_i 对应的操作数节点 N_T
5.          N_T 与 N_C 建立 C 边:E_C:N_T∪N_C,E= E ∪{E_C}
```

算法 11.4 给出了为符号化表达式 e_{T} 创建操作数节点 N_{T} 和操作节点 N_{op}，并添加操作边 E_{O}的算法 add_O_Edge。该算法首先为 e_{T} 中每个立即数创建操作数污点 N_{T}（第 2 行），然后根据表达式形式做如下处理。对于只包含单个污点或立即数的表达式，算法返回 e_{T} 对应的操作数节点 N_{T}，并结束（第 3，4 行）。对于包含操作运算的表达式，算法首先将符号化表达式 e_{T} 转换成“操作数在前、操作在后”的逆波兰表示 rpn（第 5 行）。然后，将操作数依次压入堆栈 S，直到遇到操作 op，并进行如下处理：为操作 op 建立操作节点 N_{op}；从栈 S 中顺序弹出 op 操作所需的 n 个节点 $N_1,\cdots,N_n$；在 N_{op}与 $N_1,\cdots,N_n$之间分别建立操作边；最后将操作节点 N_{op} 压入堆栈（第 7～16 行）。重复上述操作直至处理完整个表达式，则栈顶为包含表达式 e_{T} 计算结果的操作节点，返回该节点，算法结束（第 17 行）。

算法 11.4　TSADAG 的操作边构建算法 add_O_Edge

输入：⟨N，E⟩，指令 t_i 执行之前的单赋值污点传播 DAG；
　　e_{T}，经过污点传播的赋值指令 t_i:x:=e 中表达式 e 的符号化表达式。
输出：表达式 e_{T} 的计算结果 N_{T} 或 N_{op}。

```
1.  N=add_O_Edge(⟨N,E⟩,e_T)
2.     为 e_T 中所有的立即数生成 N_T 节点
3.     if e_T 只含单个污点或立即数
4.         return e_T 对应的操作数节点 N_T
5.     将 e_T 转换成逆波兰表示:rpn
6.     let i=0,S 是一个栈数据结构
7.     while (rpn[i] ≠‘\0’)
8.         if (rpn[i] 是立即数或污点)
9.             S.push (rpn[i]对应的操作数节点 N_T)
10.        else// rpn[i]是一个操作 op
11.            为操作 op 建立操作节点 N_op
```

```
        从栈 S 中顺序弹出与 op 操作所需的 n 个节点:N1,…,Nn
        为 Nop与 N1,…,Nn分别建立 O 边,即 EO1:〈Nop,N1〉,…,EOn:〈Nop,Nn〉
        E=∪EOi,0≤i≤n
        S.push(Nop)
        i++
    return S.pop()
```

11.5.3 目标分支入口条件相干性的路径约束简化方法与理论

本节首先给出路径可达约束条件中子约束相干和互不相干的严格定义,给出寻找所有相干/不相关子约束的方法,并根据该方法找出所有与目标分支入口条件完全相干/不相干的路径子约束集合;然后证明在将所有不相干子约束中的变量选取种子测试用例中相应变量的数值的前提下,目标分支路径可达性约束条件可简化为与目标分支入口条件相干的路径子约束和目标分支入口条件的合取;最后基于 TSADAG 给出相干路径收集算法。

为便于讨论,先引入以下概念。

定义原始污点约束表达式展开函数 $\pi(b)$ 为将 b 中的单赋值污点展开成仅有原始污点参与的表达式。单赋值污点变换后,$\mathrm{SP}_{\nexists}(\mathcal{P}_{t_n},\mathrm{True})$ 和 $\mathcal{G}_{\nexists}(\mathcal{P}_{t_n})$ 中的路径可达子约束 $c_1,\cdots,c_n(c_i\in\Psi\cup\Phi)$ 通过函数 $\pi(b)$ 展开成仅有原始污点和立即数参与的表达式 $\pi(c_i)$,记原始污点表达式集合为 $\mathbb{C}=\{\pi(c_1),\cdots,\pi(c_n)\}$。定义这些表达式之间的公共原始污点相交关系 $R\subseteq\mathbb{C}\times\mathbb{C}$ 为

$$R=\{\langle\pi(c_i),\pi(c_j)\rangle\mid\mathrm{Vars}(\pi(c_i))\cap\mathrm{Vars}(\pi(c_j))\neq\varnothing\}$$

即若有关系 $\langle\pi(c_i),\pi(c_j)\rangle\in R$,则 $\pi(c_i)$ 与 $\pi(c_j)$ 一定存在公共原始污点。

记 $\mathrm{TC}(R)=R\cup R^2\cup\cdots\cup R^n$ 为 R 的传递闭包,其中,关系 R^n 定义了间接存在公共原始污点的表达式对。容易证明 $\mathrm{TC}(R)$ 是自反、对称和封闭的,因此 $\mathrm{TC}(R)$ 为 $\mathbb{C}$ 上的等价关系。

定义条件 b 的原始污点表达式 $\pi(b)$ 关于 $\mathrm{TC}(R)$ 的等价类 $[\pi(b)]_{\mathrm{TC}(R)}=\{\pi(c)\mid\pi(c)\in\mathbb{C}$ 且 $\langle\pi(b),\pi(c)\rangle\in\mathrm{TC}(R)\}$ 为 $\pi(b)$ 关于 $\mathrm{TC}(R)$ 的等价类,则 $[\pi(b)]_{\mathrm{TC}(R)}$ 中包含所有与原始污点表达式 $\pi(b)$ 直接或间接存在公共原始污点的表达式。

定义 11.19(与条件 b 相干的约束)　对于约束条件 c,若 $\pi(c)\in[\pi(b)]_{\mathrm{TC}(R)}$ 则称条件 c 是与条件 b 相干的约束,即条件 b 和条件 c 相干。

根据等价类 $\mathrm{TC}(R)$ 的定义可知,集合 $[\pi(b)]_{\mathrm{TC}(R)}$ 为与条件 b 相干的路径可达约束集合。对于存在相干性的条件 b 和条件 c,$\pi(b)$ 和 $\pi(c)$ 之间直接或间接存在公共原始污点,记其中一个公共原始污点为 $\mathcal{T}_i^o$,所以原始污点为 $\mathcal{T}_i^o$ 的取值同时影响了条件 b 和条件 c 的可满足性。也就是说,条件 b 和条件 c 之间的可满足性互相干扰。

定义 11.20(与条件 b 相干的原始污点集合) 记原始污点集合 $\mathbb{T}^o=\{\mathcal{T}_1^o,\cdots,\mathcal{T}_k^o\}$,对于条件 b,由其原始污点表达式 $\pi(b)$关于 TC(R)的等价类$[\pi(b)]_{\mathrm{TC}(R)}$中所有原始污点组成的集合即为与条件 b 相干的原始污点集合,记为$\mathbb{T}_{\mathrm{TC}}^b=\bigcup \mathrm{Vars}(c_\pi)$,其中 $c_\pi\in[\pi(b)]_{\mathrm{TC}(R)}$ 且$\mathbb{T}_{\mathrm{TC}}^b\subseteq\mathbb{T}^o$。相对地,称$\mathbb{T}_{N\mathrm{TC}}^b=\mathbb{T}^o-\mathbb{T}_{\mathrm{TC}}^b$为与条件 b 不相干的原始污点集合,且$\mathbb{T}_{N\mathrm{TC}}^b\subseteq\mathbb{T}^o$。

定理 11.9 对于分支可达判定条件 $\mathrm{SP}_{\nexists}(\mathcal{P}_{t_{n-1}},\mathrm{True})\wedge\mathcal{G}_{\nexists}(\mathcal{P}_{t_n})\wedge\neg b$,记 $\mathrm{SP}_{\nexists}(\mathcal{P}_{t_n},\mathrm{True})$和 $\mathcal{G}_{\nexists}(\mathcal{P}_{t_n})$用单赋值污点表示的路径可达子约束为 $c_1,\cdots,c_n$,原始污点表达式集合$\{\pi(c_1),\cdots,\pi(c_n)\}$ 为$\mathbb{C}$,$\mathbb{C}$ 上关于公共原始污点相交关系 R 的传递闭包为 TC(R),原始污点集合$\{\mathcal{T}_1,\cdots,\mathcal{T}_k\}$为$\mathbb{T}^o$,且每个原始污点的种子测试用例执行时的实际值为 $\mathcal{T}_i.\mathrm{rv}$,则以下公式成立:

$$(\wedge c\in[\pi(b)]_{\mathrm{TC}(R)})\wedge(\wedge\mathcal{T}_i=\mathcal{T}_i.\mathrm{rv},\mathcal{T}_i\in\mathbb{T}_{N\mathrm{TC}}^b)\Rightarrow\mathrm{SP}_{\nexists}(P_{t_{n-1}},\mathrm{True})\wedge\mathcal{G}_{\nexists}(\mathcal{P}_{t_n})\wedge\neg b$$

定理 11.10 基于种子测试用例执行动态执行过程中收集到的分支可达性判定条件 $\mathrm{SP}_{\nexists}(\mathcal{P}_{t_{n-1}},\mathrm{True})\wedge\mathcal{G}_{\nexists}(\mathcal{P}_{t_n})\wedge\neg b$,进行可满足性求解时,只需要判定与 b 相干的所有路径可达约束的合取 $\mathcal{C}=(\wedge(c\in[\pi(b)]_{\mathrm{TC}(R)})$的可满足性,即可知"$\neg b$"所示目标分支是否可达。记 Vars($\mathcal{C}$)为$\mathbb{T}_{\mathrm{TC}}^b$,若 $\mathcal{C}$ 是可满足的,求解器为$\mathbb{T}_{\mathrm{TC}}^b$中每一个污点 $\mathcal{T}_i^o(\mathcal{T}_i^o\in\mathbb{T}_{\mathrm{TC}}^b)$给出指派 $\delta_{\mathrm{TC}}(T_i^o)$,则测试用例$\{\mathcal{T}_i=\mathcal{T}_i.\mathrm{rv}\mid\mathcal{T}_i\in\mathbb{T}_{N\mathrm{TC}}^b\}\cup\{\mathcal{T}_i^o.\mathrm{rv}:=\delta_{\mathrm{TC}}(\mathcal{T}_i^o)\mid\mathcal{T}^o\in\mathbb{T}_{\mathrm{TC}}^b\}$可以指导程序向分支条件"$\neg b$"所示的分支跳转。

由定理 11.10 可知,在判定以条件 b 为入口条件的分支可达性时,并不需要将所有分支可达性判定条件输入至求解器进行判定,只需分支可达约束条件 $\mathrm{SP}_{\nexists}(\mathcal{P}_{t_n},\mathrm{True})\wedge\mathcal{G}_{\nexists}(\mathcal{P}_{t_n})\wedge\neg b$ 中与条件 $\neg b$ 相干的路径可达子约束即可判定分支是否可达。通过简化去除与条件 $\neg b$ 不相关的路径可达约束,可以在不影响分支路径可达性判定正确性的前提下,有效降低可满足求解的时间和空间开销。

11.6 Hunter 系统与实验分析

基于 DBAPC 方法,本节设计并实现 Hunter 测试系统。Hunter 系统是面向大规模二进制软件缺陷发掘的精确动态测试用例生成系统。Hunter 系统具有广泛的平台兼容性,可以实现针对任意操作系统的多种指令集的二进制软件进行缺陷发掘。Hunter 系统通过采用基于虚拟化平台支持的符号化与具体化混合执行的加速技术和操作系统无关的基于虚拟机事件监控的进程/线程识别等技术,有效提高发掘性能,增强多系统平台支持能力。系统从 2006 年开始构建,历时 4 年,由 20.9 万行代码构成。

测试表明,Hunter 系统可以高效自动地发掘 Benchmark 中的所有已知软件缺陷。而且,对于实际软件系统,基于 Hunter 系统,在 Word 2007 等大型商业应用软件中发现了 57 个存在致命异常的分支路径,并自动将这些异常归为 27 个不同的软件缺陷。其中，Hunter 系统发现的三个可远程执行任意代码的高危软件缺陷得到了微软公司、百度公司的确认和高度重视。其自动生成的测试用例帮助微软公司迅速找到了出错代码和出错原因，从而快速发布了相关补丁程序。

11.6.1　Hunter 系统的体系结构与实现

图 11.2 给出了 Hunter 系统的体系结构，如图所示，Hunter 系统由以下 3 个抽象层次构成。

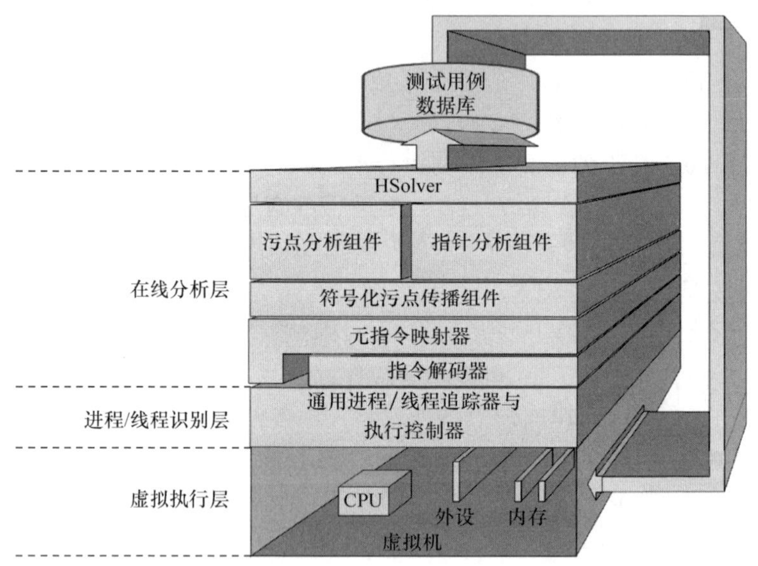

图 11.2　Hunter 系统的体系结构

(1) 虚拟执行层(virtual execution layer，VEL)。该层负责快速准确地执行操作系统和应用程序，向上层在线分析组件提供精确监视与控制应用程序快速具体执行的能力，其本质上是一个控制虚拟机执行的包装(wrapper)，底层为 VMware、Simics 或 QEMU 等全系统虚拟机。VEL 通过提供统一的虚拟机控制接口与事件管理机制，使得 Hunter 系统的上层在线分析组件可以独立于底层的具体虚拟机，监控软件的执行。目前，Hunter 系统底层基于 Simics 虚拟机实现，但实现细节并不依赖于 Simics 虚拟机。

基于 VEL 层，Hunter 系统可随时冻结包括系统时钟在内的整个系统，并且能够透明地对系统中的目标软件执行过程进行监控。因此，Hunter 系统可以分析和处理时间敏感的应用程序以及经过反调试保护技术处理的二进制应用程序。

Hunter 系统通过 VEL 层的检查点功能，可以使所有的测试用例从完全相同的程序执行状态 S_a 开始执行，并以 S_a 为分析起点，动态地生成覆盖分支路径的测试用例。因此,Hunter 系统能够满足面向攻击面的路径完全覆盖理论的要求,即每次从相同的程序执行状态 S_a 开始,进行污点追踪和路径分析。

(2) 进程/线程识别层(process/thread identification layer,PTIL)。由于属于同一进程的不同线程具有各自独立的寄存器内容空间,因此 Hunter 系统需要将流过 CPU 的指令所属的进程和线程识别出来,PTIL 负责完成这一任务。PTIL 基于虚拟机硬件事件特征,首先区分出属于不同进程的指令序列,然后将流经 CPU 的属于同一进程的指令分割成属于不同线程的指令序列。

(3) 在线分析层(online analysis layer,OAL)。该层主要由以下功能组件组成:支持测试系统可重定向的指令解码器与元指令映射器、符号化污点传播组件、污点分析组件和最顶层。其中,支持测试系统可重定向的指令解码器与元指令映射器负责为上层动态分析提供简单统一的元指令语义表达和抽象;符号化污点传播组件负责进行高速污点追踪与符号化污点传播;污点分析组件与符号化污点传播组件配合,主要负责 TSADAG 的动态构建、管理维护和约束收集;最顶层是约束求解器负责给出路径可达约束的可满足解,求解后得到的可满足解用于构造指向新分支路径的测试用例,并送入数据库。

11.6.2　测试目标的选择与缺陷发掘结果

为了检验 Hunter 系统对软件缺陷的发掘效果,本节选取 11 个不同规模、不同应用领域、面向不同操作系统和不同指令集体系结构的二进制软件进行测试。其中,前 6 个软件包含已知的软件缺陷;后 5 个则为广泛使用的大型商用软件,且不包含任何已知软件缺陷。通过对它们进行测试,全面评估与分析 Hunter 系统的缺陷发掘效率和效果。

首先,验证 Hunter 系统对软件安全威胁最大、发生概率最多的缓冲区溢出软件缺陷的发掘能力。从 Verisec Security Benchmark 集合中选取了包含 4 种典型缓冲区溢出错误的待测应用,来验证 Hunter 系统对缓冲区溢出缺陷发掘的精确性和有效性。Verisec Security Benchmark 集合是研究人员广泛采用的缓冲区溢出缺陷发掘测试的经典测试集,该测试集中的代码抽取自 12 个开源软件中的 22 个发生缓冲区溢出的真实代码片段,并将它们组合成 298 个带有缓冲区溢出缺陷的测试程序。除了以上专门针对缓冲区溢出软件缺陷选择的待测应用,还选择了两个存在已知软件缺陷的真实大型软件作为待测程序,分别是:

(1) 处理 ANI 文件的 IE 浏览器与 MS07-017 漏洞。Windows Vista 的 IE 浏览器使用 API 库 user32. dll 中的 LoadImage()函数对 ANI 文件进行处理,该函数对 ANI 文件中的某处数据没经过严格检查就直接拷贝,导致缓冲区溢出。本节也希望通过对此软件缺陷的发掘,将 Hunter 系统与二进制级动态测试用例生成系统 SAGE[9] 进行对比测试,以验证 DBAPC 方法。

(2) Windows 2000 的 WINS 服务与 MS04-045 漏洞。该漏洞是典型的由指针约束不严格导致的任意地址可写缺陷，存在于 Windows 2000 服务器操作系统的重要系统服务 WINS 中。

除了上面 6 个包含已知缺陷的待测应用外，这里还选择了 5 个广泛使用的大型商用软件，将其更新至最新版本(即软件中不含任何已知缺陷)，使用 Hunter 系统对其进行缺陷发掘，以考查 Hunter 系统对真实使用的各种大型二进制级软件的缺陷发掘能力。这 5 个软件系统及其版本信息是：BaiDu Hi Instant Messager 2.0 Beta 1、Windows 2000 Server 的最新版本的 WINS 系统服务(记为 NewWINS)、Windows 2003 Server 的最新版本的 WINS 系统服务(记为 NewWINS2003)、eMule 0.48a 和 Word 2007。

Hunter 系统对 6 个存在已知缺陷的待测软件进行缺陷发掘的情况。对于这些待测软件，Hunter 系统在较短的时间内准确地捕捉到了待测软件中的所有缺陷。

其中，Hunter 系统对 IE 浏览器的 ANI 文件解析漏洞的整个发掘过程，只需 2 小时 28 分，为该软件生成了 758 个测试用例，且在执行第 82 个测试用例时，就引发了应用程序异常，Hunter 系统立即准确捕捉到该错误。而微软公司曾对 IE 浏览器的 API 库使用了多方面的 Fuzz 随机测试和静态代码分析，均未发现该软件缺陷。这充分显示了 Hunter 系统对二进制软件进行缺陷发掘的效能。

图 11.3(a)为种子 ANI 文件中的内容，而图 11.3(b)则为 Hunter 系统生成的触发 IE 浏览器异常，从而捕捉软件缺陷的测试用例文件内容。在两个测试用例文件的第三行均存在一个 anih 字符串；而在生成的测试用例中，Hunter 系统在光标位置又产生了一个新的 anih 字符串，并将该 anih 字符串后紧跟着的长度域数据变为 0x84(在图中不可见)。这样就会将一个超长 anih 字符串拷贝到堆栈中的较小

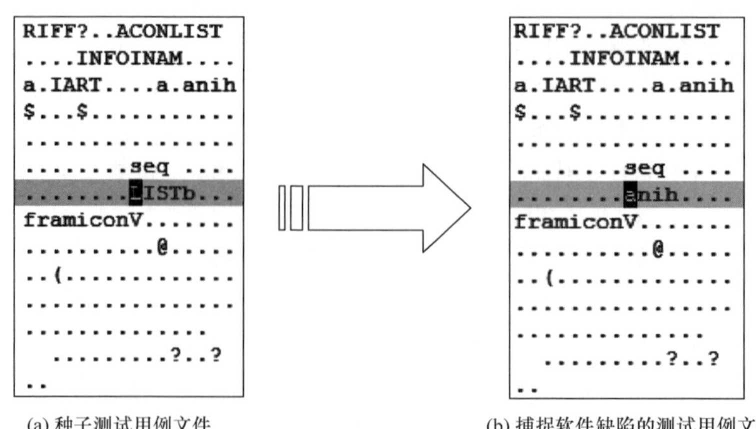

(a) 种子测试用例文件　　(b) 捕捉软件缺陷的测试用例文件

图 11.3　由 Hunter 系统产生的触发 ANI 文件解析错误的测试用例

数组，导致严重的栈溢出，从而引发程序后续执行异常。Hunter 系统捕获到这个异常，并报告了错误。

针对 5 个不包含任何已知软件缺陷的大型商用软件系统，分别进行了 24 小时的软件缺陷发掘。在 24 小时的测试中，共有 57 个测试用例触发了软件异常。Hunter 系统经过标识 MD5 值的自动分类，将它们划分为 27 个新的软件缺陷，并将其中可能引起严重软件安全问题的缺陷报告给相关软件组织的维护部门。软件开发商及国际权威漏洞发布组织为 Hunter 系统发现的高危软件安全缺陷分配了国际权威漏洞认证编号：CVE-2008-6444（Baidu Hi）、CVE-2009-1923（Windows 2000 Server WINS）和 CVE-2009-1924（Windows 2003 Server WINS）。

NewWINS2003 中，由于整数溢出而导致的堆溢出错误发生时的 E-TSADAG，由 Hunter 系统 OAL 的可视化分析组件自动生成。如图 11.4 所示，该错误是因为污点 T_{0x222} 发生了整数下溢而产生负数，从而进入程序员没有预料到的路径分支，进行数据拷贝，进而发生堆溢出，Hunter 系统捕捉到异常，并报告软件缺陷。

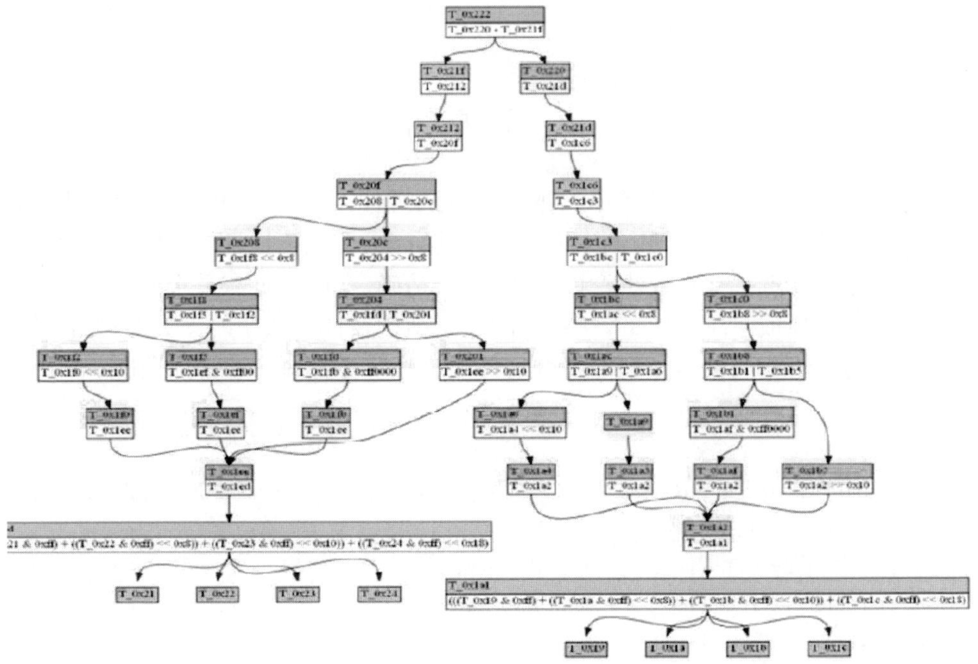

图 11.4　NewWINS2003 中堆溢出错误发生时的 TSADAG

11.6.3　Hunter 系统中各个功能组件评估

下面分析 Hunter 系统中各个功能组件的时间开销。图 11.5 比较了各个软件的测试过程中，Hunter 系统中各个功能组件的时间开销分布情况。从图中可以看出,污点传播、具体执行和元指令映射的时间开销最少,最大不超过总时间开销的10%,这说明这部分组件已经得到了充分优化。由于路径约束条件的复杂性以及高精度要求,图中约束求解的开销最大。另外,由于 Hunter 系统的数据库操作是远程操作,网络通信的延迟影响,导致数据库操作产生了一定量的开销,该组件所占开销也比较大,优化这部分操作的开销是未来该领域的工作任务之一。

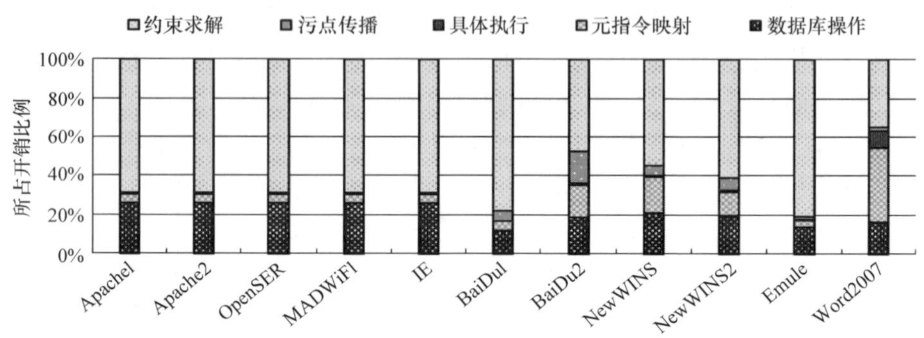

图 11.5　基于 DBAPC 方法的 Hunter 系统中各功能组件的执行时间开销

11.7　本章小结

将原本应用于模块测试或单元测试的方法延伸至系统级测试,已成为重要的研究趋势。其中,动态测试用例生成方法以其自动、无假警报且易辅助错误修复等优势而成为主要选择之一。本章以构建高效、精确、全面且具有重定向性的高性能动态测试用例生成系统为目的,从系统的体系结构及操作系统的无关性、完备路径可达约束的判定与收集以及缺陷发掘的性能优化等方面进行了深入研究。

参考文献

[1] Godefroid P, Klarlund N, Sen K. DART: Directed automated random testing. ACM SIGPLAN Notices, 2005, 40(6): 213-223.

[2] Engler D, Dunbar D, Under-constrained execution: Making automatic code destruction easy and scalable//Proceedings of the 2007 International Symposium on Software Testing and Analysis, London, 2007: 1-4.

[3] Cadar C, Ganesh V, Pawlowski P M, et al. EXE: Automatically Generating Inputs of Death. New York: ACM, 2006.

[4] Cadar C, Dunbar D, Engler D. KLEE: Unassisted and automatic generation of high-coverage tests for complex systems programs//USENIX: Symposium on Operating Systems Design and Implementation, San Diego, 2008: 209-224.

[5] Godefroid P, Levin M Y, Molnar D A. Automated whitebox fuzz testing//Proceedings of the

Network and Distributed System Security Symposium, San Diego, 2008: 151-166.

[6] Molnar D, Li X C, Wagner D. Dynamic test generation to find integer bugs in x86 binary Linux programs//USENIX Security Symposium, San Diego, 2009: 67-82.

[7] Ganesh V. Decision procedures for bit-vectors, arrays and integers//Proceedings of Computer Aided Verification, Berlin, 2007: 519-531.

第 12 章　面向 NUMA 体系结构的事务内存冲突规避方法*

现有的事务内存研究主要面向多核处理器和 SMP 服务器，缺少对 NUMA 系统的研究。而 NUMA 是高端多路服务器的重要体系结构，随着用户对并行处理能力需求的不断上升，高端多路服务器将占据越来越重要的地位。本章概要阐述事务内存研究的基本情况，并通过详尽的实验数据，深入分析 NUMA 结构的本地、远程访存差异特性对事务内存性能的影响，进而提出一种面向 NUMA 体系结构的冲突规避方法 PBC。PBC 在事务启动之前，对冲突可能性进行预测，并根据预测结果对事务进行调度，以降低事务的失败率。实验表明，本章提出的 PBC 方法可以显著提高 NUMA 机器上运行事务内存的整体性能。

12.1　简　　介

随着多核技术的普及，处理器提供了充裕的硬件并行能力，而与之形成鲜明对比的是，现在的大多数软件还不是并行的。软件的并行编程技术一直“曲高和寡”，并行编程作为高性能计算领域常用的编程模式，并没有普及到所有的编程人员，并且一直被当做“专家级”的技术[1,2]。目前，并行编程中关键的共享资源同步技术仍然在“锁”机制的基础上实现[3-6]，通过对共享数据“加锁”访问来保证并行程序执行的正确性。事实上，如何正确地使用“锁”是一件非常困难的事，非常容易造成死锁[7]等问题。

在应用需求的驱动下，学术界已经开始进行了新的同步模型的研究，其中事务内存无疑是最具有吸引力和应用前景的一项新技术。事务内存能够有效地解决并行编程当前所面临的难题，已经成为近年来的研究热点，并且是并行计算机体系结构的前沿研究课题之一[8-11]。

目前的事务内存主要面向单个多核处理器以及 SMP 机器，缺少对 NUMA 结构的关注，特别是 CC-NUMA(cache coherence non-uniform memory access)结构。而 CC-NUMA 体系结构是当前高性能多路服务器的主流体系结构，例如，AMD 公司 Opteron 系列处理器的 HyperTransport 互联技术，还有 Intel 公司至强处理器

---

* 本章由王睿伯撰写。王睿伯，2011 年 6 月获博士学位，导师为卢锡城院士，研究方向为系统软件，博士论文题目为“面向 NUMA 结构的软件事务内存关键技术研究”。

的 QuickPath 互联技术。NUMA 结构的特点是每个处理器访问本地和远程内存的延迟不同，访问远程内存的延迟往往是本地的若干倍或者更多，具体差异取决于处理器互联的层次、距离以及互联接口的带宽和延迟。

本章通过实验，深入分析现有的事务内存系统在 NUMA 结构机器上的运行情况。人们发现随着远程内存访问延迟的增加，事务之间的冲突开始增多，导致事务的失败率随之增加，极大地影响了系统性能。由此，本章提出面向 NUMA 的事务冲突规避方法 PBC，该方法在事务开始之前，预测该事务将来发生冲突的可能性，根据预测结果对事务进行调度。实验证明，该方法在 CC-NUMA 结构机器上可以有效地减少事务冲突，提高事务内存系统的性能。

12.2 相关研究

12.2.1 事务内存

事务的概念源自数据库管理系统。在数据库管理系统中，事务必须满足 ACID 性质，即原子性、一致性、隔离性和持久性。用户可以使用事务来包装多个数据库操作，在其他用户看来，事务中的多个数据库操作一次性完成，事务执行过程的中间状态对其他用户不可见[12]。将共享数据的访问对应于数据库操作，事务内存系统可以对应于数据库管理系统，用户用事务来包装多个共享数据的访问，由事务内存系统来保证事务特性。

在采用事务内存同步方式的程序中，一般使用关键词 atomic 将指令序列包装成事务，由事务内存系统保证共享数据的一系列操作是原子执行的。可以看出，在事务内存同步模型下，程序员的工作非常简单：将需要互斥执行的一系列操作在源代码中标注为一个事务即可，而不需要考虑事务之间可能产生的具体冲突情况[13,14]。

现有的事务内存系统执行流程如图 12.1 所示。事务开始后，系统将监测所有的共享数据访问，进行冲突检测，若在事务完成时都没有发现冲突，则事务成功提交；若发现冲突，则由竞争管理算法选择两个冲突事务的其中之一挂起或者重启。

现有的事务内存研究大都面向多核处理器以及 SMP 机器，尚无针对 NUMA 体系结构的研究。类似的研究主要针对分布式内存系统，如集群。Manassiev 等于 2006 年提出一个针对集群设计的事务内存系统[15]，该系统的底层通过软件分布式共享内存(software distributed shared memory)TreadMarks[16]实现。TreadMarks 为集群提供了一个全局的共享内存视图，类似于将集群模拟成一台 SMP 机器，这种实现方式规避了集群的内存分布特性，仅仅提供了一种让事务内存在集群上运行的途径。2008 年提出的 Cluster-STM 和 DiSTM 也都是针对集群设计的

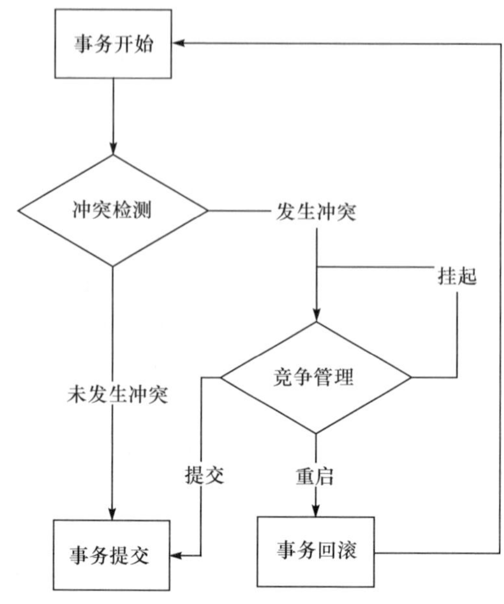

图 12.1 现有事务内存系统的事务执行流程

事务内存系统，它们没有使用分布式共享内存的机制来保证共享数据的一致性，而是自己实现各节点间的共享数据同步，分别使用了 GASNet 和 ProActive 库来进行内存远程访问。其中，DiSTM 的设计面向小型集群，而 Cluster-STM 面向大规模高性能计算集群。由于集群系统节点间的网络互联速度远远低于处理器芯片的内部互联速度，因此在集群上运行的事务内存系统性能都比较差。系统运行过程中，各个节点间需要使用互联网络频繁交换大量数据以实现事务的冲突检测。相对于多核处理器和 SMP 机器，这种通过远程网络通信进行的内存访问大大地降低了系统性能。

12.2.2 CC-NUMA 体系结构

目前很多主流的高性能多路服务器都采用了 CC-NUMA 体系结构，如 AMD 公司的 DirectConnect 和 Intel 公司的 QuickPath 技术，以及 HP 的 Superdome 及 SGI 的 Altix 服务器等。

CC-NUMA 的系统结构如图 12.2 所示，每个处理器都配置了内存，此时处理器访问本地内存和远程内存的延迟存在差异，访问远程内存的延迟肯定比本地大，有时甚至会慢到本地的几倍。与集群系统不同的是，CC-NUMA 系统配置了缓存一致性(cachecoherent)硬件，使得这种机器在逻辑上呈现 SMP 特性，现有的事务内存系统可以不加修改地在上面直接运行。

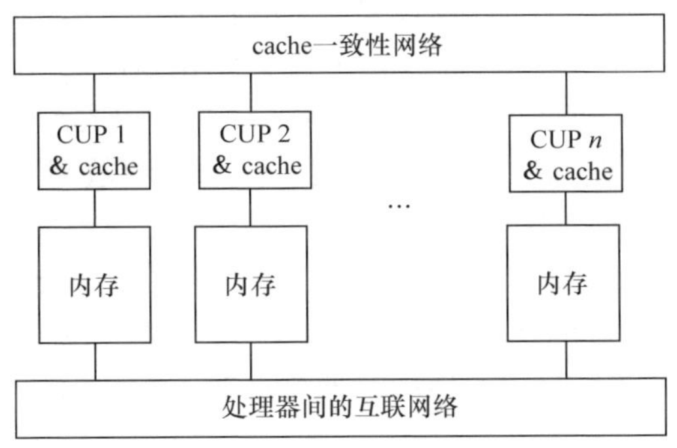

图 12.2　CC-NUMA 系统结构

12.3　已有事务内存机制在 CC-NUMA 机器上的实验分析

虽然现有的事务内存系统可以直接在 CC-NUMA 机器上运行，但已经有实验表明，NUMA 特性对事务内存系统的性能有较大影响。为了分析原因，更好地比较事务内存在 SMP 机器与 CC-NUMA 机器上的运行情况，本节使用 Simics 模拟器进行了实验验证。模拟的机器拥有 4 个处理器，每个处理器拥有 4 个 1GHz 的 x86-64 核心并配备 4GB 内存。这样，系统整体拥有 16 个处理器核心和 16GB 内存。NUMA 结构带来的访存延迟差异通过一个基于 GEMS 构建的 Simics 模块实现。使用模拟器进行实验，是为了更好地分析、对比 NUMA 的远程与本地访存延迟比值对系统性能的影响。模拟参数设定如下：每个处理器核心拥有 64KB 的指令 cache 及 64KB 的数据 cache，访问延迟均为 3 个时钟周期；二级 cache 的容量为 1MB，访问延迟为 16 个周期；本地内存的访问延迟为 240 个周期。处理器之间全互联，远程内存访问延迟设定为本地的 2 倍、4 倍和 8 倍。模拟器上运行的操作系统为 Fedora 5，操作系统核心版本是 Linux 2.6.15。

测试的 Benchmark 选择了 Stmbench7，该测试程序足够复杂，比较接近真实应用。本章选择了三个主流的事务内存系统进行实验：RSTM、TinySTM 和 TL2。Benchmark 的可执行程序均使用 GNU g++编译，参数为-O3 和-DNDEBUG。各个事务内存系统的编译均采用其缺省参数，所有的实验结果都是运行十次后得到的平均值。Stmbench7 参数配置为测试一个小规模的数据集，对数据结构的操作是读写并发的。

实验结果如图 12.3 所示，测试程序分别在线程数量为 2、4、8、16 的情况下运行，实验结果为 Stmbench7 的平均事务吞吐量，单位是每秒的操作数量，数量越高表示性能越好。NUMA 1∶2、1∶4 和 1∶8 表示 CC-NUMA 机器的本地与远程访存延迟比值。可以看出，在 SMP 机器上 TinySTM 的性能比较好，线程数为 8

时性能比 TL2 要高出 40%左右,线程数为 16 时性能比其他两种事务内存均高出 30%左右。而在 CC-NUMA 系统上情况有了变化,在 NUMA 1∶2 的情况下, RSTM 在线程数为 8 时的性能超越了 TinySTM,不过在线程数为 16 时仍然是 TinySTM 性能占优;而在 NUMA 1∶4 的情况下,线程数为 16 时三种事务内存的性能基本相当,差别不大。到了 NUMA 1∶8 的情况,随着远程内存访问延迟的增加,三种事务内存的性能都有明显的下降。其中受影响最大的是 TinySTM,在线程数为 16 的情况下,其性能比 SMP 时下降了 75%以上,而其他两种事务内存也下降了 70%左右。可见,NUMA 结构特性对事务内存的性能有较大影响。

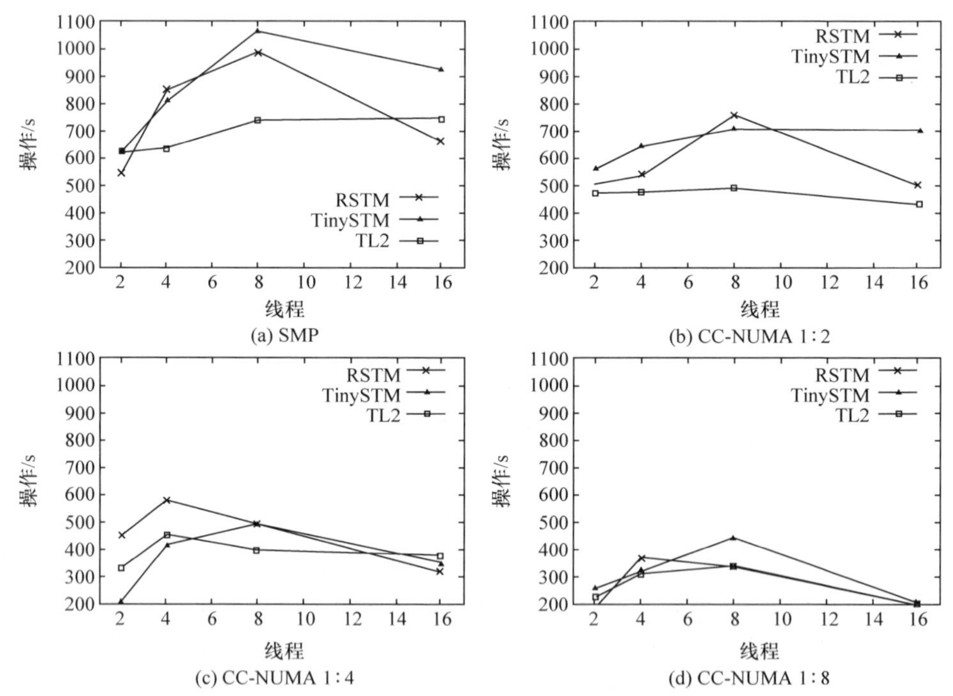

图 12.3 在 SMP 和 CC-NUMA 机器上使用 RSTM/TinySTM/TL2 测试 Stmbench7 的结果

为了分析性能下降的原因,实验中采集了三种事务内存系统在线程数为 16 时的运行状态信息,包括冲突检测时间、事务提交时间以及事务处理之外的计算时间。图 12.4 给出了这些数据规范化之后的结果。图中,TransactionCommit 表示事务提交占用的时间,ConflictDetection 表示事务之间冲突检测占用的时间,Computation 表示事务处理之外的正常计算代码执行时间。

可以看出,相对于 SMP 机器,在 CC-NUMA 机器上运行的事务内存系统自身开销较大。以 RSTM 为例,在本地、远程访存延迟比为 1∶8 的情况下系统耗费了将近 80%的时间在冲突检测和事务提交上,在 1∶2 时这些操作也占用了 65%左

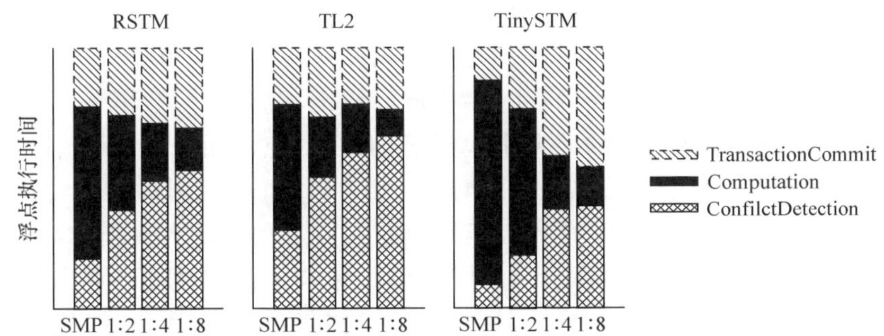

图 12.4　在 SMP 和 CC-NUMA 系统上测试 Stmbench7 的时间分布(线程数为 16)

右的时间，大大高于 SMP 机器上的耗费时间(只有 40%左右)。在 SMP 机器上运行良好的事务内存系统，显然无法适应 NUMA 结构，而这主要的原因是事务的失败率提高。这里给出 RSTM 在线程数为 16 时的运行状态信息，详细数据如表 12.1所示。

表 12.1　RSTM 运行 Stmbench7 的事务数量统计信息(线程数为 16)

机器结构	Total	Abort	Abort/%
SMP	195102282	6585081	3.38
NUMA1∶2	118070019	37755741	31.98
NUMA1∶4	87767680	30138633	34.34
NUMA1∶8	69682022	27364130	39.27

其中，Total 表示系统运行过程中启动的事务总量，Abort 表示失败的事务数量。可以看出，在 NUMA 机器上运行的事务失败率是 SMP 机器的 10 倍左右，这正好击中了事务内存的软肋：如果事务之间冲突较多，那么系统将耗费大量时间来进行事务的回滚、重启。事务重启之后，所有的冲突检测都需要重新进行，这都将占用系统大量的计算资源。结论很简单，事务内存并不适用于事务之间冲突频繁的情形。

因此，本来在 SMP 机器上运行良好的事务内存应用，照搬到 CC-NUMA 机器上运行就不一定适用。那么，如何在 CC-NUMA 机器上降低事务的失败率，成为提高系统性能亟待解决的问题。

12.4　NUMA 敏感的冲突规避方法 PBC

由图 12.1 可以看出，传统事务内存的设计思路是，尽量提高系统中同时运行的事务数量,以增加并发度来提高性能。相对于锁的“悲观”并行,这是一种“乐观”的并行执行方式。两个事务一旦发生数据访问冲突,则由“竞争管理算法”选择其中一个重启。这里隐藏了事务内存的一个重要假设,就是大多数事务都可以一次性成功提交。如果事务之间的冲突非常频繁,那么系统将耗费大量计算资源进行事务操作。从 12.3 节的实验结果可以看出,这对系统性能的影响是巨大的。

受 CC-NUMA 结构特性的影响,事务冲突的数量和比例大大增加,系统在冲突检测等事务相关操作上耗费了大量计算资源,影响了系统性能。那么如何减少事务冲突呢?最极端的办法就是采用类似于锁的“悲观”并行手段,限制系统中同时只有一个事务运行,但是此时就丧失了系统的并行性。这里给出一种折中的方法,整体上仍然保持事务内存的“乐观”并行,但在可能发生冲突的事务上采取“悲观”并行策略,这需要在事务开始之前进行一次调度,称为冲突规避。

冲突规避在事务启动之前进行,根据系统当前情况做出判断,若该事务发生冲突的可能性较大,则暂时挂起事务,否则让事务开始执行,流程如图 12.5 所示。

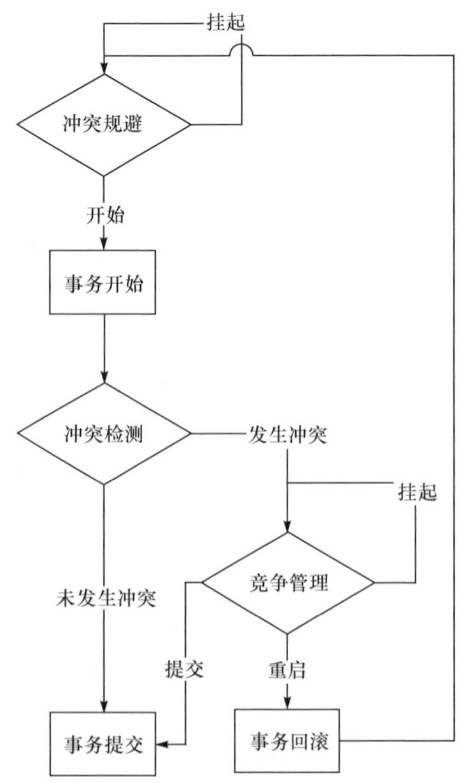

图 12.5　使用了冲突规避的事务执行流程

需要注意的是,传统的事务处理流程中,只有冲突的“事后处理”,而冲突规避则可以视为冲突的"事前预防"。结合 NUMA 结构的特性，这里给出一种 NUMA 敏感的冲突规避算法 PBC(predict before conflict)，同时考虑事务之间的历史冲突情况和 NUMA 结构特性来预测事务的冲突可能性。首先，将每个事务赋予唯一的事务 ID。定义 $D(a,b)$为两个事务的距离，D 代表两个事务发生冲突后的操作代价系数。若事务 a、b 在同一个处理器上运行(在不同的核心上)，则距离为 0，否则为两个事务所在处理器之间的互联距离。事务内存系统在运行时记录事务之间的冲突情况，系统记录事务 a、b 之间的冲突次数为 $P(a,b)$，且 $P(a,b)=P(b,a)$。在事务 a 开始之前，系统根据当前正在运行的事务集合 Q，计算冲突可能

$$S_a = \sum P(a,i) \cdot D(a,i) \mid \forall i \in Q$$

设定阈值 Y，当 $S_a \geqslant Y$ 时，挂起事务 a 直到 $S_a < Y$。算法流程如图 12.6 所示。

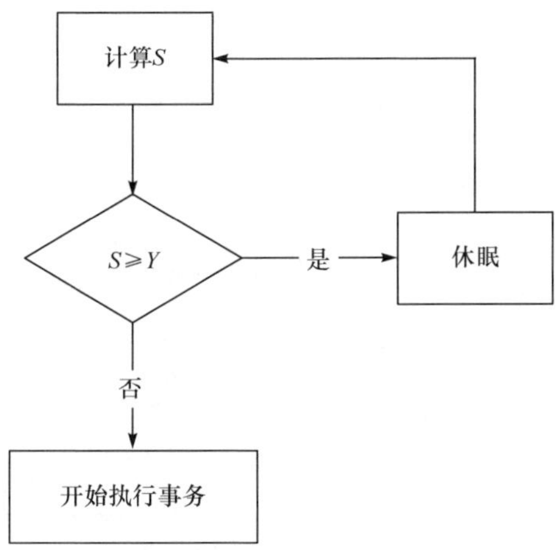

图 12.6　PBC 算法流程图

设事务总数为 n，下面给出事务启动时的冲突规避伪代码：

```
beginTransaction(ID) {
    S=0
    do {
        if (s>0) { sleep:S=0; }
        for (i=0;i<n;i++) if (i in Q) S+=P[ID,i]*D(ID,i);
        //计算冲突可能 S
    } while (s>=Y);
}
```

该算法的时间复杂度为 $O(n)$，需要系统维护一个二维数组 P，规模为 n^2。实验时发现，P 是一个稀疏矩阵，并不会占用太多的存储空间。实际上，算法的核心问题是阈值 Y 的确定，在实验中主要使用了经验数值。根据实验结果发现，若 Y 值过大，则冲突规避的作用不明显；反之，则等待事务偏多，影响了系统的并行性。

为了更好地适应具体的测试程序,这里给出一种自适应的阈值调节方法。原则有三点:①Y 的初始值应该偏小;②随着冲突的减少,Y 值应该逐渐增加;③随着冲突的增加,Y 值应该逐渐减小到 S。

在实现过程中,由各个线程维护自己的阈值,也就是说,系统中并不存在一个全局的 Y 值。Y 的初始值设为系统中处理器的最大互联距离,如全互联系统中 Y 的初始值为 1。事务成功提交时,$Y=Y+1$;事务发生冲突时,$Y=\frac{Y+S}{2}$。

12.5 实验结果与分析

实验环境与 12.3 节相同,冲突规避方法基于 RSTM 实现,命名为 RSTM-p。实验结果如图 12.7 所示。

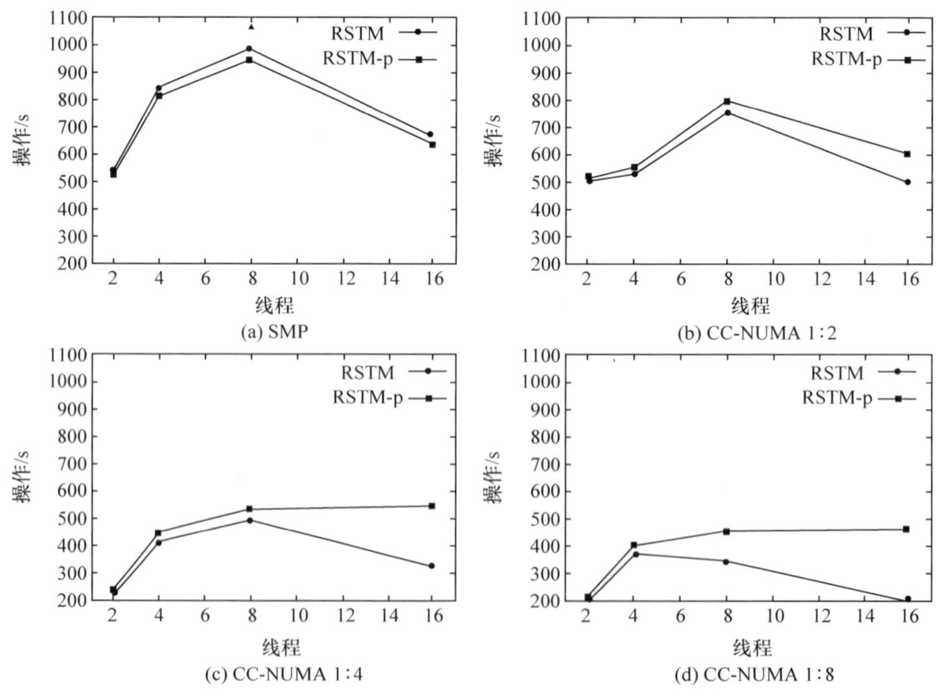

图 12.7 在 SMP 和 CC-NUMA 机器上使用 RSTM/RSTM-p 测试 Stmbench7 的结果

此时,在 SMP 机器上,冲突规避 PBC 并没有带来性能的提高,反而使性能略有下降,这主要是因为冲突规避 PBC 算法本身有一定的计算开销。在 CC-NUMA 机器上,PBC 方法开始发挥出优势。当本地与远程访存延迟比为 1∶2 时,RSTM-p 的性能有了一定的提高,尤其是在线程数为 16 的情况下,性能提高了 20%左右;随着远程访存延迟的增加,在 NUMA 1∶4 的情况下,RSTM-p 在线程数为 16 时的性能略高于线程数为 8 时的性能，呈现出了可扩展性，这完全超越了之前 RSTM 的表现；在 NUMA 1∶8 时，PBC 的优势进一步凸显，在线程数为 16 时的性能已经超过了之前 RSTM 的一倍多。

为了了解冲突规避算法 PBC 的计算开销，系统对三个事务内存系统在线程数为 16 时的运行状态信息，包括冲突检测时间、事务提交时间、事务处理之外的正常计算代码运行时间，尤其是冲突规避过程的 PBC 预测时间进行了采集，将这些数据规范化之后的结果列于图 12.8 中。图中，冲突预防表示冲突规避过程占用的时间，事务提交表示事务提交占用的时间，冲突检测表示事务之间冲突检测占用的时间，计算表示事务处理之外的正常计算代码执行时间。

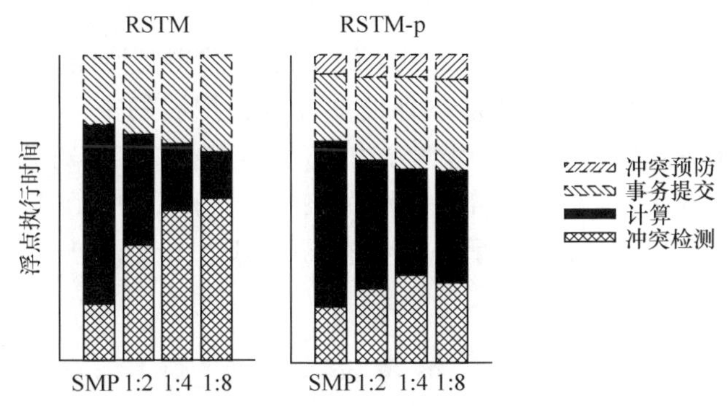

图 12.8　在 SMP 和 CC-NUMA 机器上测试 Stmbench7 的时间分布(线程数为 16)

可以看出，在冲突规避 PBC 的介入下，系统在 CC-NUMA 机器上运行的计算时间比例有了明显升高，虽然冲突规避占用了一部分计算资源，但是带来的好处也是很明显的。而且，在 CC-NUMA 机器上相应的事务处理时间比例有了一定的下降。随着远程内存访问延迟的增加，冲突规避 PBC 过程占用的时间比例上升并不明显，基本上稳定在 10%左右。这说明 PBC 算法并不依赖远程访存操作，适用于 CC-NUMA 机器。

为了比较事务冲突失败的数量信息，这里采集 RSTM-p 执行过程中的事务数量信息(线程数为 16)，如表 12.2 所示。

表 12.2　RSTM-p 运行 Stmbench7 的事务数量统计信息

机器结构	Total	Abort	Abort/%
SMP	189312238	6365178	3.36
NUMA 1∶2	109989932	20040165	18.22
NUMA 1∶4	89732168	18027192	20.09
NUMA 1∶8	70232742	16104367	22.93

可以明显看出，在 CC-NUMA 机器上使用冲突规避 PBC 算法来运行的事务失败率降低为原来 RSTM 的一半左右，PBC 方法有效地降低了事务失败率。

12.6 本章小结

现有的事务内存研究主要面向多核处理器和 SMP 机器，并没有考虑 NUMA 结构的影响。本章通过实验证明，NUMA 特性带来的本地与远程访存延迟差异对事务内存的性能有一定的影响。

本章提出了 NUMA 敏感的冲突规避方法 PBC。在事务启动之前通过冲突预测算法来估计该事务发生冲突的可能性，并以此为依据对事务进行调度，可以有效地减少事务冲突，使事务内存在 CC-NUMA 机器上获得高性能。

NUMA 敏感的事务内存研究还有很多改进和扩展的空间，下一步工作中将测试现有的竞争管理策略与冲突规避方法的适配情况。总之，事务内存是多核时代很有意义的研究工作，在当前普遍使用多核处理器和 CC-NUMA 体系结构搭建高性能服务器的情况下，如何使事务内存在 CC-NUMA 结构上高效运行，是学术界应当关注的方向。

参考文献

[1] Adveand S V, Gharachorloo K. Shared memory consistency models: A tutorial. IEEE Computer, 1996, 29: 66-76.

[2] Scherer III W N. Synchronization and Concurrency in User-Level Software Systems. Rochester: University of Rochester, 2006.

[3] Michael G. Non-Blocking Synchronization and System Design. Stanford: Stanford University, 1999.

[4] Maurice H. The art of multi processor programming//Proceedings of the Twenty-Fifth Annual ACM Symposium on Principles of Distributed Computing, New York, 2006: 1-2.

[5] Aingaran K, Olukotun K, Kongetira P. A 32-way multithreaded sparc processor. IEEE Micro, 2005: 40-47.

[6] Larry M. Openmp 3.0—A preview of the upcoming standard//Proceedings of the 3rd International Conference on High Performance Computing and Communications, 2007: 4.

[7] Yannis S, Anthony K, Reimer B, et al. General and efficient locking without blocking//Proceedings of the 2008 ACM SIGPLAN Workshop on Memory Systems Performance and Correctness, 2008: 1-5.

[8] Maurice H. The transactional manifesto: Software engineering and non-blocking synchronization//Proceedings of the 2005 ACM SIGPLAN Conference on Programming Language Design and Implementation, ChiCago, 2005: 280.

[9] James R L, Ravi R. Transactional Memory. San Francisco: Morgan and Claypool Publishers,

2006.

[10] McDonald A, Carlstrom B D, Chung J W, et al. Transactional memory: The hardware-software interface. IEEE Micro, 2007, 27(1): 67-76.

[11] Unsal O S, Fabrizio E A, Smith G B, et al. Transactional memory: An overview. IEEE Micro, 2007, 27(3): 8-29.

[12] Date C J. Introduction to Database Systems. Addison Wesley/Pearson, 2006.

[13] Carlstrom B D. Programming with Transactional Memory. Stanford: Stanford University, 2008.

[14] Drepper U. Parallel programming with transactional memory. Communications of the ACM, 2009, 52(2): 38-43.

[15] Manassiev K, Mihailescu M, Amza C. Exploiting distributed version concurrency in a transactional memory cluster//Proceedings of the Eleventh ACM SIGPLAN Symposium on Principles and Practice of Parallel Programming, Portland, 2006: 198-208.

[16] Amza C, Cox A L, Dwarkadas S, et al. Treadmarks: Shared memory computing on networks of workstations. Computer, 1996, 29(2): 18-28.

第 13 章　图相似性检测的量子算法*

图像处理的终极目标是图像识别和目标分类等高层任务。分类和聚类是人们理解世界和认知世界的重要手段。事物之间的相似性度量是完成分类和聚类的关键。因此，本章主要研究如何利用量子机制完成对图之间的相似性度量，从而实现对图像的分类识别工作。

主要针对下面两个问题进行研究。

(1) 图的最大公共子图检测。从直观上来讲，图之间的最大公共子图直接决定了两个图的相似程度。然而传统的最大公共子图检测算法是 NP 难题，目前仍没有很好的解决办法。

(2) 图核函数的构建。利用特征向量来表征图是一种非常有效的相似性度量方法，因为已有的基于向量的数学处理方法要比基于图结构的方法更多、更方便。然而如何从图中提取出更有区分能力的特征也一直是开放性的难题。

量子漫步是经典随机漫步的量子版本，而且具有更多经典漫步没有的优良特性。本章将着重挖掘并利用量子漫步的特性来针对上述两个关键问题进行研究，并通过实验测试本章算法在进行图相似性检测以及图像分类方面具有的优良性能。

13.1　最大公共子图检测的量子算法

在现实世界中，大量的真实数据常常利用图或者网络的方式进行表示，这主要是因为在这些数据中，结构化的信息表示以及结构之间的关系信息都可以利用这些方式进行良好的定义。例如，社交网络、分子结构、交通网络及蛋白质分析等信息都可以自然地用图进行保存和处理。

最大公共子图同构(maximum common substructure，MCS)问题是图论中的一个著名的 NP 难题，该问题将检测两幅给定的图中的最大公共子图。由于与图的相似性检测非常相关，因此 MCS 是很多有关图相似性度量算法的核心部分。例如，在场景匹配、视频索引和化学物质分析等工作中都会使用到。

MCS 在过去的几十年中已经被广泛地研究，目前已有两类解决方法：精确算

---

* 本章由张毅撰写。张毅，2014 年 12 月获博士学位，导师为卢锡城院士，研究方向为量子计算。博士论文题目为“面向计算机图像处理的量子算法研究”。

法和不精确算法。在多种精确的 MCS 算法中，剪枝和回溯的思想都被使用到，如 Ullmann[1]、Cordella 等[2]和 McGregor[3]等。不精确算法是通过构建关联图并在关联图中寻找最大完全子图的方式来获得结果[4,5]。尽管这些方法能够精确地给出问题的结果，但所有的精确算法的复杂度都是指数量级的。当图规模很大时，这些算法都会由于不可接受的时间消耗而无法使用。

相比精确的 MCS 算法，不精确的 MCS 算法在实际中的可用性更高。通过利用局部最优解来代替全局最优解，这些算法可以在多项式时间内完成。例如，在文献[6]中，Lu 等探索了平三角图的特性，并为这种类型的图专门设计了一种不精确的 MCS 算法。在文献[7]和[8]中，Pelillo 等利用迭代的方法在关联图中寻找近似的最大完全图，从而得到两幅图的近似最大公共子图。然而，在现存的近似算法中，仍存在以下问题：首先，目前针对一般的图，很难有算法能近似地解决。通常一些特性，如图中的三角形和环路等都可以被利用来设计图匹配的算法，然而在一般的图中并不一定存在这样的子结构。其次，尽管这些不精确算法的复杂度都是多项式量级的，但为了尽可能减小近似误差，这些算法的过程通常也十分复杂，以至于对于较大规模的图仍要花费大量的时间。

随着 Shor 大数质因子分解算法和 Grover 数据库搜索算法的提出，量子计算越发引起人们的广泛关注。1993 年，量子漫步被首次提出，并一直受到研究者的极大关注。尤其是近年来，一些利用量子漫步的方法来解决图同构的量子算法的出现尤为重要。通过量子并行计算和量子干涉等性质，这些量子算法相比于传统的算法具有更好的计算性能和计算效果。因此，基于量子漫步的图匹配研究发展十分迅速。但是，至今却没有任何量子算法能够针对 MCS 这一著名问题进行求解。

本节将利用离散时间的量子漫步设计一种新的量子算法 Qwalk，其针对一般的图进行 MCS 近似求解。

13.1.1　问题重述与相关工作

本节中将引入若干有关图的定义以及一些与本节设计算法相关的量子机制的介绍。

1. 部分图论定义

定义 13.1　图是一个二元组 $G=(V,E)$，其中 V 代表图中所有节点的集合，而节点之间的连接关系则定义为 $E\subseteq V\times V$。

一般来说，一个称为无标签的图是指图中的节点和边没有任何属性。当图中所有节点对都至少有一条路径相连时，这样的图称为连通图。本章将主要关注无属性连通图的最大子图同构问题。

定义 13.2 一个图 $G'=(V',E')$ 是图 $G=(V,E)$ 的子图当且仅当 $V'\subseteq V$ 且 $\forall v_1,v_2\in V',(v_1,v_2)\in E'\Leftrightarrow(v_1,v_2)\in E$。

定义 13.3 如果存在一种双射函数 $f:V\rightarrow V'$ 使得 $\forall v_1,v_2\in V,(v_1,v_2)\in E\Leftrightarrow(f_{v_1},f_{v_2})\in E'$，那么（子）图 $G=(V,E)$ 和另一个图 $H=(V',E')$ 同构。

定义 13.4 对于图 $G=(V_1,E_1)$ 和 $H=(V_2,E_2)$，MCS 问题将找到图 G 中最大的和图 H 中至少一个子图 H' 同构的子图 G'。这里，图的规模是使用图中节点个数来度量的。

图中，任意两个节点之间的距离 $\mathrm{dis}(a,b)$ 定义为图中连接两个节点的最短路径，也就是从一个节点迁移到另一个节点所经过的最小步数。

定义 13.5 图 $G=(V,E)$ 中的节点 v 的一阶邻域组是指子图 $G_v^1(V',E')$，其中 $V'=\{v_i\mid\forall v_i\in V,\mathrm{dis}(v,v_i)\leqslant 1\}$。类似地，节点 v 的 k 阶邻域组是指子图 $G_v^K(V',E')$，其中 $V'=\{v_i\mid\forall v_i\in V,\mathrm{dis}(v,v_i)\leqslant K\}$。

定义 13.6 对于图 G 和图 H 中的节点对 (u,v)，最大同构邻域对标记为 $\mathrm{ING}(u,v,k)$，其中 $k=\max\{i\mid G_u^k$ 同构于 $G_v^k\}$。

2. 量子计算简介

量子计算是一种新的计算理论，它利用量子叠加态和量子纠缠等特殊的量子机制来进行计算。不同于经典计算，在量子系统中的信息将保存在复希尔伯特空间中的单位向量中。对于 n 维空间 $\{|\varphi_j\rangle\mid 1\leqslant j\leqslant n\}$，一个常见的量子态是所有基矢状态的叠加，其表达式为

$$|\varphi\rangle=\sum_{i=1}^{n}\alpha_i\mid\varphi_i\rangle \tag{13.1}$$

式中，α_i 为相关的量子基态的量子振幅，并满足 $\alpha_i\in C,\sum_{i=1}^{n}\alpha_i^2=1$。

在量子计算机中，量子态是非确定的，所有的基矢状态都在量子叠加态中同时保存。可以通过量子测量的方式从量子态中观测到量子态中的基态，而观测后量子态也将坍缩至该量子基态上。对形如式(13.1)的量子态进行测量时，观测到 $|\varphi_i\rangle$ 的概率是 $|\alpha_i|^2$。

对于同一空间的两个量子态，内积操作定义如下：

$$\langle\varphi_a|\varphi_b\rangle=(|\varphi_a\rangle,|\varphi_b\rangle)=\sum_{j}\alpha_{aj}^{*}\alpha_{bj} \tag{13.2}$$

式中，α_{aj}^{*} 是 α_{aj} 的共轭转置。

因此，当需要知道量子系统中某一量子基态的观测概率时，可以利用内积操作来表示量子测量，即

$$\Pr(|\varphi_j\rangle)=\alpha_j^2=|\langle\varphi_j|\varphi\rangle| \tag{13.3}$$

不同于经典计算，量子计算是可逆的，也就是说量子信息将通过幺正的量子演化过程进行计算。对于每一个量子操作 U，有 $U^* U=I$，其中 U^* 为 U 的共轭转置。

在常见的量子电路模型中，量子门是构造量子电路的基本单元，这一点类似于经典电路中的逻辑门。至今有一些重要的量子门已被设计使用，如 Pauli-X 门(NOT 门)、相位门($R(\theta)$门)、H 门(H 门)和控制门(CNOT 门)等。有文献证明，任何一个复杂的量子操作都可以使用若干个 $R\left(\frac{\pi}{4}\right)$门、H 门和 CNOT 门构建而成。图 13.1 给出了 H 门的电路标示和迁移矩阵，这个量子门将在本节设计的算法中使用到。

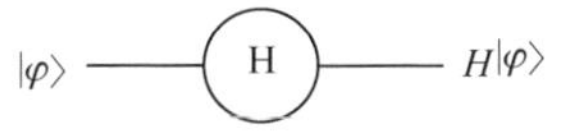

$$|\varphi\rangle \text{ —— } \boxed{H} \text{ —— } H|\varphi\rangle \qquad H=\begin{bmatrix} \frac{1}{\sqrt{2}} & \frac{1}{\sqrt{2}} \\ \frac{1}{\sqrt{2}} & -\frac{1}{\sqrt{2}} \end{bmatrix}$$

图 13.1 H 门的量子电路和迁移矩阵

由于所有的基态都在量子态中叠加保存，因此当针对量子态进行量子操作时，所有的基态都将同时进行并行计算，其表达式为

$$U \mid \varphi\rangle = \sum_{i=1}^{n} \alpha_i (U \mid \varphi_i\rangle) \tag{13.4}$$

这就是量子计算能够取得相比于经典计算惊人的性能加速的原因。

13.1.2 离散量子漫步在图中的特性

随机漫步是图匹配研究中的重要方法之一。作为随机漫步在量子机制的替代者，量子漫步也具有类似的重要属性。本节将介绍量子漫步在图匹配中的应用。

1. 随机漫步

随机漫步是一个经典的随机过程，在该过程中，一个漫步者位于图中的一个节点上，每一个时间单位沿图的边向另一个节点进行一次随机的迁移。这种方法在许多实际的应用中都有大量使用，如社交网络、网络搜索和信息检索等。在图匹配的领域中，随机漫步也是一种分析图拓扑结构和区分图结构差异性的重要工具。基于随机漫步的图匹配工作在过去的几十年中已经被大量的研究过。

一般来说，在随机漫步中有两方面的要素，即状态空间和迁移矩阵。对于一个有 n 个节点的图 $G=(V,E)$，在任意时刻的状态是一个 n 维向量 $P_t=[p_{v_1},p_{v_2},\cdots,p_{v_n}]^{\mathrm{T}}$，其中向量中的每一维 p_{v_i} 代表漫步者位于节点 v_i 的概率，而且该向量满足$\sum_{i=1}^{n} p_{v_i} = 1$。

假设A是图G的邻接矩阵,$d(v_i)$为节点v_i的度,则有$d(v_i) = \sum_{j=1}^{n} A_{ij}$。对于随机漫步的每一步,位于$v_i$的漫步者将会以$\frac{1}{d(v_i)}$的概率向某一个相邻节点迁移。因此,随机漫步的迁移矩阵T为

$$T_{ij} = \begin{cases} \frac{1}{d(v_i)}, & A_{ij} = 1 \\ 0, & \text{否则} \end{cases} \tag{13.5}$$

随着时间推移,随机漫步的状态将按式(13.6)进行演化:

$$P_{t+1} = TP_t \tag{13.6}$$

当时间趋于无穷时,式(13.6)则变为

$$P_\infty = TP_\infty \tag{13.7}$$

可以看出,当时间趋于无穷时,随机漫步的状态将稳定不变,这意味着随机漫步的过程是不可逆的。漫步状态由初始态变为稳定状态的时间称为 mixing time。另外,随着时间的变化,漫步者将遍历连通图中的所有节点,从初始状态到所有节点都被遍历过至少一次的状态的时间称为 hitting time。已经证明,随机漫步的这两个重要特性依赖于迁移矩阵T的谱。因此,许多方法利用随机漫步来刻画图的谱的特性来进行图匹配工作。

在随机漫步中,状态的迁移与图的邻接矩阵A相关,A的n次幂则对应每个节点对间的长度n的路径个数。通过对图中不同长度路径的统计分析,随机漫步也可以将图差异区分出来。因此,基于随机漫步的图核也有深入的研究。

2. 离散时间量子漫步

离散时间量子漫步是经典随机漫步的量子版本。目前该工具已在图同构、元素甄别、数据库搜索等领域具有重要研究,是量子计算领域的重要课题。

类似于随机漫步,量子漫步也有两个要素,即状态空间和迁移矩阵。由于量子漫步是可逆的,因此量子漫步的状态包括漫步者的位置和漫步方向。对于每一步,漫步者将以一定的量子振幅同时向所有可能的漫步方向进行漫步。

由于量子演化过程是幺正的,因此量子漫步的迁移矩阵U也是幺正的,即

$$|\varphi\rangle_{t+1} = U\,|\varphi\rangle_t \tag{13.8}$$

下面针对在直线上的随机漫步和离散时间量子漫步进行比较。从位置 0 开始,200 步后随机漫步的状态是一个期望为$\mu=0$、方差为$\sigma^2=n$的高斯分布,如图 13.2 所示。这里$n=200$。

对于在直线上的离散时间量子漫步，在初始时设一个对称的状态，如下所示：

$$|\varphi_0\rangle=\frac{1}{\sqrt{2}}(|0+\rangle+i|0-\rangle) \tag{13.9}$$

H 门在这里被用来作为迁移操作，则状态迁移方式如下：

$$\begin{aligned}|n+\rangle&=\frac{1}{\sqrt{2}}(|(n-1)+\rangle+|(n+1)-\rangle)\\|n-\rangle&=\frac{1}{\sqrt{2}}(|(n-1)+\rangle-|(n+1)-\rangle)\end{aligned} \tag{13.10}$$

图 13.2 中展示了在 200 步后离散时间量子漫步的状态分布(由于偶数位置的状态均为 0，因此在图中只显示奇数位置的概率分布)。该分布大概趋于期望为 $\mu=0$ 方差为 $\sigma^2\sim n^2$。因此，认为量子漫步的传播速度要快于随机漫步。

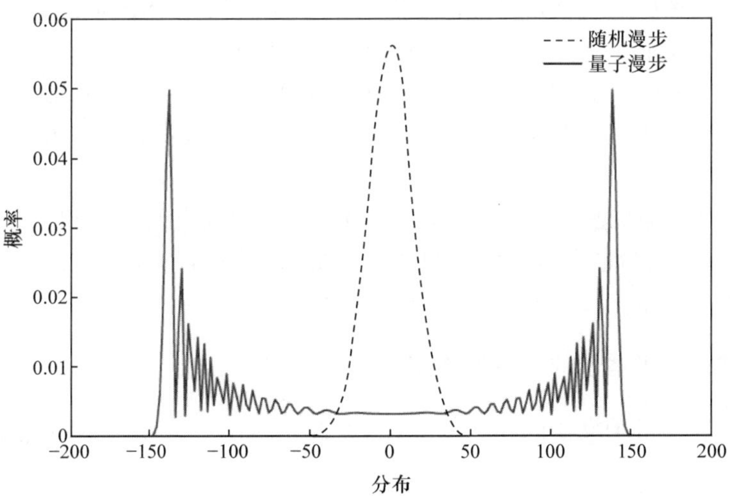

图 13.2　在直线上随机漫步和离散时间量子漫步的分布

3. 在图上的量子漫步

对于图 $G=(V,E)$ 上的离散时间量子漫步，一个漫步者将以一定的量子振幅在图中节点之间迁移。一般来说，整个状态保存在如式(13.11)所示的量子叠加态中：

$$|\varphi\rangle=\sum_{(u,v)\in E}\alpha_{uv}\,|uv\rangle,\quad \alpha_{uv}\in C,\quad \sum_{(u,v)\in E}\alpha_{uv}^2=1 \tag{13.11}$$

式中，$|uv\rangle$代表以量子振幅 α_{uv} 从节点 u 到节点 v 的迁移过程。

有两种常见的离散时间量子漫步的迁移矩阵，即 Grover 矩阵和 Fourier 矩阵。这里将主要使用基于前者的量子漫步。

利用常用的 Grover 矩阵，在量子态中每个状态将按以下方式迁移：

$$|uv\rangle \rightarrow \left(\frac{2}{d(v)}-1\right)|vu\rangle+\frac{2}{d(v)}\sum_{\forall k\in V,k\neq u\&(v,k)\in E}|vk\rangle \tag{13.12}$$

式中，$d(v)$代表节点 v 的度。

由于在状态空间和迁移矩阵两个方面，在图上进行的离散时间量子漫步和随机漫步具有很大的不同，因此它们所表现出的性质也有很大的差异。下面简单地总结一些有关的研究结果：

(1) 量子漫步是可逆的，不是历经各态的。因此，它不可能达到一个稳定的状态。这也意味着在离散时间的量子漫步中，不可能有收敛时间(mixing time)。

(2) 量子漫步在图中的传播速度要快于随机漫步，而且在某些情况下加速比可能是指数级的，如对于两个 n 层二叉树的链接图的量子漫步。

(3) 量子漫步中的所有状态都是同时迁移的。相比于随机漫步，量子漫步的状态迁移过程是非常快速的，这是一种指数级的加速。

(4) 在量子机制中，多个粒子可以相互纠缠在一起。多个纠缠的粒子进行量子漫步的过程所出现的结果和这些粒子单独进行量子漫步后的结果的简单叠加是不同的。

(5) 相比于随机漫步，在量子漫步中，每一条漫步路径在相遇时都会发现量子干涉效应，这是因为量子漫步传播的是量子振幅，而不是概率。这意味着图的对称性可以利用离散量子漫步的干涉效应进行检测。

13.1.3 基于量子漫步的对称性检测

前面提到了量子漫步的相干效应，这里首先给出一个简单的示例来说明这一特殊的性质。

如图 13.3(a)所示，很明显图的两部分基于节点 v 是对称的。假设整个图的初始状态是对称的，如下所示：

$$\begin{aligned}|\varphi_0\rangle=&\frac{a}{\sqrt{2}}[|u_1u_2\rangle+|u_2u_1\rangle+|u_1u_3\rangle+|u_3u_1\rangle]\\&+\frac{a}{\sqrt{2}}[|w_1w_2\rangle+|w_2w_1\rangle+|w_1w_3\rangle+|w_3w_1\rangle]\end{aligned} \tag{13.13}$$

在量子漫步的每一步中，都关注节点 v 的量子振幅：

$$\begin{aligned}\alpha_{u_1v}(t+1)&=\frac{2}{3}\alpha_{u_2u_1}(t)+\frac{2}{3}\alpha_{u_3u_1}(t)-\frac{1}{3}\alpha_{vu_1}(t)\\\alpha_{w_1v}(t+1)&=\frac{2}{3}\alpha_{w_2w_1}(t)+\frac{2}{3}\alpha_{w_3w_1}(t)-\frac{1}{3}\alpha_{vw_1}(t)\end{aligned} \tag{13.14}$$

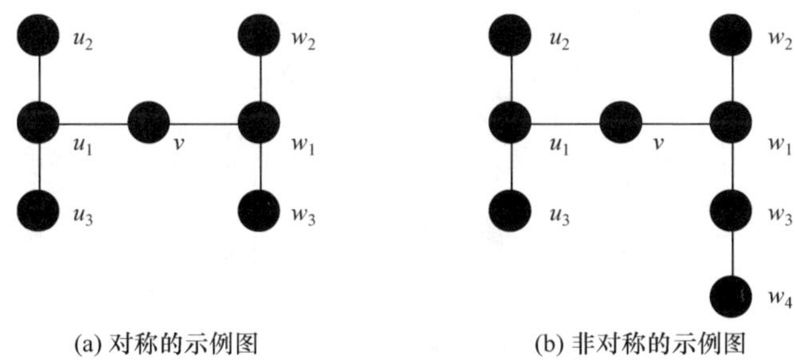

(a) 对称的示例图　　(b) 非对称的示例图

图 13.3　对称与非对称示例图

通过 H 门操作后，u_1 和 w_1 之间的干涉振幅计算如下：

$$\alpha^{-}(u_1,w_1)=\frac{1}{\sqrt{2}}[\alpha_{u_1 v}(t)-\alpha_{w_1 v}(t)] \tag{13.15}$$

不难发现，在每一步量子漫步后，该干涉振幅的结果均为 0，量子漫步的这种性质被用来检测图的同构。通过构建辅助图并利用辅助节点将两个图之间的所有节点对相连，文献[9]设计了该检测图同构的方法。干涉相消的振幅现象在所有正确地节点配对的辅助点上出现。

接下来将讨论几个在图上进行离散时间量子漫步的新发现。

发现 13.1　一个节点的量子振幅将在量子漫步中根据距离传播向其他节点。因此，离散时间的量子漫步可以测量图中节点的距离。

由 Grover 迁移矩阵可以看出，在量子漫步的每一步中，量子振幅都会由一个节点传播到该节点的一阶邻域组 G_v^1 中。因此，如果 $d(u,v)=k$，那么节点 v 的量子振幅将在 k 步之后传播到节点 u。

发现 13.2　离散时间量子漫步的相消干涉效应可以用来检测图同构。k 步离散时间量子漫步可以检测图的 $k-2$ 阶同构邻域对。

在文献[9]中，离散时间量子漫步的相消相干特性将使得辅助图中连接正确匹配点对的辅助点的干涉振幅等于 0。在辅助图中，两个图中的所有节点对均用一个辅助节点进行连接。图 13.4 给出了一个简单的辅助图示例。

考虑在图 13.3(b)的示例图上进行量子漫步，节点 v 可以被看成连接节点 u_1 和 w_1 的辅助节点。可以看出，$G_{u_1}^1$ 和 $G_{w_1}^1$ 是同构的，但 $G_{u_1}^2$ 和 $G_{w_1}^2$ 不同构。不同之处在于节点 w_4，而 $\mathrm{dis}(v,w_4)=3$。基于发现 13.1 可知，节点 w_4 的量子振幅将经过 3 步离散时间量子漫步传播到节点 v。量子漫步的量子振幅如表 13.1 所示。

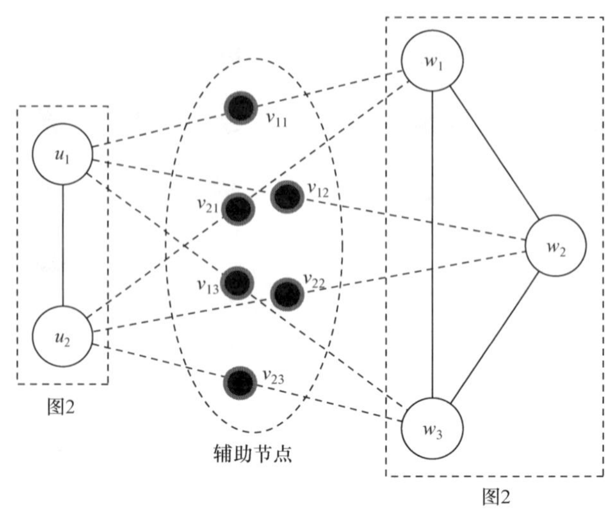

图 13.4 辅助图的示例

表 13.1 针对图 13.3(b)的离散时间量子漫步的有关节点 v 的量子振幅

时间步	$\alpha_{u_1 v}(t)$	$\alpha_{w_1 v}(t)$	$\alpha^-(u_1, w_1)$
0	0	0	0
1	0.3563	0.3563	0
2	0.3563	0.3563	0
3	0	0.1188	−0.0840

由于在第 2 步之后，干涉振幅 $\alpha^-(u_1, w_1)$仍为 0，这意味着所有在节点 v 出现的 2 长度的路径是对称的，而且子结构 $G_{u_1}^1$ 与 $G_{w_1}^1$ 相同。然而，这种对称性在第 3 步后被打破。因此，通过第 3 步的离散时间量子漫步之后，一个最大同构邻域对 ING$(u_1, w_1, 1)$能够被检测出来。

发现 13.3 每个图都可以分割成若干邻域对的结合。每一个公共子图也都可以分割成若干同构邻域对的结合。

对于一个连接图，每一节点都可以经过至少一个有限长度的路径到达其他所有节点。在图中这样的距离上限被定义为图的直径。因此，所有的图都可以被看成每一个节点的一个邻域组。

接下来给出一种简单的将图分割成若干领域组的随机方法。

假设一个连接图有 N 个节点，S 为结果集合，P 为一个临时集合。初始时，设 $S=\varnothing$和 $P=\varnothing$。

步骤 1：随机选择 n 个不同节点$\{v_1, v_2, \cdots, v_n\}$，将这些节点的零阶邻域组加入 P 集合中，有 $P=\{G_{v_1}^0, G_{v_2}^0, \cdots, G_{v_n}^0\}$。

步骤 2：对于 P 集合中每一个元素 $G_{v_i}^j$，如果 $G_{v_i}^{j+1}$和 P 与 S 中的所有元素都不冲突，那么 $G_{v_i}^{j+1}$ 将被加入 P 集合以代替 $G_{v_i}^{j}$。否则，将 $G_{v_i}^{j}$ 从 P 集合中移至 S 集合中，接着如果存在，那么随机再选择一个未被访问到的节点 v_k，将 $G_{v_k}^{0}$ 加入集合 P 中。

步骤 3：重复步骤 2 直至 $P=\varnothing$。

在完成这些步骤后，一个图就被分割成 S 集合中领域组。一般来说，对于一个图，这种分割得到的数量和图规模呈指数关系。

另外，如果一个子图是两个图的公共子图，那么有关这个子图的分割方式在这两个图中也同样适用。而且，每个领域组在这两个图中是同构的。这也是本节利用同构邻域对来构造最大公共子图的基础。

13.1.4　算法流程

下面将介绍检测最大公共子图的量子算法 Qwalk。给定的两个图分别为具有 m 个节点的 G_1 和 n 个节点的 G_2。首先构造连接图 G_{12}。使用辅助节点将两个图中的所有节点对连接起来。

整个算法分成如下两个步骤完成。

步骤 1：在连接图 G_{12} 上进行离散量子时间漫步。这一步类似于文献[9]中的算法。然而不同的是，在连接图的每一辅助节点 v_{uw}（v_{uw} 连接了图 G_1 上的节点 u 和图 G_2 上的节点 w）上设置一个标签 L_{uw}，用来对该节点的干涉振幅等于 0 的时间进行计数。因此，在量子漫步的每一步完成之后，需要对每一个辅助节点的干涉振幅进行检查。如果该振幅维持为 0，那么标签加 1。否则，这个辅助节点将被标记，并在后续的过程中不再进行检查。接下来持续运行量子漫步直至所有的辅助节点都被标记或者 κ 步的量子漫步完成。这里 $\kappa=\max(d_1,d_2)+1$，其中 d_1 和 d_2 分别是两幅图的直径。基于发现 13.2，在两个图中可能存在的最大同构邻域组对是 $\kappa-2$ 阶的，故 κ 步的量子漫步已经可以将两个图中所有的结构全部遍历到。

完成步骤 1 之后，所有的辅助节点都有一个标签来说明其干涉振幅维持为 0 的步数。由发现 13.2 可知，这意味着找到了 $m\times n$ 个 ING 对。每一个匹配对可以表示成 $\mathrm{ING}(u,v,L_{uw}-2)$。

步骤 2：在得到 $m\times n$ 个同构邻域对作为一个集合 Ψ 后，按照大小对其进行排序。为了得到一个尽可能大的同构子图作为 MCS 问题的近似结果，给较大的同构邻域对更高的优先级来加入结果中。

排序之后，开始按照降序的顺序将匹配对进行合并，用来表示两幅图中的同构子结构对 $S=(S_1,S_2)$，这一部分初始时置为空，$S=(\varnothing,\varnothing)$。这里按顺序逐个将邻域对进行合并。

首先，介绍合并函数 merge(A,B)。设 $A=(A_1,A_2)$ 和 $B=(B_1,B_2)$ 是两个同构的邻域对。如果下面的四个条件都满足，那么合并成功。

(1) A_1 和 B_1 是连接的，A_2 和 B_2 也是连接的。

(2) 每个在$\{A_1, B_1\}$中多次出现的节点与$A_2 \cup B_2$中的同一个节点匹配。

(3) $A_1 \cup B_1$的节点数应等于的节点数$A_2 \cup B_2$。

(4) 构建连接图。将两幅图中的有关子图$A_1 \cup B_1$和$A_2 \cup B_2$的所有节点连接起来。在该连接图上进行π步的离散时间量子漫步，其中$\pi = d_{A_1} + d_{B_1} + 1$，所有辅助节点的干涉振幅将维持为0。

然后，使用merge函数将一些ING对添加在S集合中。迭代地将所有ING对从大到小地不断进行合并尝试。如果merge$[S, \mathrm{ING}_i(u_i, w_i, L_{u_i w_i} - 2)]$成功，那么设$S = (S_1 = S_1 \cup G_{u_i}^{L_{u_i w_i} - 2}, S_2 = S_2 \cup G_{w_i}^{L_{u_i w_i} - 2})$。同时，将$\mathrm{ING}_i(u_i, w_i, L_{u_i w_i} - 2)$从集合中删除，并重新将所有的剩余匹配对进行搜索。当所有剩余的ING对都不能再进行合并时，该过程结束。S集合就是该算法的最终结果。

下面给出该算法的伪代码。

算法 13.1　检测最大公共子图的量子算法 Qwalk

输入：两幅图 G_1、G_2 和其连接图 G_{12}。

输出：近似的最大公共同构子图 S。

变量：M_{jk}代表辅助节点 v_{jk}的标记。M'_i代表在排序后的集合 Ψ 中第 i 个元素的标记。i，j 和 k 是循环变量。

```
设置 Mjk=0&M'j+(k-1)×m=0 且设置初态|φ>0〉为一个对称的量子态
for i=1:κ(κ=max(d1,d2)+ 1)
    |φi+1〉→|φi〉 %在 G12的一步离散时间量子漫步
    if 存在一个辅助节点 Mjk=0 作为最小值
        for j=1:m
            for k=1:n
                if α⁻(uj,wk)=0&Mujwk=0
                    Lujwk=Lujwk+ 1
                    update[ING(uj,wk,Luj,wk- 2)]
                else Mjk←1
sort(Ψ)
set S:S1↔S2 and S1←∅&S2←∅
set i←1 and all M'i←0
while(i≤m×n)
    if M'i= 0&merge[S,INGi(ui,wi,Luiwk- 2)]=0 %成功匹配
        S1=S1∪Gwi^(Luiwi-2)
        S2=S2∪Gwi^(Luiwi-2)
        M'i←1
        i←1
    else i=i+ 1
return S#
```

13.1.5　复杂度分析

下面讨论该算法的时间复杂度。为了简便起见，将设两个输入图均包含 N 个节点和 E 条边。

对于两个输入图，其连接图共有 $2E+2N^2$ 条边。由于连接图中 $E \ll N^2$，这意味着在连接图上进行离散时间的量子漫步有约 $O(N^2)$ 个状态，因此其迁移矩阵的规模为 $O(N^2 \times N^2)$。由文献[9]可知，在连接图上模拟 k 步的离散时间量子漫步的复杂度约为 $O(N^4)$。虽然在进行量子漫步的同时需要在每一步结束之后检测所有辅助节点的干涉振幅，但是相比于量子态的迁移，这部分的时间消耗可以忽略。因此，在该算法过程的步骤 1 的时间花费约为 $O(N^4)$。

由于每一对节点对都存在最大同构邻域对，因此集合 Ψ 的规模为 N^2。对这个集合进行快速排序的时间消耗是 $O(N^2 \log N^2)$。

在步骤 2 中，进行邻域对合并时，需要利用条件(4)进行合并判断的次数不超过 N 次(在最坏的情况下，每一次合并只有一个新的节点加入结果中)。当不得不利用条件(4)进行判断时，一次离散时间量子漫步将在一个新构造的连接图上运行，该连接图有不超过 $2E+2N$ 条边。因此，该过程第 22～29 行的时间消耗约为 $O(N^5)$，该算法的时间花费约为 $O(N^5)$。

根据 Grover 技术，可以针对具有 E 条边的图上的离散时间量子漫步的模拟在 $O(E^{1.5})$时间内完成。这意味着该算法的复杂度约为 $O(NE^{1.5})$。

在文献[6]中，Lu 等设计的算法通过遍历两个输入图中所有的三角形来检测最大同构子图。所有三角形对都可能被作为遍历的根节点。因此，该算法针对两个分别有 m 和 n 个节点的图，而且它们的最大公共子图的大小为 k 的情况下，花费约 $O(mnk)$。因此，该算法的时间复杂度约为 $O(N^3)$。

在文献[7]中，为了能获得最大同构子图，对于两个具有 N 个节点的图，构建关联图的规模为 N^2。在迭代过程中，一个 N^2 长度的向量将不断被计算并不断接近真正的结果。而每一次的迭代过程需要立方量级的时间消耗。总体来说，图的规模越大，该过程需要迭代的次数越多。因此，该算法的时间复杂度为 $O(KN^6)$，其中 K 为迭代次数而且不能被忽略。

相比于目前这几种不精确的 MCS 算法，Qwalk 具有适中的时间复杂度。

13.1.6　失效性分析

该算法的加速效果来源于最大同构邻域对的引入。通过使用 ING 对来获取最大公共子图，算法中的搜索空间有很大程度的降低。然而，当两个输入图中所有的节点都有不同的度时，将很难发现一个比点对点匹配更大的有效的 ING 对。如果这种情况出现，那么 Qwalk 算法的性能将降至最低，算法将失效。

这种失效的问题在子图同构中非常严重。子图同构问题需要在测试图中找到所有出现的模板图。由于测试图常由模板图扩张而形成，在图扩张时，所有节点的拓扑结构都有很大可能发生改变，因此对于该算法来说，很难在这两个图中找到一个正确的匹配。然而，对于 MCS 问题，这种失效问题并不经常出现。接下来，将主要关注在几个合成的和真实的数据集中这种失效的情况。

首先，对于 MUTAG 数据集，仅有 1 对相同规模的分子在进行 Qwalk 算法时出现失效情况，而在整个数据集中可以成功运行的测试数为 17577 对。图 13.5 给出了这对失效分子的拓扑结构。针对 COIL-100 数据库[10]中的图像数据，对每个目标的所有采样图进行比对，在 255600 组不同的测试中只有 3 组测试将在 Qwalk 算法中失效。因此，在真实的数据库中，失效的问题基本上不可能出现，所以在实际的运行中，该问题可以忽略不计。

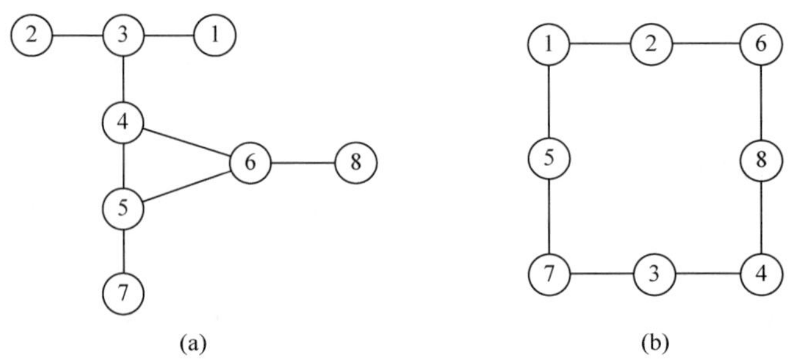

图 13.5 在 MUTAG 数据库中运行 Qwalk 算法出现失效的分子对的拓扑结构

图 13.6 给出了针对生成的随机连接图的造成 Qwalk 算法失效的概率分布图。由该结果可以看出两个趋势。首先，图的规模越大，失效的概率越小，当图的

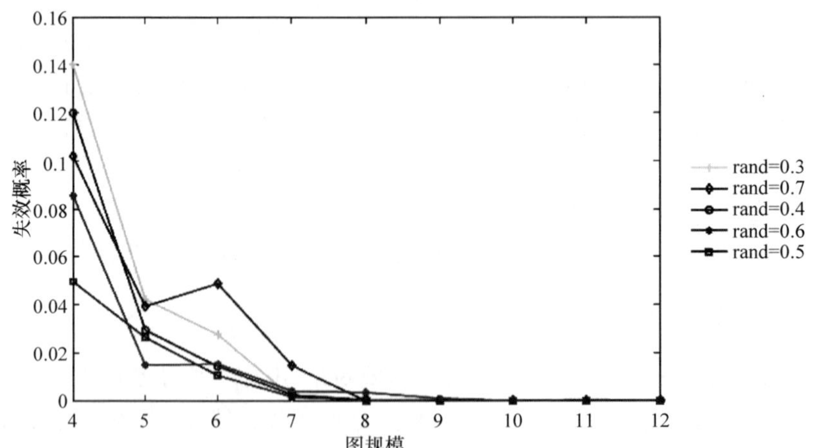

图 13.6 对于随机连接图数据集在运行 Qwalk 算法时的失效概率分布

规模超过 10 之后，基本上不再有失效的情况出现。其次，图的连接概率越接近 0.5，失效的概率越小，这样的图以及它们的补图都既不稀疏也不密集。即使图非常小且稀疏，失效的概率也不超过 15%。而本章设计的 Qwalk 是一个不精确的 MCS 算法，其主要优势在于针对较大的图它能比精确的算法更有效。对于非常小的图(规模为 4～10)，如 VF2 这类精确算法[2]也能在几秒钟之内完成算法的运算。因此，作为一个近似的 MCS 算法，Qwalk 中可能出现的失效问题是可以忽略的。

13.1.7　算法评测

为了比较本节设计的 Qwalk 算法和目前现有的最大公共子图同构算法，本节该进行三方面的实验。首先，作为一个近似的 MCS 算法，将关注这些算法在针对一些常用的合成的数据集(德劳奈三角化图和 Erdos-Renyi 随机连接图)以及一些常用的真实数据集的精确性比较。其次，利用 Qwalk 算法的结果来度量图的相似性。这些近似的 MCS 算法的结果将用来对 COIL-100 数据库[10]中的图像进行聚类。最后，讨论这些算法的抗噪性。

由于 VF2[6]是著名的精确 MCS 算法，因此在测试中利用该算法的结果作为标准。然而，VF2 是一个指数量级的算法，因此当输入图较大时，该算法将无法在一个可以接受的时间内完成计算。因此，仅使用一些规模适中的数据集来完成实验。所有算法都用 C++语言进行编码并运行于 Intel Core i5-3337U 1.8GHz 的 CPU 和 4GB 的 RAM 内存上的单线程程序。Qwalk 算法将与 Lu[6]等专门为 DTG 图设计的算法和 Pelillo 设计的最大完全子图算法(MC-X)[7]进行比较。这里 X 代表迭代算法的迭代次数。

1. 精确性测试

作为一个有效的近似算法，越接近真实值的结果越好。因此，首先将关注 Qwalk 和其他近似 MCS 算法的比较。在测试中报告的误差是计算出的近似的 MCS 结果和 VF2 结果的相关，计算方式如下：

$$\text{Error}_A = \frac{\text{abs}(S_{\text{VF2}} - S_A)}{S_{\text{VF2}}} \tag{13.16}$$

式中，S_{VF2}和 S_A 分别代表利用算法 VF2 和算法 A 计算得到的最大公共子图的规模。

首先，生成一个合成的数据集，其中包括两种图，一种是德劳奈三角化图，另一种是随机连接图。DTG 图通常可用在计算机视觉和模式识别的领域中，因为这样的图具有一些很好的性质，如稀疏性、局域性和无奇异角等。在生成该数据集时，随机地在二维空间上生成图的节点，然后构建 DTG 图，该图的规模为 5～50，每一个规模随机生成 100 组测试图对。图 13.7 给出了这些近似的 MCS 算法针对不同规模的 DTG 图的精确性比较结果。Lu 是一个专门为 DTG 图设计的 MCS 算法，但可以看出，当图的规模较大时，算法的精确性也较差。总体来看，Qwalk 在针对 DTG 图进行测试时，算法效果优于 Lu 和 MC 算法。从结果中发现，随着图的规模不断增大，Qwalk 算法具有更小的标准差和更好的精确性。因此，本章认为 Qwalk 能够针对 DTG 图表现出更好的精确性。

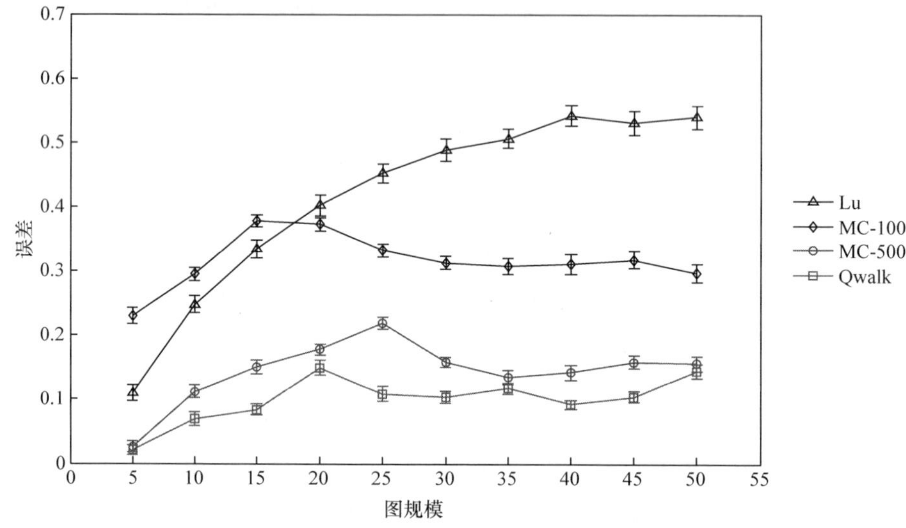

图 13.7 针对 DTG 图的精确性对比

针对每个规模的图，报告的结果为 100 组测试数据的平均值和标准差

为了测试这些算法的通用性，一组 RCG 图将通对图中的节点以概率 Rand 随机地连接生成。图 13.8 给出了针对不同连接概率的 RCG 图，这些算法的精确性对比。由于 RCG 图并没有 DTG 图的特性，因此 Lu 算法很难在输入图中找到三角形，而且该算法的精确性很差且很不稳定。同时发现，无论图的密度大小和图的规模大小，Qwalk 都能够在所有算法中具有最好的算法精确性。在测试中 MC-500 表现出和 Qwalk 相近的精确性。然而，通过对比标准差可以发现，Qwalk 表现出更为稳定的精确性。因此，认为 Qwalk 具有更好的通用性。

接下来，针对三个化学方面的真实数据库中的数据来检测这些算法的精确性，包括 MUTAG、ENZYMES 和 PROTEINS。MUTAG 数据库包含 188 个分子结构，其中有 125 分子是癌变活跃的，而 63 个分子是不活跃的。每一个分子都有详细的化学信息，包括每个原子的属性及化学键等。这里忽略了属性特征而仅仅从图中抽取出拓扑结构，以构成一个无属性的图。ENZYMES 是一个蛋白质结构酶分子数据库，包含 600 个酶(从 BRENDA 酶库中提取的)，其中每个分子属于 6 种 EC 等级中的一类。PROTEINS 数据库包含 1113 个分子结构，其中辅助结构元素

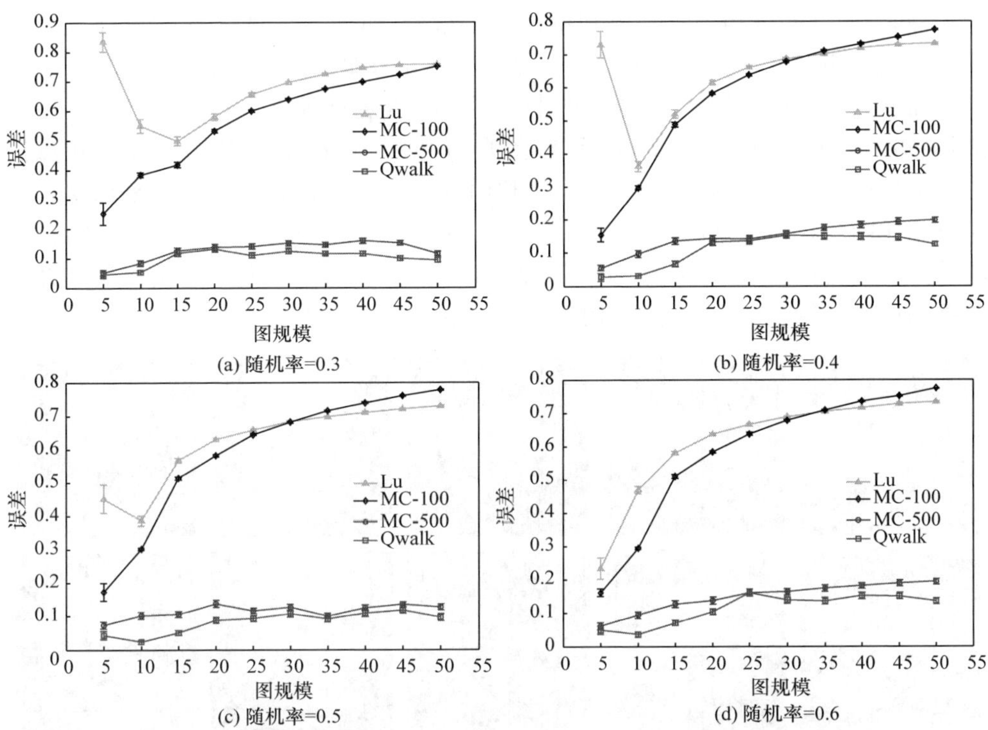

图 13.8　对于连接概率为 0.3～0.6 的 RCG 图，近似 MCS 算法的精确性对比

可以抽象为节点，而它们在酸性结构和三维空间具有相邻关系。

表 13.2 展示了这些算法针对这三个真实数据库中的图进行测试时的精确性对比。由于分子结构通常是无特征的，因此 Lu 算法针对这些真实数据库表现出最差的性能，基本上无法找到结果。相比 Lu 和 MC 算法，Qwalk 算法的精确性和稳定性都是最好的。

表 13.2　针对真实数据库进行测试的平均误差（相比标准差）

方法	MUTAG	ENZYMES	PROTEINS
Lu	—	83.15%(±0.12%)	84.39%(±0.06%)
MC-100	25.74%(±0.09%)	23.11%(±0.06%)	24.18%(±0.03%)
MC-500	12.32%(±0.08%)	13.61%(±0.04%)	10.51%(±0.02%)
Qwalk	11.85%(±0.07%)	8.28%(±0.05%)	7.42%(±0.03%)

注："—"表示 Lu 算法并不能针对 MUTAG 数据库中的数据进行测试，主要原因是这个数据库的图中没有三角形这种子结构。

2. 图相似性检测

最大同构子图检测和两个图之间的相似性具有很强的相关性。公共的子结构越大,两个图之间越相似。这里利用这些不精确 MCS 算法的结构作为标准来度量图之间的相似性,从而对 COIL-100 数据库中的图像进行聚类。

在该数据库中,对 100 个物体的多个不同的角度分别进行采样,以 5°为角度间隔,故整个数据库中共有 7200 幅图像数据。而对于每幅图像,利用 Harris 角点提取算法抽取出图像中的特征点,接下来利用这些特征点作为图的节点来构建德劳奈三角化图。在该数据库中随机选取 5 个 Harris 角点个数约 25 个的物体目标,并针对每个目标提取−10～10°的 5 幅图像数据进行测试。图 13.9 给出了选择的数据的原始图像、Harris 角点和构建的德劳奈三角化图。

图 13.9 在 COIL-100 数据库中选择测试的原始图像、Harris 角点和三角化图

这里针对这 25 幅测试图,两两进行如下的相似度计算:

$$\text{Similarity}(G_1, G_2) = \frac{\text{MCS}(G_1, G_2)}{\max(S_{G_1}, S_{G_2})} \tag{13.17}$$

式中,$\text{MCS}(G_1, G_2)$为 MCS 算法输出的最大同构子图的规模;S_{G_1} 和 S_{G_2} 分别为图 G_1 和 G_2 的规模。

接下来,利用多尺度聚类(MDS)的方法将这 25 幅图划分为 5 类,聚类结果展示在图 13.10 中。可以发现,只有 Qwalk 算法能够针对这 25 幅图进行近似正确的分类。所有相同目标的数据在图像上距离相近。然而,Lu 和 MC 算法结果较差,同一物体的不同采样数据相距较远,且多个目标的数据相互交织从而很难对它们进行区分。

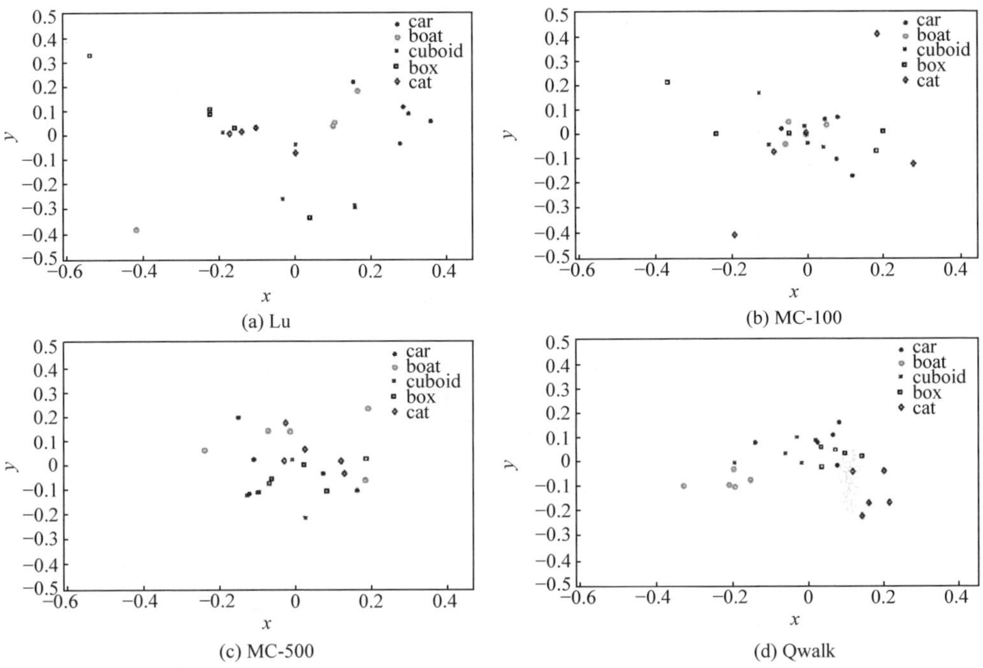

图 13.10　从 COIL-100 数据库中随机抽取 25 个数据图聚类后的结果

3. 抗噪性测试

在真实世界中,噪声是随处可见的。为了测试这些算法的鲁棒性,对 DTG 数据集中的数据加入噪声。选择这个数据集的原因是这些算法在该数据集上表现出的精确性相近。加入噪声的方法是在图中随机删除 n 条边即加入 n 的噪声。

图 13.11 给出这些算法针对加入噪声的 DTG 图进行测试的精确性对比。首先,针对规模为 30、40、50 的 DTG 图生成 100 对测试用例。由于在加入噪声的过程中将随机地从图中删除若干条边,因此该行为将部分地破坏 DTG 图的原有属性,所以 Lu 算法的精确性将变得不正常,比较差而且不稳定。而 Qwalk 和 MC-500 两个算法效果较好。尤其当图的规模较大时,Qwalk 相比于 MC 算法体现出了更好的精确性和稳定性。因此,本章设计的算法 Qwalk 具有更好的抗噪性。

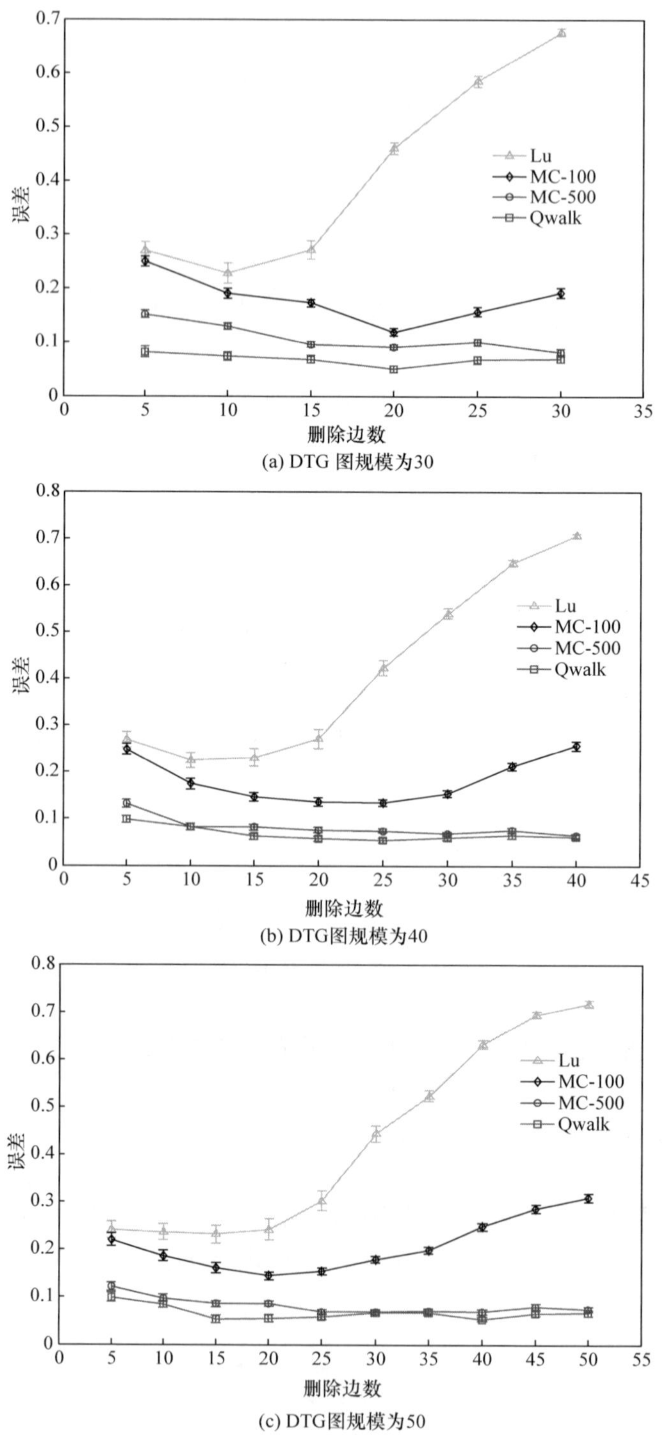

(a) DTG 图规模为30

(b) DTG图规模为40

(c) DTG图规模为50

图 13.11　规模为 30、40、50 的 DTG 图加入噪声后，近似 MCS 算法的精确性对比

13.2　量子图核函数设计

作为一种通用有效的测量图相似性的工具，在过去几十年的研究中，图核技术已经被广泛地研究和应用。目前已经有很多不同类型的图核被开发出来，如基于熵的图核(entropy-based kernels)、卷积图核(R-convolution kernels)等。卷积图核目前发展最为迅速，其主要思想是将图分解为若干子结构，然后利用两幅图中相同子结构出现的频数来定义图之间的相似程度。目前已经有基于通路、最短路径、无回溯的通路、子树及子图等不同种类的图核研究。

尽管目前的图核发展已经非常成熟，其针对属性图的相似度测量已经很有效地应用在很多重要的计算任务中，但是仍然存在以下问题。首先，无属性图中的信息相对匮乏，导致这些图核在针对无属性图进行相似度测量时的区分能力并不好。其次，在现实中存在一些非常相似但并不相同的图，如余谱图和正则图等，目前的图核基本上针对这些特殊的图无法进行有效的区分。因此，如何设计一个更好的图核来解决这些问题是值得研究的问题。

自 1993 年量子漫步被首次提出之后，就一直受到机器学习和量子计算领域研究者的极大关注。基于量子并行计算和量子干涉等良好的特性，相比于随机漫步，量子漫步可以快速地完成基于图的搜索并且具有更好的图分辨能力。有文献指出，即使是强正则图之间的微小差异也可以在量子漫步中分辨出来。

因此，本节设计一种基于量子漫步的卷积图核，其主要针对无属性图进行图相似度测量。通过实验对比发现，在不提高图核计算复杂度的情况下，新的量子漫步图核能够比目前已有的卷积图核在测量无属性图相似度方面取得更好的精确性，而且能够针对更大的图族展开测量工作。

13.2.1　图核定义

图是一个二元组 $G=(V,E)$，其中 V 表示图中的节点集，图的节点的连接关系 $E\subseteq V\times V$ 表示图中的边。如果节点 i 和 j 之间有一条边，那么 $A(i,j)=1$[无属性图是指图中的节点和边都没有属性，图 13.12(a)给出了一幅无属性图的示例]；否则就是无属性图。在本节中，主要针对无属性图进行研究。

图核实际上是一个正定的函数 $\phi: G\times G\rightarrow \mathbf{R}$，其通常被定义如下：

$$k(G_1,G_2)=\sum_i \varepsilon_i k_{\text{sub}}^i(G_1,G_2) \tag{13.18}$$

式中，$\{\varepsilon_i\}$ 为正定系数，它使得该函数成为一个正定函数；k_{sub} 为基于该图的子核函数。

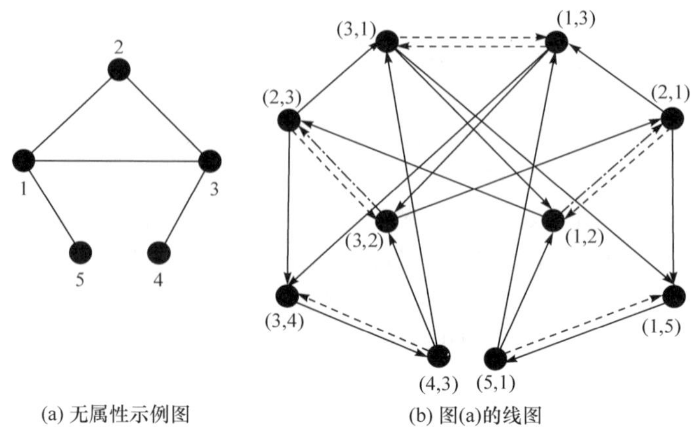

(a) 无属性示例图 (b) 图(a)的线图

图 13.12
图中虚线代表情况(i)的一步量子漫步,点划线代表情况(ii)的一步量子漫步,
其他实线代表情况(iii)的一步量子漫步

对于这两个图 G_1 和 G_2,图核实际上可以看成对于两个图的子结构上定义的子核函数的加权求和。对于图,通常会使用到的子结构有通路、路径和子树等。利用不同的方法从图中分割子结构可以开发出不同类型的图核函数。

13.2.2 基于随机漫步的 R-convolution 图核研究

在图论中,一条 k 长度的通路是指一串节点序列 $v_1,v_2,\cdots,v_k$,其中 $v_i\in V$ 且 $A(v_i,v_{i+1})=1$。随机漫步图核是最为流行的卷积图核之一,其主要基于图中的通路来进行计算。通过计算两幅图中相同的通路个数,随机漫步图核能够很好地测量图之间的相似度。对于两个无属性的图,由于所有长度相同的通路都是相同的,因此在随机漫步图核中的第 i 个子图核定义如下:

$$k_{\text{sub}}^i(G_1,G_2)=\sum A_{G_1}^i\sum A_{G_2}^i \tag{13.19}$$

式中,A 为图的邻接矩阵。

由于一个通路可能会有回溯情况的出现,即 $v_{i-1}=v_{i+1}$,因此对图中相同边的重复多次访问可能会导致重复的问题,这个问题将使得通路这种子结构在描述图的结构时分辨能力下降。

为了避免重复问题,一些关注图的其他类型的子结构的图核被开发研究出来,如基于路径、无回溯通路和子树等。如果在通路中所有的节点都两两不同,那么这个通路就是一条路径。无回溯的通路是一种特殊的通路,该通路没有回溯情况的出现,它是一种替代通路的有效方法。对于图来说,子树结构是针对某个节点的所有通路构成的。对于每个节点,它的相邻节点在子树结构中都将被表示成为它的子节点。这些更为复杂的图核使用了更为特殊复杂的图的子结构描述图的特征,因此它们也比随机漫步图核的性能更高。

然而，对于一些比较相似的图，如余谱图和正则图，目前现有的图核很难进行区分和描述。在图论中，两个图被称为余谱图，那么这两个图的邻接矩阵具有相同的谱分解。相关文献指出，随机漫步图核无法分辨余谱图组。正则图是指图中的每一个节点都具有相同的度。在正则图族中，有一类更为特殊的图，称为强正则图。称为强正则图的条件是图中所有相连的节点都具有相同数目的公共相邻节点，而图中所有不相连的节点也都具有相同数目的公共相邻节点。上述提到的所有子结构都无法分辨正则图之间的微小差异。图 13.13 中给出了这几种类型的图的示例。

13.2.3　基于量子漫步的图核设计

随机漫步是一种经典的随机过程，在该过程中，漫步者在图中的任一个节点上随机地以一定的概率向图中的另一个节点进行漫步。

离散时间量子漫步是经典随机漫步的量子版本。对于漫步中的每一步，粒子将会以一定的量子振幅同时向所有可能的漫步方向进行漫步。对于在无属性图 $G=(V,E)$ 上进行基本的离散时间量子漫步，所有的状态将保存在以下状态中：

$$|\varphi\rangle = \sum_{(u,v)\in E} \alpha_{uv} |uv\rangle, \alpha_{uv} \in C, \sum_{(u,v)\in E} \alpha_{uv}^2 = 1 \tag{13.20}$$

式中，$|uv\rangle$ 表示以量子振幅 α_{uv} 从节点 u 到节点 v 迁移的状态。利用常用的 Grover 迁移矩阵，离散时间量子漫步的迁移矩阵可以被定义如下：

$$U_{uv;wx} = \begin{cases} A_{uv}A_{wx}\left(\dfrac{2}{d(v)} - \delta_{ux}\right), & v=x \\ 0, & \text{否则} \end{cases} \tag{13.21}$$

式中，A 为图的邻接矩阵；$d(v)$ 为节点 v 的度；δ_{ux} 为 Kronecker delta 函数。

在矩阵 U^k 中，每一项 $U^k_{uv;wx}$ 代表从图中的边 (u,v) 出发到达边 (w,x) 的所有 k 长度的量子通路的量子振幅的叠加。因此，量子漫步也可以看成一种基于线图的特殊的漫步方式。线图是将图中的边作为节点构成的图，例如，图 13.12(b) 就是图 13.12(a) 中示例图的线图。不同于随机漫步的迁移矩阵，如果在通路中出现了回溯的情况，那么在量子漫步中，该量子通路的量子振幅则可能为负值，也正是这个原因才导致了在图中的量子干涉效应，也使量子漫步相比于随机漫步对图具有更好的分辨能力。

从量子漫步迁移矩阵的定义可以看出，对于离散时间量子漫步的每一步，都可以分为三种类型：(i) 当粒子在图中的漫步是返回之前的位置而且满足 $d(v)>2$ 时，这一步量子漫步的量子振幅为负值，如图 13.12(b) 中的虚线所示；(ii) 当粒子在图中漫步返回之前的位置但满足 $d(v)=2$ 时，这一步的量子漫步的量子振幅为 0，如

图 13.13(b)图中的点划线所示;(iii)其他的情况下,量子振幅为正值。

那么对于一个 k 长度的量子通路来说,其量子振幅的符号也可以分成三种情况:(I)在该量子通路中有奇数次[情况(i)]的一步量子漫步的情况,该量子通路的量子振幅为负值;(II)如果情况(ii)的一步量子漫步在通路中出现,那么量子通路的量子振幅为 0;(III)否则,量子漫步的量子振幅为正值。

为了设计图的特征,很多图核利用了上述三种类型的通路信息来进行设计。在随机漫步中,图中所有这三种类型的通路都将被使用到,但是所有这三种通路都被看成是相同的。基于路径和无回溯的通路的图核只使用了情况(III)中的通路中的无回溯情况出现的一小部分。因此,在这些图核中使用的图的信息相对比较局限,从而导致这些图核在针对无属性图的分辨能力是很有限的。相比于这些图核,在量子漫步的框架上,这三种不同类型的通路都可以充分地使用到,从而为描述无属性图提供更好的信息描述。

下面,主要介绍如何利用离散时间量子漫步来设计新的图核。

首先考虑一种类随机漫步的图核设计方法。类似于随机漫步图核,将所有相同长度的量子通路的量子振幅进行求和并将其作为图的特征,其计算方式如下:

$$k_{\text{sub}}^{i} = \sum U_{G_1}^{i} \sum U_{G_2}^{i} \tag{13.22}$$

定理 13.1 对于一幅图 $G=(V,E)$,U 是由式(13.21)定义的离散时间量子漫步的 Grover 迁移矩阵,A 为图的邻接矩阵,那么

$$\forall k, \sum U^{k} = \sum A \tag{13.23}$$

证明 (1) 当 $k=1$ 时,有

$$\begin{aligned}
\sum U &= \sum_{i}\sum_{j}\sum_{m}\sum_{n} U_{ij;mn} = \sum_{i}\sum_{j}\sum_{n} U_{ij;jn} \\
&= \sum_{i}\sum_{j}\sum_{n} A_{ij}A_{jn}\frac{2}{d(j)} - \sum_{i}\sum_{j} A_{ij} \\
&= \sum_{i}\sum_{j} A_{ij} = \sum A
\end{aligned} \tag{13.24}$$

(2) 当 $k\geqslant 2$ 时,有

$$\begin{aligned}
\sum U^{k} &= \sum_{i}\sum_{j}\sum_{m}\sum_{n} U_{ij;mn}^{k} \\
&= \sum_{i}\sum_{j}\sum_{m}\sum_{n}\sum_{a} U_{ij;ma}^{k-1} U_{ma;an} \\
&= \sum_{i}\sum_{j}\sum_{m}\sum_{n}\sum_{a} U_{ij;ma}^{k-1} A_{an}\frac{2}{d(a)} - \sum_{i}\sum_{j}\sum_{m}\sum_{a} U_{ij;ma}^{k-1} \\
&= \sum_{i}\sum_{j}\sum_{m}\sum_{a} U_{ij;ma}^{k-1} \\
&= \sum U^{k-1}
\end{aligned} \tag{13.25}$$

由上所述，定理得证。

由定理 13.1 可知，这种类随机漫步的设计方法是行不通的，因为迁移矩阵幂次方所有项的和只与图的边数相关。因此，需要利用量子漫步来设计更为复杂的图的特征提取方式。

接下来介绍一种变形的量子漫步方式，即点到点的量子漫步。在这种新形式的量子漫步中，粒子将从图中的一个节点向另一个节点进行漫步，值得注意的是，不同于随机漫步，这种迁移并不一定要求一步迁移的始末节点必须相连。利用 W 来表示这种新的量子漫步的迁移矩阵，那么在该矩阵中每一项 W_{ij}^k 即表示所有从节点 i 出发到达节点 j 的 k 步量子通路的量子振幅的叠加。因此，矩阵 W 和矩阵 U 之间的关系可表示为

$$[W^k]_{ij} = \sum_{m=1}^{N}\sum_{n=1}^{N} U_{im;nj}^k \tag{13.26}$$

对于一个无属性图，$[W^k]_{ij}$ 表示由节点 i 和 j 之间所有 k 长度的通路组成的子结构。当 $\mathrm{sgn}(W_{ij}^k)=1$ 时，意味着在这个子结构中，情况(III)的量子通路占主导地位；当 $\mathrm{sgn}(W_{ij}^k)=-1$ 时，意味着情况(I)的量子通路在该子结构中占主要地位。可以利用如下定义的函数来进行计算：

$$S^{+}(M)_{ij}=\begin{cases}1, & M(i,j)>0 \\ 0, & \text{否则}\end{cases} \tag{13.27}$$

$$S^{-}(M)_{ij}=\begin{cases}1, & M(i,j)<0 \\ 0, & \text{否则}\end{cases} \tag{13.28}$$

因此，对于图中的所有节点对，可以针对所有的 k 长度量子通路构成的子结构来提取如下所示的二维特征向量：

$$F_G^k = \left[\sum S^{+}(W^k),\ \sum S^{-}(W^k)\right] \tag{13.29}$$

也就是说，所关注的是在所有这些子结构中，由情况(I)和情况(III)两种类型的量子通路主导的子结构的个数。

基于该特征提取方法，给定两个无属性图，一种新的量子漫步图核的计算方式如下：

$$k(G_1,G_2) = \sum_i \varepsilon_i \langle F_{G_1}^i, F_{G_2}^i \rangle \tag{13.30}$$

式中，$\langle \cdot , \cdot \rangle$ 为内积操作。

对于无属性的图集，下面给出计算量子漫步图核的过程。

算法 13.2 针对无属性图的基本量子漫步图核

```
输入:无属性图集{Gi}
输出:这些图的核矩阵 R
for 每个图 Gi do
    初始化 Utemp= IN2×N2,W= IN×N,U 为量子漫步的迁移矩阵
    for k= 1:Max do
        Utemp= Utemp×U; //O(N^6)
        W= Σ_mn Utemp_m;n;//O(N^4)
        F^k_Gi = [S+ (W),S- (W)];//O(N^2)
for 每一个图对 Gi 和 Gj do
    Rij = Σ_{k=1}^{Max} εi〈F^k_Gi,F^k_G2〉;
Return R; #
```

13.2.4 快速迭代计算方法设计与证明

在设计了点对点量子漫步方式之后发现,在计算新方式量子漫步的迁移矩阵时有快速的计算方法。

定理 13.2 假设图 $G=(V,E)$有 N 个节点,A 为该图的邻接矩阵,$d(i)$为节点 i 的度。设一个对角矩阵 $D=\mathrm{diag}\left(\frac{2}{d(1)},\frac{2}{d(2)},\cdots,\frac{2}{d(n)}\right)$,另设 $Q=DA$,那么点对点量子漫步的迁移矩阵$\{W^k\}$可按如下方式计算:

$$W^k=\begin{cases}AQ-2D^{-1}, & k=1\\ WQ-A, & k=2\\ W^{k-1}Q-W^{k-2}, & k\geqslant 3\end{cases} \tag{13.31}$$

证明 (1) 当 $k=1$ 时,有

$$\begin{aligned}W_{ij} &= \sum_m\sum_n U_{im;nj} = \sum_m U_{im;mj}\\ &= \sum_m A_{im}\cdot A_{mj}\frac{2}{d(m)}-\sum_m A_{im}\\ &=[AQ-2D^{-1}]_{ij}\end{aligned} \tag{13.32}$$

因此,$W=AQ-2D^{-1}$。

(2) 当 $k=2$ 时,有

$$\begin{aligned}W^2_{ij} &= \sum_m\sum_n U^2_{im;nj} = \sum_m\sum_n\sum_a U_{im;an}\cdot U_{an;nj} = \sum_n\sum_m\sum_a U_{im;an}\cdot U_{an;nj}\\ &= \sum_n\sum_m\sum_a U_{im;an}\cdot A_{nj}\frac{2}{d(n)}-\sum_n\sum_m U_{im;jn}\end{aligned}$$

$$
\begin{aligned}
&= \sum_n W_{in} \cdot A_{nj} \frac{2}{d(n)} - \sum_n U_{ij;jn} \\
&= \sum_n W_{in} \cdot A_{nj} \frac{2}{d(n)} - (\sum_n A_{ij} \cdot A_{jn} \frac{2}{d(j)} - A_{ij}A_{ji}) \\
&= [WQ]_{ij} - A_{ij}
\end{aligned}
\tag{13.33}
$$

因此，有 $W^2 = WQ - A$。

(3) 当 $k \geqslant 3$ 时，有

$$
\begin{aligned}
W_{ij}^K &= \sum_m \sum_n U_{im;nj}^K = \sum_m \sum_n \sum_a U_{im;an}^{K-1} \cdot U_{an;nj} = \sum_n \sum_m \sum_a U_{im;an}^{K-1} \cdot U_{an;nj} \\
&= \sum_n \sum_m \sum_a U_{im;an}^{K-1} \cdot A_{an} A_{nj} \frac{2}{d(n)} - \sum_n \sum_m U_{im;jn}^{K-1} \cdot A_{jn} \\
&\quad \cdot A_{nj} (U_{im;an}^{K-1} != 0 \rightarrow A_{an} = 1 \ \& A_{jn} = A_{nj}) \\
&= \sum_n \sum_m \sum_a U_{im;an}^{K-1} \cdot A_{nj} \frac{2}{d(n)} - \sum_n \sum_m U_{im;jn}^{K-1} \\
&= \sum_n W_{in}^{K-1} \cdot A_{nj} \frac{2}{d(n)} - \sum_n \sum_m U_{im;jn}^{K-1} \\
&= [W^{K-1}Q]_{ij} - \sum_n \sum_m U_{im;jn}^{K-1}
\end{aligned}
\tag{13.34}
$$

在上述公式中，有

$$
\begin{aligned}
\sum_n \sum_m U_{im;jn}^{K-1} &= \sum_n \sum_m \sum_a U_{im;aj}^{K-2} \cdot U_{aj;jn} \\
&= \sum_n \sum_m \sum_a U_{im;aj}^{K-2} \cdot A_{jn} \frac{2}{d(j)} - \sum_n \sum_m U_{im;nj}^{K-2} \\
&= \sum_n W_{ij}^{K-2} \cdot A_{jn} \frac{2}{d(j)} - W_{ij}^{K-2} \\
&= W_{ij}^{K-2}
\end{aligned}
\tag{13.35}
$$

因此，在这种情况下有 $W^K = W^{K-1}Q - W^{K-2}$。

由上所述，定理得证。

13.2.5 改进的量子图核设计

基于定理 13.2 的快速计算方法，本节设计的量子漫步图核可以以下面的过程对图集进行计算。

算法 13.3 针对无属性图的快速量子漫步图核

```
输入:无属性图集{Gi}
输出:这些图的核矩阵 R
for 每个图 Gi do
    for k= 1:Max do
        利用定理 5.2 结论计算 W^k; //O(N^3)
        F^k_{G_i} = [S+(W),S-(W)]; //O(N^2)
for 每一个图对 Gi 和 Gj do
    Rij = Σ_{k=1}^{Max} εi⟨F^k_{G_i}, F^k_{G_2}⟩;
Return R;#
```

13.2.6 复杂度分析

本节将主要针对设计的量子漫步图核的计算复杂度进行讨论。

首先,分析发现基本的量子漫步图核由于计算消耗比较大,因此在实际中的应用相当受限。假设一个无属性图有 N 个节点,那么它的线图的规模将不超过 N^2。因此,离散时间量子漫步的迁移矩阵的规模为 $N^2\times N^2$,从而计算图核 QW 的代价约为 $O(N^6)$。这是因为对于一个方阵,计算其幂次方的时间消耗需要大约立方量级的时间消耗。然而,由于量子漫步的状态数是随机漫步的平方量级,因此为了计算图的相关特征向量,随机漫步图核和无回溯的通路图核的时间消耗约为$O(N^3)$。因此,当图的规模较大时,计算新的量子漫步图核的时间消耗就会变得不可接受,故其在实际中的应用受限。

在快速量子漫步图核计算方法中,如果图的规模为 N,那么在定理 13.2 中所有的迭代计算代价将不超过 $O(N^3)$。这意味着通过利用定理 13.2 中的迭代方式,矩阵序列$\{W^k\}$可以在图规模的立方时间内完成该任务。因此,针对一个具有 k 个图的无属性图集,运行量子漫步图核的时间约为 $O(kN^3)$。这和随机漫步图核以及无回溯通路图核的计算消耗在同一量级上。

13.2.7 性能评测

本节设计的量子漫步图核 QW 将和目前最为成熟的几种图核进行比较,包括随机漫步图核 RW、无回溯的通路图核 BW、最短路径图核 SP 及(WL)Weisfeiler-Lehman 图核。这里选择了若干合成的和真实世界的数据库来测试本节设计的新图核是否在测量图相似性方面具有更好的性能。通过这些实验,主要将针对下述两个方面进行探索:

（1）新的图核能否解决更多类型的图。

（2）利用新的图核针对无属性图进行图分类工作的性能如何。

对于所有针对无属性图进行的图核比较，选择 $\varepsilon_k=0.1^k$ 且对于那些定义为无限项求和的图核，为了计算简便，只计算图核前 10 项的求和，因此越大的子结构通常会包括越多的重复冗余信息。所有的程序都编码在 64 位 MATLAB R2010b 软件中，并运行在 Intel Core i5-3337U 1.8GHz 的 CPU 和 4GB RAM 中的单线程上。其中，RW、SP 和 WL 的 MATLAB 代码可以在下述网址上下载：

http://mlcb.is.tuebingen.mpg.de/Mitarbeiter/Nino/WL/

1. 相似的特殊图

一个良定义的图核函数应该能够针对大部分的图进行图相似性检测。即使是一些非常相似的特殊图，它们之间的微小差异也应该能够被检测出来。这里通过一些特殊的图集来针对这些图核的此方面的能力进行测试。

图 13.13 给出了三对特殊的非同构图对。图 13.13(a)和图 13.13(b)为余谱图对，它们的邻接矩阵的谱均为[−2，−2，−1.41，−0.93，0，0.48，1.41，1.52，2.93]。图 13.13(c)和图 13.13(d)为正则图对，它们都有 6 个节点且每个节点的度都为 3。图 13.13(e)和图 13.13(f)为著名的强正则图组(16，6，2，2)中的图对。

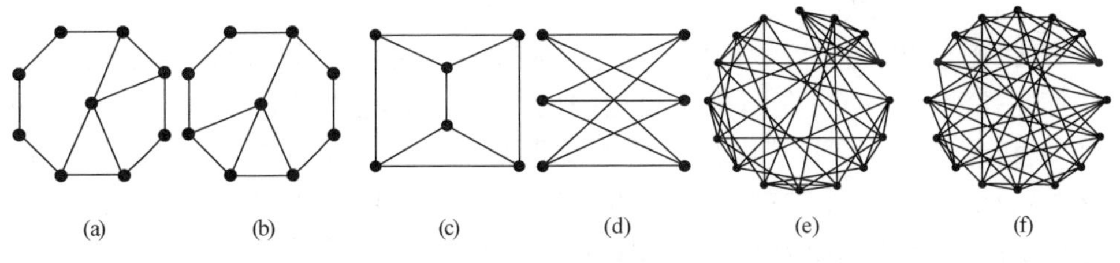

图 13.13　三对特殊的图对

在文献[14]中，RW 图核既无法分辨余谱图也无法分辨正则图；BW、SP 和 WL 三种图核可以分辨余谱图组但针对正则图则无能为力。

表 13.3 展示了针对这三种特殊的图对，QW 图核提取的 10 长度的特征向量的对比。可以发现，QW 图核比其他几种图核在针对这几种特殊的图对进行测试时都性能更佳。通过量子特征的计算，余谱图和正则图都可以被区分出来。这意味着新的量子漫步图核可以针对更多类型的图进行相似度测量。

表 13.3 QW 针对图 13.13 提取的特征向量

图核	特征向量
QW(a)	[40,8][49,20][51,26][54,26][61,20][54,27][63,18][53,28][63,18][60,21]
QW(b)	[40,9][48,24][56,25][56,25][65,16][52,29][58,23][64,17][53,28][57,24]
QW(c)	[24,6][24,12][24,12][30,6][30,6][30,6][24,12][36,0][24,12][30,6]
QW(d)	[12,6][18,0][6,0][18,0][12,6][18,0][6,0][18,0][12,6][18,0]
QW(e)	[240,16][160,96][256,0][96,160][256,0][160,96][240,16][256,0][256,0][96,160]
QW(f)	[240,16][160,96][256,0][96,160][256,0][160,96][240,16][256,0][256,0][96,160]

通过对比基本量子漫步的迁移矩阵，强正则图对之间的微小差别也可以被区分出来。然而，由表 13.3 可以看出，QW 图核无法区分强正则图。这是因为当使用点到点量子漫步来代替基本量子漫步时，一些信息被丢弃掉，从而导致图核分辨能力下降。

接下来，利用正则图集来查看量子漫步图核是否能够分辨出相同参数不同构的正则图对。表 13.4 给出了若干组正则图组在进行 QW 图核测试的情况。可以发现，尽管有极少的测试对仍然无法被分辨出来，但是产生这种失效的概率非常小，不高于 1.7%，所以认为这种情况实际上可以忽略。因此，相比于其他图核，QW 图核表征图结构的能力更强，而且能够分辨出更多类型的图。

2. 图分类测试

图分类是和图相似度测量相关的一种重要的应用。这里通过若干真实世界的数据库来探测这些图核在图分类应用中的性能对比，包括 MUATG、NCI、PROTEINS 和 SYNTHETIC。图分类的测试将基于支持向量机库(LIBSVM)完成。交叉验证测试将把整个数据库 90%的数据用来训练出 SVM 分类器，然后利用剩余 10%的数据来检测分类器的预测性能。整个测试过程将重复 100 次。

MUTAG 是一个突变分子库，其中包含的 188 个分子结构中有 125 个突变激活状态的分子，63 个是不激活的状态。NCI1 和 NCI109 分别是两个基于分子是否活跃变化的平衡数据库(http://pubchem. ncbi. nlm. nih. gov)。PROTEINS 数据库包括来自 Dobson 和 Doig 库的蛋白质分子结构。在蛋白质结构中，按以下方式抽取出无属性图，其中图的节点表示蛋白质结构中的元素，而元素之间的化学键以及空间位置关系决定了图的边的选择。所有的蛋白质可分为酶性和非酶性结构。SYNTHETIC 数据库是一组具有 100 个节点和 196 条边的随机生成的图。通过随机重连图中的边，可以将该数据库分成两个不同的分组，其中每组有 150 个图。所有这些数据库中提取的图都是有属性的。通过忽略图中的点和边上的属性，可以得到无属性图。有关这些图数据库的详细结构信息统计，将在表 13.5 中进行详细对比。

表 13.4　QW 针对若干正则图组进行测试的失效情况

正则图组	规模	失效率	失效测试对
6-3-3	2	0/1	—
7-4-3	2	0/1	—
8-3-3	5	0/10	—
8-3-4	2	0/1	—
8-4-3	6	0/15	—
8-5-3	3	0/3	—
9-4-3	16	2/120(1.67%)	1-11,5-14
9-6-3	4	0/6	—
10-3-3	19	2/171(1.17%)	2-18,10-19
10-3-4	6	0/15	—
10-4-3	59	5/1711(0.29%)	1-8,2-17,2-50,17-50,26-51
10-5-3	60	1/1770(0.06%)	17-56
10-6-3	21	1/210(0.47%)	7-8
10-7-3	5	0/10	—
11-4-3	265	13/34980(0.04%)	1-264,7-151,19-68,22-229,61-248,74-161,75-125,75-237,120-197,125-237,170-252,187-189,205-236
12-3-3	85	5/3570(0.14%)	5-78,16-21,26-76,46-81,62-63
12-3-4	22	0/231	—
12-4-4	12	0/66	—
13-4-4	31	0-465	—
14-3-3	509	14/129286(0.01%)	13-18,24-457,76-94,86-455,120-121,122-123,143-493,146-155,198-495,250-251,313-507,320-393,367-504,388-505
14-3-4	110	0/5995	—
14-3-5	9	0/36	—
14-4-4	220	0/24090	—
14-5-4	7	0/21	—
16-3-5	49	1/1176(0.09%)	27-29
16-6-4	9	0/36	—
17-6-4	6	0/15	—
18-3-6	5	0/10	—
18-7-4	8	0/28	—

续表

正则图组	规模	失效率	失效测试对
20-3-6	32	0/496	—
21-4-5	8	0/28	—
28-3-7	21	0/210	—
30-3-7	546	0/148785	—
38-3-8	13	0/78	—

表 13.5　分类测试的真实图库的几何特征统计对比

真实图库	MUTAG	NCI1	NCI109	PROTEINS	SYNTHETIC
最大节点数	28	111	111	620	100
平均节点数	17.93	29.87	29.68	39.10	100
最大边数	33	119	119	1049	196
平均边数	19.79	32.20	32.13	72.80	196
度	2.19	2.16	2.16	3.73	3.92
图直径	8.22	13.33	13.13	11.6	7
图库规模	188	4110	4127	1113	300
分类数	125/63	2053/2057	2048/2079	663/450	150/150

表 13.6 给出了图核针对上述图数据库进行图分类测试的平均分类精度。对于 NCI1、PROTEINS 和 SYNTHETIC 三个数据库，新设计的图核 QW 可以取得最高的精度，相比于其他图核，它能够取得 5%～15%的精确度提升。对于数据库 MUTAG，图核 SP 和 QW 的效果优于其他图核，而 WL 图核在 NCI109 库中表现最优。

表 13.6　各图核针对真实图库进行分类的精确性和计算开销对比

图核	MUTAG	NCI1	NCI109	PROTEINS	SYNTHETIC
RW	81.7±1.0 (2′)	64.4±0.7 (12.2h)	56.6±0.8 (7.8h)	52.7±0.7 (9′)	43.1±0.5 (8′)
BW	82.4±1.0 (25″)	60.1±0.7 (7.3h)	54.4±0.7 (5.7h)	56.2±0.7 (8.5′)	60.9±1.0 (5.8′)
SP	85.3±0.8 (1″)	51.6±1.2 (2′13″)	58.9±0.7 (1′)	65.8±1.1 (9″)	55.7±1.7 (23″)
WL	81.4±1.1 (2″)	59.0±1.1 (21.3′)	65.4±0.7 (4.4′)	59.9±1.1 (32″)	53.3±2.3 (17″)
QW	84.6±0.8 (3″)	65.6±0.8 (11.5h)	60.2±0.6 (6.5h)	69.2±0.7 (26′)	63.3±0.7 (21′)

针对表 13.7 中对比的三个正则图数据库(Gourp:12-3-3、14-3-3 和 16-3-3)进行图分类测试，结果如表 13.8 所示。对于每一组测试图集，所有图将被根据图的周长分成不同的组。例如，在 12-3-3 图集中，共有 85 幅不同的图，有 63 个图的周长为 3,20 幅图的周长为 4，剩下的两个图周长为 5。在上述所有的图核中，只有 QW 可以完成该测试，其针对这三个正则图库都取得了较好的分类结果。

表 13.7　三个正则图组的几何特性对比

正则图组	12-3-3	14-4-4	16-3-3
最大节点数	12	14	16
平均节点数	12	14	16
最大边数	18	21	24
平均边数	18	21	24
度	3	3	3
图直径	3.73	4.25	4.56
图库规模	85	509	4060
分类数	63/20/2	399/101/8/1	4011/49

因为所有的实验都是在经典计算机上进行模拟的，而针对量子漫步的模拟工作无法获得量子并行计算能力的帮助。因此，QW 图核的时间耗费和图核 RW 和 BW 是同一量级的。

表 13.8　QW 针对表 13.7 中的正则图组进行分类测试的精确性和计算开销

正则图组	12-3-3	14-3-3	16-3-3
分类数	63/20/2	399/101/8/1	4011/49
分类精度	82.2±1.3(1′49″)	78.8±0.6(37′33″)	99.0±0.1(1h19′)

总体来说，大部分图核在针对无属性图进行测试时的实验结果都不好，主要是因为无属性图所提供的信息量较少，因此基于这些受限的信息进行图分类是比较困难的。然而，由于离散时间量子漫步充分利用了无属性图中基于通路的子结构的信息，因此新设计的图核 QW 在大部分图分类测试中都表现出了更高的分类效率，效果最优。

13.3　本章小结

本章利用离散时间的量子漫步设计了一种新的量子算法，该算法能够针对通用图近似地解决图的最大公共子图检测问题。这是解决该问题的研究中第一次出现量子算法，也是在量子漫步领域第一次针对图同构检测之外的图论问题的探索。

通过对量子漫步的相干相消性的研究发现，利用这种性质可以快速方便地检测到图之间的所有同构子结构；然后通过将这些结构尽可能地进行合并从而最终得到一个近似的最大公共子图的不精确结果。通过实验可以发现，针对两个具有 N 个节点和 E 条边的通用图，本章的算法在 $O(NE^{1.5})$ 的时间内完成计算。相比于现有的解决该问题的经典不精确算法，新的算法体现出了更好的精确性、通用性和抗噪性。

接着，同样利用离散时间量子漫步设计了一种新的图核函数。通过对量子漫步的相干相长性的研究，可以发现，即使两个图之间的差异非常细微，通过量子漫步的干涉效应后，这种差异也可以通过放大而检测出来。因此，利用在图上进行的量子漫步的状态提取出图结构的量子特征，从而相比已有的经典图核具有更好的图区分能力以及度量图相似性的能力。另外，新的图核的适用范围更广，即使针对余谱图对和正则图对，它也能检测出图的差异，故该图核的相似性度量结果的可用度更高。同时，一种针对量子漫步状态的迭代计算方式的设计也保证了该图核的计算复杂度与现有的流行图核相当，从而解决了计算量子图核时间开销大的问题。

在这两个研究中，分别利用算法的相似性计算结果进行图像分类和聚类的性能测试。研究发现，通过利用量子机制的优良特性，可以很好地检测图像的相似性，并针对 COIL 等真实的图像数据库进行图分类和聚类的测试，分类准确度达到85%左右。

参考文献

[1] Ullman J R. An algorithm for subgraph isomorphism. Journal of ACM,1976,23(1):31-42.

[2] Cordella L P,Foggia P,Sansone C,et al. A (sub) graph isomorphism algorithm for matching large graphs. IEEE Transactions on Pattern Analysis and Machine Intelligence,2004,26(10):1367-1372.

[3] McGregor J. Backtrack search algorithms and the maximal common subgraph problem. Software Practice and Experience,1982,12(1),23-34.

[4] Barrow H G,Burstall R M. Subgraph isomorphism,matching relational structures and maximal cliques. Information Processing Letters,1976,4(4):83,84.

[5] Koch I. Enumerating all connected maximal common subgraphs in two graphs. Theoretical Computer Science,2001,250(1):1-30.

[6] Lu Y,Bunke H,Cheng-Lin L. An algorithm for maximum common subgraph of planar triangulation graphs//Graph-Based Representations in Pattern Recognition (GBRPR′13),Vienna,2013:162-171.

[7] Pelillo M. Replicator equations,maximal cliques,and graph isomorphism. Neural Computation,1999,11(8):1933-1955.

[8] Pelillo M,Torsello A. Payoff-monotonic game dynamics and the maximum clique problem.

Neural Computation, 2006, 18(5): 1215-1258.

[9] Emms D, Wilson R C, Hancock E R. Graph matching using the interference of discrete-time quantum walks. Image and Vision Computing, 2009, 27(7): 934-949.

[10] Nene S A, Nayar S K, Murase H. Columbia Object Image Library (COIL-20). Technical Report CUCS-005-96, 1996.